JOURNAL DE MA VIE

MÉMOIRES

DE

BASSOMPIERRE

IMPRIMERIE DE A. GOUVERNEUR

A NOGENT-LE-ROTROU.

JOURNAL DE MA VIE

MÉMOIRES

DU MARÉCHAL

DE BASSOMPIERRE

PREMIÈRE ÉDITION

CONFORME AU MANUSCRIT ORIGINAL

PUBLIÉE AVEC FRAGMENTS INÉDITS

POUR LA SOCIÉTÉ DE L'HISTOIRE DE FRANCE

PAR LE Mis DE CHANTÉRAC

TOME DEUXIÈME

A PARIS
CHEZ Mme Ve JULES RENOUARD
LIBRAIRE DE LA SOCIÉTÉ DE L'HISTOIRE DE FRANCE
RUE DE TOURNON, N° 6

—

M DCCC LXXIII

EXTRAIT DU RÉGLEMENT.

Art. 14. — Le Conseil désigne les ouvrages à publier, et choisit les personnes les plus capables d'en préparer et d'en suivre la publication.

Il nomme, par chaque ouvrage à publier, un Commissaire responsable, chargé d'en surveiller l'exécution.

Le nom de l'éditeur sera placé en tête de chaque volume.

Aucun volume ne pourra paraître sous le nom de la Société sans l'autorisation du Conseil, et s'il n'est accompagné d'une déclaration du Commissaire responsable, portant que le travail lui a paru mériter d'être publié.

Le Commissaire responsable soussigné déclare que l'édition des Mémoires du maréchal de Bassompierre, *préparée par* M. le marquis de Chantérac, *lui a paru digne d'être publiée par la* Société de l'Histoire de France.

Fait à Paris, le 15 mars 1873.

Signé Ludovic LALANNE.

Certifié,

Le Secrétaire de la Société de l'Histoire de France,

J. DESNOYERS.

JOURNAL DE MA VIE.

1615.

JANVIER.

L'année 1615 commença par la contestation de l'article du tiers estat (1) quy fit un peu de rumeur dans les estats ; en fin on le plastra.

La foire de Saint-Germain suyvit, puis le caresme prenant (fevrier), auquel M^r le Prince fit un beau ballet, et le lendemain fut la conclusion des estats (2).

Quelques jours apres Madame dansa ce grand et beau ballet a la salle de Bourbon ou les estats s'estoint tenus, lequel ne put estre dansé le jour que l'on avoit

---

(1) Cet article, qui établissait doctrinalement l'indépendance et l'inamissibilité de la couronne, et qui devait figurer en tête du cahier du tiers état, fut vivement combattu par le clergé, auquel se joignit la noblesse. Il fut appuyé par un arrêt du parlement du 2 janvier ; mais, le 4 janvier, défense fut faite au parlement de publier cet arrêt. Le 15 janvier, le fameux article dut être remis séparément au roi. Enfin, par transaction, sa place fut réservée en tête du cahier du tiers.

(2) Ce fut le lundi gras, 23 février, qu'eut lieu la clôture des états généraux par la remise des cahiers et les harangues des trois ordres.

proposé, pour le grand monde quy emplit la salle, ou l'ordre quy ne fut bien gardé ; pour a quoy remedier, la reine commanda à Mʳ d'Espernon et a moy de garder les avenues et ne laisser passer que ceux quy auroint des mereaux (1) pour marque de pouvoir entrer : ainsy l'ordre fut très bon (mars). Comme j'estois a l'executer, il me vint un courrier quy m'apporta nouvelle de l'extremité de la maladie de ma mere : mais la reine ne me voulut souffrir de partir qu'apres le ballet (2), auquel lieu je passay bien ma soirée en tant que les yeux le peuvent faire.

Je pris donc congé de la reine et des dames, et m'en allay trouver ma mere que la joye de me voir remit en quelque santé; et ayant demeuré quinse jours avec elle, j'allay de là voir mes amis en Allemaigne (avril), et puis m'en revins peu apres Paques a Paris (3).

J'ay dit cy dessus que j'estois allé a Rouan en grande compagnie quand le proces que j'avois contre Antragues fut sur le bureau, et que mes parties, voyant

---

(1) Marques de plomb ou de cuivre qui servaient en général de jetons de présence ou d'admission.

(2) Cet ordre de la reine décharge Bassompierre d'une accusation que porte contre lui Tallemant des Réaux. Voici ce que raconte ce grand médisant : A un ballet du Roy dont il estoit, on luy vint dire sottement, comme il s'habilloit, que sa mere estoit morte; c'estoit une grande menagere à qui il avoit bien de l'obligation : « Vous vous trompez, dit-il, elle ne sera morte que quand le ballet sera dansé. » (*Historiette de Bassompierre.*) Bassompierre assistait au ballet, non pour son plaisir, mais pour un service commandé. Du reste sa mère ne mourut que trois mois plus tard.

(3) Pâques était le 19 avril.

qu'infailliblement elles seroint condamnées, s'aviserent, pour un dernier remede, de dire qu'elles avoint sceu que j'avois des parens au degré de l'ordonnance, en nombre suffisant dans ledit parlement pour le pouvoir recuser, demanderent une evocation et que ce pendant qu'ils informeroint, le parlement fut interdit de connoistre de nostre proces. J'offris allors au parlement que sy j'avois, non le nombre de parens capable d'evocation, mais un seul au degré de l'ordonnance, je consentois de perdre ma cause. Neammoins il fallut ceder aux formes quy leur donnoint temps d'informer : et par ces chiquaneries, et autres semblables, firent en sorte que je ne peus depuis ce temps là avoir jugement de mon proces. Mais comme ils n'avoint plus de refuittes, ils s'aviserent, par le conseil de l'evesque de Beauvais (1) quy l'affectionnoit (2), d'envoyer demander a Rome des juges delegués pour connoistre de cette affaire, ce quy n'est point usité sy les deux parties n'en conviennent, ou que ce ne soit apres que le diocesain, le metropolitain, et le primat, auroint donné des sentences diverses. Neammoins subrepticement ils en extorquerent, et demanderent l'evesque de Senlis, quy estoit M^r le cardinal de la Rochefoucaut(3),

---

(1) René Potier, fils aîné de Nicolas Potier, seigneur de Blancmesnil, président au parlement de Paris, et d'Isabeau Baillet, fut évêque comte de Beauvais depuis le 21 mars 1595 jusqu'à sa mort, arrivée le 4 octobre 1616.

(2) Qui affectionnait Mlle d'Entragues.

(3) François de la Rochefoucaud, second fils de Charles de la Rochefoucaud, comte de Randan, et de Fulvia Pic de la Mirandole; évêque de Clermont de 1585 à 1609, évêque de Senlis de 1610 à 1622, cardinal en 1607. Né le 8 décembre 1558, il mourut le 14 février 1645.

lequel ils sçavoint bien qu'il ne l'entreprendroit pas contre les formes ; l'evesque de Laon, de la maison de Nangis (1), et quy estoit mon cousin, affin d'avoir lieu de le recuser ; et l'archevesque d'Aix (2), quy estoit un saffranier (3) et un frippon, tenu pour fou et quy pour douse cens escus que l'evesque de Beauvais luy avoit promis, s'offrit de faire tout ce qu'il demanderoit de luy : mais, par malheur, comme on le vint a proposer a Rome ou il n'estoit pas moins descrié que connu pour tel qu'il estoit, il fut refusé, ce quy fit avoir recours a une autre ruse quy estoit que, puisqu'ils ne se soucioint pas que la chose fut bonne et valable pourveu qu'elle fut, ils demanderent l'evesque de Dacs (4) a cause de la conformité des noms [quy sont tous deux *aquensis*] (5); et n'y avoit que la difference d'archevesque et d'evesque, et celle du rang (6);

---

(1) Benjamin de Brichanteau, fils d'Antoine de Brichanteau, marquis de Nangis, et d'Antoinette de la Rochefoucaud, dame de Linières, évêque duc de Laon en 1612, mort le 14 juillet 1619. Sur la parenté de l'évêque de Laon avec M. de Bassompierre, on peut voir l'Appendice. VII, au tome Ier.

(2) Paul Hurault de l'Hôpital, fils de Robert Hurault, seigneur de Belesbat, et de Madeleine de l'Hôpital, fut d'abord maître des requêtes, ensuite archevêque d'Aix de 1595 à 1624.

(3) *Safranier*, expression familière pour désigner une personne misérable, ruinée.

(4) Jean-Jacques du Sault, fils de Jacques du Sault, avocat du roi au parlement de Bordeaux, et d'Anne Godin, fut évêque de Dax en 1600, et mourut en 1623. — Il y avait dans les précédentes éditions : *l'évêque d'Aix*.

(5) Inédit.

(6) La partie adverse de Bassompierre qui, pour se faire juger par l'archevêque d'Aix, demandait l'évêque de Dax, avait été obligée de lui donner le troisième rang sur la liste, tandis que l'archevêque d'Aix y eut occupé le premier rang.

car l'archevesque eut esté nommé le premier et l'evesque le dernier. Ayans extorqué cette chose de Rome sans ma participation, requisition, consentement, ny connoissance, l'archevesque d'Aix (quy n'estoit ny mon evesque, ny mon metropolitain), sans estre nommé dans la commission, mais seulement l'evesque de Dacs (1), et, quand tout cela eust esté, sans appeller ses associés en la commission, sans lesquels il ne pouvoit agir, sans me faire citer, moy absent en Allemaigne, envoya a mon logis et parlant a un Suisse, luy laissa un exploit qu'il n'entendoit point: au bout de trois jours, sans ouir les parties, ny contestation, ny reffus mesmes de me presenter, ou autre formalité, il desclara de sa pure autorité une promesse de mariage qu'il ne vit point (car elle estoit avesques les autres pieces du proces a Rouan), bonne et valable, et me condamna de l'accomplir quinse jours apres Paques sur peine d'excommunication. Je ne sceus rien de tout cela que la veille que je partis de Nancy ou estoit ma mere, et m'en vins a Paris ou d'abbord je fis casser tout ce que ce fou enragé avoit fait (2), et eus une prise de corps contre luy et congé de la reine, (indignée, comme tout le monde, de l'infamie de cet homme), non seulement de l'executer, mais de prendre deux cens mousquetaires suisses pour le conduire plus seurement aux prisons de Rouan. Il se tint quelques jours caché, mais non sy bien que je n'en eusse quelque vent, quand monsieur le nonce quy craignoit

---

(1) Il y avait encore ici : *l'évêque d'Aix.*
(2) Voir à l'Appendice. I.

ce scandale, et les autres evesques quy estoint en peine de l'affront que ce galant homme alloit recevoir, me parlerent de m'en desister, en me promettant que le clergé demanderoit au pape des nouveaux juges, et le nonce me donnant parole que Sa Sainteté dans trois mois au plus tard casseroit, comme avoit desja fait le parlement, toutes les procedures de cette beste; ce qu'il fit, et me donna le chois des personnes qu'il delegueroit en France pour achever et terminer ce proces: mais je n'en voulus aucun jusques a ce que j'eusse eu un plein et entier jugement du parlement ou j'estois attaché et ou cette cause estoit retenue.

May. — Je me trouvay a ce retour en de tres grandes perplexités, non seulement a cause de cette affaire là, mais aussy pour plus de seise cens mille livres que je devois a Paris sans moyen de les payer ; et mes creanciers quy me voyant aller sur le sujet de l'extremité de la maladie de ma mere, avoint eu quelque esperance que des biens dont j'en heriterois je les pourrois satisfaire, me voyans revenir et ma mere garantie de son mal, estoint hors d'esperance de pouvoir sortir d'affaires avesques moy, et par consequent fort mutinés. Il y avoit aussy brouillerie en une maison entre un mary et une femme, dont j'estois le principal sujet, quy me mettoit en peine (juin): mais plus que tout cela une fille grosse de sept mois, que je n'attendois que l'heure que l'on s'en apperceut avesques un grand scandale et une mauvaise fortune pour moy.

Il arriva que peu de jours apres j'eus les cassations des procedures de ce bel archevesque d'Aix; que la mort de ma mere quy m'apporta quelque cinquante mille escus d'argent et me donna moyen de vendre pour cens mille escus de bien (1), et cent mille francs que j'eus de tous les dons verifiés que j'avois (juillet) dont je traittay avec un nommé Verton, me firent payer sept cens mille livres de dettes, quy me mirent fort a mon ayse; la brouillerie quy estoit entre mary et femme s'accommoda (aust); la fille accoucha heureusement, et sans que l'on s'en apperceut, le 13me d'aust; et je m'en allay a Rouan ou je gaignay mon proces contre Antragues a pur et a plein (2): de sorte que je fus delivré en mesme ou peu de temps de tous ces divers et fascheux inconveniens.

Le parlement fit des remonstrances au roy, quy furent mal receues (3).

La reine vint tirer huit cens mille escus quy restoint en la Bastille, et fit prendre prisonnier le president le Jay (4) quy fut mené a Amboyse.

Le roy, la reine, et Madame, partirent le 18me

---

(1) Voir à l'Appendice. II.
(2) Voir à l'Appendice. III.
(3) Le parlement, à l'instigation secrète du duc de Bouillon, avait rendu, le 28 mars, un arrêt par lequel les princes et les pairs étaient invités à venir délibérer avec lui sur la réformation de l'état. Le roi fit défense au parlement de passer outre; après quelques incertitudes le parlement présenta, le 22 mai, des remontrances au roi, qui se montra mécontent. L'arrêt du 28 mars fut cassé et les remontrances supprimées par arrêt du Conseil du 23 mai; mais le parlement parvint à éluder l'enregistrement de cet arrêt.
(4) Nicolas le Jay, baron de Tilly, fils de Nicolas le Jay, seigneur de Bevilliers, et de Madeleine Gron, était alors président en la grand'chambre. Il devint premier président en 1631, et mourut en 1640. — Le Jay était dévoué au prince de Condé, et on craignait son influence sur le parlement.

d'aust (1) pour aller a Bordeaux achever les doubles mariages d'Espaigne, ou je pensois les devoir accompagner ; mais comme M.ʳ le Prince et ses partisans se mirent en mesme temps en campagne pour divertir le roy de son voyage et brouiller les cartes, le roy mit une armée sur pié, de laquelle il fit M.ʳ le mareschal de Boisdauphin lieutenant general, et M.ʳ de Pralain mareschal de camp; il me commanda de demeurer avesques eux, et laissa le regiment des Suisses de Galaty en ladite armée.

Nous fusmes conduire le roy et la reine jusques a Berny (2), et puis revinsmes a Paris, ou apres avoir demeuré peu de jours pendant que l'armée se mettoit sur pié, j'allay cependant le 26me d'aust, gaigner mon proces a Rouan (3) ou je vis la premiere fois Mlle Tourmente (4) avecques laquelle je fis connoissance (septembre).

A mon retour de Rouan, quy fut le 6me, je trouvay que M.ʳ le mareschal de Boisdauphin estoit desja party pour aller a Meaux (5), ce quy fit que je ne sejournay

---

(1) La cour partit le 17 août (Lettre de Malherbe du 18 août. — *Mercure françois*, t. IV, année 1615, p. 207.)

(2) La croix de Bernis, sur la route d'Orléans, non loin de Sceaux.

(3) et eus arrest en ma faveur le vendredy 4me de septembre.
(*Addition de l'auteur.*)

(4) C'est-à-dire Mme Tourmente : La famille Tourmente était une famille parlementaire de Rouen.

(5) Le prince de Condé s'était retiré dans son comté de Clermont-en-Beauvoisis, le duc de Longueville dans son gouvernement de Picardie, le duc de Bouillon à Sedan, et le duc de Mayenne à Soissons. La petite campagne dont le récit va suivre avait un double objet : couvrir Paris en défendant l'Oise et la Marne, et empêcher les princes coalisés de pénétrer dans le centre de la

qu'un seul jour a Paris et en partis le mardy 8me de septembre, jour de Nostre Dame, et le vins trouver a Meaux, d'ou il partit le lendemain avesques ce qu'il avoit d'armée et vint loger a Assy.

Le jeudy 10me il arriva a Crepi en Vallois (1) et y sejourna le lendemain.

Le samedy 12me il vint au Pont Sainte Maixence, et le lendemain monsieur le mareschal envoya Mr de Pralain avec deux couleuvrines, et moy avesques six compagnies de Suisses, pour assieger Creil sur Oyse (2), ayant aussy donné rendés vous a 17 compagnies du regiment de Piemont (3) de s'y trouver en mesme temps, lesquelles n'y arriverent a temps. Mr de Pralain envoya sommer le capitaine quy y commandoit pour madame la Comtesse (4), (nommé Rimbaut), de rendre le chasteau, ce qu'il fit apres avoir veu nostre canon. J'en fus prendre possession, et peu apres arriverent les compagnies de Piemont desquelles j'en laissay une a Creil et revins avesques les autres et les Suisses au Pont

---

France et d'inquiéter le voyage du roi. Le premier but fut atteint: mais l'impéritie ou la négligence des chefs de l'armée royale permit aux princes de passer successivement la Marne à Château-Thierry, la Seine à Méry, l'Yonne près de Joigny, et la Loire à Neuvy.

(1) Acy-en-Multier, bourg du canton de Betz, arrondissement de Senlis, département de l'Oise. — Crespy-en-Valois, chef-lieu de canton de l'arrondissement de Senlis.

(2) Pont-Sainte-Maxence et Creil, chefs-lieux de canton de l'arrondissement de Senlis, sur la rive gauche de l'Oise.

(3) Un des quatre vieux régiments de première création.

(4) Anne, comtesse de Montafié, fille et héritière de Louis, comte de Montafié en Piémont, et de Jeanne de Coëme; mariée le 27 décembre 1601 à Charles de Bourbon, comte de Soissons, veuve en 1612, morte le 17 juin 1644, dans sa 67me année.

Sainte Maixence, ou M^r le mareschal sejourna encores le lundy 14me.

Le mardy 15me l'armée vint loger a Verberie (1), auquel lieu les ennemis vindrent la nuit nous donner quelque allarme au guay de la riviere quy est devant Verberie ; mais ils y trouverent une compagnie de Suisses quy les fit retirer a coups de mousquets.

Nous y sejournames encores le lendemain, et le jeudy 17me nous primes le logement de Verneul (2) pour estre plus commode pour faire teste a M^r le Prince en cas qu'il voulut passer la riviere d'Oyse pour venir a Paris, comme l'on disoit. Il prit cependant Chauny (3), et estant venu devant Montdidier, il en fut repoussé; et de là nous tenant en jalousie s'il tireroit vers la riviere de Marne ou vers celle d'Oyse, nous obligea de demeurer audit Verneul jusques au mercredy 23me, que nous primes le logement de Baron (4), ou nous sejournames le jeudy et le vendredy ; puis le samedy 26me nous primes celui de Dammartin (5), et y demeurames jusques au mercredy 30me que nous revinsmes a Meaux, auquel lieu nostre armée se fortifia de plusieurs diverses trouppes de cavalerie et infanterie quy s'y vindrent joindre.

---

(1) Verberie, bourg du canton de Pont-Sainte-Maxence, sur la rive gauche de l'Oise.

(2) Verneuil, village situé entre Pont-Sainte-Maxence et Creil.

(3) Chauny, sur la rive droite de l'Oise, chef-lieu de canton de l'arrondissement de Laon, département de l'Aisne.

(4) Village du canton de Nanteuil-le-Haudouin, arrondissement de Senlis, entre les deux rivières.

(5) Dammartin, chef-lieu de canton de l'arrondissement de Meaux.

Nous en partimes le samedy 3me octobre et vinsmes loger a Fermoustier ou nous sejournames le dimanche, et le lundy 5me allames a la Ferté Gaucher; le mardy 6me a Montmirail; le mercredy a Montmort (1), pensant pouvoir aller secourir Espernay que M^r le Prince assiegeoit et l'y combattre, puis que nous n'avions peu sauver Chasteau Thierri qu'il avoit pris trois jours auparavant : mais nous eumes avis comme ceux d'Espernay avoint ouvert les portes a son armée, et qu'il estoit deslogé pour aller a Sesanne en Brie, ce quy nous fit aller le jeudy 8me loger a un village nommé en Baye (2); et ayant envoyé le régiment de Vaubecourt gaigner la chaussée de Saint Pris (3) par ou nous pouvions passer le marais de Saint Gon (4) qui dure pres de quinse lieues de long, il arriva que le sieur Descures mareschal des logis general de l'armée, en quy monsieur le mareschal et Mr de Pralain avoint toute confiance et croyance, tomba extremement malade, et ces messieurs en une telle irresolution que l'on ne les pouvoit porter a aucun dessein. Cependant nous voyions que

---

(1) Faremoutier, canton de Rozoy, arrondissement de Coulommiers (Seine-et-Marne). — La Ferté-Gaucher, chef-lieu de canton de l'arrondissement de Coulommiers. — Montmirail, Montmort, chefs-lieux de canton de l'arrondissement d'Epernay (Marne). — L'armée royale manœuvre maintenant entre la Marne et la Seine.

(2) Baye, village du canton de Montmort, sur la route d'Epernay à Sézanne.

(3) Saint-Prix, village du canton de Montmort, situé sur la route d'Epernay à Sézanne.

(4) Le marais de Saint-Gond touche aux villages de Baye et de Saint-Prix; il n'a plus aujourd'hui, d'après la carte de l'état-major, une étendue aussi considérable que celle qui lui est attribuée par Bassompierre.

Mʳ le Prince alloit prendre Sesanne sur nostre moustache, dont tous les chefs de l'armée estoint desesperés; nous allames, Mʳ de Richelieu, mestre de camp du regiment de Piemont, Mʳˢ de Vaubecourt, Bourg Lespinasse (1), et moy, trouver Mʳ de Refuges (2) intendant des finances et de justice de nostre armée, personnage de rare vertu, pour le prier d'animer nos generaux et mareschal de camp (3) a se resoudre. Il nous dit qu'il n'avoit pas desja manqué de les y presser, mais qu'ils luy avoint respondu qu'il nous falloit voir la contenance et le dessein de l'ennemy pour, sur cela, former le nostre, et que la maladie de Descures auquel ils croyoint comme a un ange, les tenoit ainsy en suspens. Je leur dis allors : « Voyons Descures et le persuadons de leur mander que s'ils ne passent la chaussée pour gaigner Sesanne, Mʳ le Prince la prendroit (4) infailliblement le lendemain; » ce que nous fismes, et Descures jugea comme nous qu'il nous falloit fortement passer la chaussée, et leur manda qu'il la falloit necessairement passer et aller aux ennemis. Monsieur le mareschal dit qu'il vouloit attendre quelques trouppes quy luy devoint venir et jouer a jeu

---

(1) Antoine du Maine, baron du Bourg-l'Espinasse, fils puiné de Bertrand du Maine, baron du Bourg, et de Jeanne de Fayole de Mellet, était mestre de camp d'un régiment créé en 1606 sous son nom, et qui depuis s'appela régiment d'Auvergne. Ce corps était un des cinq que l'on appelait *Petits vieux*.

(2) Bernard de Refuge, sieur de Dammartin, maître des comptes, était fils de Jean de Refuge, seigneur de Précy, conseiller au parlement de Paris, et d'Anne Hennequin, sa seconde femme.

(3) Il faudrait plutôt : notre général et notre maréchal de camp.

(4) C'est-à-dire : prendrait Sézanne.

seur. Sur cela Descures luy manda qu'il n'y avoit plus lieu d'attendre, et que s'il ne passoit, il ruinoit les affaires du roy. Allors il vint lui mesmes pour s'en resoudre avec Descures, ou il nous trouva; et fut conclu que Vaubecourt passeroit encores le jour mesmes avec son regiment et prendroit quelque poste avantageux ; que Piemont tiendroit le bout de deça de la chaussée ; et que tous deux feroint passer toute la nuit les bagages de l'armée que nous fismes accompagner de [quatre compagnies de] (1) carabins : et l'on donna rendés vous au reste de l'armée au bord de la chaussée au lendemain a la pointe du jour ; ce qui s'executa punctuellement, et Mr de Pralain passa le vendredy 9me la chaussée avec la compagnie de gens d'armes de la reine mere qu'il commandoit, me laissant la charge et l'ordre pour faire passer le reste , puis de faire la retraitte (2) avec les neuf compagnies de chevaux legers ordonnées pour cet effet ; ce que je fis sans desordre (3), hormis que celuy quy porta l'ordre aux chevaux legers se perdit la nuit et ne leur porta qu'au jour, ce quy fut cause qu'elles (4) arriverent comme tout achevoit de passer, et je laissay pour la retraitte les compagnies de gens d'armes de Lorraine, Vaudemont, et Monbason, qui estoint du regiment de cavalerie dont on m'avoit donné le commandement. Comme le regiment de Picardie, (dont Mr du Maine avoit quelques jours auparavant deffait quatre com-

---

(1) Inédit.
(2) C'est-à-dire : l'arrière-garde.
(3) Il y avait dans les précédentes éditions : *sans descendre*.
(4) *Elles*, c'est-à-dire les compagnies de chevau-légers.

pagnies au Bac a Choisy (1), comme elles venoint au rendés vous de l'armée), quy avoit la retraitte comme premier regiment (2), commençoit a desfiller, nous vismes marcher de loin douse ou quinse gros de cavalerie quy estoint nos chevaux legers; mais l'on creut que c'estoint les ennemis : je prins mes trois compagnies de gens d'armes pour tenir ferme et payer de nos vies pour faire passer le regiment, ce qu'il fit, et bien viste ; mais les ayant envoyé reconnoistre, nous trouvasmes que c'estoint des nostres.

Ainsy nous gaignames Sesanne en Brie et logeasmes nostre armée aux environs : et a peine estoint nos carabins et chevaux legers logés, que les ennemis vindrent porter l'allarme quand et eux, ce quy les fit remonter a cheval en diligence et envoyer leurs bagages au quartier de Piemont. Les ennemis avoint cinq gros de cavalerie quy paroissoint sur un tertre sans se bouger, sinon que quand ils nous virent avancer, ils se retirerent avec bon ordre derriere ce tertre ; et comme nous fismes halte, croyans que leur armée entiere estoit au vallon, ils remonterent et furent en cet estat jusques a la nuit, qu'ils se retirerent. Nos carabins prindrent quelques vallets de leur armée quy nous dirent qu'ils se preparoint pour nous venir combattre le lendemain ; et je pense que les ennemis les avoint fait prendre expres pour nous dire cette nouvelle, affin de nous cacher leur dessein quy estoit de passer

---

(1) Choisy-au-Bac, village du canton d'Attichy, arrondissement de Compiègne, sur l'Aisne, près de son confluent avec l'Oise.

(2) Le régiment de Picardie était le premier des quatre vieux corps, et, comme tel, il avait le poste d'honneur.

leur armée le marais de Saint Gon a Pleurs(1) ou il y a une chaussée, affin de mettre ledit marais entre eux et nous pour pouvoir en seureté aller gaigner la riviere de Seine et la passer avant que nous nous peussions opposer a leur passage.

Sur cet avis conforme aux apparences nous nous mismes en estat de donner battaille, en cas qu'ils se presentassent, le samedy matin 10me : mais les mesmes cinq gros parurent seulement sur le mesme tertre qu'ils avoint fait le jour precedent, ce qu'ils ne firent a autre dessein que pour nous cacher le passage de leur armée sur la chaussée de Pleurs ; ce qu'ils continuerent encores le dimanche 11me : mais nous ne mismes nostre armée en battaille, ainsy que le jour precedent, a cause du mauvais temps, nous contentans de leur opposer nostre cavalerie. Ils se retirerent de meilleure heure ce jour là qu'ils n'avoint fait le precedent, pour aller rejoindre leur armée quy avoit fait une grande traitte pour arriver a Mery sur Seine (2) et passer avant qu'ils nous puissent avoir sur les bras.

Nous ne sceumes que la nuit leur passage (3) et deslogement, et le lendemain lundy 12me nous vinsmes prendre nostre logement a Barbonne. En partant le matin de Sesanne les chevaux legers eurent ordre d'envoyer vingt chevaux a la queue de l'armée (4)

---

(1) Pleurs, village du canton de Sézanne (Marne).

(2) Méry-sur-Seine, chef-lieu de canton de l'arrondissement d'Arcis-sur-Aube, département de l'Aube. Les ennemis, pour arriver à Méry, devaient d'abord passer l'Aube.

(3) Leur passage de l'autre côté du marais.

(4) De l'armée des princes.

pour prendre langue de leurs logemens et de leur routte : mais ils vindrent dire a monsieur le mareschal qu'ils estoint si fort harrassés des deux jours precedens ausquels il leur avoit fallu estre continuellement a cheval, qu'il leur estoit impossible de pouvoir choisir dans tout leur corps vingt chevaux quy peussent faire cette courvée. Monsieur le mareschal s'estonna de cette harangue peu coustumiere d'estre faite par des chevaux legers, et moins au commencement d'une guerre : je m'offris d'y aller avesques vingt chevaux s'il me le vouloit permettre, et au refus qu'il m'en fit, je luy dis qu'il m'avoit fait la faveur de me donner le commandement d'un regiment de grosse cavalerie composé des compagnies de Lorraine, Vaudemont, Montbason, et la Chastre, lesquelles tiendroint a honneur d'estre employées aux courvées que les chevaux legers ne voudroint ou pourroint faire, et que je le suppliois qu'il me donnat la commission d'y envoyer dix gensd'armes de la compagnie de Mr de Lorraine et dix de celle de Mr de Vaudemont.

Il le trouva tres bon, et a l'heure mesme j'envoyay l'ordre par Lambert a la premiere et par Des Estans a l'autre, quy m'en prierent et de trouver bon qu'ils y allassent avec eux.

Ces deux trouppes nous vindrent faire rapport de ce qu'ils avoint peu descouvrir du logement des ennemis, de la routte qu'ils tenoint, et de leur ordre : mais celle que Mr de Couvonges avoit menée nous dit de plus que les gens ausquels commandoit Mr du Maine, et sa personne mesme, estoint logés au deça du marais de Saint Gon, lequel ils leur avoint veu passer en un lieu ou un homme a peine, bien monté, s'en pouvoit retirer, estans dans le bourbier jusques aux sangles, et ne pouvans marcher qu'un de front. Lambert s'alla mesler parmy eux comme s'il eut esté des leurs et ouit Mr du Maine jurant et maugreant du logement que Mr de Boullon leur avoit donné, capable de le faire perdre : il apprit aussy que leur departement estoit a Saint Saturnin et a Tas (1). Monsieur le mareschal sur cet avis resolut de le faire attaquer, et moy ayant demandé la commission de l'executer, Mr de Pralain dit qu'il la vouloit faire, sur quoy je luy demanday donc d'y estre son soldat et d'y mener six vingts chevaux des trois compagnies de gensd'armes quy estoint en l'armée sous ma charge, ce qu'il m'accorda, et manda (2) deux cent cinquante chevaux legers [de plus] (3), cent carabins, cent gensd'armes de la compagnie de la reine, et autant de celle de Monsieur, trente de la compagnie de Mr de Chevreuse, et autant de celle de Genlis : il prit de plus deux mille hommes de pié et leur donna rendés vous a un village dont il ne me souvient du nom, a deux lieues dudit Saint Saturnin, a une heure apres minuit, ou il se trouverent. Nous partimes un peu apres deux heures et marchames droit a Tas quy estoit le logement plus avancé devers nous. Mais comme le jour nous eut pris a une demie lieue dudit Tas, on conseilla Mr de Pralain de faire faire halte, sur un lieu eminent, a nostre infanterie et de

---

(1) Thaas, village du canton de Fère-Champenoise; Saint-Saturnin, village du canton d'Anglure, arrondissement d'Epernay (Marne); situés sur la rive droite de la petite rivière des Auges, près de son confluent avec l'Aube.

(2) Il y avait dans les précédentes éditions : *mena*.

(3) Inédit.

nous avancer en diligence droit a Tas avant que les ennemis se peussent retirer ; et mesmes pour nous soustenir a la retraitte en cas que l'on eut fait ce logement de Saint Saturnin pour nous donner une amorce, nostre ordre estoit que cinquante carabins seroint a chascune de nos ailes, puis cent chevaux legers de chasque costé plus en arriere, puis ma trouppe au millieu, et derriere moy sur les ailes les deux cens gensd'armes des deux grosses compagnies (1), et les soixante chevaux de Chevreuse et Genlis pour gros de reserve.

Nous marchames ainsy jusques a Tas ou nous trouvames les ennemis deslogés. Il arriva que, ayans passé Tas, M⁰ de Constenant quy commandoit les chevaux legers de l'aile droitte, lequel se faisoit haïr de telle sorte par ceux de sa trouppe qu'il les craignoit plus dans le combat que les ennemis mesmes, se desbanda avec un de ses chevaux legers nommé Vallieres pour aller reconnoistre la contenance des ennemis ; ce qu'ayant veu, M⁰ de Vittry (2) quy commandoit ceux de l'aile gauche, prit avesques luy un chevaux leger et l'alla joindre. Zammet (3) et Montglat (4) qui comman-

---

(1) Les compagnies de la reine-mère et de Monsieur.
(2) Nicolas de l'Hospital, marquis de Vitry, fils de Louis de l'Hospital, marquis de Vitry, et de Françoise de Brichanteau, maréchal de France en 1617, mort le 28 septembre 1644, dans sa 63ᵉ année.
(3) Jean Zamet, baron de Murat et de Billy, fils de Sébastien Zamet et de Madeleine le Clerc. Il était en 1616 mestre de camp du régiment de Picardie, et mourut maréchal de camp en 1622.
(4) Robert de Harlay, baron de Monglat, fils de Robert de

doint en leur absence, en firent le semblable a leur imitation et donnerent a toute bride jusques au corps de garde avancé de Mʳ du Maine, que commandoit le baron de Poully(1), ou ils perdirent un gentilhomme de Montglat nommé Loumiere : bien disent ils qu'ils blesserent le baron de Poully. En ce mesme temps quelques autres chevaux legers se voulans desbander pour suyvre ces chefs, Mʳ de Constenant leur cria qu'ils tournassent teste, ce que les carabins croyans estre dit pour eux, se retirerent, et a leur imitation les chevaux legers, tant il est de consequence de se bien expliquer.

Allors Mʳ de Pralain, Marillac et moy, [quittans nos gros] (2), courusmes aux chevaux legers sçavoir la cause de leur retraitte sans l'ordre de Mʳ de Pralain, lesquels dirent que leurs chefs leur avoint crié. Sur cela Mʳ de Pralain leur dit qu'ils se missent a costé et derriere les deux compagnies de gens d'armes, et me dit lors : « Sy je les faisois retourner a leurs postes, ils ne feroint rien quy vaille ; car leurs chefs leur ont par mesgarde donné l'allarme ; » quy fut la seule chose qu'il dit ou fit en capitaine de tout ce jour. Il me dit en suitte : « Mon fils, c'est a vous à avoir la teste; gouvernés vous en sage capitaine et non en jeune esventé comme ces messieurs quy ont abandonné leurs trouppes. » Sur ce, je mis ma trouppe en deux gros de soixante chevaux chascun, et deux de coureurs

---

Harlay, baron de Monglat, et de Françoise de Longuejoue, était grand louvetier de France. Il fut tué peu de temps après dans un duel avec Vitry.

(1) Sans doute Simon de Pouilly, baron d'Esne et de Manonville, qui fut maréchal de Barrois et gouverneur de Stenay.

(2) Inédit.

de dix chevaux chascun, composés de gentilshommes volontaires, dont Mr de Poigny (1) eut la charge de l'un, et Mr de Bes (2) de l'autre. Ainsy nous allasmes, salade en teste, droit aux ennemis quy estoint a douse cens pas de nous en battaille contre les hayes de Saint Saturnin, lesquels estoint infailliblement perdus pour n'avoir lieu de retraitte et n'estre que trois cens chevaux, que bons que mauvais, de trouppes nouvelles levées, contre nous quy en avions le double de trouppes entretenues et les plus belles du monde. Mais par malheur il arriva qu'un capitaine de carabins nommé la Haye en quy Mr de Pralain avoit creance, vint mettre en l'esprit irresolu de Mr de Pralain qu'infailliblement ces hayes estoint farcies de mousqueterie, laquelle nous mettroit d'abord la moitié de nos gens par terre et l'autre en desordre, ce qu'il luy imprima sy bien dans l'esprit qu'a l'heure mesme il m'envoya dire de me retirer. Je creus qu'il se moquoit de moy et luy manday que nos chevaux avoint rompu leur gourmette et nous emportoint droit aux ennemis, sur quoy il vint a toute bride a nostre teste et cria halte, puis nous dit : « Mordieu, ne me reconnoit on pas icy pour y avoir le premier commandement ? » Je luy dis : « Quy vous le dispute ? Mais je ne crois pas que Dieu vous veuille tant de mal que de

---

(1) Jean d'Angennes, marquis de Poigny, fils de Jean d'Angennes, seigneur de Poigny, et de Madeleine Thierry, dame de Boisorcan, mourut en 1637.

(2) René de Betz, seigneur de la Harteloire, fils de Charles de Betz, seigneur de la Harteloire, et de Madeleine de Héliant, fut tué au siége de Montauban.

vous inspirer de vous retirer voyant devant vous des ennemis en peu de nombre et quy n'attendent que nous les joignions pour estre deffaits. »

Il s'approcha lors de moy et me dit tout bas : « Vous ne jugés pas qu'il y a deux mille mousquetaires dans ces hayes, dont je suis bien averty. » Je luy dis : « Au moins, Monsieur, voyons sy cela est : j'iray, sy vous voulés, escarmoucher avesques vingt chevaux a cinquante pas des hayes ; ils ne se tiendront jammais de tirer quelque coup quy nous fera reconnoistre ce quy en est : mais a peine de ma vie qu'il n'y en a point. » Il me dit : « Je le sçay mieux que vous, et vous prie de faire la retraitte avesques vos trouppes. » Je luy dis qu'elle estoit bien aysée a faire devant des gens quy s'enfuyoint. Et ainsy ayans Mr du Maine en nos mains, quy infailliblement y fut demeuré mort ou pris avesques un quart de la cavalerie de leur armée, quy eut donné telle espouvente au reste qu'ils se fussent desbandés en suitte, Dieu nous osta l'esprit et la connoissance de ce que nous pouvions et devions faire, et mit (1) un tel desgoust dans notre armée et telle opinion de nos chefs qu'il sembloit que nous fussions nous mesmes deffaits.

Ce fut le mardy 13me octobre que nous fismes cette belle affaire, ou pour mieux dire que nous ne fismes rien sy non aller prendre notre logement à Villenosse (2).

Le mercredy 14me nous arrivasmes a Nogent ou

---

(1) Il faudrait : ce qui mit.
(2) Villenauxe, chef-lieu de canton de l'arrondissement de Nogent-sur-Seine, département de l'Aube.

nous eumes avis que Mery sur Seine leur avoit ouvert les portes, et qu'ils avoint passé la riviere.

Nous la passames le jeudy 15me et avions ordre de loger a Traynel (1). Mais comme il n'y a que deux petites lieues de Nogent, que le temps estoit fort beau et l'heure haute, les chefs murmurerent de cette petite traitte, disans que l'on vouloit donner loisir a M^r le Prince de se saisir de Sens. Descures quy estoit en carrosse, bien malade, nous dit en passant que nous pourrions bien perdre Sens sy nous ne nous hastions davantage que nous ne faisions, et que nous pouvions bien loger a Granges (2) quy estoit a deux bonnes lieues de là. Je dis a Mr de Pralain que je m'asseurois que monsieur le mareschal le trouveroit bon : il me dit que sy je luy voulois aller faire resoudre, qu'il feroit le logement de l'armée tout prest pour faire marcher. Monsieur le mareschal voloit des perdreaux, et y courus et me douttant bien qu'il le trouveroit bon, j'envoyay Cominges dès le my chemin dire a Mr de Pralain et Descures que monsieur le mareschal leur mandoit de faire le logement a Granges, et comme j'eus joint monsieur le mareschal, je luy dis que ces messieurs ne jugeoint le logement de Traynel propre pour luy a cause qu'il y avoit eu de la peste dans le chasteau ou il devoit loger, que la traitte estoit trop petite et celle du lendemain pour aller a Sens trop grande, mais que s'il luy ploisoit de loger a une bonne lieue plus avant en un bourg nommé Granges, il y

---

(1) Trainel, bourg du canton de Nogent-sur-Seine.

(2) Grange-le-Bocage, canton de Sergines, arrondissement de Sens, département de l'Yonne.

seroit tres bien et a propos. Il s'y accorda, et je m'en revins comme desja tout marchoit a Granges.

Il faut sçavoir que les ennemis marchoint coste a coste de nous a une lieue de distance sans sçavoir de nos nouvelles, ny nous d'eux, tant tout estoit en desordre parmy nous ; et le logis de nos chevaux legers estoit le mesme que Mr de Boullon avoit donné aux trouppes de Mr de Luxembourg (1). Leurs mareschaux des logis et les nostres se rencontrerent au logement ; et comme les nostres estoint plus en nombre, ils chargerent ceux des ennemis et les chasserent, lesquels vindrent porter l'allarme a M^r le Prince quy fit mettre son armée en bataille, pensant nous avoir sur les bras, et la fit camper cette nuit là en une plaine a une lieue derriere nous sur le chemin de Sens ou nous allions tous deux.

Il arriva encores une autre chose par cas fortuit, quy les tint en allarme, quy nous servit beaucoup : c'est que ceux de Granges avoint retiré leurs personnes et leurs biens dans l'eglise du village quy estoit assés bonne pour coups de main, et mise en cet estat pour leur conservation dès les guerres de la Ligue. A l'arrivée de Mr de Pralain avesques quy j'estois, nous trouvasmes que le provost de l'armée quy estoit un assés bon voleur, pensant gaigner beaucoup dans cette eglise s'il s'en rendoit maitre, les somma de mettre ses archers dedans pour la guarder, et eux ayans respondu qu'ils ne l'ouvriroint point jusques a l'arrivée des chefs, ce provost avoit tiré quelques arquebusades, et eux y

---

(1) Henri de Luxembourg, duc de Piney, fils de François de Luxembourg, duc de Piney, et de Diane de Lorraine-Aumale, sa première femme, mourut le 23 mai 1616. Il fut le dernier descendant mâle de cette grande maison de Luxembourg.

avoint respondu : mais lors qu'ils virent Mr de Pralain, ils luy manderent qu'ils estoint pres de sortir, de revenir chascun en sa maison, et de fournir des vivres et ustensiles ce qu'il ordonneroit, ce que Mr de Pralain accepta, et leur manda qu'ils ne sortissent point jusques a ce que chascun fut logé; et a l'heure mesme les fourriers de nostre cavalerie legere nous ayans porté l'allarme de l'armée des ennemis quy estoint sur nos bras, nous nous avançames avesques les trouppes fait a fait (1) qu'elles arrivoint, et comme monsieur le mareschal vint a Granges, trouvant cette contestation entre ce provost et ces païsans renouvellée, sans s'enquerir de ce que Mr de Pralain leur avoit ordonné, fit tirer trois coups de canon a cette eglise, et les païsans s'estans rendus a sa misericorde, commanda à ce mesme provost d'en pendre quatre des principaux, ce qu'il executa avant nostre retour, que nous luy rapportames que les ennemis estoint a pres de deux lieues derriere nous et que nostre teste estoit forte de telle sorte que les ennemis ne pouvoint rien entreprendre a cause d'un profond ruisseau quy nous separoit ; et bien qu'ils se fussent avancés a demie lieue proche de Granges avesques leur cavalerie, ils s'estoint neammoins retirés a l'entrée de la nuit lors que ces trois coups de canon avoint tiré, quy leur firent croyre que nostre armée marchoit pour les aller attaquer.

Ils se mirent donc en battaille, et y coucherent toute la nuit, et le lendemain attendirent jusques a neuf heures que nous les vinssions attaquer.

Mais nous partimes au jour, dudit Granges, le ven-

---

(1) *Fait à fait,* à mesure.

dredy 16me, et arrivasmes a Sens avant les ennemis lesquels sans doutte se fussent emparés de la ville s'ils y fussent arrivés les premiers, veu la difficulté que les habitans firent de nous y recevoir et les grandes intelligences que M^r le Prince y avoit. Nous nous logeames aux fausbourgs, et a peine peumes nous obtenir de ceux de Sens que les chefs avec leurs esquipages logeassent en la ville.

L'armée ennemie prit son logement a Malay (1) quy est a une lieue de là, et y eut plusieurs escarmouches tout le temps que nous fumes a veue les uns des autres, quy fut le samedy et dimanche suyvant.

Ce soir (2) les habitans de Sens tenoint leurs portes et ne laissoint entrer nos soldats qu'a la file pour acheter les denrées, de sorte que monsieur le mareschal, Mr de Pralain, et ceux quy estoint logés dedans Sens estoint en la puissance de ceux de la ville, affectionnés a M^r le Prince, quy estoit sy proche d'eux. Comme nous fusmes au conseil, on resolut de se rendre maitre de la ville, ce que je proposay de faire sy l'on m'en donnoit la charge, et ayant fait voir l'ordre que j'y voulois tenir, il fut approuvé, et l'eus de l'executer.

Donc le samedy matin 17me je fis le matin entrer plus de cent Suisses a la file quy faisoint semblant d'aller acheter des denrées, et eurent ordre de se rendre a la place, ou il y avoit un capitaine et d'autres

---

(1) Malay-le-Roi, village du canton de Sens, sur la petite rivière de la Vanne, qui se jette dans l'Yonne un peu au-dessus de cette ville.

(2) *Ce soir*, c'est-à-dire le vendredi soir, jour de l'arrivée de l'armée royale à Sens.

officiers quy leur diroint ce qu'ils avoint a faire. Je donnay aussy ordre a un autre capitaine nommé Reding (1) (gentil soldat), d'entrer avec cinquante autres Suisses a la file et de marchander des choses proche de la porte, affin que quand il me verroit entrer, il vint par dedans a moy; et fis tenir le capitaine Hessy (2) avesques deux cens Suisses le plus près que je peus de la porte d'ou il ne fut point aperceu, pour venir au premier signal que l'on luy donneroit que je serois entré. J'avois aussy fait dire au maire qu'il commandat a la porte de faire entrer une escouade de Suisses pour faire garde devant le logis de monsieur le mareschal, ce qu'il avoit fait. Il estoit aussy entré par les autres portes de la ville plus de trois cens soldats françois et quantité de capitaines et officiers, lesquels se devoint rallier au premier bruit. Ainsy sur les neuf heures du matin j'entray dans la ville avec six hallebardiers qu'ils avoint toujours veus marcher devant moy : j'avois aussy quattre ou cinq capitaines quy m'accompagnoint, quy avoint chascun deux trabans (3) a leur suitte : il y avoit de plus douse

---

(1) Georges de Reding de Biberegg, du canton de Schwitz, avait levé en 1606 une demi-compagnie pour le régiment de Gallaty : en 1614 il leva avec son oncle Rudolf de Reding une nouvelle compagnie : il possédait encore en 1618 cette compagnie, qui avait été incorporée en 1616 au régiment des gardes suisses.

(2) Fridolin Hessy, du canton de Glaris-Catholique, capitaine au régiment de Gallaty en 1606 et en 1614, incorporé en 1616 avec sa compagnie au régiment des gardes suisses, devint colonel de ce régiment à la mort de Gallaty, fut blessé au siége de Montauban en 1621, et mourut en novembre 1626.

(3) Les trabans des régiments suisses étaient des soldats armés

ou quinse gentilshommes volontaires ou de mes domestiques. Ainsy en entrant sans faire mine de vouloir rien entreprendre, je m'arrestay sous la porte et demanday quy estoit celuy quy commandoit, lequel vint a moy, et je le saisis : en mesme temps vingt hallebardiers suisses se presenterent aux bourgeois faisans la guarde ; les cinquante Suisses s'avancerent aussy affin que ceux quy guardoint ne fissent bruit par la ville, et les ayans desarmés, je fis entrer les deux cens Suisses de capitaine Hessy, quy furent suyvis de six cens autres quy estoint tout prests, et aller prendre les principales places et carfours de la ville, ou ils camperent, ayans osté la garde des portes aux habitans sans aucune opposition ny desordre : et après disner Mr de Pralain quy, outre la charge qu'il avoit en l'armée, estoit encores lieutenant de roy dans la province, alla en la maison de ville ou il despossedа le maire et les officiers soubçonnés et en establit en leurs places des affectionnés au service du roy.

Les ennemis ne sortirent tout ce jour là de leurs quartiers devers nous et y sejournerent, comme encores le lendemain dimanche 18me. Nous tinmes conseil pour sçavoir comment nous conserverions Sens, et quelles garnisons nous y laisserions, ce que nous ne pouvions faire qu'en affoyblissant nostre armée : mais le lieutenant general Angenou (1), le lieutenant criminel, et l'archediacre nommé le Blanc, quy estoint les

---

de hallebardes qui accompagnaient les capitaines dans toutes les actions de guerre.

(1) Bernard Angenoust était lieutenant général du bailliage de Sens. Il avait été député du tiers état aux états généraux de 1614.

plus affidés au service du roy, nous asseurerent que pourveu que l'on chassat de la ville vingt cinq habitans mutins, ils respondoint de la conserver sans garnison; ce que l'on resolut de faire, et on leur dit qu'ils avisassent avec Mr de Pralain ceux qu'il faudroit chasser.

Le lundy 19me l'armée ennemie deslogea de Malay, et je montay a cheval pour voir leur deslogement et donner quelque coup de pistollet sy le cas s'y offroit. Mais ils laisserent quelque cent cinquante chevaux et cinquante carabins a leur retraitte; et moy n'en ayant que vingt, et eux se tenans serrés, apres les avoir conduits une lieue par dela Malay, m'en revins a Sens ou je trouvay que l'on avoit envoyé des billets a vingt et cinq bourgeois pour se preparer le lendemain pour estre menés a Paris avesques une escorte d'une de nos compagnies de carabins. J'estois logé cheux le doyen de l'archevesché, bon homme et bon serviteur du roy, quy me vint trouver apres disner pour me dire que l'on envoyoit deux des chanoines, nommés Miette et l'Hermitte, dont il me pouvoit respondre du premier qu'il n'y avoit au monde un meilleur serviteur du roy, et qu'il me supplioit d'avoir pitié de luy et de luy permettre qu'il me peut parler. J'allay a la chambre du doyen ou ce pauvre homme estoit sy esperdu qu'il ne sçavoit ce qu'il faisoit : en fin l'ayant remis, il me dit qu'il n'avoit autre crime que [l'inimitié de l'archediacre le Blanc, lequel l'accusoit faussement] (1) d'avoir dit qu'il voudroit que M^r le

---

(1) Inédit. — L'omission de ce passage changeait le sens de la phrase.

Prince fut roy : bien me confessoit il qu'il avoit dit, voyant madame la Princesse sy belle et jolie, qu'elle meritoit d'estre reine, mais qu'il n'avoit jammais entendu que ce fut de France. Moy quy estois de sa mesme religion, entrepris son salut et luy promis de l'assister. Je m'en allay a l'heure mesme au conseil ou j'estois mandé cheux monsieur le mareschal auquel je dis le crime du chanoyne Miette et la passion et interest que j'avois a son salut, ce qu'il m'accorda.

J'avois trouvé en entrant a la chambre de monsieur le mareschal tous les condamnés a sortir de la ville, quy me firent tant de prieres, summissions, et pitié, que mon cœur se tourna en leur faveur ; ce quy me convia de dire a Mr de Refuges : « Pour quel sujet veut on deserter cette ville des principaux habitans, la plus part desquels n'ont autre crime que l'inimitié des deux lieutenans et de l'archediacre ? Pensés vous que cela conserve mieux la ville ? Au contraire cela y fera naitre tant de dissensions et de brigues par les parens et amis des chassés, que cent hommes des partisans de M^r le Prince, quy se presenteront aux portes quand nous en serons eslongnés, seront capables de s'en saysir, n'y ayant point de garnison. Je serois d'avis de conserver par douceur ce que vous ne voulés ou pouvés garder avec force, et en obligeant ces gens condamnés, vous les rendre affectionnés et fidelles. » Mr de Refuges me respondit qu'il entroit dans mon sentiment et que sy j'en faisois la proposition, qu'il l'appuieroit de toutes les raysons que son esprit luy pourroit suggerer. Allors j'allay parler a Descures que je gaignay aussy, et quand j'eus ces deux a ma devotion, je me sentis asseuré de faire faire aux autres ce que je voudrois. Donc, sur la fin du conseil, Descures ayant demandé quelle compagnie de carabins monsieur le mareschal vouloit quy allat accompagner les bannis a Paris, il luy commanda de faire l'ordonnance a Montalant (1) : je prins sur cela occasion de dire que Montalant nous seroit fort necessaire vers cette vallée d'Aillan (2) ou les ennemis tournoint la teste, d'ou il estoit et y avoit son bien, qu'il connoissoit le païs; et en suitte je dis que ces bannis ne nous faisoint pas tant de proffit a les envoyer a Paris que l'escorte qu'il nous leur falloit donner nous causeroit de dommage ; que l'on mettoit par cet envoy une dissension eternelle dans la ville de Sens, de laquelle Mr de Pralain pastiroit (3) un jour, et qu'ils seroint plus affectionnés, sy on leur faysoit la grace entiere, que ceux mesmes quy avoint esté pour nous; et que sy c'estoit a moy a faire, je leur pardonnerois; que je voyois un chemin ouvert pour le faire de bonne grace, c'est qu'ils m'avoint prié de parler pour eux et que je pourrois leur respondre que monsieur le mareschal m'avoit dit que sy Mr de Pralain et moy voulions leur servir de caution, qu'il le feroit, dont je m'asseure qu'ils nous prieroint instamment, et que nous le ferions apres avoir tiré seureté convenable de leur foy et parolle ; que cela rendroit la ville tres affectionnée a Mr de Pralain quy avoit interest de s'y conserver de l'autorité ; qu'elle conserveroit ses citoyens unis et que nous serions

---

(1) N. de Vielz-Chastel, seigneur de Montalant près Montargis, commandait une des quatre compagnies de carabins de l'armée du roi.

(2) Aillant-sur-Tholon, chef-lieu de canton de l'arrondissement de Joigny, département de l'Yonne.

(3) Il y avait dans les précédentes éditions : *partiroit*.

sans crainte d'aucun sinistre accident pour le service du roy apres que nous l'aurions eslongnée (1). Mrs de Refuges et Descures fortifierent mon opinion de plusieurs raysons, et monsieur le mareschal et Mr de Pralain y consentirent, comme firent aussy les lieutenans general et criminel : le seul archediacre nous fut contraire, quy protestoit que sy on laissoit ces gens dans la ville, qu'elle estoit perdue, et que pour luy il estoit resolu, sy nous le faisions, de sortir de la ville en mesme temps que nous ; je le rapaisay en fin, lui disant que ces exilés luy en auroint de l'obligation, et que je ferois qu'ils le prieroint d'interceder pour eux : puis je sortis pour leur parler, quy furent ravis [d'entendre] (2) que je leur procurois avec l'honneur la liberté de demeurer dans leur ville. Nous fismes semblant de respondre pour eux, et ils se sont montrés depuis infiniment passionnés au service du roy.

Nostre armée vint le mardy 20me loger a Saint Julien du Saus (3) et en partit le mercredy 21me pour venir loger a Joygny (4). Mais comme quelques uns des quartiers estoint plus avancés et que l'on avoit envoyé plus avant battre l'estrade pour prendre langue des ennemis, nos coureurs vindrent jusques a un ruisseau quy est au devant de deux bourgs nommés Chanlay (5) et

---

(1) Après que nous nous en serions éloignés.
(2) Inédit.
(3) Saint-Julien-du-Sault, chef-lieu de canton de l'arrondissement de Joigny. L'armée royale suivait le cours de l'Yonne en le remontant.
(4) Au lieu de cette phrase il y avait dans les précédentes éditions : *Notre armée vint le samedi 24 loger à Joigny.*
(5) Champlay, village du canton de Joigny, à une lieue de cette

..... (1), sans trouver personne. Un gentilhomme des miens, nommé Lambert, et un de Mr de Pralain, nommé des Combes, donnerent jusques aux portes de Chanlay qu'ils trouverent fermées et les ponts levés, et un homme dehors quy queuilloit des herbes, qu'ils amenerent a Mr de Pralain quy menoit la teste de nostre armée : c'estoit un cuisinier de Mr de Luxembourg quy l'asseura que les trouppes de Mr de Luxembourg estoint logées audit Chanlay, quy estoint pres de trois cens chevaux. Il s'y achemina en diligence sur le rapport de Lambert et Des Combes quy luy asseurerent que Chanlay estoit deça le ruisseau et que c'estoit un poste ou nous nous pouvions tenir en bataille sans crainte d'y pouvoir estre forcés par les ennemis sur la moustache desquels nous pouvions prendre Chanlay et les trouppes quy estoint dedans. Comme il y fut arrivé, ses ordinaires irresolutions le prindrent, en sorte qu'il manda a monsieur le mareschal avesques quy j'estois lors, qu'il estoit là, que les trouppes de Mr de Luxembourg estoint a Chanlay que l'on ne pouvoit forcer sans canon, que l'armée ennemie n'estoit qu'a une lieue de là et qu'il luy commandat s'il se retireroit ou s'il attaqueroit Chanlay.

Monsieur le mareschal luy manda qu'il fit ce qu'il verroit bon estre pour le service du roy : mais moy quy connoissois qu'il s'en pourroit retirer de peur de n'attirer sur luy le blasme du succès que cette ambiguë

---

ville, sur la rive gauche d'un ruisseau, appelé le Ravillon, qui vient se jeter dans l'Yonne.

(1) Le nom est en blanc au manuscrit. Le bourg le plus rapproché de Champlay, sur le Ravillon, est Neuilly.

response luy laissoit sur les espaules, dis a monsieur le mareschal que ce que Mr de Pralain luy en mandoit estoit pour recevoir la response qu'il luy venoit de faire, affin de se retirer et dire que sans son commandement (quy n'estoit precis) il eut peu deffaire ces gens enfermés et desja en ses mains; de sorte qu'il me commanda d'y aller et me chargea d'un double commandement selon ce que je verrois qu'il se fallut retirer ou opiniatrer. J'y allay donc au galop, et Dieu me fit rencontrer par les chemins les Suisses et l'artiglerie quy estoint avancés : je dis au lieutenant de l'artiglerie que monsieur le mareschal luy commandoit de mettre deux bastardes au crochet (1) et les mener au trot a Mr de Pralain, et dis en mesme temps au capitaine Hessy quy conduisoit le train, qu'il vint courant avec cent hommes a la suitte des deux bastardes, et je continuay mon chemin a toute bride. Je rencontray Richelieu et Vaubecourt quy me montrerent que sy nous voulions seulement faire bonne mine, ces gens de Mr de Luxembourg estoint perdus, et qu'ils me prioint d'animer Mr de Pralain; qu'au reste ils respondoint de leur vie d'empescher l'armée entiere des ennemis le passage du ruisseau, avesques ces deux regimens (2), mais qu'il faudroit faire avancer le canon en diligence. Je leur dis qu'il venoit et que nous aurions a l'heure mesme deux bastardes que j'avois fait avancer par ordre de monsieur le mareschal, lequel suyvoit, et qu'ils les fissent

---

(1) Les bâtardes étaient des pièces de huit. — Mettre une pièce au crochet, c'est la fixer à l'affût pour la trainer.

(2) Les deux régiments que commandaient Richelieu et Vaubecourt.

mettre en batterie cependant que j'allois trouver Mr de Pralain, auquel je dis que monsieur le mareschal luy mandoit qu'il seroit aussy tost a luy avesques l'armée et le canon, et qu'il garnit d'infanterie le bord du ruisseau, plaçant la cavalerie ou il jugeroit a propos ; qu'il luy envoyoit cependant deux bastardes pour escarmoucher et lever les deffenses, attendant les autres pieces, et qu'il les employat d'abbord qu'elles seroint arrivées ; et que s'il me l'ordonnoit, je les irois mettre en batterie en un lieu que j'avois reconnu en passant, ce qu'il trouva bon, me disant seulement que je mandasse a monsieur le mareschal qu'il s'avançat promptement.

Comme je m'en venois a nos bastardes, je trouvay que Mrs de Richelieu et de Vaubecourt les faisoint tirer au coin d'une tour bastie de boue et de crachat, qu'ils renverserent a la seconde volée, de telle façon que dix hommes de front y pouvoint monter. En mesme temps Mrs de Boisdauphin et de Pralain y arriverent et furent priés par Mrs de Constenan et de Vittry de recevoir a composition ces trouppes dont les chefs estoint de leurs amis, et qu'ils leur donnassent la vie apres avoir pris et donné au pillage leurs armes, chevaux, et bagage, ce que monsieur le mareschal accorda a ces malheureux quy montroint leurs mouchoirs et chapeaux, supplians que l'on leur fit bonne guerre. Les deux entremetteurs pillerent les plus precieuses choses, et en suitte nos soldats, quy selon leur coustume mirent le feu dans Chanlay (1).

---

(1) Voir à l'Appendice. IV.

En mesme temps parurent les ennemis : mais ils ne s'avancerent point ny n'entreprindrent de venir baiser(1) le ruisseau. Monsieur le mareschal fut conseillé par tous les chefs de se loger avec l'armée a Chanlay et a .....: mais comme l'un estoit bruslé et l'autre peu logeable, que son disner estoit preparé a Joygny, il ne sceut estre persuadé de le faire, ce quy fut une grande faute ; car nous forcions par ce logement les ennemis de se jetter dans le Morvant (2) et de perdre dans ce meschant païs leur bagage, infanterie, et canon, et prendre le haut du Nivernois a passer le reste de leurs trouppes quy eussent peu fuir devant nous, au lieu que nous nous amusames trois jours a Joygny et leur donnames loysir de prendre le logis de Charny (3) et de nous devancer a la riviere de Loire. C'estoit l'opinion de Descures, de Montalant, et de Pigeolet(4), quy connoissoint parfaitement bien ce païs là, et ce qu'il falloit faire.

Ce mesme Pigeolet voyant que les ennemis avoint la teste tournée devers Gien pour y passer, et, comme il estoit du païs, sçachant que sy les ennemis y arrivoint les premiers, on leur en ouvriroit la porte, proposa a monsieur le mareschal de s'y aller jetter sy on luy vouloit donner deux compagnies de son regiment de

---

(1) Approcher.
(2) Le Morvan, pays montagneux compris en partie dans le département de la Nièvre, avec Château-Chinon pour ville principale, sépare le bassin de la Seine de celui de la Loire.
(3) Charny, chef-lieu de canton de l'arrondissement de Joigny, à 6 lieues S. O. de cette ville.
(4) Pigeolet était lieutenant-colonel du régiment de Champagne.

Champaigne et deux de celuy de Boniface(1), avec trois charrettes pour porter du pain, du vin, et des munitions de guerre ; ce quy luy estant accordé, il s'y achemina passant a travers de l'armée des ennemis comme s'il eut esté un de leurs regimens, tambour battant, mais couchant dans les bois, et marchant a travers champs, se jetta dans Gien ; et quand l'armée ennemie y vint, elle y trouva visage de bois.

L'armée partit de Joygny le samedi 24me pour aller prendre le logis de Charny ; mais les ennemis y estans venus les premiers, nous allasmes loger a Chasteau Renart (2) pour les prevenir au passage de la riviere de Loire.

Le dimanche nous allames a Chastillon sur Loing (3), et y sejournames le lundy sans aucune occasion.

Le mardy 27me nous vinmes loger a Osoy sur Tresé (4), ou peu apres nostre arrivée le lieutenant de Montalant nous vint donner avis comme une heure apres que nos quattre compagnies de carabins avoint esté logées a leur departement nommé Ouson (5), ils

---

(1) Ozias de Boniface, baron de Boslehard, fils d'Elie de Boniface, seigneur de Fénestrelle, et de Cécile de Cornillon, était de la même famille que La Mole. Il commandait dans cette campagne un régiment levé sous son nom.

(2) Château-Renard, chef-lieu de canton de l'arrondissement de Montargis (Loiret), sur l'Ouanne, un des affluents du Loing.

(3) Châtillon-sur-Loing, autre chef-lieu de canton de l'arrondissement de Montargis, à moins de 4 lieues de Château-Renard.

(4) Ouzouer-sur-Trezée, canton de Briare, arrondissement de Gien, à 3 lieues E. de Gien.

(5) Ousson, village du canton de Briare, à 4 lieues S. E. de Gien.

y avoint esté investis par l'armée ennemie, et tout ce qu'ils avoint peu faire avoit esté de faire partir ce lieutenant pour nous en avertir en diligence, nous mandant de plus que sy le canon venoit a eux, ils se rendroint comme avoint fait les trouppes de Mr de Luxembourg. Sur cette nouvelle monsieur le mareschal fit tirer trois coups de canon, quy estoit le sinnal pour faire venir tous les corps de l'armée au quartier du general, et fit camper l'armée jusques au lendemain matin (1), qu'il prit son ordre de bataille sur une ligne et mesla chasque trouppe de cavalerie et d'infanterie, avesques les intervalles, et les gros de cavalerie reculés en sorte que la teste du premier cheval alloit du pair avec le dernier rang du battaillon voysin.

C'est une plaine d'une grande lieue et demie quy est entre Osoy et Ouson, dans laquelle nous gardames nostre ordre, six pieces de canon au crochet marchans au millieu de l'armée devant le battaillon des Suisses. Nous n'eumes pas fait une demie lieue que nos carabins vindrent nous joindre, les ennemis s'estans retirés de devant Ouson une heure devant le jour, tirans a Bonny (2). Il y a un ruisseau en un fond vis a vis d'Ouson, quy passe dedans Ouson et se va jetter dans la Loire, et la colline est petite qu'il faut remonter pour aller a Bonny ou sont toutes vignes d'un costé et d'autre [du chemin quy y va] (3). Il parut quelque cent chevaux [de l'autre costé de cette colline] (4) sur le haut,

---

(1) C'est-à-dire jusqu'au 28.
(2) Bonny, canton de Briare, à 5 lieues S. E. de Gien.
(3) Inédit.
(4) Inédit.

lesquels a la premiere volée de canon quy leur fut tirée, s'enfuirent au galop.

Nous passames lors le vallon et marchames quelque deux cens pas jusques a ce que quatre volées de canon des ennemis nous furent tirées, et nous fut commandé de faire halte. Le canon des ennemis estoit logé a l'advantage et leurs trouppes mal en ordre dans le fond proche de Bonny, et sy nous nous fussions toujours avancés, nous les deffaisions sans combat, comme il fut representé par plusieurs des chefs a monsieur le mareschal : mais il se fascha et dit a ceux quy luy parlerent qu'il sçavoit son mestier, qu'il avoit ses ordres du roy, lesquels il sçauroit bien executer et luy en respondre. Ainsy il nous laissa canonner par les ennemis pres de quatre heures sans s'avancer ny reculer, sans entreprendre ny seulement vouloir permettre que l'on gaignat un bois a la gauche, lequel occupé eut forcé les ennemis de quitter leur poste, et se fussent deffaits eux mesmes. Je n'ay veu, devant ny depuis, armée sy leste ny de sy bonne volonté et quy fit meilleure mine que celle là, et puis dire que sy Dieu n'eut ce jour là aveuglé monsieur le mareschal, il pouvoit sans peril acquerir une grande gloire : il avoit les ennemis entre ses mains quy ne pouvoint reculer ny refuser de combattre ; ils estoint en desordre, n'ayans toutes leurs trouppes ensemble ; la cavalerie de Mr de Longueville estoit a trois lieues de là, quy estoit la plus leste de leur armée ; ce quy estoit là avoit l'espouvante, c'estoint trouppes nouvelles mal armées et quy eussent rendu peu ou point de combat.

En fin monsieur le mareschal nous fit repasser le ruisseau, et camper l'infanterie avec le canon sur le haut de cette colline, ayant le ruisseau devant nous ; et luy, alla loger a Ouson quy estoit tout contre ; et comme la cavalerie quy estoit logée a deux lieues de là, a Briarre et autres lieux, fissent instance d'avoir permission d'aller loger en leurs quartiers et non de camper, veu que tout le jour precedent, la nuit suyvante, et cette presente journée, ils avoint esté sans faire repaitre leurs chevaux, il leur accorda aussy facilement que s'il n'eut pas eu les ennemis en plaine campaigne devant luy, que sy lors M^r le Prince fut venu avesques toute son armée entiere charger nostre infanterie seule, desnuée de la cavalerie, il nous eut bien donné de la peine. Les chefs particuliers demeurerent sur le champ de battaille pres de leurs gens, avancerent leurs sentinelles et les revisiterent a toute heure, ne doutans point que les ennemis eussent autre dessein que de passer la Loire (1) ; et mesmes nous voyions avant la nuit leurs bagages et quelques trouppes de cavalerie quy passoint.

Sur le minuit, nous vismes leurs feux plus grands et plus apparens, ce quy nous fit juger qu'il n'y avoit personne autour d'iceux, et que les ennemis les avoint quittés : Mr de Rambures (2) et moy nous avançames, ayans jetté devant nous le capitaine Marsillac (3) avec

---

(1) C'est-à-dire : ne doutant point que les ennemis n'eussent uniquement dessein de passer la Loire.

(2) Charles, sire de Rambures, dit *le brave Rambures*, fils aîné de Jean, sire de Rambures, et de Claude de Bourbon, dame de Ligny, chevalier des ordres du roi en 1619, mort le 13 janvier 1633. Il était colonel du régiment de Rambures, un des cinq régiments appelés *petits vieux*.

(3) Charles de Crugi de Marcillac, fils de Grimont de Crugy,

vingt soldats, et vismes qu'il n'y avoit rien entre Bonny et nous, et que les ennemis passoint asseurement. Nous pouvions encores deffaire leur arriere garde et gaigner les canons quy ne passerent qu'a huit heures du matin: ainsy estans retournés ou les trouppes estoint campées, nous vinsmes trouver Mrs de Richelieu, de Bourg, de Vaubecourt, de Boniface, et de la Melleraye (1), a quy nous fismes rapport de ce que nous avions veu, quy furent d'avis d'envoyer M^r d'Espinay Boisdanebourg(2) trouver monsieur le mareschal et Mr de Pralain pour leur en donner mesme avis et leur porter le nostre quy estoit de faire tirer trois coups de canon pour faire venir a nous la cavalerie, et cependant marcher la teste baissée droit à eux, que le païs estoit favorable pour l'infanterie, quy estoint vignobles, et que l'affaire estoit, sans rien hasarder, seure [de ne faire pas un mediocre gain] (3) pour le service du roy. Mr de Pralain nous manda qu'il estoit enragé de voir que monsieur le mareschal laissoit passer toutes les belles occasions, et que

---

seigneur de Fauroux, et de Françoise de Gout de Marcillac, capitaine au régiment de Rambures, fut plus tard appointé mestre de camp, et mourut en 1629.

(1) Charles de la Porte, seigneur de la Lunardière et de la Meilleraye, fils ainé de François de la Porte, seigneur de la Lunardière, et de Madeleine Charles, sa seconde femme. Il fut père du maréchal de la Meilleraye.

(2) C'est ainsi que je crois devoir lire ce nom, qui est surchargé dans le manuscrit original, et qui avait été omis dans les précédentes éditions. Il s'agit probablement de Claude du Bosc, seigneur d'Espinay, fils de Louis du Bosc, seigneur d'Espinay, et de Louise de Cugnac, lequel avait pour aïeul Lambert du Bosc, seigneur du Bois d'Ennebout.

(3) Inédit.

pour luy il ne sçavoit plus que luy dire, et qu'il feroit simplement ce qu'il luy commanderoit, puis qu'il ne vouloit point se servir de son conseil. Monsieur le mareschal dit a l'Espinay quand il luy eut fait rapport de ce que nous luy mandions : « Bon, bon, mon amy, voila quy va bien, c'est ce que je demande ; dittes leur qu'ils viennent demain de bon matin me trouver, et nous tiendrons conseil de ce qu'il nous faudra faire. » Nous pensames desesperer de cette response et fusmes sur le point de faire tirer trois coups de canon et luy donner l'allarme pour le faire lever : mais le lieutenant de l'artiglerie dit qu'il ne l'oseroit faire sans l'ordre de monsieur le mareschal ou de M. de Pralain. Ainsy nous attendismes le jour (1) et vinsmes au logis de monsieur le mareschal quy nous fit attendre a sa court plus d'une heure parce qu'il faisoit panser sa jambe : de là il tint conseil, aussy gay que sy tout fut allé le mieux du monde, et nous dit : « Au moins avons nous fait enterrer hier les ennemis du roy, (parce que leur armée avoit un poste couvert), et aujourdhuy nous les ferons noyer. » Je demanday a monsieur le mareschal qu'il me permit d'aller pour le moins voir le passage des ennemis avesques les gentilshommes volontaires quy me voudroint suyvre ; et, comme il ne me dit ny ouy ny non, je prins cela pour une permission et m'y en allay.

Je marchay jusques a Bonny sans rencontrer un seul homme : les habitans me dirent, en me presentant leurs clefs, que M. le Prince et les autres chefs estoint

---

(1) Le jour du 29 : les messages avaient eu lieu pendant la nuit.

partis dès deux heures, mais qu'il y avoit encores plus de deux mille hommes a passer et deux de leurs canons qu'ils avoient pointés sur le haut de Neufvy (1) (lieu de leur passage) contre nous, pour tirer sy nous venions troubler leur retraitte, dont ils craignoint fort. Je passay outre, et de l'autre costé de Bonny nous trouvames trente carabins des ennemis que nous chargeames, quelque vingt chevaux que nous estions, et les taillames en pieces, demeurant cinq de morts sur la place et quelques prisonniers. J'envoyay donner cet avis a monsieur le mareschal et a Mr de Pralain : ce dernier y vint et fit avancer les regimens sur un bruit quy avoit couru dans Ouson que j'estois engagé; mais quand il fut arrivé, n'ayant point de cavalerie, et monsieur le mareschal luy ayant mandé qu'il n'entreprit rien sans luy, il s'arresta (2).

Nous l'attendimes proche de Neufvy jusques apres son disner, et il vint voir le guay ou l'armée ennemie avoit passé, puis il vint prendre son logement a Bonny ou il demeura le lendemain vendredy 30me octobre, et tint conseil entre Mrs de Pralain, Refuges,

---

(1) Neuvy-sur-Loire, bourg de l'arrondissement et du canton de Cosne, département de la Nièvre.

(2) Les événements de ces deux jours sont racontés à peu près de la même manière dans le *Mercure françois* (t. IV, année 1615, p. 261), avec cette différence que la conduite militaire du maréchal de Boisdauphin n'y est l'objet d'aucun blâme. Dans une note de l'*Historiette de la marquise de Sablé* (*Historiettes*, t. III, p. 140) on lit également une lettre du maréchal, datée « du camp de Oison, ce 29 d'octobre 1615, » et adressée « à ma fille, madame la marquise de Sablé à Paris, » où il présente naturellement les faits sous un jour avantageux pour lui. L'appréciation sévère de Bassompierre parait plus exacte.

Descures, et moy, de ce qu'il devoit devenir, disant que la reine et le roy luy avoint mis cette armée en main pour conserver cette partie de la France quy est deça la Loire, ce que, Dieu mercy, il avoit fait avec gloire et honneur, puis qu'il en avoit chassé les rebelles, et qu'il ne luy restoit plus qu'a reprendre les villes de Chasteau Thierry, Espernay, et Mery sur Seine (1), pour avoir gouverné cette partie de la France qu'on luy avoit confiée, en telle sorte que les ennemis du roy n'y auroint pas conservé un poulce de terre, et qu'il meditoit à aller prendre lesdites places, ce qu'il n'avoit pas voulu executer sans en prendre prealablement nostre avis.

Je n'eus pas assés de patience pour attendre mon rang de luy respondre et luy dis : « Comment, Monsieur ? Auriés vous bien eu en pensée de laisser le roy attaqué de M^r le Prince avec [une] armée quy s'en va fraische et glorieuse contre luy sans avoir eu ny tour ny atteinte, et au lieu de la suivre et de la divertir d'aller attaquer le roy desnué de forces et quy s'est attendu que vous empescheriés M^r le Prince de le suivre, avec celles qu'il vous a confiées, songer d'aller reprendre Mery et Espernay ? Il n'attend pas cela de vous ; Espernay ny Mery ne le presse point, c'est M^r le Prince, quy le va attaquer ; M^r le Prince est vostre tasche, et c'est contre luy que le roy vous a destiné : suyvés le au nom de Dieu, Monsieur, et pour vostre devoir et pour le secours du roy, quy ne sera pas sans estonnement quand il sçaura que M^r le Prince vous est eschappé et qu'il s'en va droit a luy. »

---

(1) Dans les départements de l'Aisne, de la Marne, et de l'Aube.

Quand Mrs de Refuges et Descures eurent veu que j'avois rompu la glace, ils ne feignirent point de luy parler fort fermement, comme fit aussy Mr de Pralain quand ce vint à luy à parler. Il eut esté a desirer que nous eussions pris la piste de M^r le Prince : mais la riviere creut en un jour de deux piés par une grande pluye quy vint et parce aussy que de sa source le temps ou nous estions luy en envoyoit assés pour croitre.

Il resolut donc de s'en aller le lendemain samedy dernier jour d'octobre, a Gien, d'ou il despescha Mr de Constenant avec la compagnie de chevaux legers du roy pour aller a Paris querir une montre pour l'armée, et l'escorter. Cependant il se resolut d'aller passer la Loire a Jargeaut (1).

Le jour de la Toussaints, premier du mois, nous vint avis du matin que les reitres du comte de Withenstein (2) avoint deffait et tué a Mery (3) le marquis de Renel (4),

---

(1) Jargeau, chef-lieu de canton de l'arrondissement d'Orléans, à 4· lieues environ de cette ville et sur la rive gauche de la Loire.

(2) Ludovic, comte de Witgenstein, troisième fils de Ludovic l'Ancien, comte de Sayn et Witgenstein, et d'Elisabeth de Solms-Laubach, sa seconde femme, né le 15 mars 1571, mort le 14 septembre 1634. — Suivant le *Mercure françois*, et le *Thresor de l'histoire generale de nostre temps*, par Loisel, les reitres, auxiliaires du prince de Condé, étaient commandés par le comte de Lœwenstein et un baron d'Otna.

(3) Les précédentes éditions portaient : *Metz*.

(4) Louis de Clermont d'Amboise, marquis de Resnel, fils d'Antoine de Clermont d'Amboise, marquis de Resnel, lequel était fils de René de Clermont-Gallerande, seigneur de Saint-Georges, et de Françoise d'Amboise, dame de Resnel.

et s'en venoint passer la riviere a Chasteauneuf (1). Monsieur le mareschal commanda a M⁰ de Pralain de s'avancer avec huit cens chevaux pour le combattre, ce que nous fismes et vinsmes repaitre a Chastillon sur Loing (2), et marchasmes la nuit du lundy 2me.

Mais les reitres avoint fait une grande cavalcade et avoint passé a Chasteauneuf huit heures avant que nous y eussions peu arriver. C'est pourquoy frustrés de nostre esperance nous vinsmes loger a Lory (3) ou nous demeurames le lendemain mardy 3me, tant pour refraischir nos chevaux de ces deux traittes que pour sçavoir des nouvelles de monsieur le mareschal quy nous

---

(1) « En ce mesme temps un des barons d'Otna, et le comte de Levenstein avec 600 reistres, toutes les rivières de France estant guéables, traversèrent la Champagne depuis Sedan jusques aux bords de Loire, qu'ils passèrent au dessus de Neufvy au guay de la Madeleine et de là allèrent joindre l'armée des princes en Berry. Le Mis de Resnel, gouverneur de Vitry, ayant eu advis que ces reistres traversoient la Champagne, poussé de courage, sans les avoir fait reconnoistre, les alla attaquer avec quelques carabins ; eux qui les surpassoient deux fois en nombre, et qui estoient tous vieux soldats, armez et montez à l'advantage, eurent bientost mis les carabins à vau de route, ce Mis demeurant mort sur le champ : il estoit de la maison d'Amboise (que nos poëtes françois appellent race de Mars), aussi fust-il fort regretté. » (*Mercure françois*, t. IV, année 1615, p. 264.)

Châteauneuf est un chef-lieu de canton de l'arrondissement d'Orléans, sur la rive droite de la Loire, au-dessus de Jargeau. Le gué de la Madeleine est beaucoup plus haut, entre Neuvy et Cosne.

(2) Les forces royales, en se dirigeant de Gien vers Châtillon-sur-Loing, s'éloignaient de la Loire, et ne pouvaient guère rencontrer les reîtres, qui les avaient gagnées de vitesse.

(3) Loury, village du canton de Neuville-aux-Bois, arrondissement d'Orléans.

suyvoit avec l'armée et nous donna rendés vous pour le mercredy 4me a Boiscommun (1).

Le jeudy 5me nous vinsmes a Neufville, et là le dessein de passer a Jargeau fut changé, ny mesmes de passer a Orleans, a l'instance de Descures quy vouloit esviter le passage de l'armée a son païs ; de sorte que le vendredy 6me nous logeames a Gidy (2), et le samedy a Boisgency (3) auquel lieu, ou pour attendre l'argent de la montre de l'armée ou pour autre rayson que l'on nous cacha, nous sejournames jusques au mardy 10me que nous allames loger a Mer (4); et le mercredy 11me nous allames passer la riviere sur le pont de Blois et loger aux environs.

Le jeudy 12me nous primes le logis de Pontlevoir (5); le vendredy 13me a Bléré; et le samedy 14me a Cormery ou nous sejournames le dimanche ; et le lundy 16me nous vinsmes a Sainte Maure (6) ou nous demeurames jusques au jeudy 19me que, Mr de Pralain estant tombé malade, et luy estant venu un ordre du roy de se saysir de l'Isle Bouchart (7) et de s'asseurer de Chinon,

---

(1) Boiscommun, bourg du canton de Beaune-la-Rolande, arrondissement de Pithiviers.

(2) Gidy, village du canton d'Artenay, arrondissement d'Orléans.

(3) Beaugency.

(4) Mer, chef-lieu de canton de l'arrondissement de Blois.

(5) Pontlevoy, bourg du canton de Montrichard, arrondissement de Blois, sur la rive gauche de la Loire.

(6) Bléré, chef-lieu de canton de l'arrondissement de Tours. — Cormery, canton de Montbazon, arrondissement de Tours. — Sainte-Maure, chef-lieu de canton de l'arrondissement de Chinon.

(7) L'Isle-Bouchard, chef-lieu de canton de l'arrondissement de Chinon, sur la Vienne.

Sa Majesté ayant quelque soubçon du sieur de Baslon(1) quy en estoit gouverneur (2), monsieur le mareschal m'en donna l'une et l'autre commission.

Je m'acheminay au quartier de Piemont et de trois autres regimens qu'exprès on avoit fait loger a demie lieue de l'Isle Bouchart, et fis partir six officiers avec ordre d'assembler sous main tous les soldats quy estoint allés a l'Isle Bouchart pour y faire des emplettes ou pour y ivrongner, et de les tenir en la place, devant le chasteau et proche du pont, ce qu'ils firent sans donner soubçon de leur dessein ; et peu apres j'arrivay avec mon train et quelques gentilshommes volontaires a une hostellerie du faubourg, ou le capitaine du chasteau, des qu'il sceut mon arrivée, me vint trouver, et moy je luy montray l'ordre que j'avois de monsieur le mareschal de me saysir de la place. Il fut bien estonné, et me dit qu'elle estoit place de seureté de ceux de la religion, que sans l'ordre particulier de Mr de la Trimoulle (3), il ne le pouvoit faire. Je ne luy marchanday point a lui dire que sy je n'estois dans demie heure dans le chasteau, il seroit dans trois quarts sous une potence, et le menay en mesme temps a la ville ou je

---

(1) Artus de Saint-Gelais, seigneur de Lansac, marquis de Balon, fils de Guy de Saint-Gelais, seigneur de Lansac, et d'Antoinette Raffin.

(2) Qui était gouverneur de Chinon.

(3) Henri, seigneur de la Trémoille, duc de Thouars, prince de Tarente et de Talmond, fils ainé de Claude, seigneur de la Trémoille, duc de Thouars, et de Charlotte-Brabantine de Nassau ; né en 1599, mort le 21 janvier 1674. Il était huguenot, et l'Isle-Bouchard lui appartenait. Peu de temps après il se joignit au prince de Condé.

trouvay plus de quattre cens de nos soldats avec ces officiers, quy s'estoint saisis des portes et du pont. Lors monsieur le gouverneur du chasteau fut bien estonné et cria que l'on baissat le pont. Il n'y avoit que quinse hommes dedans, que je mis dehors, et en leur place le capitaine..... (1), du regiment de Champaigne, attendant que j'y eusse autrement pourveu, comme je fis le lendemain, du capitaine Laur (2), huguenot, du regiment de Navarre (3), mais bon serviteur du roy, avec sa compagnie et celle de St Cric.

Je partis a une heure apres minuit le vendredy 20me, et m'en vins a Chinon ou quattre compagnies de Navarre y avoint rendés vous. Je les mis en bataille devant le chasteau, a couvert toutefois, et envoyay dire a Baslon que j'estois là pour parler a luy, et qu'il vint sur ma parole. Je n'estois pas en doute de sa fidelité au service du roy; car je le connoissois homme de bien, et mon amy; mais on luy avoit rendu de mauvais offices aupres du roy: il me dit que c'estoit Mr de Courtenvaut (4); je n'en sçay rien. Il s'en vint a l'heure mesme me trouver, et après l'avoir embrassé je luy dis que j'avois charge de mettre deux cens hommes de garnison en ce chasteau, quy le devoint reconnestre;

---

(1) Le nom est en blanc dans le manuscrit.

(2) Jacques, baron de Laur, fils de Jacques, baron de Laur, gouverneur de Navarrens, et de N. de Salles.

(3) Un des quatre vieux régiments.

(4) Le marquis de Courtenvaux était beau-frère du marquis de Balon, qui avait épousé, le 3 juin 1601, Françoise de Souvré, plus connue, comme gouvernante du jeune dauphin, sous le nom de madame de Lansac.

s'il le vouloit, a la bonne heure, et sy non, qu'en toute seureté il pouvoit rentrer au chasteau que j'avois charge d'investir. Il ne hesita point a me dire que non seulement il les recevroit, mais qu'il en sortiroit a l'heure mesme pour faire place a un autre sy l'on avoit la moindre deffiance de luy, et qu'il sçavoit bien que je serois caution de sa fidelité sy l'on en estoit en doute. Je fis donc aussy tost entrer, pendant qu'il me fit apporter a desjeuner, les compagnies de Casteras (1) et d'Ampus (2) du regiment de Navarre, et m'en retournay disner a l'Isle Bouchart d'ou je partis apres y avoir laissé l'ordre necessaire, le samedy 21me, et vins me rejoindre a l'armée quy estoit a la Haye (3) en Touraine, d'ou elle partit le mesme jour pour aller coucher a Ingrande (4) ou nous demeurames le dimanche, et allames, Mr de Pralain et moy, voir madame de Chappes (5) a la Guierche (6); et le lundy 23me nous vinsmes a Montoyron; le mardy a Chauvigny (7) ou nous

---

(1) Henri de Casteras, seigneur de Villemartin, fils aîné de Jean de Casteras, seigneur de Villemartin, et de Jacquette de Casteras.

(2) Henri de Castellane, marquis d'Ampus, marié en 1613 à Marie de Brancas-Villars.

(3) La Haye, chef-lieu de canton de l'arrondissement de Loches, département d'Indre-et-Loire, sur la rive droite de la Creuse.

(4) Ingrande, village du canton de Dangé, arrondissement de Châtellerault, département de la Vienne, sur la rive droite de la Vienne.

(5) Charlotte-Catherine de Villequier, fille de René de Villequier, baron de Clairvaux, un des favoris d'Henri III, et de Françoise de la Marck; veuve de François, seigneur d'O et de Fresnes, mariée en secondes noces à Jacques d'Aumont, baron de Chappes.

(6) La Guerche, chef-lieu de canton de l'arrondissement de Loches. — Les Villequier étaient vicomtes de la Guerche.

(7) Montoiron, village de l'arrondissement de Châtellerault.—

sejournames le lendemain, et le jeudy 26me nous logeames a Vernon(1), le vendredy a Champagnay Saint Hilaire (2); le samedy 28me a Civray ou l'armée sejourna le dimanche, et moy je m'en vins avec le comte de la Rochefoucaut a Poitiers.

Le lundy 30me nous vinsmes loger a Vertueil (3), et le mardy premier jour de decembre l'armée vint a Manle (4) et y sejourna le lendemain.

Le jeudy 3me nous vinsmes a Montignac (5) et le lendemain a Angoulesme.

Le samedy 5me nous vinsmes a Chasteauneuf (6) ou nous demeurasmes jusques au mercredy 9me que nous vinsmes loger a Barbesieux ou M^r le duc de Guyse arriva le lendemain avec six compagnies de chevaux legers et amena deux mareschaux de camp, Mr de Montigny et Mr de Saint Geran (7). Ce premier arriva

---

Chauvigny, chef-lieu de canton du même arrondissement, sur la rive droite de la Creuse.

(1) Vernon, village du canton de la Villedieu, arrondissement de Poitiers.

(2) Champagné-Saint-Hilaire, village du canton de Gençay, arrondissement de Civray, département de la Vienne.

(3) Verteuil, petite ville du canton et arrondissement de Ruffec, département de la Charente. — M. de la Rochefoucaud était seigneur de Verteuil.

(4) Mansle, chef-lieu de canton de l'arrondissement de Ruffec.

(5) Montignac-sur-Charente, village du canton de Saint-Amand-de-Boixe, arrondissement d'Angoulême.

(6) Châteauneuf, chef-lieu de canton de l'arrondissement de Cognac, sur la rive gauche de la Charente.

(7) Jean-François de la Guiche, seigneur de Saint-Geran, fils de Claude de la Guiche, seigneur de Saint-Geran, et de Susanne des Serpents, était capitaine-lieutenant des gendarmes de la garde. Il fut fait maréchal de France le 24 août 1619, et mourut le 2 décembre 1632, à l'âge de 63 ans.

devant luy pour nous apporter les lettres du roy par lesquelles il nous commandoit de reconnestre doresenavant Mr de Guyse pour nostre general (1).

Il (2) sejourna a Barbesieux jusques au dimanche 13me qu'il fit partir l'armée par un temps desesperé, et vint coucher a Baygne (3) ou il fut contraint de sejourner le lendemain pour laisser revenir les soldats quy n'avoint peu arriver a cause du mauvais temps.

Le mardy 15me nous vinsmes a Jonsac ou nous demeurames jusques au samedy 19me que nous vinsmes a Archiac (4), et le dimanche a Cognac; et par les chemins Mr de la Rochefoucaut ayant fait destourner Mr de Guyse pour luy presenter trois cens chevaux qu'il avoit mis sur pié pour le service (5) du roy, il trouva qu'ils s'estoint desbandés la nuit mesme pour s'en retourner cheux eux, craignans les trois armées, assavoir la nostre, celle quy marchoit avesques le roy, et celle des ennemis quy estoint proches de leurs maisons.

Nous demeurames a Cognac jusques au jeudy 24me

---

(1) Le duc de Guise avait accompagné le roi dans son voyage; il avait pris le commandement de son armée, et avec cette armée il avait escorté Madame, sœur du roi, jusqu'à Bayonne, et ramené la jeune reine de Bayonne à Bordeaux; enfin il venait de recevoir la lieutenance des deux armées, celle du roi et celle du maréchal de Boisdauphin.

(2) Le duc de Guise.

(3) Baignes, chef-lieu de canton de l'arrondissement de Barbezieux, département de la Charente.

(4) Archiac, chef-lieu de canton de l'arrondissement de Jonzac, département de la Charente-Inférieure.

(5) Les précédentes éditions portaient: *chemin*.

que nous fumes loger a Jarnac (1), et le lendemain jour de Nouel a Mareuil (2), et le jour d'apres a Aigre ou elle sejourna le dimanche 27me, et Mr de Guyse y festina les Suisses.

L'armée alla le lendemain a Villefaignan (3) ; le jour d'apres a Sausay, et y demeura le 30me; et le dernier de decembre elle logea a Laysey (4) d'ou Mr de Guyse alla faire l'entreprise de Saint Maissant (5) quy eut, sy elle eut esté executée selon qu'il l'avoit proposée, mis fin a la guerre : car il prenoit tous les chefs de l'armée quy y estoint venus tenter Mr de Suilly pour se joindre a eux. Mais Mr de Saint Aignan (6) quy avoit ordre de gaigner un pont, se destourna pour aller deffaire quelques carabins, apres quoy il fit sonner forces fanfares, et cependant M^r le Prince et les autres passerent sur ledit pont et se retirerent en leur armée (7).

Mr de Guise se retira, voyant son entreprise faillie, apres avoir esté quarante heures a cheval, et vint

---

(1) Jarnac, chef-lieu de canton de l'arrondissement de Cognac, sur la rive droite de la Charente.

(2) Mareuil, village du canton de Rouillac, arrondissement d'Angoulême.

(3) Aigre, Villefagnan, chefs-lieux de canton de l'arrondissement de Ruffec.

(4) Sauzé-Vaussais, Lezay, chefs-lieux de canton de l'arrondissement de Melle, département des Deux-Sèvres.

(5) Saint-Maixent, chef-lieu de canton de l'arrondissement de Niort, sur la Sèvre-Niortaise.

(6) Honorat de Beauvillier, comte de Saint-Aignan, fils de Claude de Beauvillier, comte de Saint-Aignan, et de Marie Babou, né en 1579, mort le 22 février 1622. Il commandait la cavalerie de l'armée du roi.

(7) S'il faut en croire l'*Histoire de la mère et du fils*, et le P. Griffet (*Histoire de Louis XIII*), on prétendit que les princes

coucher le 2ᵐᵉ janvier a Couay (1) ou je le vins retrouver. Car j'avois esté mandé par la reine mere de l'aller trouver a son passage d'Angoulesme (2) pour la venir esclaircir d'un avis que je luy avois envoyé qu'infailliblement Mʳ de Vendosme estoit du party de Mʳ le Prince, ce qu'elle ne pouvoit croyre, veu les asseurances contraires qu'elle en avoit, et moy luy ayant encores mandé que je luy respondois que cela estoit, elle me manda que je la vinsse trouver, et a Mʳ de Guyse qu'il me donnat congé, ce qu'il fit et a Mʳˢ de Montigny et de la Rochefoucaut aussy ; et partimes d'Aigre le 28ᵐᵉ de decembre et vinsmes coucher a Angoulesme. Mais le roy avoit changé de dessein et estoit allé a la Rochefoucaut (3). Nous trouvasmes Mʳ de Crequy arrivé a Angoulesme, quy se joygnit a nous, et allames le lendemain 29ᵐᵉ coucher a la Rochefoucaut ou nous trouvames Leurs Majestés quy nous firent fort bonne chere. Nous y vimes la jeune reine aussy.

Le mercredy 30ᵐᵉ (4) je fus ouy au conseil ou j'eus contraire Mʳ le president Jannin quy respondoit de la fidelité de Mʳ de Vandosme. Mais quand j'eus donné les

---

avaient été avertis par le duc de Guise lui-même du danger qui les menaçait ; ce furent peut-être les fanfares de M. de Saint-Aignan qui leur servirent d'avertissement.

(1) Couhé-Vérac, chef-lieu de canton de l'arrondissement de Civray.

(2) La cour était partie le 17 décembre de Bordeaux, ramenant la jeune reine Anne d'Autriche, dont le mariage avec Louis XIII avait été célébré le 25 novembre.

(3) La Rochefoucaud, aujourd'hui chef-lieu de canton de l'arrondissement d'Angoulême, est à 5 lieues de cette ville.

(4) Il y a dans le manuscrit original : *le mercredy* 3ᵐᵉ ; c'est une faute, que les précédentes éditions avaient corrigée.

lettres de plusieurs particuliers quy escrivoint a leurs amis qu'ils avoint charge, quy de M' le Prince, quy de Mrs de Longueville ou du Maine, de se joindre a M' de Vandosme, il cessa de l'opiniatrer.

1616
JANVIER.

Nous demeurames encores le jeudy dernier jour de l'an a la Rochefoucaut ou je ne passay point mal mon temps; puis sur l'avis que nous eumes que M' de Guyse estoit allé a la guerre, nous partimes deux heures avant le jour le vendredy premier jour de l'année 1616 et vinsmes disner a Ruffec et coucher a un lieu dont je ne me souviens du nom ; et le lendemain samedy 2me nous arrivames a Couay peu apres que M' de Guyse fut revenu de son entreprise au mesme lieu, ou il sejourna a cause que les ennemis voulurent venir donner une estrette a nostre cavalerie legere quy estoit logée a Saint Sauvan(1); mais comme nous eumes avis de leur venue, la dite cavalerie se retira dans le quartier du regiment de Piemont; et le mauvais temps qu'il fit la nuit du 4 au 5me de janvier nous empescha de les suivre pour les charger a leur retraitte.

Nous allames le mardy (2) 5me voir la reine et le roy sur les chemins au partir de Civray pour venir loger a

---

(1) Saint-Sauvant, village du canton de Lusignan, arrondissement de Poitiers, peu éloigné de Couhé.

(2) Il y a au manuscrit original : *mercredy*; cette faute avait été corrigée dans les précédentes éditions.

un chasteau nommé....... (1) ou Mrs de Crequy, la Rochefoucaut, et moy, eumes congé de Mr de Guyse d'y aller, et le mercredy 6me nous l'allames retrouver a Lusignan d'ou il partit le lendemain pour venir loger a Pamprou (2).

Comme nous fumes au rendés vous, toute la cavalerie demanda congé de s'en aller, ne leur estant plus possible de tenir la campagne en cette sayson, et quelque priere que leur peut faire Mr de Guyse, il ne leur peut persuader, et ne luy donnerent (3) plus que trois jours a demeurer près de luy. Comme nous fusmes logés a Pamprou, Mr de Guyse se promenoit avesques moy en colere du refus des trouppes de marcher et demandoit mon avis de ce qu'il en devoit faire : je luy dis qu'il en devoit donner avis au roy et cependant les faire pratiquer pour luy donner (4) encores quinse jours de service, apres lesquels il me sembloit bien raisonnable qu'il les mit pour deux

---

(1) Le nom est en blanc au manuscrit. — Le *Mercure françois* (t. IV, année 1616, p. 18) dit : « Le 5 janvier au desloger de Civray..... LL. MM. allèrent passer le Clain qu'ils laissèrent à leur main droicte pour aller coucher à Chatelahet et de là à Poictiers. » Et le poëte des *Adventures du retour de Guyenne* dit :

      De là nous troussons bagage
      Pour loger en un village
      Qu'on nommoit Chastrelacher...

Le lieu ainsi désigné est Chastelarcher ou Chastelacher, aujourd'hui Château-Larcher, où il y avait effectivement un pont sur le Clain.

(2) Pamproux, village du canton de la Mothe-Sainte-Héraye, arrondissement de Melle.

(3) Il y avait dans les précédentes éditions: *de leur donner*.

(4) Il y avait ici : *pour demeurer*.

mois en garnison, veu la sayson et le mauvais temps, joint que les armées l'hiver rarement tenoint la campagne.

Comme nous estions sur ce discours, Mʳ de Vittry nous manda qu'a un village a demie lieue de leur quartier et a une lieue de Pamprou, nommé Nanteuil (1), il y avoit trois regimens des ennemis logés, quy ne se doutoint de rien ; qu'il avoit fait monter a cheval la cavalerie legere quy estoit avesques luy ; que la compagnie de gensd'armes du roy, quy estoit prochaine, en avoit fait de mesmes, et que dès qu'ils auroint son ordre, ils les attaqueroint.

Nous montames a l'heure mesme a cheval et y courumes a toutte bride, Mʳ de Pralain, Mʳ de Chomberg, et moy, avesques quelque vingt chevaux ; Mʳ de Guyse suyvoit ; Lambert, Guittaut le jeune, et Descombes (2) ouvrirent la barricade de l'entrée du village (3), et nous donnames dedans par un costé. Les ennemis se voyans surpris ne firent aucune resistance, et ceux qui peurent se jetterent dans l'eglise, ausquels on donna la vie apres les avoir desarmés et desvalisés. En mesme temps que nous donnions par une avenue, les chevaux legers donnerent par l'autre, et la compagnie de gensd'armes du roy que Mʳ de Saint Geran ammena en mesme temps en fort bon ordre, fut tenue par Mʳ de Guyse a l'avenue de Saint Maissant en cas que les ennemis voulussent venir au secours ou que ceux quy estoint dans le village (quy se nomme Nanteuil) pensassent a faire leur

---

(1) Village du canton de Saint-Maixent.
(2) Les précédentes éditions portaient : *Descures*.
(3) Il y avait ici : *du côté du village*.

retraitte a Saint Maissant. On apporta a l'heure cinq drappeaux a M͏ʳ de Guyse, et luy furent presentés deux mestres de camp prisonniers, dont l'un estoit M͏ʳ de Beins (1), frere d'une des filles de la reine : M͏ʳ de Chomberg apporta un desdits drappeaux qu'il avoit pris en entrant. Nous ne perdimes en ce combat que M͏ʳ de Chemeraut (2) quy fut tué, et Lambert blessé d'une mousquetade chargée de dragée quy luy fit plus de soixante trous dont neammoins aucun ne fut dangereux. Nous revinsmes de là coucher a Pamprou ou nous n'arrivasmes qu'il ne fut dix heures du soir (3).

Le lendemain vendredy 8me l'armée prit le logement de la Motte Saint Esloy (4) ou nous demeurasmes le samedy 9me sur un avis que l'on donna a M͏ʳ de Guyse que M͏ʳ le Prince devoit venir la nuit suyvante pour charger un de ses quartiers, ce quy fut cause de nous faire tenir toutte la nuit dans le champ de bataille du rendés vous de l'armée.

Le dimanche 10me l'armée alla loger a Lusignan, menée par M͏ʳ de Guyse et messieurs les mareschaux de

---

(1) N. de Lancri, seigneur de Bains en Picardie, fils ainé de N. de Lancri, seigneur de Bains, et de Diane-Catherine de la Porte-Vessine. Il était frère de cette belle Marie de Bains, qui entra peu de temps après au couvent des carmélites de la rue Saint-Jacques, et fut plusieurs fois prieure sous le nom de mère Marie-Madeleine de Jésus.

(2) François de Barbezières, seigneur de Chémerault, fils ainé de François de Barbezières, seigneur de Chémerault, et de Françoise de Coutances, commandait une compagnie de chevaulégers.

(3) « Depuis on imprima à Paris cette défaicte plus grande quatre fois qu'elle n'estoit. » (*Mercure françois*, t. IV, année 1616, p. 19.)

(4) La Mothe-Sainte-Héraye.

camp. Mais pour moy avec Mrs de Chevreuse, Crequy, [la] Rochefoucaut, Bressieux (1) et toute la noblesse, nous vinsmes coucher a Poitiers.

Mr de Guyse sejourna le lendemain 11me a Lusignan pour licencier l'armée qu'il envoya en garnison, et le mardy 12me il fit marcher le reste qu'il conserva en corps pour s'en servir ou besoin seroit, et logea a Montereuil Boni (2), et y sejourna le lendemain avesques les Suisses, le canon et les vivres.

Le jeudy 14me le logement fut a Vouillé ; le vendredy 15me a Chesnechay (3) ou elle sejourna le lendemain pour le rigoureux temps de neige qu'il faisoit ; le dimanche 17me a Savigny (4) et le lundy 18me a Faye la Vineuse (5) d'ou les Suisses et le canon partirent le lendemain 19me janvier pour ramener l'artiglerie a Poitiers et y venir tenir garnison, et y entrerent comme la cour en partoit par le plus facheux temps quy aye esté depuis longues années.

Le jour auparavant la reine m'envoya querir, comme elle estoit au conseil, et me dit comme le roy avoit resolu de mettre quinse cens Suisses en garnison a Poitiers et qu'elle se promettoit que je donnerois bon ordre de les faire aggreer par les habitans avec l'assis-

---

(1) Louis de Grolée de Meuillon, marquis de Bressieu, était premier écuyer de la reine.

(2) Montreuil-Bonnin, village du canton de Vouillé, arrondissement de Poitiers.

(3) Cheneché, village du canton de Neuville, arrondissement de Poitiers.

(4) Village du canton de Lencloitre, arrondissement de Châtelleraut.

(5) Faye-la-Vineuse, canton de Richelieu, arrondissement de Chinon.

tance que Mr de la Rochefoucaut et le maire me donneroint, et qu'en mesme temps que la court sortiroit on les feroit entrer. Je connoissois assés quel peril c'estoit d'introduire une garnison a Poitiers (1), et m'excusay le plus que je peus d'accepter cette commission, disant a la reine que le gouverneur de la ville et le maire estoint plus que suffisans a cela ; mais il fallut que j'eusse la courvée, ce quy me reussit plus heureusement que je ne me l'estois imaginé ; et n'y eut jammais aucune sedition ny rumeur, tant a l'establissement qu'au sejour.

Je demeuray huit jours a Poitiers, au bout desquels je fis resolution d'aller trouver le roy a Tours, et pour cet effet je vins a la maison de ville le mardy 26me, et voulus prendre congé de la ville avant que partir. Mais ils me dirent franchement qu'ils ne me pouvoint laisser aller ; que sur la seule confiance qu'ils avoint eue que je demeurerois avesques les Suisses, ils avoint souffert que l'on les eut logés a Poitiers, ce qu'ils n'eussent permis sans cela, et que la reine leur avoit donné parole que je ne partirois de Poitiers ; que tout ce qu'ils pouvoint faire estoit d'en escrire a la court de laquelle ils s'asseuroint que j'aurois ordre de demeurer. Je jugeay que de contester avesques eux ce seroit peine perdue : je leur dis qu'ils en pouvoint escrire a la court et que je ferois ce que Leurs Majestés me commanderoint, sans leur dire que je supersederois ou que je m'en irois. Ainsy l'assemblée de ville se

---

(1) On se rappelle les troubles qui avaient éclaté à Poitiers en 1614, lorsque le prince de Condé avait voulu y introduire des troupes. Voir t. I, p. 375.

separa apres avoir resolu d'escrire a la court pour me faire demeurer : et moy le soir mesme je fis porter habillemens, bottes, et tout ce quy m'estoit necessaire, au faubourg quy va a Chastelleraut, dans le logis du colonel Galaty, auquel je manday que le lendemain Mᶠ le comte de la Rochefoucaut et moy irions disner cheux luy ; j'envoyay mesmes quelques chevaux, et Mʳ de la Rochefoucaut aussy (1), coucher au mesme faubourg.

Le mercredy 27ᵐᵉ le colonel Galaty vint le matin nous prier a disner, ce que nous luy accordames et y allames desbottés et nos gens de mesme, pour ne faire soubçonner nostre partement : et apres disner nous allames coucher a Chastelleraut, laissant a Mʳ d'Estissac (2) de faire mes excuses et de dire pour son frere que dans huit jours il seroit de retour.

Nous vinsmes coucher a Chastelleraut cheux Mʳ de Brassac (3), et le lendemain jeudy 28ᵐᵉ nous arrivasmes bien tard a Tours.

Le vendredy 29ᵐᵉ de janvier (4) je vins trouver la

---

(1) C'est-à-dire : M. de la Rochefoucaud envoya aussi quelques chevaux.

(2) Benjamin de la Rochefoucaud, baron d'Estissac, second fils de François, comte de la Rochefoucaud, prince de Marcillac, et de Claude d'Estissac, sœur et héritière de Charles, seigneur d'Estissac. Il était frère de M. de la Rochefoucaud.

(3) Jean de Galard de Béarn, comte de Brassac, fils aîné de René de Galard de Béarn, seigneur de Brassac, et de Marie de la Rochebeaucourt, mourut le 14 mars 1645, à l'âge de 65 ans.

(4) Le manuscrit original portait pour ces trois dernières dates : *le mercredy* 26ᵐᵉ, *le jeudy* 27ᵐᵉ, *le vendredy* 28ᵐᵉ. L'édition de 1665 était ici conforme au manuscrit : les suivantes ont avec raison rétabli les dates des 27, 28 et 29 janvier.

reine a son disner, quy avoit receu lettres de Poitiers pour m'y faire demeurer et quy pensoit que j'y fusse encores. Apres son disner elle vint en sa chambre (1) ou arriverent peu apres M^{rs} le Comte, de Guyse, et d'Espernon, et tant d'autres avesques eux qu'ils firent enfoncer le plancher de la chambre, ou je tombay avec quarante-sept autres personnes, du nombre desquels M^{rs} le Comte, d'Espernon, de Villeroy, d'Aumont (2), et plusieurs autres (3), tomberent aussy. La reine demeura sur une poutre quy tint ferme, et passant par dessus son lit sortit de sa chambre. Je fus blessé a l'espaule et a la cuisse, et eus deux des petites costes enfoncées, dont je me suis senty longtemps depuis.

Fevrier. — Nous demeurames trois mois a Tours pendant lesquels l'on traittoit de la paix a Loudun (4) ou M^r le Prince et ceux de son party estoint assemblés. Il y tomba malade a l'extremité (mars), dont par la grace de Dieu il eschappa; et fut la paix conclue apres plusieurs allées et venues des commissaires, avant laquelle je diray trois choses:

---

(1) La reine était logée à Tours à l'hôtel de la Bourdaisière.
(2) Antoine d'Aumont, marquis de Nolay, fils de Jean d'Aumont, comte de Châteauroux, maréchal de France, et d'Antoinette Chabot, sa première femme, fut gouverneur de Boulogne et chevalier des ordres; il mourut le 13 avril 1635, à l'âge de 73 ans.
(3)   Plus de cinquante tumberent,
    Sans quelques uns qui porterent,
    Riches en inventions,
    Le lendemain, des escharpes,
    Pour avoir des pensions.
        (*Adventures du retour de Guyenne.*)
(4) La conférence de Loudun s'ouvrit le 10 février.

L'une, que la reine fut avertie par lettres de Mr de Pontchartrain (1), secretaire d'estat, quy estoit un des deputés de la part du roy (avec Mrs le mareschal de Brissac et de Villeroy), que monsieur le chancelier (2) faisoit instance vers Mr le Prince pour faire que l'on demandat par la paix qu'il seroit conservé dans sa charge (avril). La reine me le dit, et moy quy estois amy et serviteur de monsieur le chancelier, suppliay la reine de me permettre de luy faire sçavoir, affin qu'il s'en peut justifier ou excuser, ce que la reine apres plusieurs difficultés me permit; car elle haïssoit lors ledit chancelier (3). Je luy fis dire ce que je sçavois par Mr le Clerc (4), premier commis de Mr de Puisieux (5) son fils, et le dit monsieur le chancelier estant venu apres disner au conseil cheux la reine, me vint dire: « Monsieur, je vous remercie de toute mon affection de l'avis que vous m'avés fait donner par Le Clerc et vous

---

(1) Paul Phelypeaux, seigneur de Pontchartrain, troisième fils de Louis Phelypeaux, seigneur de la Vrillière, et de Radegonde Garraut, né en 1569, mort le 21 octobre 1621. Il fut d'abord secrétaire des commandements de la reine, puis en 1610 secrétaire d'état.

(2) Le chancelier de Sillery.

(3) Le maréchal d'Ancre, qui avait tout pouvoir sur l'esprit de la reine, voulait perdre d'abord le chancelier, puis Villeroy et Jeannin, c'est-à-dire les anciens ministres, ou, comme il les appelait, les *barbons*.

(4) Pierre le Clerc, fils de Nicolas le Clerc, seigneur de Franconville, et de Claire de Saint-André, fut conseiller et secrétaire du roi.

(5) Pierre Brulart, vicomte de Puisieux, fils de Nicolas Brulart, marquis de Sillery, chancelier de France, et de Claude Prudhomme, mort le 22 avril 1640, à l'âge de 57 ans. Il était depuis 1606 secrétaire d'état, et depuis 1607 conseiller d'état.

en demeure obligé, bien que l'on m'aye dit que c'estoit vous quy aviés donné cet avis (1) a la reine : mais je ne l'ay pas voulu croyre, et vous dis encores une fois que je m'en ressens vostre obligé. » Je fus bien estonné de voir qu'il eut pris avec la main gauche ce que je luy avois presenté a la droitte, et piqué de sa response je luy dis : « Monsieur, je vous ay donné cet avis pour vostre interest particulier et non pour le mien, pour lequel maintenant je vous feray voir que je suis plus franc et plus noble que vous ne m'estimés : vous sçaurés de la propre bouche de la reine quy luy a donné. » Allors il me fit mille instances de ne le point faire, et que je le ruinerois : il me pria mesmes d'avoir pitié de sa fortune que je mettrois en compromis par cette action ; mais il n'y sceut rien gaigner, car la reine s'estant aperceue de nostre contestation s'approcha pour en sçavoir la cause, et lors je luy dis : « Madame, sy Vostre Majesté n'affermit ma reputation par son tesmoygnage, elle est en branle dans l'opinion de monsieur le chancelier quy croit qu'un avis que je luy ay donné, que j'avois appris de Vostre Majesté (et dont je luy demande pardon de l'avoir descouvert), est venu de mon invention ou bien que c'est de moy de quy Vostre Majesté l'avoit appris. » Allors la reine luy dit : « Monsieur le chancelier, vous payés en mauvaise monnoye les bons offices que l'on vous fait. J'ay esté avertie ce matin par Pontchartrain a quy Mr de Boullon l'a dit, que vous vous faisiés recommander a M^r le

---

(1) C'est-à-dire l'avis de la négociation secrète du chancelier avec le prince de Condé.

Prince pour estre compris dans le traitté de la paix, et Bassompierre m'a fait de fortes instances pour vous en pouvoir avertir affin que vous vous en puissiés justifier, et cependant vous l'accusés de ce dont vous luy deviés estre obligé. » Jamais homme ne fut plus surpris qu'il fut a l'heure, et tacha de faire de foibles excuses en disant qu'il n'avoit point fait ce dont M. de Boullon (quy luy vouloit mal de longue main) l'avoit accusé. Mais dès l'heure on jugea bien qu'il ne demeureroit pas longtemps sur ses piés.

L'autre chose, que le roy se resolut de faire a Tours un regiment complet de ses gardes suisses et qu'ils vindrent faire la premiere garde devant son logis le mardy 12me de mars (1).

La troisieme, que pendant que la paix se traittoit, la reine tenoit souvent conseil sur les choses qu'elle avoit a respondre (2), pour les rejetter ou accorder, et que messieurs le chancelier et president Jannin amenoint avesques eux des conseillers de robe longue comme Mrs de Vic, de Comartin (3), de Refuges, et autres, sans que aucun seigneur y fut appelé. Or cet hiver là chascun avoit renvoyé son train, et n'y avoit

---

(1) Le 12 mars était, cette année, un samedi, et non pas un mardi; il faut probablement lire : le mardi 12 avril. — Voir à l'Appendice. V.

(2) C'est-à-dire : au sujet desquelles elle avait à répondre.

(3) Louis le Fèvre, seigneur de Caumartin, fils de Jean le Fèvre, seigneur de Caumartin, et de Marie Warlet, né en 1552, mort le 21 janvier 1623. Il fut successivement conseiller au parlement, maître des requêtes, intendant de justice et de finances, conseiller d'état, ambassadeur, enfin garde des sceaux depuis le 23 septembre 1622 jusqu'à sa mort.

que Mʳ de Crequy et moy quy tenions table splendide et magnifique, luy a disner et moy a souper regléement, ou tous les autres se trouvoint. Un soir apres souper, Mʳˢ de Montigny, Pralain, Betunes, Saint Geran, Saint Aignan, Crequy, Saint Luc et quelques autres m'appellerent pour en estre aussy de part, et se plaignirent de l'indignité qu'ils recevoint de n'estre appellés a la resolution de la paix comme ils estoint employés aux hasars de la guerre, et qu'il falloit que nous allassions le lendemain ensemble faire nos plaintes a la reine, et que Mʳ de Montigny estoit prié de la compagnie, comme le plus vieux, de porter la parole; et sy je ne voulois pas estre de la partie. Je leur respondis que ce m'estoit honneur d'estre d'une sy honneste bande, et que je leur estois obligé, mais que je leur suppliois (bien que le plus jeune) de me permettre de leur dire que peut estre la reine n'avoit point de coulpe a cela et que c'estoit ses ministres quy introduisoint les gens de leur robbe a nostre exclusion, et que comme nous ne nous en demenions point, la reine ne pensoit pas aussy que nous y pensassions; de plus, que de venir ainsy tous en corps parler a son maitre (bien que ce soit avec juste cause) n'est jamais approuvé [ny trouvé](1) bon par eux(2) quy preignent ces plaintes publiques non prevenues pour de monopolles (3), et qu'au moins luy devions nous faire sçavoir precedemment que nous desirons luy parler sur

---

(1) Inédit.
(2) Par les maîtres.
(3) Autrefois monopoler signifiait faire des cabales.

ce sujet et que nous luy supplions de nous donner une benigne audience. Ma proposition fut approuvée de la compagnie quy me chargea de sçavoir de la reine quand il luy plairoit nous ouïr, ce que j'acceptay, et le lendemain matin vins a l'antichambre de la reine et luy fis dire par Selvage, sa femme de chambre, que j'avois a luy parler. Elle me fit entrer comme elle se coiffoit et receut favorablement ce que je luy dis, et Barbins (1) quy estoit present luy dit que nous avions rayson et que la reine ne devoit pas avoir appellé les autres conseillers sans nous, et qu'il eut esté plus juste de nous appeler sans eux, parce que nous avions les principales charges de la guerre, y exposions nos vies pour luy acquerir la paix, de laquelle il estoit raysonnable que nous fussions aussy participans. La reine me commanda de leur dire qu'ils vinssent au sortir de sa messe, non pour avoir audience, mais bien pour luy donner; et leur dire que quand elle voudroit choysir des conseillers, d'espée ou de robbe, elle prefereroit toujours les premiers aux autres, et beaucoup d'autres belles parolles; et leur commanda de s'y trouver l'apres disnée, mesme donna charge a Sauveterre (2) de les aller avertir de s'y trouver toutes les fois que le conseil s'assembleroit.

Elle me dit en suitte et a Barbins quy estoit là, comme Mʳ de Villeroy luy avoit gardé un paquet et au mares-

---

(1) Barbin, qui était une créature du maréchal d'Ancre, exerçait alors les fonctions d'intendant de la maison de la reine.

(2) Dans les précédentes éditions il y avait : *Senneterre*.

chal d'Ancres pour la conclusion de la paix, quy estoit que apres avoir tout accordé, M^r le Prince avoit fait deux nouvelles demandes, sçavoir que quand il seroit a la court, il eut la plume, c'est a dire qu'il sinnat les arrests du conseil, l'arresté de la semaine aux finances et les comptes de l'espargne, ce quy estoit directement contre l'autorité du roy et la sienne; l'autre, qu'il pleut a Leurs Majestés tirer M^r le mareschal d'Ancres de Picardie pour le bien et la conservation de la paix, attendu l'incompatibilité quy estoit entre Mr de Longueville et ledit mareschal (1), et qu'elle voyoit bien que cela sortoit de la boutique de Mr de Villeroy comme une piece de sa façon pour faire du mal au mareschal d'Ancres qu'il haïssoit, ce que Mr Barbins confirma, et anima la reine autant qu'il peut contre le dit Villeroy, lequel en mesme temps fit dire a la reine qu'il estoit en son antichambre, attendant de luy pouvoir parler. Barbins dit lors à la reine: « Madame, oyés le sans montrer aucune alteration, et puis luy demandés son avis là dessus, et s'il vous dit qu'il vous conseille d'accorder ces deux dernieres demandes, il descouvrira manifestement sa fourbe qu'il a voulu jusques a maintenant couvrir : sy aussy (2), comme je le pense, il desconseille a Vostre Majesté de leur accorder, vous dirés tantost au conseil tout haut que vous refusés ces propositions, et ce par le conseil et induction de Mr de Villeroy, quy ne

---

(1) Le duc de Longueville était gouverneur de Picardie; le maréchal d'Ancre, outre qu'il était lieutenant général en cette province, y avait encore le gouvernement de Péronne, Montdidier et Roye.

(2) C'est-à-dire: si au contraire.

l'oseroit nier; car Vostre Majesté luy maintiendra, et Mʳ de Bassompierre et moy luy servirons de tesmoins, et ainsy Vostre Majesté renvoyera la flexe (1) contre luy, qu'il avoit tirée sur vous, et le descrediterés par mesme moyen aupres de son cher amy Mʳ de Boullon. »

La reine embrassa cet avis et fit aussy tost entrer Mʳ de Villeroy auquel elle fit fort bon visage et luy dit: « Pauvre homme, vous avés bien de la peine a aller et venir sy souvent, et peut estre en fin n'y gaignerés vous rien, ny pour vous, ny pour nous ; » puis l'ammena aupres de la fenestre ou Barbins et moy estions, quy nous voulumes retirer ; mais elle nous dit: « Ne bougés, vous en pouvés bien estre ; » puis elle dit a Mʳ de Villeroy : « [Et bien, Mʳ de Villeroy] (2), vous me venés porter le dernier plat pour mon dessert : Mʳ le Prince veut estre le regent, il veut avoir la plume; et Mʳ de Longueville veut estre absolu en Picardie d'ou il veut chasser le mareschal d'Ancres. C'est ce qu'ils m'envoyent rapporter par vous: je le sçay bien ; car Philipeau (c'estoit Pontchartrain) me l'a mandé. » « Madame, luy dit il, sy je sçavois aussy bien vostre resolution que vous estes [bien] (3) informée de ma proposition, je serois prest a partir pour leur aller porter de vostre part. » Allors la reine luy dit : « Et bien, Mʳ de Villeroy, que vous en semble? Dois je encores passer cela pour le bien de la paix, ou rejetter ces articles comme impertinens? Dittes m'en librement

---

(1) La flèche.
(2) Inédit.
(3) Inédit.

vostre avis avec les raysons quy me doivent porter a l'un, ou a l'autre, affin que tantost au conseil j'en puisse mieux parler, comme y estant preparée. » Mr de Villeroy luy dit qu'il seroit bien empesché de luy dire, et qu'il n'estoit pas tout son conseil, mais la moindre partie d'iceluy; que tantost il luy feroit sa proposition, et puis qu'en son rang il en diroit son avis comme un autre selon sa conscience et que Dieu l'inspireroit pour le bien du service du roy et de l'estat. « Non, dit la reine, j'en veux presentement vostre avis. » Lors comme il se vit pressé et en estat de ne pouvoir plus reculer, il luy dit: « Ouy, Madame, je le diray franchement a Vostre Majesté, pourveu qu'elle me promette de m'escouter jusques a la fin, » puis commença en cette sorte :

« J'ay toujours bien creu, Madame, que M^r le Prince et ses associés gardoint au fond de leur sac quelque article qu'ils ne proposeroint que lors que tous les autres seroint resolus, et que cet article mettroit Vostre Majesté en estat, sy elle le refusoit, de faire croyre a tout le monde que non les interets de l'estat, mais le vostre particulier, auroint occasionné la rupture du traitté. Mais je ne pensois pas qu'elle en deut estre quitte a sy bon marché que de ces deux derniers que Vostre Majesté a desja sceu qu'ils ont proposés a messieurs vos commissaires et que par leur ordre je vous viens apporter, lesquels, Dieu aydant, n'empescheront point qu'une bonne paix ne soit terminée et parachevée au bien de la France et du roy. Le premier est de la plume, quy regarde M^r le Prince et quy semble chocquer l'autorité particuliere de Vostre Majesté; l'autre est a l'advantage de Mr de Longueville et au prejudice de

Mʳ le mareschal d'Ancres lequel ils desirent retirer de Picardie, luy souhaitans ailleurs toute [sorte] d'aûtres charges et honneurs, ce que je conseille a Vostre Majesté d'accepter et quy est a vostre avantage ; car vous le logerés et establirés en quelque autre province aussy bien ou mieux qu'en celle là ; vous en pourrés retirer des personnes quy ne vous y estoint pas sy affidées, et pourrés en mesme temps donner les charges que mondit sieur le mareschal y avoit, a quelque autre bon et fidelle serviteur quy fera contenir Mʳ de Longueville en son devoir aussy bien qu'eut peu faire monsieur le mareschal, lequel sera loué d'avoir cedé ses propres interets et son establissement au bien de la paix; et Vostre Majesté aura tesmoygné a bon marché que vos serviteurs et creatures particulieres ne vous sont point sy cheres que le repos de l'estat. Voyla mon avis quant a ce point. Et pour celuy de sinner les arrets du conseil et les comptes de l'espargne, que Mʳ le Prince demande, je vous conseille aussy, Madame, de luy accorder sans regret ny dispute ; car cela ne vous touche point, ou s'il vous touche, c'est a vostre avantage ; et voicy ou je me fonde, que Mʳ le Prince viendra a la court ou n'y viendra point : s'il n'y vient point, il ne vous demande rien et vous ne luy accordés rien; ou il y viendra, et je fais encor cet autre dilemme : ou il despendra absolument de vous, ne respirera que vostre obeissance et d'accomplir tous vos ordres et commandemens ; en ce cas vous aurés un grand avantage d'avoir a vostre devotion un premier prince du sang tres habile et entendu aux affaires, et y aurés acquis un bon serviteur et perdu un mauvais ennemy ; ou bien il persistera en ses mauvaises intentions, continuera ses brigues et ses pratiques et tachera d'empieter vostre autorité ou de la partager, et en ce cas vous ne devés point craindre de mettre la plume a la main d'un homme de quy vous tiendrés le bras. »

Il n'eut pas plus tost achevé son discours que Barbins, quy estoit d'ailleurs (1) fort retenu et respectueux, vint assés effrontement (ce me sembla) prendre le bras de la reine qu'il luy serra, et luy dit : « Madame, voila le plus grand conseil et du plus grand personnage que vous sçauriés trouver, auquel il vous faut tenir et n'en point chercher d'autre ; car c'est l'unique que vous pourrés prendre. »

Je m'estonnay de ce subit changement de Barbins, et plus encores quand j'ouïs la reine dire a Mr de Villeroy : « *Veramente*, Monsieur de Villeroy, vous m'avés donné un bon conseil, et comme un bon serviteur de l'estat, du roy, et de moy ; aussy m'y tiendray je, et je vous en remercie, » puis se mit a parler d'autres affaires : et je me retiray dire a ces messieurs quy m'attendoint cheux moy qu'ils vinssent parler a la reine au sortir de sa messe, laquelle les contenta au dela de leurs propres désirs : et apres, la reine ayant tenu un grand conseil ou nous assistames, *comme* Mr de Villeroy eut fait sa proposition que chascun trouvoit n'estre recevable, la reine sans en attendre ny faire demander les opinions, nous dit :

« Messieurs, sy j'ay jusques a cette heure contesté, debattu, ou refusé plusieurs articles quy m'ont esté

---

(1) D'ordinaire.

proposés pour parvenir a une bonne et ferme paix, je l'ay fait pour l'interest du roy ou de l'estat, quy m'est cher a l'egal de ma vie, et me resjouis maintenant qu'il ne tienne plus qu'aux interets de mes particuliers serviteurs ou de moy qu'elle ne s'accomplisse, lesquels je cede et quitte de bon cœur pour le repos tant desiré du royaume. C'est pourquoy je ne feray point demander les opinions pour sçavoir ce que l'on devra faire là dessus ; car j'accorde l'un et l'autre de bon cœur, et Mr de Villeroy s'en pourra retourner demain au matin et leur rapporter acceptés par [moy] en la mesme forme et teneur qu'ils me les ont demandés. »

Ainsy la paix fut conclue peu apres Paques (1), et la court partit de Tours pour aller se tenir a Blois, laissant Mr de Guyse avec les chefs de l'armée a Tours pour estre en estat en cas que Mr le Prince n'eut effectivement desarmé, ce qu'il fit promptement (2), et lors tout retourna a Blois et de là a Paris (3) ou l'on attendit quelque temps Mr le Prince ; Mrs de Vandosme, du Maine, et de Boullon, y estans precedemment arrivés.

Mr le mareschal d'Ancres demeura a Lesigny ou je l'allay voir. Il fit battre (juin) par ses vallets de pié un certain cordonnier quy estant capitaine de son quartier, luy avoit refusé la sortie de la porte de Bussy

---

(1) Pâques était, cette année, le 3 avril. La paix ne fut signée que le 3 mai; mais dans les derniers jours du mois d'avril elle paraissait assurée : ce fut alors que le roi partit de Tours.

(2) On osta les sceaux a monsieur le chancelier quy fut renvoyé a sa maison, et a l'arrivée du roy a Paris, Mr du Vair fut fait garde des sceaux. (*Addition de l'auteur.*)

(3) Le roi rentra à Paris le 16 mai.

ou il commandoit pendant la guerre (1). Ses laquais furent pris par le peuple et pendus a deux jours de là devant la boutique dudit cordonnier (2).

Juillet. — En fin M{^{r}} le Prince arriva, quy fut conduit jusques au Louvre par quantité de peuple (3).

En ce temps là le mareschal d'Ancres estoit fort mal voulu dans Paris : M{^{rs}} de Mayenne et de Boullon le menaçoint de l'aller attaquer jusques a Lesigny ou il se tenoit, et mesmes avoint eu une entreprise de l'y petarder, ce que neammoins ils ne sceurent executer (4). Le dit mareschal sçachant M{^{r}} le Prince arrivé, me manda qu'il devoit venir le jour mesme a Paris et que je l'obligerois de le venir prendre a trois heures a la porte de Saint Antoine, ce que je fis avesques trente chevaux, et passames devant l'hostel du Maine (5). Il avoit de luy quelque quarante chevaux sans les miens. Je luy prestay un petit barbe sur lequel il monta, et apres avoir salué la reine il remonta a cheval, et pouvions

---

(1) Ce cordonnier, nommé Picard, était sergent du quartier de la Harpe. C'était le samedi-saint qu'il avait arrêté Concini à la porte de Buci, comme celui-ci se rendait sans passeport à sa maison du faubourg Saint-Germain, voisine du Luxembourg. L'acte de vengeance de Concini eut lieu le 19 juin.
(2) Les deux valets furent pendus seulement le 2 juillet.
(3) Le prince de Condé entra dans Paris le 20 juillet.
(4) Concini avait recherché l'appui des ducs de Mayenne et de Bouillon pour perdre les ducs d'Épernon et de Bellegarde ; mais ces princes, déjà effrayés et mécontents de la disgrace de Villeroy et de Jeannin, recommencèrent leurs menées contre Concini. Le prince de Condé paraissait encore lui continuer sa protection.
(5) L'hôtel de Mayenne était sur les rues Saint-Antoine et du Petit-Musc.

estre cent chevaux allors, quy vinsmes a l'hostel de Condé trouver M^r le Prince, ou il demeura une heure. Nous trouvasmes en entrant ce cordonnier quy avoit esté battu de ses gens, quy en avoint esté pendus, lequel sortit en mesme temps pour venir esmouvoir son quartier contre le dit mareschal; mais il n'en peut venir a bout. On nous dit que nous trouverions, en retournant, le Pont Neuf occupé, et a cette occasion je me mis devant avesques ce que je luy avois ammené d'hommes, et luy me suyvoit a deux cens pas près, voulant (en cas que la partie n'eut esté egale) s'en retourner a l'hostel de Condé, et de là prendre party: mais il ne s'y trouva personne.

Aust. — Peu de jours après M^r le millord de Hay, maintenant comte de Carlile (1), arriva avesques une ambassade magnifique de la part du roy de la Grand Bretaigne, a dessein, ce disoit on, de demander pour le prince de Galles (2) une des filles de France: mais voyant les brouilleries quy suivirent depuis, il s'en desista. Il fut receu avesques toute la somptuosité du monde ; chascun luy fit de grans festins, et en suitte des beaux presens. Il avoit quantité de noblesse angloise avesques luy et entre autres le comte Holland(3) que lors on nommoit Mr Riche, et Gorin(4).

---

(1) L'entrée de l'ambassadeur d'Angleterre eut lieu le 1er août. Le prince de Joinville, assisté de MM. de Bassompierre, de Rosny, et autres seigneurs, eut la charge de le recevoir.

(2) Qui fut depuis Charles Ier.

(3) Henri Rich, comte de Holland, second fils de Robert Rich, qui fut créé en 1618 comte de Warwick. Le comte de Holland fut décapité en 1649.

(4) William Goring, de Burton, créé baronnet par le roi Jacques II, le 14 mai 1622.

Durant la bonne reception que l'on luy faisoit, les brigues de la court croissoint: Mʳ le Prince estoit en grande autorité et tous les grans estoint de sa cabale et ses partisans ; Mʳˢ de Guyse(1) mesmes s'estoint mis de son costé sous le pretexte du mescontentement que chascun avoit du mareschal d'Ancres et de sa femme, lequel neammoins eut l'asseurance de se venir tenir a son logis du faubourg Saint Germain : vray est que c'estoit sur l'asseurance que Mʳ le Prince luy avoit donnée de le maintenir.

Il fit en ce temps la aussy un tour bien hardy : le jour que Mʳ le Prince faisoit son festin au millord de Hay, que tous les grans de la court (quy estoint ses ennemis jurés) y estoint conviés, il vint avec trente gentilshommes trouver Mʳ le Prince dans la salle mesme du festin ou ils estoint tous, et apres luy avoir parlé assés longtemps, il print congé de luy et s'en retourna a son logis, tous ces messieurs le morguans, et luy eux aussy. Ils mirent forces propos en avant de le tuer lors, mais ce fut sans effet. Le lendemain Mʳ le Prince l'envoya querir et luy dit qu'il avoit eu beaucoup de peine de contenir ces princes et seigneurs le jour precedent, quy le vouloint attaquer, et qu'ils l'avoint tous menacés de l'abandonner s'il ne quittoit sa protection : c'est pourquoy il luy desclaroit qu'il ne le pouvoit plus maintenir et qu'il luy conseilloit de se retirer en Normandie ou il estoit lieutenant general (2); ce qu'entendu par luy, il vint au Louvre prendre congé

---

(1) Le duc de Guise et le prince de Joinville, son frère.
(2) La lieutenance générale de Normandie avait été donnée au maréchal d'Ancre en échange de celle de Picardie.

de la reine mere, puis du roy, et partit le lendemain matin. Il ne se peut dire comme ce partement descredita la reine lorsque l'on vit qu'un sien serviteur n'avoit peu avoir de seureté dans Paris que tant qu'il avoit pleu a M^r le Prince, et combien cela accreut la reputation et l'autorité de M^r le Prince.

Il arriva en ce temps là que la reine fit sortir de prison M^r le comte d'Auvergne, quy dès l'année 1605 avoit esté condamné a avoir la teste tranchée, et lequel le feu roy (ainsy que je luy ouis dire en ce temps là) a la consideration que le roy Henry 3me son predecesseur en mourant luy avoit particulierement recommandé et M^r le Grand aussy, voulut commuer sa condamnation en prison perpetuelle (1), sans neammoins infirmer la sentence. Et peu de jours apres, Mr de Longueville quy apres la paix jurée, sans passer a la court, s'estoit retiré en son gouvernement de Picardie, voyant que contre ce quy avoit esté convenu par le traitté de paix, monsieur le mareschal d'Ancres conservoit encore le gouvernement de Peronne, fit entreprise dessus le chasteau et la ville qu'il prit en trois jours par le peu de soin ou de verdeur de ceux que ledit mareschal y avoit mis dedans. Cela apporta un nouveau trouble a la court. La reine despescha M^r d'An-

---

(1) Voir t. I. p. 158. — La reine voulait se faire du comte d'Auvergne un appui contre les cabales des grands. — Suivant le *Mercure françois* (t. IV, année 1616, p. 39), ce fut le 26 juin que ce prince sortit de prison: le récit de Bassompierre semble assigner à sa délivrance une date plus tardive, puisqu'il la fait antérieure de quelques jours seulement à l'entreprise du duc de Longueville sur Péronne, qui eut lieu le 14 août.

goulesme (1) avec quatorse compagnies des gardes françoises et la cavalerie quy estoit la plus prochaine pour investir la place, et Mʳ le Prince estant venu trouver la reine luy offrit son service en cette occasion, suppliant neammoins qu'avant rien desclarer ny entreprendre contre Mʳ de Longueville, elle y veuille envoyer Mʳ de Boullon de sa part, lequel se faisoit fort de faire remettre toutes choses en l'estat ou elles estoint avant ladite invasion. La reine quy avoit dessein de se saisir de Mʳ le Prince et de ses associés, consentit a cette proposition, et Mʳ de Boullon partit le jour mesme (2). La reine fit semblant de vouloir aussy envoyer au siege de Peronne quatre compagnies de Suisses; mais sous main elle me commanda de les retarder: et ce quy donna aussy soubçon a Mʳ le Prince, c'est que le roy nomma a Mʳ de Crequy les quatorse compagnies (3) quy y devoint aller, sans luy en laisser le choix comme il avoit accoustumé, et les six capitaines quy demeurerent estoint tous ceux de quy la reine se fioit le plus. Elle fit aussy semblant d'y envoyer sa compagnie de gensd'armes quy tenoit garnison a Nogent, et la fit passer proche de Paris le jour qu'elle fit arrester Mʳ le Prince, pour estre preste en cas qu'elle en eut eu besoin.

Cependant Mʳ le nonce (4) taschoit de raccommoder

---

(1) Le comte d'Auvergne.
(2) Le duc de Bouillon partit le 20 août.
(3) Quatorze compagnies du régiment des gardes françaises, dont M. de Créquy était mestre de camp. Le régiment était alors composé de vingt compagnies.
(4) Le nonce était Ubaldini.

les choses et les pacifier autant qu'il pouvoit, parlant tantost a Mr le Prince, tantost a Mrs de Guyse, de Vandosme et du Maine, tantost a la reine, pour aviser de mettre les affaires en une bonne assiette. Quant a Mr le Prince, il estoit porté au bien, desiroit [d'entretenir] (1) la paix et demeurer en bonne intelligence et mesmes deference avec la reine mere : mais ses partisans ne pouvoint souffrir leur reunion ; et les avoit a combattre et a se porter a leurs desseins, ou les perdre et les quitter : car ils luy mettoint souvent le marché à la main, le menaçans de se reunir avec la reine quy les en faisoit (a ce qu'ils disoint) pressamment solliciter.

Mr de Suilly quy desiroit le bien et la conservation de l'estat se maintenoit avesques les uns et les autres, taschant de les mettre bien autant qu'il pouvoit ; et prevoyant bien que les affaires ne pouvoint subsister en l'estat ou elles estoint, en advertissoit quelquefois la reine mere, quelquefois Mr le Prince. Et un jour le vendredy 26me d'aust Mr de Suilly demanda le soir audience a la reine, en laquelle il fit voir que les choses ne pouvoint encores subsister huit jours au point ou elles estoint reduittes et qu'au balancement ou elles estoint il estoit infaillible que toute l'autorité tomberoit entre les mains de Mr le Prince, ou qu'elle demeureroit aux siennes sy elle la sçavoit retenir ; que deux sy grandes puissances [concurrentes] (2) ne se pouvoint compatir ; que les grans et le peuple penchoint et inclinoint vers Mr le Prince ; que son autorité (3) diminuoit

---

(1) Inédit.
(2) Inédit.
(3) L'autorité de la reine.

depuis l'entreprise de Mr de Longueville, le partement du mareschal d'Ancres et la toute puissance de M^r le Prince dans les affaires et conseils; finalement qu'il ne la tenoit pas asseurée dans Paris et qu'elle seroit mieux avec mille chevaux a la campaigne avec ses enfans, que dans le Louvre, en l'estat ou estoint les esprits des grans et du peuple ; qu'il avoit creu estre de son devoir et des obligations qu'il avoit au feu roy de luy remontrer ce que dessus, ne pouvant y apporter avec sa vie un autre remede, qu'il employeroit volontiers sy par sa perte il pouvoit sauver le roy, elle, et l'estat : et en suitte il prit congé d'elle, luy suppliant de penser a ce qu'il luy venoit de dire, et qu'en cas qu'elle n'y apportat le remede convenable, il protestoit de tout le mal quy luy en adviendroit, et qu'a elle seule en seroit la faute puisqu'elle en avoit esté avertie et que le mal estoit preveu.

A ce discours la reine respondit que forces gens l'advertissoint du mal, mais que peu luy donnoint l'avis du remede et moins encores aydoint a l'assoupir; qu'elle faisoit humainement tout ce quy se pouvoit pour le bien de l'estat, mais qu'il ne plaisoit pas a Dieu de benir son travail, ny aux hommes de reconnestre ses bonnes et saintes intentions ny d'y concourir ; qu'a ce sujet elle avoit donné la plume a M^r le Prince, a ce sujet desarmé le roy, a ce mesme sujet despouillé le mareschal d'Ancres de l'establissement qu'il avoit en Picardie, et en suitte voyant qu'il n'estoit pas agreable aux grans elle l'avoit eslongné; qu'elle faisoit des grans biens a un chascun et mal a personne, et qu'elle ne sçavoit plus que faire autre chose que ce qu'elle avoit fait ; qu'il avisat luy mesme a luy donner quelque bon conseil là dessus, et qu'elle seroit bien ayse de le suivre s'il estoit au bien du service du roy.

J'entray peu après a sa chambre quy estoit lors a l'entresol (1) du Louvre, et luy dis que tous ses serviteurs s'estonnoint d'un assoupissement qu'ils voyoint en elle pendant que l'on empietoit son autorité ; que cela descourageoit les gens de bien et animoit les autres a se jetter a bride abattue dans le party de M^r le Prince, quy s'estoit tellement relevé depuis son arrivée a Paris que l'on le tenoit plus puissant que le sien ; et cependant, qu'elle s'endormoit lors qu'elle se devoit le plus resveiller ; qu'elle pardonnat a mon zele quy avoit causé mon effronterie de luy parler sy librement ; mais que je la suppliois tres humblement qu'elle considerat avesques mes paroles mon intention. Elle me dit qu'elle me remercioit de l'avis que je luy donnois ; qu'elle me tenoit bon serviteur du roy et le sien, et qu'elle s'en asseuroit ; que je devois croyre aussy qu'elle ne dormoit pas comme je pensois, mais qu'il y avoit certaines choses qu'il falloit que le temps accommodat ; que cependant je persistasse en la bonne affection que j'avois a son service, et que les dames ne me fissent rien faire a son prejudice, parce que celles que j'aymois en estoint alienées (2).

Cependant la reine ne laissoit pas de songer a ses affaires et se preparoit pour prendre M^r le Prince prisonnier avesques les principaux de ses partisans, et ne se confioit de son dessein qu'a la seule mareschalle

---

(1) Il y avait dans les précédentes éditions : *l'entre-salle*.

(2) La reine faisait peut-être allusion à la princesse de Conti, sœur du duc de Guise.

d'Ancres et a Barbins, lequel avoit fait quelque connoissance a Bordeaux avec Mr de Temines (1) qu'il avoit connu (dans la contrarieté et repugnance que faisoit Mr de Roquelaure de tout ce que l'on desiroit de luy et les formes et humeurs (2) de Mr de Montespan) qu'il estoit homme facile a entreprendre ce que l'on luy offroit et quy luy avoit prié qu'en cas que la reine eut besoin d'un homme pour une grande et perilleuse execution, qu'elle le voulut employer, qu'il luy offroit sa vie sans aucune reserve. Il fit (3) estat de luy pour executer la capture de M^r le Prince, et l'ayant proposée a la reine en suitte de l'advis que j'ay dit cy dessus que luy donna Mr de Villeroy (4) qu'elle ne feignit point de mettre la plume a la main d'un homme de quy elle tenoit le bras, lui proposa Temines pour l'execution en cas qu'elle y fut forcée, et quelque temps auparavant l'avoit mandé, et ce mesme jour 26me d'aust, il arriva.

Le samedy 27me le millord de Hay eut une audience privée au cabinet de son appartement en bas, en laquelle il la pressa de faire que M^r d'Espernon se retirat du païs d'Aunis ou il estoit entré et luy dit que les Rochelois demanderoint ayde au roy de la Grand Bretaigne, laquelle il ne leur pourroit pas desnier sy on les troubloit en leur religion. La reine quy s'attendoit qu'il luy

---

(1) Pons de Lauzières, marquis de Thémines, maréchal de France, fils de Jean, seigneur de Lauzières et de Thémines, et d'Anne de Puymisson, mort le 1er novembre 1627, à l'âge de 74 ans.
(2) Dans les précédentes éditions il y avait : *honneurs.*
(3) Il y avait ici : *et qu'elle fit.*
(4) Il y avait : *M. de Sully.*

deut faire ouverture du mariage de sa fille fut bien esbahie de voir une sy contraire harangue, et ne luy respondit qu'en paroles generales qu'elle donneroit ordre de contenir chascun en son devoir et en l'obeissance du roy, en telle sorte que le roy de la Grand Bretaigne ne seroit point en peine d'y intervenir.

Ce jour là je m'embarquay avesques Urfé (1) dont je devins en suitte fort amoureux.

Le dimanche 28me monsieur le nonce vint trouver la reine pour luy dire qu'il ne voyoit pas jour pour aucun accommodement avesques elle des princes, avec lesquels il avoit parlé, mais qu'il ne desesperoit pas de Mrs de Guyse freres, en cas que la reine fit quelques avances de bonne chere et principalement a madame la princesse de Conty leur sœur, quy avoit eu deux jours auparavant quelque prise avec la mareschalle d'Ancres, dont elle estoit animée. La reine le pria de continuer cette pratique et d'offrir a Mr de Guyse la charge de mareschal de camp general, en cas qu'il voulut quitter toutes pratiques avesques les autres.

Le mesme dimanche 28me la reine me commanda de faire demeurer les quattre compagnies suisses quy estoint destinées pour le siege de Peronne, et que quelque commandement que j'en eusse, par escrit ou verbal, d'elle ou du roy, quand mesmes l'un ou l'au-

---

(1) Dans les précédentes éditions il y avait *une*, au lieu de *Urfé*.
Geneviève d'Urfé, fille de Jacques, marquis d'Urfé, et de Marie de Neufville, était fille d'honneur de la reine-mère. « C'estoit alors, dit Tallemant des Réaux, toute la fleur de chez la Reyne-mère: aussy fut-elle fort galantisée; on en mesdisoit mesme un peu. » (*Historiettes*, t. III, p. 314.)

tre feroint semblant de s'en mettre en colere, que je dilayasse de jour en jour de les faire partir.

Le lundy 29me Mr de Boullon revint de Peronne, quy apporta des longueurs et remises ; et cependant lors qu'il fut avesques Mr de Longueville dans Peronne, il luy marqua les lieux qu'il devoit faire remparer, et en quelle forme, et luy dicta la response qu'il devoit envoyer faire au roy, auquel il vint le lendemain mardy 30me rendre compte de ce qu'il avoit negocié avesques Mr de Longueville, et fut l'affaire remise a un autre jour pour en traitter. Mais la reine quy voyoit que d'heure en heure les brigues des princes s'augmentoint, que le nombre de ceux quy se jettoint dans leur cabale croissoit, se voulant asseurer davantage des principaux seigneurs ou officiers de la court, nous envoya querir l'un apres l'autre (1) et nous fit faire nouvelle protestation de le bien servir (2) et de ne s'attacher a aucune ligue ou party qu'a celuy seul de Sa Majesté.

Le dernier jour d'aust la reine avoit pris quelque petite medecine quy luy fit tenir le lit, ce quy n'empescha pas que M^r le Prince, Mr de Vandosme, Mr du Maine et Mr de Boullon, quy s'en alloint disner cheux M^r le president Jannin a Challiot ne la vinssent trouver sur les dix heures du matin pour quelques affaires. Ils n'avoint avec eux que chascun leur escuyer et furent plus d'une heure et demie seuls dans la cham-

---

(1) Ceux qu'on appelait alors les *Dix-sept* de la cour, et parmi lesquels étaient Bassompierre, Créquy, Saint-Geran, la Curée.
(2) De bien servir le roi.

bre de la reine. Il print opinion a Barbins que le temps estoit tres propre pour les arrester tous quattre et que Dieu les avoit fait venir en cet estat pour les mettre es mains de la reine. Mʳ de Temines estoit dans la chambre de la mareschalle (1) d'Ancres quy luy parloit, et avoit cinq ou six braves hommes avesques luy.

Il arriva aussy que je me trouvay par hasard dedans le Louvre et que Barbins me vit, quy m'appella et me dit que la reine luy avoit commandé de me dire que j'attendisse là et qu'elle me vouloit parler, et mesmes me fit monter dans la chambre de la mareschalle sans que lors je sceusse ou me douttasse de rien. En ce mesme temps la garde suisse se levoit, et m'ayant demandé ce que c'estoit que tous ces tambours suisses quy battoint, je luy dis que c'estoint les deux compagnies, celle quy entroit, et celle quy sortoit de garde. Il me dit lors : « Mandés leur sous main qu'elles s'entretiennent là jusques a ce que vous y veniés, » ce que je fis, et leur manday que je les voulois voir et qu'elles m'attendissent en bataille. Lors je me douttay de quelque chose et plus encores quand, des qu'il eut parlé a la mareschalle d'Ancres, elle s'en alla trouver la reine, et a ce que j'ai sceu depuis, ayant toussé a la porte de son cabinet, la reine quy l'entendit, quy estoit hors du lit mais en coiffure de nuit, la vint trouver, feignant d'aller a la garderobbe. La mareschalle luy proposa que le temps ne seroit jammais plus a propos pour d'un coup de tirasse prendre ces

---

(1) Les précédentes éditions portaient : *du maréchal.*

quattre personnes; que Mʳ de Temines estoit là avec six braves hommes dont il respondoit; que j'avois deux compagnies de Suisses devant le Louvre; que ces messieurs n'avoint que leurs escuyers avec eux; qu'elle avoit quarante de ses gardes dans le Louvre, les archers de la porte et les Suisses du corps (1) a sa devotion, et qu'ils seroint arrestés deux heures avant que l'on s'en aperceut, pendant lesquelles le roy quy estoit aux Tuilleries reviendroit, et que je pourrois faire venir encor quinse cens Suisses quy seroint incontinent icy. La reine escouta cette proposition, la jugea bonne en plusieurs choses et de facile execution: mais comme la resolution aux affaires non preveues manque souvent, que la reine attendoit le lendemain deux cens hommes d'armes de sa compagnie avec lesquels, sy elle se sentoit pressée du peuple, elle se pourroit retirer a Mantes (2), au millieu du bataillon suisse, avec le roy, Messieurs (3), et Mesdames; joint que le roy n'estoit pas present pour autoriser une sy grande capture, et que mesmes on le pourroit troubler a son retour; n'ayant aucune autre personne pres d'elle, ayma mieux remettre l'affaire au lendemain que de l'executer lors : ce qu'ayant dit a la mareschalle, et elle a Barbins, il me prit a l'heure mesme et me dit que la medecine de la reine la pressoit et qu'elle remet-

---

(1) Les gardes de la porte surveillaient pendant le jour les avenues du Louvre, auxquelles les gardes du corps faisaient sentinelle pendant la nuit. Les Suisses du corps étaient de la compagnie des Cent-Suisses.

(2) Il y avait dans les précédentes éditions : *Nantes.*

(3) Il faut lire : Monsieur. Le roi n'avait alors qu'un frère vivant.

troit a me parler a une autre heure, laquelle il me feroit sçavoir, et me dit de plus : « Je me plais sy fort de voir vos Suisses que je vous prie de m'excuser sy je vous ay prié de les [faire] (1) arrester affin que je les puisse voir », et sortit quand et moy les voir [entrer] et sortir de garde, ce quy me fit perdre le soubçon que j'avois pris que la reine se voulut saisir de ces messieurs. Ils s'en allerent peu apres a Challiot auquel lieu on leur donna quelque avis de prendre garde a eux, que les gensdarmes de la reine approchoint : mais ils creurent que c'estoit effectivement pour aller a Peronne. Neammoins ils s'aviserent comme ils avoint tous quattre esté le matin en belle prise et resolurent de ne se plus trouver tous quattre ensemble en lieu ou l'on leur peut mettre la main sur le collet.

Le soir Mr de Crequy fit un tres beau festin aux Anglois, d'ou nous nous retirames fort tard : et le lendemain jeudy premier jour de septembre, a trois heures du matin, je fus esveillé par un gentilhomme servant de la reine nommé la Motte (2) quy me vint dire de sa part que je la vinsse trouver au Louvre, desguysé et seul, ce que je fis, et en entrant je trouvay un des gardes du corps du roy nommé la Barre, quy estoit mareschal des logis des Suisses, quy estoit de paillasse (3) cette nuit là, auquel je dis qu'il vint avec moy en l'antichambre de la reine et qu'il m'attendit a la

---

(1) Inédit.

(2) Hector de la Motte, seigneur de Ville, fils de Claude de la Motte, seigneur de Ville, gentilhomme servant de la reine Catherine de Médicis, et de Marie de Ravenel.

(3) C'est-à-dire de garde de nuit.

porte lors que je serois entré a la chambre, me doutant bien que l'on auroit affaire des Suisses, ce quy me vint tres a propos.

Je trouvay la reine en juppe entre Mrs Mangot et Barbins, Mr de Fossé un peu reculé ; elle me dit en arrivant : « Vous ne sçavés pas pourquoy je vous ay envoyé querir sy matin, Bassompierre ? » « Madame, ce luy dis je, je sçay bien pourquoy ce n'est pas. » « Je vous le diray tantost, » me dit elle, puis continua a se promener pres d'une demie heure. Je m'approchay de Fossé, bien estonné de le voir là, depuis que la reine le chassa pour avoir accompagné le commandeur de Sillery en sa disgrace (1). Au bout de quelque temps elle entra en son cabinet avec les susdits et me dit : « Je veux prendre prisonniers M^r le Prince, Mrs de Vandosme, du Maine, et de Boullon. Je desire que les Suisses soint pres d'icy a onse heures du matin, comme dire (2) vers les Tuilleries, pour, sy je suis forcée par le peuple de quitter Paris, me retirer avec eux a Mantes. J'ay mis mes pierreries en un paquet et quarante mille escus en or, que voyla, et emmeneray mes enfans avesques moy, sy, ce que Dieu ne veuille et que je ne pense pas, j'y estois forcée, estant toute resolue de me soumettre plustost a quelque peril et inconvenient que ce soit, que de perdre mon autorité et de laisser desperir celle du roy. Je veux aussy, lors qu'il sera temps, que vous alliés a la porte avec vos Suisses

---

(1) Le commandeur de Sillery, qui était chevalier d'honneur de la reine, avait été digrâcié avant son frère le chancelier.
(2) Il y avait dans les précédentes éditions : *j'irai*, au lieu de : *dire*.

pour soustenir un effort s'il en arrivoit, et y mourir pour le service du roy comme je me le promets de vous. » Je luy respondis : « Madame, je ne tromperay point la bonne opinion que Vostre Majesté a de moy, et elle le connestra aujourdhuy sy le cas y eschet. Cependant, Madame, trouvés bon que j'aille faire avertir les Suisses des quartiers. » « Non, dit elle, vous ne sortirés pas. » Je luy dis : « Vous estes estrange de vous deffier d'un homme entre les mains de quy vous voulés en suitte fier la personne du roy, la vostre, et celle de vos enfans. J'ay a cette porte un homme en quy je me fie, que j'envoyeray par les quartiers. Fiés vous sur moy, Madame, et vous asseurés que la feste ne sera point gastée par moy. » Elle me laissa sortir, et j'envoyay la Barre faire venir les Suisses en la forme que je luy dis : puis je rentray. Je luy demanday ce qu'elle feroit des gardes françoises ; elle me dit qu'elle craignoit que Mr de Crequy ne fut gaigné pour M^r le Prince ; je luy dis lors : « Non pas contre le roy, Madame, pour quy je sçay qu'il perdroit mille vies s'il les avoit. » Lors elle dit : « Il le faut donc envoyer querir, et vous ne sortirés tous deux que quand M^r le Prince sera entré. » Elle envoya aussy querir Mr de Saint Geran a cause des gensdarmes du roy (1), et la Curée (2) vint avesques le roy quand il descendit en la chambre de la reine sur les neuf heures du matin. La

---

(1) M. de Saint-Geran était alors capitaine-lieutenant des gendarmes de la garde du roi.

(2) Gilbert Filhet de la Curée, premier capitaine-lieutenant de la compagnie des chevau-légers de la garde, instituée par le roi Henri IV, en 1593, fut créé maréchal de camp en 1621.

reine parla a ces messieurs, et comme je luy eus demandé par quy elle feroit prendre Mʳ le Prince, elle me dit : « J'y ay pourveu. »

Mʳ le Prince vint sur les huit heures au conseil, et la reine regardant comme tout le monde luy donnoit les placets, elle dit : « Voyla maintenant le roy de France ; mais sa royauté sera comme celle de la feve, elle ne durera pas longtemps. »

Sur cela la reine nous envoya a la porte du Louvre, Mʳ de Crequy et moy, pour faire prendre les armes aux gardes, ce que nous fismes, et ce pendant elle envoya querir Mʳ le Prince. Elle nous envoya dire a Mʳ de Crequy et a moy que sy Mʳ le Prince venoit a la porte, que nous l'arrestassions : nous luy mandasmes que c'estoit un sy grand commandement qu'il meritoit bien nous estre fait de bouche, et que la reine nous l'eut dit estant en sa chambre ; que s'il luy plaisoit d'envoyer un lieutenant des gardes (1) pour s'en saisir, que nous luy donnerions main forte : et cependant je luy manday que personne ne sortiroit de la porte, ou je mis trente hallebardiers suisses pendant que Mʳ de Crequy donnoit son ordre aux François.

Il vint incontinent apres un vallet de chambre de la reine nous dire de sa part que Mʳ le Prince estoit pris, et que sy les autres trois venoint, nous ne les laissions pas retourner. Nous luy mandasmes que pourveu qu'ils y vinssent, que nous luy en respondions : mais ils furent plus habiles. Elle envoya Saint Geran pour

---

(1) Des gardes du corps.

prendre Mʳ de Vandosme, mais il n'y trouva que le nid. On advertit Mʳ du Maine que les portes du Louvre estoint fermées : il se le tint pour dit et s'en revint a son logis, des Jesuistes ou il estoit(1), puis en mesme temps sortit par la porte Saint Antoine et tourna sur la contrescarpe jusques a celle de Saint Martin ou il attendit ceux quy se voulurent retirer. Mʳ de Boullon estoit allé a Charanton : on le vint avertir a son retour, proche du petit Saint Antoine (2), qu'il y avoit rumeur au Louvre ; il monte a cheval, et sur ce que l'on luy dit que Mʳ du Maine l'attendoit a la porte de Saint Martin, il y alla. Aussy firent plusieurs autres, et se trouverent bien soissante chevaux. Mʳ du Maine proposa de rentrer a Paris et esmouvoir le peuple : ils firent le premier, mais l'autre ne leur reussissant pas, ils se retirerent vers Soissons (3).

Deux gentilshommes de Mʳ le Prince, le Tremblay et Diau vindrent devant le Louvre sçavoir sy Mʳ le Prince estoit mort, envoyés par Rochefort quy estoit sur le Pont Neuf avesques trente chevaux. Je dis au Tremblay : « Mʳ le Prince se porte bien : il est arresté, et n'a nul mal. » Sur cela ils s'en retournerent dire cette nouvelle a Rochefort quy s'en alla en diligence jetter dans Chinon (4).

---

(1) La maison des jésuites était, comme l'hôtel de Mayenne, en la rue Saint-Antoine.

(2) Le petit Saint-Antoine était situé rue Saint-Antoine et rue du Roi-de-Sicile.

(3) Le duc de Mayenne était gouverneur de Soissons.

(4) Par le traité de Loudun le château de Chinon avait été donné au prince de Condé qui y avait mis garnison.

Le president le Jay (1) alla trouver Mrs du Maine et de Boullon, et alla avec eux a Soissons.

M^r le prince de Jainville vint trouver le roy et la reine de la part de son frere et de la sienne : mais la reine, ou qu'elle fut empeschée d'ailleurs, ou qu'elle ne songeat pas a ce qu'il luy disoit, ne luy ayant rien respondu, il s'en retourna mal satisfait et donna l'allarme a son frere. La reine s'estant avisée qu'elle n'avoit rien dit aux complimens de M^r le prince de Jainville, et aussy que monsieur le nonce luy avoit assueré de la fidellité de Mr de Guyse le soir auparavant, envoya Mr de Pralain le trouver et luy dire de belles parolles : mais comme Mr de Guyse luy eut demandé sy sur sa parole il pouvoit aller seurement au Louvre, Mr de Pralain luy dit : « Monsieur, je vous dis simplement ce que le roy et la reine m'ont commandé de vous dire : c'est a vous [pour le surplus] (2) de mettre la main sur vostre conscience et sçavoir sy vous y pouvés aller, ou non. » Cela fit resoudre Mrs de Guyse et de Jainville de partir et suyvre la routte de ceux quy alloint a Soissons.

Peu apres la prise de M^r le Prince, quelques mutins ou quelques uns de la maison dudit seigneur commencerent a jetter premierement des pierres contre les fenestres du logis du mareschal d'Ancres, puis d'autres s'estans joins a eux pour l'esperance de piller, prindrent des pieces de bois de devant Luxembourg que l'on bastissoit lors, pour rompre la porte dudit logis,

---

(1) Le président le Jay avait été mis en liberté et rétabli dans l'exercice de sa charge.

(2) Inédit.

et huit ou dix, hommes que femmes, [quy] estoint dedans, s'estans retirés de frayeur par la porte de derriere, et quantité de maçons du Luxembourg s'y estans joins, ils entrerent dedans et pillerent ce riche logis ou ils trouverent pour plus de deux cens mille escus de meubles. La reine commanda, sur l'avis qu'elle en eut, a Mr de Liancourt (1), gouverneur de Paris, d'aller empescher ce desordre : mais y estant allé avec les archers du guet, et voyant qu'il n'y faisoit pas bon pour luy, se retira. Ils continuerent tout ce jour, et l'on les laissa faire.

Mrs de Montmorency et de Rets (2) avesques plusieurs de leurs amis s'offrirent a la reine d'aller en suitte de ces messieurs quy se retiroint a Soissons. Elle les prit au mot, et y furent ; mais ils n'allerent gueres loin.

Le soir la reine pria le roy de faire Mr de Temines mareschal de France, dont plusieurs crierent, et principalement Montigny, de sorte que l'on le fit aussy mareschal, lequel le mesme jour venant a Paris et ayant rencontré Mr de Vandosme quy s'enfuyoit, de quy les chevaux estoint recreus, luy avoit presté les siens quy estoint frais. Saint Geran voyant qu'il n'y avoit qu'a crier pour avoir, extorqua un brevet de promesse de l'estre (3), et Mr de Crequy eut un brevet de duc

---

(1) Charles du Plessis, seigneur de Liancourt, marquis de Guercheville, fils de Guillaume du Plessis, seigneur de Liancourt, et de Françoise de Ternay, mort le 20 octobre 1620.

(2) Henri de Gondi, duc de Retz et de Beaupreau, fils de Charles de Gondi, marquis de Belle-Isle, et d'Antoinette d'Orléans-Longueville, né en 1590, mort le 12 août 1659.

(3) Cette promesse ne reçut son accomplissement qu'en 1619.

et pair (1). La reine me dit le soir : « Bassompierre, tu ne m'as rien demandé comme les autres. » « Madame, luy respondis je, ce n'est pas ast'heure que nous n'avons fait que nostre devoir bien simplement, de vous demander recompense : mais j'espere que quand, par de grans services, je l'auray merité, le roy me donnera des honneurs et des biens sans que je luy demande. »

M^r le Prince quy fut arresté par Mr de Temines en ce passage quy va de la chambre de la reine en son cabinet en cet appartement de l'entresol (2), fut mené par un petit degré dans la chambre de la reine, quy est du plain pié de la court, ou il coucha ce soir là pendant que l'on grilloit la chambre au dessus du cabinet des livres, ou on le mena le lendemain matin vendredy 2me du mois de septembre, ou il fut gardé par M^r le mareschal de Temines et ses enfans, et plusieurs autres gentilshommes et archers de la garde du corps.

La reine tint conseil ce jour là, ou il fut estably un conseil de guerre et commandé au mareschal de Brissac d'y presider et aux principaux chefs de guerre d'y assister. Il fut resolu que l'on mettroit une armée sur pié, et me fut ordonné d'aller lever six mille

---

(1) Par lettres du mois de mai 1611 la terre de Lesdiguières avait été érigée en duché-pairie en faveur du maréchal de Lesdiguières, et après lui en faveur de M. de Créquy, son gendre; mais les lettres ne furent enregistrées que le 20 février 1620. Peut-être Créquy obtint-il au moment actuel l'espérance d'un ordre d'enregistrement; peut-être aussi une promesse de faveur personnelle, qui ne reçut pas son accomplissement.

(2) Il y avait encore ici : *entre-salle*.

Suisses : puis le roy desirant que je demeure pres de luy, ordonna M' de Commartin pour y aller, comme un des anciens ambassadeurs du roy en Suisse (1); mais je l'empeschay, desirant que M' de Castille quy avoit grand credit en Suisse (2), y allat faire la levée, ce qu'il fit.

Le roy commanda a M' de Crequy de prendre les compagnies françoises quy sortiroint de garde pour aller chasser le peuple quy continuoit non plus de piller, car c'en estoit fait, mais de desmolir la maison du mareschal d'Ancres; ce que M' de Crequy executa, et y mit des soldats pour la garder.

La reine en suitte songea a retirer Mrs de Guyse de l'intrigue ou ces autres princes estoint, et pour cet effet leur fit escrire par monsieur le nonce, par madame la princesse de Conty et mesdames de Guyse avesques lesquelles elle en confera, et y travaillerent avesques soin et passion. Le sieur de Lafon, depuis abbé de Foix (3), fut employé aux allées et venues sur ce sujet.

Le lundy 5me ce conseil de guerre proposé se tint, auquel M' le mareschal de Brissac presida, et Mrs de Pralain, Crequy, Saint Luc, Saint Geran, Vignoles, Chambaret (4), et moy, fusmes ordonnés pour y ser-

---

(1) Caumartin avait été envoyé en Suisse comme ambassadeur en 1604.

(2) Pierre de Castille, qui fut depuis contrôleur général et intendant des finances, avait été en 1612 ambassadeur en Suisse. Il avait épousé Charlotte Jeannin, fille du président Jeannin.

(3) L'abbé de Foix était une créature des Guise. Il fut emprisonné en 1631, lors de la disgrâce de la reine-mère.

(4) « Chambret, gentilhomme d'auprès de Bordeaux et l'un des

vir, comme aussy Mrs de Villeroy et president Jannin; auquel on fit le projet de l'armée que le roy vouloit mettre sur pié.

Le mardy 6me M^r d'Angoulesme revint de Peronne, et ayant sceu que ce conseil de guerre estoit estably, demanda a Barbins s'il n'y pourroit pas aller, quy luy dit que ouy. Ainsy le mercredy 7me il vint de bonne heure, print la maitresse place pour y presider, et M^r le mareschal de Brissac prit la seconde sans contestation, sur quoy Pralain aupres de quy j'estois me dit que Mr de Brissac se faisoit tort de ceder au comte d'Auvergne, et que c'estoit par inadvertance. Je sçavois bien que Saint Geran vouloit mal a M^r d'Angoulesme a cause du chasteau de Bourbon Archambaut qu'il destenoit sur madame d'Angoulesme (1) : je me levay lors et fis sinne audit Saint Geran de me venir parler a la fenestre, et luy ayant dit que nous ne devions pas souffrir que le comte d'Auvergne nous presidat, n'ayant pas esté remis en sa bonne fame et renommée depuis sa condamnation (2), non seulement il l'approuva mais fit sinne a Vignoles, et moy a Mr de Crequy, et nous puis apres appellames tout le reste, et ne demeura que M^{rs} le comte d'Auvergne, de Brissac, de Villeroy, et Jannin : puis ayans appellé M^r le mareschal de Brissac nous luy fismes reproche de ce qu'es-

---

plus braves de la cour ? » (*Histoire de la vie de Charles de Créquy*, par Chorier), était celui qui, en 1602, avait eu querelle avec Créquy.

(1) Saint-Geran était gouverneur du Bourbonnais, où était situé Bourbon-l'Archambault.

(2) Voir à l'Appendice. VI.

tant president du conseil de guerre et mareschal de France, il avoit souffert M^r le comte d'Auvergne le preceder dans le conseil, et que nous quy n'estions rien de tout cela, ne l'avions pas voulu endurer, ains luy en avions voulu faire le reproche et la honte. Il nous dit qu'il n'y avoit pas pensé, mais que sy Mrs de Saint Geran et la Curée, Crequy et Bassompierre, luy vouloint promettre de l'assister, car nous quattre avesques nos trouppes estions les maitres (1) du Louvre, qu'il le tueroit [l'apres disner] (2) s'il y revenoit pour se mettre au dessus de luy, ce que les autres luy promirent, et moy a plus forte rayson, estant son neveu (3) et interessé dans son honneur. Mais Mr de Pralain me dit en suitte :

« Ce que M^r le mareschal de Brissac a proposé de faire est genereux ; ce qu'il a desiré de vous autres est convenable, et ce que vous luy avés tous quattre promis, est digne de vous. Neammoins il est de nostre devoir de l'empescher, et faut que de bonne heure on advertisse la reine qu'elle previenne cet inconvenient, deffendant audit comte d'Auvergne de se trouver a ce conseil, ou le rompant puisqu'elle ne l'a establi que pour faire l'estat de l'armée qu'elle veut mettre sur pié, ce quy a esté resolu en ces deux conseils : ou s'il en faut tenir quelque autre, que ce soit en sa presence ; car nous ferions un grand oultrage au roy et a la reine, que nous pouvons esviter ; par nostre discorde nous hausserions le chevet aux malcontens abattus, et

---

(1) Les précédentes éditions portaient : *les messieurs*.
(2) Inédit.
(3) Voir t. I, p. 59, note 4.

ce desordre pourroit en mesme temps estre suivy de la delivrance de Mr le Prince prisonnier au Louvre. »

Je luy dis que je trouvois son avis tres bon, mais que mon eage, la parentelle que j'avois avec monsieur le mareschal, et l'interest ou j'estois embarqué, m'empeschoint de le faire. Il me dit qu'il n'en vouloit pas seulement parler a moy, mais aussy a toute leur compagnie, ce qu'il fit a l'heure mesme et leur dit :

« Messieurs, dans la ferme et haute resolution que nous venons de prendre de tuer un prince dans le Louvre et quasy entre les bras du roy et de la reine au millieu de son conseil, nous fortifians pour cet effet des gens de guerre que ces messieurs ont sous leurs charges a tout autre effet que celuy a quoy ils les destinent maintenant, nous n'avons point regardé le roy ny ses interests, encores moins l'estat des affaires presentes ny le bien de l'estat a quoy nostre entreprise repugne directement. Je suis d'avis avesques tous vous autres que sy le comte d'Auvergne revient au conseil, luy quy est (1) condamné a mort pour les causes contenues dans son arrest et dont il n'est ny desclaré innocent ny absous, ny restably en sa bonne fame et renommée, nous nous y opposions et que nous contribuions de nostre vie au dessein de monsieur le mareschal. Mais il me semble que sy(2), en advertissant la reine de ne l'y faire venir et de luy commander qu'il s'en deporte, ou qu'elle ne face plus tenir de conseil pour esviter l'inconvenient quy en pourroit arriver, que nous ferions nostre devoir et que nous pre-

---

(1) Il y avait dans les précédentes éditions : *étant*.
(2) *Sy*, cependant.

viendrions un mal quy en peut causer a la France et nous apportera peu de gloire a l'avenir, que l'on die que monsieur le mareschal assisté de tant de braves hommes aye tué avantageusement un seul homme, et peut estre sans resistance, peut estre sans espée. »

Son avis ne fut pas seulement approuvé de la compagnie, mais du mareschal aussy, et tous ensemble me donnerent (1) la charge d'en parler de telle sorte a la reine que, sans l'offenser ny la mettre en colere, elle connut neammoins que la compagnie ne souffriroit plus ledit comte d'Auvergne presider parmy elle, non pas seulement y assister, s'il n'estoit absous ou purgé precedemment, ce qu'ayant remonstré a Sa Majesté, elle prit tres bien cette affaire et deffendit que l'on ne tint plus de conseil; et Sa Majesté creut qu'en faveur de Mr de Guyse cette compagnie avoit fait cela pour faciliter davantage son retour : elle se hasta de le procurer.

Peu apres le millord de Hay s'en retourna en Angleterre sans avoir fait aucune proposition (2).

Et le dimanche 25me du mesme mois, Mrs de Guyse et de Chevreuse revindrent trouver Leurs Majestés quy les receurent tres bien.

Ce mesme jour la reine me dit [au soir] (3) que je ne m'en allasse pas quand elle donneroit le bonsoir, et qu'elle me vouloit parler : et apres que tout le monde fut retiré, M^r le mareschal de Temines estant aussy demeuré, elle me dit : « Bassompierre, ayant a trans-

---

(1) Il y avait dans les précédentes éditions : *demandèrent*.
(2) Aucune proposition de mariage.
(3) Inédit.

porter Mr le Prince hors d'icy, je me suis voulu fiér en vous de sa conduitte. Voyla Mr le mareschal de Temines quy l'a pris et quy l'a gardé dans le Louvre avec peine : mais il seroit a craindre que sy je luy tenois plus longuement, l'on ne fit quelque entreprise pour le sauver, ce quy se pourroit faire aysement, et vous avés veu que tantost quand ces princes sont revenus de Soissons, il y avoit plus de deux cens gentilshommes quy estoint avec eux, ou pour l'amour d'eux dans le Louvre : joint aussy que cela empesche que le roy et moy n'osons quasy en sortir, et sy nous voulions aller a Saint Germain ou ailleurs, il ne seroit icy en seureté. C'est pourquoy je le veux mettre a la Bastille et veux que vous m'en respondiés par les chemins et que vous vous en chargiés : car monsieur le mareschal n'a autre chose que ce quy sera dans son carrosse. Nous le ferons passer par la grande galerie dans les Tuilleries, et de la avec les Suisses du faubourg Saint Honoré et les Suisses et François quy sont derriere et devant le Louvre, vous le menerés par hors de la ville dans la fausse porte de la Bastille, ce que je crois que vous pourrés faire seurement. »

Elle me dit en suitte que le roy vouloit tant faire pour moy que *li honori, li bieni, li carichi*, (ce sont ses mots), ne me manqueroint point.

Je luy respondis que l'honneur de sa confiance m'estoit suffisante recompense du petit service qu'elle desiroit de moy, lequel j'executerois fort fidellement a peine de ma vie, mais que sy j'osois luy conseiller de faire passer Mr le Prince a travers de la ville, je luy respondois de le conduire a la Bastille en toute seureté; qu'il n'y avoit rien a craindre; que rien ne se remueroit, et que quand il y auroit gens pour ce faire (ce que non) (1), nous serions passés devant qu'ils eussent pensé a se mettre en estat de l'empescher.

Mʳ de Temines quy n'approuvoit point de passer sur la contrescarpe de la ville, quy est un tres meschant chemin, fut bien ayse que j'eusse dit la mesme chose a la reine qu'il luy avoit precedemment proposée et l'appuya de telle sorte par d'autres raysons qu'en fin la reine me dit : « Respondés moy de Mʳ le Prince, et puis faites comme tous deux vous l'entendrés. »

Je luy dis qu'elle envoyat querir les deux capitaines (2) de la garde françoise pour leur faire le commandement ; elle me dit : « Faites leur de ma part. » « Madame, luy respondis je, nous ne levons pas la garde comme cela : il faut que de la propre bouche de Vostre Majesté ils en reçoivent le commandement; autrement ils ne le doivent faire. » Elle me dit : « Cela fera rumeur (3) : allés les trouver vous mesme ; » ce que je fis, et envoyay en mesme temps querir les deux cens Suisses du faubourg Saint Honoré pour venir devant le Louvre sans battre tambour. Je ne trouvay que des sergens dans les corps de garde françois, que j'amenay a la reine quy leur commanda de faire ce que je leur dirois. Je pris deux cens hommes des deux compagnies françoises, cent de celle des Suisses quy estoint en garde, et quelque cent cinquante quy me vindrent du faubourg : j'envoyay monter a cheval huit gentilshommes des miens. Mʳˢ de Vignoles,

---

(1) C'est-à-dire : ce qui n'était pas.
(2) Les précédentes éditions portaient : *compagnies*.
(3) Il y avait aux précédentes éditions : *cela me fera ruiner*.

Chambaret et Bressieux quy se douterent qu'il y avoit quelque chose m'attendirent dans la court du Louvre pour sçavoir ce que c'estoit, lesquels y vindrent aussy, et cinq ou six gentilshommes de la reine. Il y avoit douse gardes (1) et six Suisses du corps avec leurs pertuisanes et hallebardes autour du carrosse, et quand tout fut prest, Mr de Temines et moy vinsmes dans la chambre de M^r le Prince. Il le resveilla en sursaut, ce quy l'estonna, et eut grande apprehension. Je ne me voulus point montrer, le voyant si effrayé, et sortis du Louvre, faisant mettre en bataille les deux cens François devant l'hostel de Longueville (2); et comme le carrosse fut sorty du Louvre, dans lequel estoit M^r le Prince, les trois cens Suisses le suyvirent immediatement faisant la retraitte, et ainsy le menasmes sans flambeaux dans la Bastille, ayant, avant sortir du Louvre, mandé à Mr de Guyse quy estoit revenu de Soissons ce jour mesme, qu'il ne prit allarme de voir venir droit a son logis (3) les François et Suisses de la garde, et que la reine m'avoit permis de luy mander que ce n'estoit contre luy qu'ils marchoint, mais pour conduire M^r le Prince a la Bastille. Celuy que j'y envoyay le trouva desja habillé et prest a monter a cheval sur l'avis que l'on luy avoit donné que l'on mettoit les gardes en ordre pour le venir prendre.

Je devins lors extremement amoureux de Mlle d'Urfé;

---

(1) Douze gardes du corps.
(2) L'hôtel de Longueville était situé sur l'emplacement qu'occupe aujourd'hui la façade du Louvre.
(3) L'hôtel de Guise était rue du Chaume, au coin de la rue de Paradis.

et le roy peu devant la Toussaints tomba malade de sorte que la veille de la Toussaints il luy prit une foiblesse avec une convulsion que l'on apprehendoit se devoir degenerer en apoplexie, et on craignit que sy elle luy revenoit (1), elle ne l'emportat. En effet ce n'estoit rien ; mais a ces testes sy precieuses on craint tout. La reine mesmes sur ce que l'on luy dit du mal, me commanda de me tenir cette nuit là au Louvre pour y ammener en diligence les Suisses en cas qu'il en mesavint. Mais le matin le roy se portant bien et ayant bien dormy, on fut delivré de peine (novembre).

Je partis le lendemain de la Toussaints pour aller recevoir les Suisses. Et parce que Mr de Nemours estoit avec une armée que le roy d'Espaigne avoit levée sous son nom et luy faisoit conduire contre le duc de Savoye (2), le roy avec quy le duc estoit en parfaite intelligence, prit soin de sa conservation, commanda a Mr le Grand avec quelques trouppes de s'acheminer en Bresse et d'apporter tout l'ayde qu'il pourroit a Mr le prince de Piemont quy gardoit la Savoye pendant que son pere deffendoit le Piemont

---

(1) Dans les précédentes éditions il y avait : *venoit*.

(2) Le duc de Nemours, séduit par les promesses du gouverneur espagnol de Milan, qui lui faisait espérer l'investiture du duché de Savoie, avait tourné contre son cousin Charles-Emmanuel les troupes qu'il avait levées pour l'appuyer dans ses démêlés avec l'Espagne. Mais sa petite armée s'était débandée, et après plusieurs tentatives inutiles, il s'était trouvé heureux de traiter avec le duc de Savoie par l'entremise de M. de Bellegarde. L'accord entre le prince de Piémont et le duc de Nemours fut signé le 14 novembre. (*Histoire de Louis XIII*, par Levassor, liv. IX. — *Histoire de la mère et du fils*, année 1616. — *Memorie recondite* de Vittorio Siri, t. III).

contre le roy d'Espaigne. J'eus ordre d'emmener trois cens chevaux avesques moy, et en cas que Mr le Grand me mandat, de tourner a luy avesques les Suisses et la cavalerie : mais comme j'arrivay a Provins, me vint trouver un nommé Lacé (1) que Mr le Grand despeschoit au roy, quy m'apporta de ses lettres par lesquelles il me mandoit qu'il avoit accommodé Mr de Nemours avesques Mr le prince de Piemont, et que l'armée de Mr de Nemours estoit desbandée. Messieurs du parlement de Dijon m'escrivoint aussy, comme Mr le marquis de Mirebeau (2), pour me prier que la paix estant faite, je ne voulusse charger la Bourgongne de la cavalerie quy estoit preste d'y entrer ; ce que je fis et l'envoyay loger a Bergere (3), attendant autre ordre du roy, a quy j'en escrivis, pour leur donner.

J'arrivay a Saint-Jean de Laune (4) en mesme temps que les deux regimens suisses sous la charge des collonels Feugly et Greder (5), que Mr de Castille avoit

---

(1) Dans les précédentes éditions il y avait : *un homme que M. le Grand dépêchoit au roi.*

Lassé était trésorier de France à Bourges. Il avait été chargé de porter à M. de Bellegarde les instructions de la cour au sujet du passage du duc de Nemours en Savoie.

(2) Jacques Chabot, marquis de Mirebeau, fils de François Chabot, marquis de Mirebeau, et de Catherine de Silly, sa seconde femme, était lieutenant général au gouvernement de Bourgogne. Il mourut le 29 mars 1630.

(3) Bergères-sous-Montmirail, village du canton de Montmirail, arrondissement d'Épernay, département de la Marne.

(4) Saint-Jean-de-Losne, chef-lieu de canton de l'arrondissement de Beaune, département de la Côte-d'Or.

(5) Jean-Ulric Greder, du canton de Soleure, second fils de Jodoc Greder, colonel en France, fut en 1606 capitaine au régiment de Praroman ; en 1614 capitaine d'une compagnie du régiment de

levés et ammenés. Je leur fis faire leur premier serment et les ammenay jusques a Chastillon sur Seine, d'ou le roy m'escrivit d'en envoyer l'un en Nivernois et l'autre en Champaigne, avec l'ordre des garnisons ou ils devoint aller ; ce qu'ayant fait je quittay mon train et vins avec dix chevaux coucher a Bar sur Aube, pour le lendemain m'en venir a Bar(1) ou Mr de Lorraine tenoit les estats, que je voulois voir : mais ayant appris qu'il en estoit party, j'allay passer a Chalons ou je trouvay Mrs de Pralain et de Tremes (2) ausquels ayant consinné le regiment du colonel Feugly pour le mettre en garnison, je m'en revins a la court extremement amoureux, ou le duc de Crouy (3) s'estoit embarqué pour espouser Urfé, et me pria de traitter ce mariage, ce que je fis a dessein de le rompre ; mais mes peines furent vaines, car il passa par dessus toutes les difficultés que je luy proposay, et l'espousa.

Le mareschal d'Ancres estoit revenu a la court (4). Pendant mon voyage de Bourgongne on avoit osté les

---

Galaty, incorporée en 1616 au régiment des gardes suisses; et colonel de ce même régiment, après Fridolin Hessy, de 1628 à 1633. Né le 20 février 1574, il mourut le 27 mai 1639.

(1) Bar-le-Duc.

(2) M. de Tresmes était lieutenant général au gouvernement de Champagne, et gouverneur de Châlons. — Il y avait dans les précédentes éditions : *de Termes*.

(3) Charles-Alexandre, duc de Croy et marquis d'Havré, fils aîné de Charles-Philippe de Croy, marquis d'Havré, et de Diane de Dommartin, était par sa mère cousin issu de germain de M. de Bassompierre. Il mourut assassiné le 5 novembre 1624.

(4) Concini était resté en Normandie depuis la scène de l'hôtel de Condé; il rentra à Paris le 9 décembre.

sceaux a Mr du Vair, que l'on avoit donnés a Mr Mangot (1), et sa charge de secretaire d'estat a monsieur de Lusson (2). La fille dudit mareschal tomba malade et mourut, dont il eut et sa femme aussy un cruel desplaisir (3). Je diray une chose quy se passa entre luy et moy le jour de la mort de sa fille, par laquelle on pourra voir une prescience qu'il avoit de l'accident quy luy arriva en suitte.

Je le vins voir le matin de [ce jour] et l'apres disnée encores; mais il me fit prier de remettre la partie a une autre fois et m'envoya prier le soir de venir cheux luy, ce que je fis a l'heure mesme en ce petit logis sur le quay du Louvre ou sa femme et luy s'estoint retirés. Je le trouvay fort affligé et taschay le plus que je peus, tantost a le consoler, tantost a le divertir; mais son dueil augmentoit a mesure que je luy parlois, et luy ne me respondoit autre chose en pleurant, sinon : « *Segnor*, je suis perdu; *Segnor*, je suis ruiné; *Segnor*, je suis miserable. » En fin je luy dis qu'il considerat le personnage (4) de mareschal de France qu'il representoit, quy ne luy permettoit ces lamentations, dignes de sa femme, indignes de luy;

---

(1) Mangot reçut les sceaux le 25 novembre.

(2) Armand-Jean du Plessis, depuis cardinal duc de Richelieu, était évêque de Luçon depuis le 17 avril 1607. Il eut, le 30 novembre 1616, la charge de secrétaire d'état de la guerre, laissée vacante par Mangot, qui lui-même l'avait reçue peu de mois auparavant en la place de Puisieux.

(3) Marie Concini mourut seulement le 2 janvier 1617. Bassompierre dans le récit de cette anecdote anticipe de quelques jours sur les événements.

(4) Il y avait dans les précédentes éditions : *la personne*.

que veritablement il avoit perdu une fille bien aymable et utile a sa fortune, mais que quatre nieces luy avoint succedé en la place de sa fille, quy luy apporteroint peut-estre autant de consolation, les faisant venir pres de luy, et beaucoup plus d'appuy a sa fortune en s'alliant par leur moyen de quatre grandes maisons de France dont il auroit le choix ; et plusieurs autres choses que Dieu m'inspira de luy dire. En fin apres avoir encor quelque temps pleuré de la sorte, il me dit :

« Ha ! Monsieur, je regrette veritablement ma fille et la regretteray tant que je vive ; je suis neammoins homme quy peux supporter constamment une affliction pareille a celle là : mais la ruine de moy, de ma femme, de mon fils (1), et de ma maison, que je vois prochaine devant mes yeux et inesvitable par l'opiniatreté de ma femme, me fait lamenter et perdre patience; laquelle je vous descouvriray comme a un veritable amy duquel j'ay receu toute ma vie assistance [et amitié] (2) et a quy je confesse n'avoir pas rendu la pareille et fait ce que je devois (3) et pouvois faire : mais baste, je l'amenderay s'il plait a Dieu. Sçachés, Monsieur, que depuis le temps que je suis au monde, j'ay appris a le connestre et voir non seulement les elevations de la fortune, mais les cheutes et

---

(1) Henri Concini avait été baptisé à Saint-Sulpice le 8 juin 1603. Arrêté après la mort de son père, il demeura cinq ans en prison, puis se retira à Florence, où il vécut jusqu'en 1631 sous le nom de comte de Pena.

(2) Inédit.

(3) Il y avait aux précédentes éditions : *voulois*.

decadences encores ; et que l'homme arrive jusques a un certain point de bonheur apres lequel il descend, ou bien il precipite, selon que la montée qu'il a fait a esté haute et roide. Sy vous ne m'aviés connu en ma bassesse je tascherois de vous la desguyser ; mais vous m'avés veu a Florence desbauché [et *scapillate*] (1), quelquefois en prison, quelquefois banny, le plus souvent sans argent, et incessamment dans le desordre et dans la mauvaise vie. Je suis né gentilhomme et de bons parens (2) ; mais quand je suis venu en France, je n'avois pas un sou vaillant et devois plus de huit mille escus. Le mariage de ma femme et les bonnes graces de la reine m'ont donné beaucoup d'intrigue du vivant du feu roy, beaucoup de biens, d'avancement, de charges et d'honneurs pendant la regence de la reine (3) ; et j'ay travaillé a ma fortune et l'ay poussée en avant autant qu'un autre eut sceu faire, tant que j'ay veu qu'elle m'estoit favorable. Mais depuis que j'ay reconnu qu'elle se lassoit de me favoriser et qu'elle me donnoit des avertissemens de son eslongnement et de sa fuitte, j'ay pensé a faire une honneste retraitte, et de jouir en paix, ma femme et moy, des grans biens que la liberalité de la reine nous avoit donnés, que nostre industrie nous avoit fait acquerir, et en logeant et alliant nos enfans dans nostre païs natal en de bonnes familles, leur laisser apres nous nostre heritage et succession. C'est de quoy depuis quelques mois j'importune ma femme en vain, et a

---

(1) Inédit. — *Scapigliato,* dissolu.

(2) Sur la naissance de Concini on peut voir les *Memorie recondite* (t. IV, pp. 58 et 59).

(3) Les précédentes éditions portaient : *pendant sa régence.*

chasque coup de fouet que la mauvaise fortune nous donne, je continue de la presser. Quand j'ay veu qu'un grand party s'est eslevé en France quy m'a pris pour pretexte de sa soulevation, qu'il m'a desclaré un des cinq tyrans qu'il vouloit ruiner et destruire ; quand Mr Dolet quy estoit ma creature, mon conseil, et mon affidé amy, et j'ose dire serviteur, m'est mort ; quand un infame cordonnier de Paris m'a fait un affront, a moy mareschal de France ; quand j'ay esté forcé de quitter mon establissement de Picardie, ma citadelle d'Amiens, et laisser Ancres (1) en proye de Mr de Longueville mon ennemy ; quand j'ay esté contraint de me retirer ou pour mieux dire de m'enfuir en Normandie, j'ay fait voir a ma femme que parmy les grandes obligations que nous avions a Dieu, celle de nous avertir de faire nostre retraitte n'estoit pas des moindres. Nous avons veu en suitte saccager nostre maison avec perte de plus de deux cens mille escus ; nous avons veu pendre sur nostre moustache deux de nos gens pour avoir donné de nostre part des bastonnades a ce maraut de cordonnier : que voulions nous plus attendre sinon que nostre fille par sa mort nous avertit que la nostre et nostre ruine est prochaine et qu'il y a encores lieu de l'esviter, sy promptement nous voulons songer a une retraitte a laquelle je pensois avoir bien preveu en offrant six cens mille escus au pape pour l'usuffruit nostre vie durant du duché de Ferrare ou nous eussions passé en paix le reste de nos jours et laissé encores deux millions d'or de succession

---

(1) Ancre, en Picardie, s'est appelé Albert par suite de la confiscation qui le donna à Luynes.

a nos enfans, ce que je ne feindray (1) point de vous dire et de le vous faire voir. Nous avons pour un million de livres au moins de biens stables (2) en France, au marquisat d'Ancres, Lesigny, ma maison du faubourg, et celle cy; j'ay racheté nostre bien de Florence quy estoit engagé et en ay pour cent mille escus en ma part, et ay encores deux cens mille escus a Florence et autant a Rome; j'ay pour un million de livres encores, outre ce que nous avons perdu au pillage de nostre maison, en meubles, pierreries, vaisselle d'argent, et argent comptant; ma femme et moy avons encores pour un million [de livres] (3) de charges, a les vendre a bon prix, en (4) celles de Normandie, de premier gentilhomme de la chambre, d'intendant de la maison de la reine, et de dame d'attour, gardant mon office de mareschal de France; j'ay six cens mille escus sur Fedeau, et plus de cent mille pistolles d'autres affaires (5). N'est ce pas, Monsieur, de quoy nous contenter? Avons nous encores quelque chose a desirer sy nous ne voulons irriter Dieu quy nous avertit par des sinnes sy evidens de nostre entiere ruine? J'ay esté toute cette apres disnée avesques ma femme pour la conjurer de nous retirer; je me suis mis a genoux devant elle pour tascher

---

(1) Il y avait aux précédentes éditions : *faudrai*.
(2) Immeubles. — Il y avait : *établis*.
(3) Inédit.
(4) Il y avait : *sans*.
(5) La plupart des éditions précédentes portaient ici : *Je n'y compterai pas la bourse de ma femme*. Cette phrase ne se trouve pas dans le manuscrit original.

de la persuader avesques plus d'efficace : mais elle, plus aheurtée que jammais, me reproche ma lacheté et ingratitude de vouloir abandonner la reine quy nous a donné ou fait acquerir par son moyen tant d'honneurs et de biens : de sorte, Monsieur, que je me vois perdu sans remede ; et sy ce n'estoit que j'ay tant d'obligations a ma femme [comme chascun sçait] (1), je la quitterois et m'en irois en lieu là ou les grans ny le peuple de France ne me viendroint pas chercher. Jugés, Monsieur, sy j'ay rayson de m'affliger, et sy outre la perte de ma fille, ce second desastre (2) ne me doit pas doublement tourmenter. »

Je luy dis ce que je peus tant pour le consoler que pour le divertir de cette pensée, et puis me retiray ; et ay voulu faire voir par ce recit comme les hommes et principalement ceux que la fortune a eslevés ont des inspirations et des prevoyances de leur malheur : mais ils n'ont pas la resolution de le prevenir pour l'esviter (3).

1617.

JANVIER.

L'année se finit par les noces de M^r le duc de Crouy et de Mlle d'Urfé (4) : et celle de 1617 commença joyeu-

---

(1) Inédit.

(2) Il y avait aux précédentes éditions : *désordre*.

(3) Il est à remarquer que dans l'*Histoire de la mère et du fils*, publiée sous le nom de Mézeray, mais attribuée au cardinal de Richelieu, l'auteur intervertit les rôles et prête à la maréchale d'Ancre un désir de retraite auquel son mari aurait résisté.

(4) Suivant le P. Anselme le contrat fut signé par le roi seulement le 6 janvier 1617.

sement par forces assemblées quy se firent, fort belles, ausquelles outre les jeux, festins, et comedies, il y avoit aussy de bonnes musiques. On passa bien le temps a la foire de Saint Germain.

La jeune reine infante quy l'année precedente dansa un assés chetif petit ballet d'Espagnoles au caresme prenant a Tours, en voulut danser un meilleur avec des Françoises, ce qu'elle fit seulement en l'antichambre de la reine sa belle mere (fevrier). Nous dansames au mesme lieu, et en d'autres a la ville, le ballet du Commissaire, puis en suitte celuy des Princes de Cypre quy fut tres beau.

Je gaignay cette année là au jeu du trictrac cent mille escus, ou a Mr de Guyse, ou a Mr de Jainville, ou a M.^r le mareschal d'Ancres. Je n'estois pas mal a la court, ny avesques les dames, et quantité de belles maitresses.

En ce mois (1) Mr de Temines fut tiré de la Bastille et de la garde de M^r le Prince (2); dont il fit de grandes plaintes : on l'appaisa, luy donnant la lieutenance de l'armée de Champaigne. J'entray dans la Bastille avec 100 Suisses, d'ou je tiray quelques che-

---

(1) Tout le passage, depuis les mots : *En ce mois*, jusqu'à ceux-ci : *une telle administration*, a été ajouté par l'auteur en marge de son manuscrit. Le copiste, lisant le texte à côté de l'addition, avait intercalé dans ce passage celui qui commence aux mots : *Le duc de Crouy*, et qui finit à ceux-ci : *par le chasteau*, ce qui produisait une confusion inextricable. Toutes les copies et toutes les éditions ont reproduit la faute.

(2) D'après l'*Histoire de Louis XIII*, par le P. Griffet, et l'*Histoire de la mère et du fils*, c'était le marquis de Thémines, fils du maréchal, qui était chargé de la garde du prince de Condé.

vaux legers de la reine mere que Du Tiers (1) quy en estoit mareschal des logis y avoit menés pour aider Vansay (2) quy y commandoit d'en chasser M' de Temines. J'en fis aussy sortir la compagnie de Saint Beat quy y estoit en garnison, et lorsque Vansay en eut levé une pour y mettre, j'en retiray les Suisses.

Au mesme mois (3) un nommé Destoy (4) vint dire expres en mon logis ou il fut envoyé par Luynes (5) que la reine mere venoit de chasser Luynes pour avoir voulu enlever le roy et l'emmener hors de Paris et du pouvoir de la reine mere, et Maturine (6) envoyée a

---

(1) Du Tiers était un brave officier, dévoué au maréchal d'Ancre, qui, en 1615, avait défendu la citadelle d'Amiens contre les entreprises du duc de Longueville. — Suivant les deux histoires citées plus haut, ce fut le 19 décembre 1616 que Du Tiers remplaça Thémines. Voir à l'Appendice. VII.

(2) Il y avait aux précédentes éditions : *Rose*, au lieu de : *Vansay*.

(3) L'auteur avait d'abord écrit : *Au mesme mois de fevrier*; il a effacé ces deux derniers mots, sans doute comme inutiles.

(4) Destoy est désigné plus loin dans le corps du récit comme un des gens de M. de Luynes.

(5) Charles d'Albert, seigneur de Luynes, fils ainé d'Honoré d'Albert, seigneur de Luynes, de Brantes et de Cadenet, et d'Anne de Rodulf; duc de Luynes par érection du comté de Maillé en duché-pairie de Luynes, du mois d'août 1619; connétable de France le 2 avril 1621. Il était né en 1578, et mourut le 15 décembre 1621.

Il y avait déjà plusieurs mois que Luynes travaillait à perdre Concini, et même la reine, dans l'esprit du roi.

(6) Mathurine, la folle de la reine. — Tallemant des Réaux dit qu'elle avait été réellement folle, puis guérie, mais imparfaitement. « Elle continua à faire la folle et avoit un chaperon; mais sous prétexte de folie elle portoit des poulets. » Mathurine était depuis longtemps à la cour : Henri IV, blessé par Châtel, crut d'abord

mesme effet a mon logis, en partit pour venir toute esplorée le dire au roy et a Luynes, quy fit croire au roy (1) que c'estoit le mareschal d'Ancres quy faisoit courre ce bruit pour voir comme Sa Majesté le prendroit, pour en suitte l'executer en effet ; dont le roy s'anima de plus en plus contre le mareschal d'Ancres, et Luynes et ledit mareschal en eurent de grosses parolles.

Le soir mesme comme la reine me parloit de cela, je luy dis : « Madame, il me semble que vous ne songés pas assés a vous et que, un de ces jours, l'on vous tirera le roy de dessous l'aile. On l'anime contre vos creatures premierement, et puis en suitte on l'animera contre vous : vostre autorité n'est que precaire, quy cessera des que le roy ne le voudra plus, et on l'induira pié a pié a ne le vouloir plus, comme il est aysé de persuader a de jeunes gens de s'esmanciper (2). Sy le roy s'en estoit un de ces jours allé à Saint Germain et qu'il eut mandé a M^r d'Espernon et a moy [de l'y venir trouver] (3), et qu'en suitte il nous eut dit que nous n'eussions plus a vous reconnestre, nous sommes vos tres obligés (4) serviteurs, mais nous ne pourrions

---

avoir été frappé par elle.(*Histoire de la ville de Paris*, par D. Félibien, p. 1239.) Elle portait un haut de chausses pour donner le fouet au jeune dauphin (*Journal d'Herouard.*) Un petit écrit du temps, publié sans lieu ni date, porte ce titre : *Les essais de Mathurine.*

(1) Il y avait aux précédentes éditions : *en partit tout éplorée pour venir dire au roi et à Luynes qu'il fit croire au roi...*

(2) Les précédentes éditions portaient : *comme il est aisé à des jeunes gens de se persuader de s'émanciper.*

(3) Inédit.

(4) Il y avait : *humbles.*

faire autre chose que de venir prendre congé de vous et vous supplier tres humblement de nous excuser sy nous ne vous avions aussy bien servie pendant vostre administration de l'estat comme nous y estions obligés. Jugés, Madame (luy dis je en suitte), ce que pourroint faire les autres officiers, et comme vous demeureriés les mains vuides apres une telle administration. »

Le duc de Crouy emmena sa femme en Flandres au caresme (1), et moy je m'en allay a l'armée, quy lors estoit commandée par M⁺ de Guyse et sous luy M⁺ le mareschal de Temines, et pour mareschal de camp M⁺ de Pralain (mars).

Je fus grand mestre de l'artiglerie par commission, et trouvay le 17ᵐᵉ de mars l'armée deux jours apres qu'elle eut assiégé Chasteau Porcien (2) lequel se fit battre avec peu d'effet huit jours durant que nous l'attaquames par le chasteau.

Nous petardames la nuit du 28ᵐᵉ (3) en suitte [la

---

(1) Le carême avait commencé le 8 février.

(2) Château-Porcien, chef-lieu de canton de l'arrondissement de Rethel, département des Ardennes, situé sur la rive droite de l'Aisne, à 2 lieues de Rethel.

Le duc de Nevers, qui s'était joint au parti des princes, était gouverneur de Champagne et Brie, et duc de Rethelois. A ce double titre il occupait plusieurs places de ce pays. La prise de ces places était l'objet principal de la campagne du duc de Guise.

(3) Cette date, ajoutée après coup par l'auteur, rend inutile le mot *ensuite* et ceux-ci : *le lendemain de Pâques*, qui avaient été écrits dans le texte. Elle rectifie même cette dernière indication ; le lendemain de Pâques était le 27 mars, et ce ne fut que dans la nuit du 28 au 29 qu'eut lieu la tentative inutile dans laquelle périt le baron du Vigan (*Mercure françois*, t. IV, année 1617, pp. 168 et 169.)

ville] (1) sans effet, et le sieur de Vigan (2) beau frere de Mʳ le mareschal de Temines y fut tué le lendemain de Pasques. Nous mismes trois canons en batterie entre la ville et le chasteau, dont nous n'eumes tiré trente coups que la ville parlementa.

Mʳ de Guyse me commanda le 29me d'y entrer avec quatre compagnies des gardes françoises et autant de suisses ; et le lendemain 30me a la pointe du jour le sieur de Montereau (3) quy commandoit au chasteau, demanda a me parler et me dit qu'il estoit prest a se rendre sy on luy vouloit faire honorable capitulation. Je luy offris seureté pour le mener a Mʳ de Guyse et le rammener aussy, lequel luy donna de sortir sans enseignes ny battre tambour ; et le soir on entra dedans, et y mit on une des compagnies des gardes suisses et une des gardes françoises.

Le lendemain, dernier jour de mars (4), Mʳ de Guyse prit huit cens chevaux et vint faire une cavalcade toute la nuit a Laon sur l'advis que le lieutenant du Pesché (5), de Guyse, luy avoit donné, que le regi-

---

(1) Inédit.

(2) D'après le P. Anselme, Raymond de Pellegrin, seigneur du Vigan, n'était pas le beau-frère du maréchal de Thémines ; il était son oncle, comme ayant épousé Madeleine de Lauzières, sœur de son père. Mais suivant le *Mercure françois* (t. IV, année 1617, p. 169) le baron du Vigan, tué dans cette occasion, était neveu du maréchal, c'est-à-dire petit-fils de Raymond de Pellegrin, ce qui parait plus probable.

(3) Le sieur de Montereau commandait deux cents Wallons dans Château-Porcien ; il est qualifié mestre de camp dans la capitulation.

(4) Date ajoutée par l'auteur. — Suivant le récit qu'on lira à l'Appendice, ce fut seulement le 1ᵉʳ avril que le duc de Guise fit cette expédition.

(5) Edme de Saint-Chamans, seigneur du Peschier, second fils de

ment de Ballagny (1) estoit logé à Vaux sous Laon (2), ce que nous trouvasmes aussy. Mais *comme* l'on s'amusa un peu a faire l'ordre pour forcer ce quartier, ils en eurent l'allarme et se sauverent, partie dans l'eglise, partie dans les vignes quy sont sous la ville, de sorte que nous n'y tuames que deux ou trois soldats et mismes le feu a leur quartier, lequel (nous partis) ils esteignirent (3).

Mr de Guyse au retour separa son armée en trois, dont il en prit une partie et vint assieger et prendre un chasteau du Retelois nommé Voysigny (4). Il bailla l'autre a M^r le mareschal de Temines pour aller querir six canons a Rocroy pour battre Retel (5), et me laissa avesques le reste a Chasteau Porcien pour recevoir aussy les nouvelles trouppes quy luy venoint ; et donna un rendés vous le samedy 8me d'avril (6) a neuf heures du matin pour venir par trois endroits investir Retel, ce que nous fismes : et le lendemain parce que

---

Jean de Saint-Chamans, comte du Peschier, et de Catherine de Gimel. Le lieutenant de la compagnie de Du Peschier se trouvait sans doute à Guise, petite place au nord de Laon, aujourd'hui chef-lieu de canton de l'arrondissement de Vervins.

(1) Alphonse-Henri de Montluc, marquis de Balagny, fils de Jean de Montluc, maréchal de Balagny, et de Diane d'Estrées, sa seconde femme, mourut en février 1628.

(2) Village situé aux portes de Laon.

(3) Voir à l'Appendice. VIII.

(4) Wassigny, que le *Mercure françois* et *l'Histoire de la mère et du fils* appellent à tort *Cisigny*, bourg du canton de Novion-Porcien, arrondissement de Rethel, se rendit le 3 avril.

(5) Le roi, stimulé sans doute par l'évêque de Luçon, pressait le duc de Guise de faire venir le canon de Rocroi et d'attaquer Rethel (*Lettres et papiers d'État du cardinal de Richelieu*, publiés par M. Avenel, t. I, pp. 484 et 496.)

(6) L'auteur avait d'abord écrit : *le lundi d'après*.

la compagnie de chevaux legers d'Aubilly (1) quy estoit dans la place, sortoit souvent a la faveur du canon de la ville et de la mousqueterie qu'il avoit logée pour le favoriser, M^r le mareschal de Temines [et moy avesques luy] (2), la chargea et rembarra avesques perte de quelques uns de la trouppe dudit Aubilly et de quelques mousquetaires (3) quy ne se sceurent assés a temps retirer.

Le temps fut toujours fort pluvieux, et comme la terre est grasse au Retelois, nous eumes mille peines, principalement a faire marcher nos canons quy enfonçoint par dessus l'essieu. En fin nous preparames une batterie de huit pieces au bas de la ville : mais comme je fusse venu le matin vendredy 14me d'avril (4) voir sy Lesine (5) m'avoit tenu promesse d'avoir les huit pieces en batterie a la pointe du jour, je trouvay qu'il n'y en avoit que deux, et une a trente pas de la batterie tellement enfoncée dans la terre que l'on ne l'en avoit pu retirer : une quattrieme estoit a cent pas de là, que les officiers y avoint laissée parce qu'en l'ammenant quelque charretier et des chevaux ayans esté tués, les autres avoint detellé et s'en estoint fuis. Je pris lors

---

(1) Nicolas de Vassan, vicomte d'Aubilly, fils de Zacharie de Vassan, lieutenant pour le roi au gouvernement de la ville et citadelle de Laon, fut maître d'hôtel du roi, mestre de camp, et gouverneur de Pont-à-Mousson.

(2) Ajouté par l'auteur.

(3) Il y avait dans les précédentes éditions : *quelque mousqueterie*.

(4) Les mots : *vendredy 14me d'avril* ont été ajoutés en interligne par l'auteur.

(5) Peut-être un des fils de Gilles de Souvré, marquis de Courtenvaux, maréchal de France, lequel était aussi baron de Lézines.

cinquante Suisses a quy je promis cinquante escus pour me mettre ces deux pieces en batterie, et les attellay au lieu des chevaux, ayant fait premierement creuser au dessous des roues de la piece et fait mettre des fortes planches affin qu'elle ne s'embourbat plus. Nous tirames la premiere en batterie sans que l'on nous tirat de la ville : mais comme nous nous mimes apres la plus eslongnée et que nous la tirions proche de la batterie, ou nous l'avions desja ammenée, et que je les aydois a tirer, les ennemis nous firent une salve en laquelle deux Suisses furent tués, trois blessés, et moy d'une mousquetade dans le petit ventre du costé droit. Je pensois estre mort, et M^r le mareschal de Temines quy estoit a la batterie, le creut aussy : toutefois Dieu voulut que la quantité de hardes que la balle rencontra (car elle perça cinq doubles de mon manteau, deux doubles de ma hongreline (1) fourrée, mon ceinturon et ma basque), firent qu'elle s'arresta sur le peritoyne sans le percer, de sorte que quand on sonda la playe, la balle se rencontra dans cette espaisseur de chair quy est sur le ventre, ou l'on fit une incision, et elle tomba. Je n'en tins jammais qu'un jour le lit, bien que ma playe fut un mois (2) a se fermer a cause du drap quy estoit dedans.

Le samedy 15me (3) au soir Mr de Pralain ayant fait battre la ville avec ces quatre pieces susdittes, n'en fut pas quitte a sy bon marché que moy ; car il eut une

---

(1) Sorte de vêtement à la hongroise.
(2) Il y avait aux précédentes éditions : *onze jours*.
(3) L'auteur avait d'abord écrit : *le mesme jour*.

mousquetade quy luy perça la cuisse sans toutefois offenser l'os, dont il fut aussy guery dans un mois.

Une heure apres que Mr de Pralain eut esté blessé, Marolles (1) vint au camp avec sauf conduit qu'il avoit envoyé demander, et capitula au nom de Mr de Nevers pour la reddition de Retel, laquelle ayant sinné, il entra dans la ville, et, ayant apporté le contreseing de Mr de Nevers, le gouverneur de la ville accepta la capitulation que Marolles avoit faite et rendit la place (2), ou Mr de Guyse vint loger le lendemain quy estoit le 18me d'avril (3).

Le 19me il fit la montre generale de son armée et se resolut d'envoyer querir forces canons pour assieger Mesieres parce qu'il n'y en avoit plus que quatre en son armée quy ne fussent esventés, ce quy ne pouvoit de douse ou quinse jours estre prest. Cela fut cause que je luy demanday congé d'aller a Paris pour parachever le traitté que j'avois commencé de la vente de ma charge de collonel [general] (4) des Suisses avec

---

(1) Claude, seigneur de Marolles, fils de Claude, seigneur de Marolles, et de Françoise d'Erian, après s'être défait de la charge de lieutenant-colonel des Cent-Suisses de la garde du corps, s'était attaché au duc de Nevers. Né en 1564, il mourut le 9 décembre 1633. Il fut le père de l'abbé de Villeloin.

(2) M. de Nevers, « brave en parolles », s'était retiré à Mézières : c'est de là que venait Marolles, muni du contre-seing du duc pour traiter de la reddition de Rethel, et autoriser le gouverneur à accepter la capitulation.

(3) La place s'était rendue dès le 16 avril (*Histoire de la mère et du fils. — Prise et reduction des ville et chasteau de Retheil par monseigneur le duc de Guise, le dimanche* 16 *avril* 1617. Paris, 8 pp. in-12.)

(4) Inédit.

M⁰ le mareschal d'Ancres quy m'en avoit offert jusques a six cens mille livres, et j'en demandois six cens cinquante.

Le soir mesme que j'eus obtenu mon congé, le roy et la reine nous envoyerent visiter M⁰ de Pralain et moy, croyant que je fusse bien plus blessé que je n'estois, veu le lieu de ma blesseure. Ils nous escrivirent de tres favorables lettres a tous deux (1), et le mareschal d'Ancres me manda que sy je jouois a me faire tuer, qu'il seroit mon heritier ; et que sy je me portois en estat de venir conclure, il me donneroit pour les cinquante mille francs dont nous estions en dispute, pour dix mille escus de pierreries au dire d'orfevres. Je partis donc a ce dessein, et M⁰ˢ le marquis de Temines (2), comte de Fiesque, Zammet, et plus de cinquante autres gentilshommes voulurent venir avec moy.

Nous partimes donc le 21ᵐᵉ et ne vinsmes coucher qu'a Chasteau Porcien. Mais le lendemain 22ᵐᵉ nous fumes coucher a Vely (3) ou M⁰ de la Curée nous vint voir ; c'estoit un samedy au soir ; et me pria de venir le lendemain ouir messe et desjuner en son quartier quy estoit sur nostre chemin, ce que je fis, et le 23ᵐᵉ

---

(1) Les lettres du roi à MM. de Praslin et de Bassompierre étaient du 18 avril. Le même jour, l'évêque de Luçon avait écrit au même sujet à M. de Bassompierre (*Lettres et papiers d'État du cardinal de Richelieu*, t. I, pp. 520 et 522.)

(2) Antoine de Lauzières, marquis de Thémines, fils de Pons de Lauzières, marquis de Thémines, maréchal de France, et de Catherine d'Ebrard de Saint-Sulpice, tué au siége de Montauban en 1621.

(3) Vailly-sur-Aisne, chef-lieu de canton de l'arrondissement de Soissons, département de l'Aisne.

il nous fit fort bonne chere et en suitte nous conduisit devant Soissons.

Mʳˢ de Rohan, la Rochefoucaut, Saint Geran et Saint Luc vindrent au devant de nous, quy nous menerent cheux Mʳ le comte d'Auvergne, quy estoit general de l'armée (1) et quy s'estoit amusé a faire des enceintes devant la ville pour empescher les sorties des ennemis quy l'avoint mal mené en un quartier ou estoit logé Bussy Lamet (2) avec son regiment sur lequel Mʳ du Maine fit une brave sortie menant deux pieces de canon devant luy, força ce quartier, tailla en pieces le regiment de Bussy qu'il prit prisonnier, emporta ses drappeaux que depuis il arbora sur les bastions de Soissons ; de sorte que les tranchées n'estoint point encore ouvertes et ne le devoint estre que le lendemain.

Mʳ le comte d'Auvergne nous fit l'honneur de nous faire voir ses retranchemens, nous asseurant que dans quinse jours il seroit maitre de Soissons ; ce que je ne creus pas voyant la façon dont ils se desmenoint (3).

Le soir Mʳ de Chevry (4) nous donna a souper, a Mʳ le comte d'Auvergne, duc de Rohan, et a moy.

---

(1) L'armée dont le comte d'Auvergne avait reçu le commandement, après avoir nettoyé le Perche et le Maine, opérait dans l'Ile-de-France et particulièrement dans le Soissonnais. La ville de Soissons était assiégée depuis le 12 avril; le duc de Mayenne la défendait.

(2) Charles de Lameth, seigneur de Bussy, second fils de Charles de Lameth, seigneur du Plessis-Saint-Just et de Bussy, et de Louise de Lannoy, fut tué au siége de la Capelle, en 1637. Il fut gouverneur de Mézières.

(3) Les précédentes éditions portaient : *dont il se démenoit.*

(4) Charles Duret, seigneur de Chevry, fils de Louis Duret, mé-

Le lendemain je voulus faire le tour de la ville et menay avesques moy Mr le marquis de Temines, Zammet, et Arnaut quy nous menoit, lequel s'entendoit bien a la guerre et donnoit de tres bonnes raysons de ce qu'il eut fallu faire (1). Au retour nous trouvames Mr de la Rochefoucaut ; et comme nous estions d'une diverse armée et que nous voulions faire voir qu'en la nostre nous ne craignions point les mousquetades, nous allames pour nous en faire tirer ; mais les ennemis nous laisserent approcher sans nous tirer, de telle sorte que pour ne vouloir point retourner que nous n'eussions veu de leur feu, nous marchames jusques sur le bord de leur fossé. Ils ne tirerent point. Quand nous vismes leur silence, nous rompimes le nostre et leur criames des injures. Ils nous en respondirent, mais jammais ne tirerent. En fin apres avoir assés longtemps parlé ensemble comme sy nous eussions esté de mesme party, nous nous retirames, et eux ne nous tirerent jammais.

Je revins souper comme le jour precedent cheux le president de Chevry avesques Mrs de Rohan et le comte d'Auvergne : c'estoit le lundy 24me d'avril, qu'il arriva un des commis dudit president comme nous soupions, lequel luy dit a l'oreille que le mareschal d'Ancres avoit esté tué le matin. Il s'estonna fort a cette nouvelle et la dit a Mr le comte d'Auvergne au dessous

---

decin de Charles IX, et de Jeanne Richer, fut conseiller d'État, intendant et contrôleur général des finances, président en la chambre des comptes de Paris et greffier des ordres. Il mourut le 18 septembre 1636.

(1) Il y avait aux précédentes éditions : *voulu*.

duquel il estoit, quy n'en fut pas moins estonné, et s'entreparlerent quelque peu. En fin je les pressay de nous dire ce que c'estoit, et ils nous dirent que le matin a onse heures le mareschal d'Ancres avoit, du commandement du roy, esté tué par Vittry; et pria à Mᵣ de Rohan et a moy de luy conseiller ce qu'il avoit a faire en cette occasion. Je luy demanday sy le roy ou la reine luy avoint rien mandé. Il me dit que non. « Il me semble, luy dis je, que vous devés aller visiter vos quartiers, et que les chefs en soint avertis par vostre bouche, lesquels vous prierés de contenir leurs gens en estat, attendant que le roy vous aye envoyé ses commandemens. » Il me pria de luy vouloir accompagner, ce que je fis. Il avoit envie de faire discontinuer l'ouverture de la tranchée que Mʳ de Saint Luc commençoit a l'heure mesme ; mais je l'en dissuaday luy disant qu'il fit toujours son devoir jusques a ce que l'on luy mandat le contraire. Sur les trois heures du matin Tavannes arriva (1), quy apporta a Mʳ le comte d'Auvergne ordre de superseder tout acte d'hostilité contre la ville de Soissons. Le soir les ennemis furent mieux advertis que nous (2) ; car dès que j'estois sur le bord de leur fossé ou ils ne nous tirerent jammais, ils nous dirent que nostre maitre estoit mort et que le leur l'avoit tué : mais je ne compris point pour l'heure ce qu'ils vouloint dire.

Nous partimes le lendemain mardy 25ᵐᵉ de bonne

---

(1) Claude de Saulx, comte de Tavannes, fils de Guillaume de Saulx, comte de Tavannes, et de Catherine Chabot, sa première femme, mort en 1638. Il était petit-fils du maréchal de Tavannes.

(2) C'est-à-dire : avaient été mieux avertis.

heure de Soissons, et ayans passé l'Aisne sur le pont de bateaux nous nous jettames sans y penser dans la cavalerie liegeoise quy avoit eu advis de la mort du mareschal d'Ancres quy les avoit levés (1), dont ils estoint fort estonnés. De fortune ce mesme matin ils estoint en armes pour faire montre, et comme ils nous virent, ils firent dessein de nous prendre prisonniers pour crainte que l'on ne les voulut tailler en pieces, et nous faire servir de garans ; et comme un capitaine s'avança pour me parler, je fis l'affligé de la mort dudit mareschal et luy demanday sy je pourrois estre en seureté parmy eux et s'ils pourroint empescher que l'on ne nous prit sy le roy le commandoit. Il me respondit qu'ils estoint eux mesmes assés empeschés de se garantir, et que chascun taschat a faire le mieux qu'il pourroit : et ainsy s'en revint a ses gens et leur dit que nous estions des gens du mareschal d'Ancres. Ainsy sans montrer que nous tirassions droit a Paris, nous demeurasmes un peü a les voir et en fin les eslongnames (2) insensiblement et sortimes de leurs mains.

Nous vinsmes coucher a Nanteuil (3) et le lendemain disner cheux Zammet, et apres disner trouver le roy quy me fit fort bonne chere et me commanda d'aymer

---

(1) Le roi avait fait traiter pour la levée de trois mille hommes de pied et cinq cents chevaux auxiliaires liégeois ; mais le maréchal d'Ancre, soit par orgueil, soit par ambition, avait offert de prendre à sa charge ces levées et d'autres encore. — Voir à l'Appendice. IX.

(2) C'est-à-dire : nous éloignâmes d'eux.

(3) Nanteuil-le-Haudoin, aujourd'hui chef-lieu de canton de l'arrondissement de Senlis, appartenait alors à Schomberg.

Mr de Luynes, et que c'estoit son bon serviteur. Je luy demanday s'il nous permettroit de voir la reine sa mere : il me dit qu'il y aviseroit.

Je vis cependant Zocoli, tailleur de ladite reine, quy venoit de sa part visiter madame la princesse de Conty et madame de Guyse, et luy faisois tous les soirs faire par luy mes complimens.

On avoit rompu le pont du jardin du Louvre, et les gardes du roy estoint en l'antichambre de la reine, quy ne laissoint entrer que ses domestiques.

May. — On traittoit cependant pour la faire partir, ce quy se fit le 3me (1) jour de may veille de l'Ascension. Tout le matin l'on ne fit que charger les bagages, le roy estant cependant au conseil ou il fut resolu et mis par escrit les choses que la reine devoit dire au roy en se separant, et celles que le roy luy devoit respondre. Il fut aussy convenu que l'un ny l'autre ne diroit rien davantage, et que quand la reine seroit habillée, les princesses la pourroint voir, et les hommes en suitte apres que le roy auroit pris congé d'elle, comme aussy que le mareschal de Vittry (2) n'y seroit point, ny le Hallier (3) son frere ; que la Curée l'ac-

---

(1) L'auteur avait d'abord écrit : *le premier jour de may*; il a changé 1 en 4, et ajouté : *veille de l'Ascension*. Le départ de la reine eut lieu en effet la veille de l'Ascension ; mais ce jour était le 3, et non le 4 mai.

(2) Pour avoir tué Concini, Vitry avait été, dès le jour même, créé maréchal de France.

(3) François de l'Hospital, comte de Rosnay, seigneur du Hallier, fils puiné de Louis de l'Hospital, marquis de Vitry, et de Françoise de Brichanteau, fut maréchal en 1643, sous le nom de maréchal de l'Hôpital, et mourut le 20 avril 1660, à l'âge de 77

compagneroit jusques a Blois ; que luy et le collonel(1) seroint aupres d'elle quand le roy y viendroit. L'on envoya aussy les ordinaires (2), et les plus affidés de M⁰ de Luynes se tenir a la chambre ou souloint estre ses gardes. Puis le roy descendit, et la reine quy l'attendoit, estoit en l'allée au sortir de sa chambre, pour entrer en son antichambre en mesme temps que luy. M'⁸ de Vittry demeurerent a la porte, et les trois Luynes (3) marcherent devant le roy, lequel tenoit l'aisné par la main. M⁰ le prince de Jainville et moy suyvions le roy et entrames apres luy. La reine tint bonne mine jusques a ce qu'elle vit le roy : allors elle se mit fort a pleurer; mais elle se tint le mouchoir devant les yeux et son esventail au devant, et s'estans rencontrés, elle mena le roy jusques a la fenestre quy regarde sur le jardin, et lors ostant son mouchoir et son esventail, elle luy dit : « Monsieur, je suis tres

---

ans. — Du Hallier, qui avait pris part au meurtre du maréchal d'Ancre, venait de succéder à son frère, le maréchal de Vitry, dans la charge de capitaine des gardes du corps du roi.

(1) Le colonel d'Ornano. — Jean-Baptiste d'Ornano, comte de Montlor, fils ainé d'Alfonse Corse, dit d'Ornano, premier maréchal d'Ornano, et de Marguerite-Louise de Grasse de Pontevez, né en 1581, fut colonel général des Corses après son père, maréchal de France en 1626, et mourut en prison au château de Vincennes, le 2 septembre 1626.

(2) Luynes, qui venait de succéder au maréchal d'Ancre dans la charge de premier gentilhomme de la chambre, était précédemment le chef des gentilshommes ordinaires de la maison du roi.

(3) Luynes avait deux frères puinés, qui étaient :

1º Honoré d'Albert, seigneur de Cadenet, depuis duc de Chaulnes et maréchal de France, mort le 30 octobre 1649;

2º Léon d'Albert, seigneur de Brantes, depuis duc de Piney-Luxembourg, mort le 25 novembre 1630.

marrie de n'avoir gouverné vostre estat pendant ma regence et mon administration plus a vostre gré que je n'ay fait, vous asseurant que j'y ay neammoins apporté toute la peine et le soin qu'il m'a esté possible, et vous supplie de me tenir toujours pour vostre tres humble et tres obeissante mere et servante. » Il luy respondit : « Madame, je vous remercie tres humblement du soin et de la peine que vous avés prise en l'administration de mon royaume ; dont je suis satisfait et m'en ressens obligé. Je vous supplie de crere que je seray toujours vostre tres humble fils. » Sur cela attendoit le roy qu'elle se baissat pour le baiser et prendre congé de luy, comme il avoit esté concerté ; mais elle luy dit : « Monsieur, je m'en vas et vous supplie d'une grace en partant, que je me veux promettre que vous ne me refuserés pas, quy est de me rendre Barbins mon intendant (1), sy, comme je le crois, vous ne vous en voulés servir. » Le roy quy ne s'attendoit point a cette demande, la regarda sans luy rien respondre ; elle luy dit encores : « Monsieur, ne me refusés point cette seule priere que je vous fais. » Il continua de la regarder sans respondre ; elle adjouta : « Peut estre est ce la derniere que je vous feray jammais » ; et puis voyant qu'il ne luy respondoit rien, elle dit : « Or su », et puis se baissa et le baisa. Le roy fit une reverence et puis tourna le dos. Allors Mr de Luynes vint prendre congé de la reine a quy il dit quelques parolles que je ne peus entendre ny celles

---

(1) Barbin, qui avait été fait contrôleur général des finances au mois de novembre de l'année précédente, fut arrêté après le meurtre de Concini, et demeura prisonnier à la Bastille.

aussy qu'elle luy respondit, sy fis bien celle qu'apres luy avoir baisé la robbe, elle adjouta, quy fut qu'elle avoit fait une priere au roy de luy rendre Barbins, et qu'il luy feroit service aggreable et singulier plaisir de procurer que le roy luy accordat sa requeste, quy n'estoit pas sy importante qu'il luy deut refuser. Comme Mr de Luynes voulut respondre, le roy cria cinq ou six fois : « Luynes, Luynes, Luynes ! » Et lors Mr de Luynes faisant voir a la reine qu'il estoit forcé d'aller apres le roy, le suyvit. Allors la reine s'appuya contre la muraille entre les deux fenestres, et pleurant amerement, Mr de Chevreuse et moy luy baisames la robbe pleurans aussy ; mais, ou elle ne nous peut voir a cause de ses larmes, ou elle ne nous voulut parler ny regarder, ce quy fit que j'attendis pour prendre encor une fois congé d'elle, ce que je fis comme elle retourna en sa chambre ; mais elle ne me vit ou voulut voir non plus que la premiere fois (1).

Sur cela le roy se mit sur le balcon quy est devant la chambre de la reine sa femme pour voir partir la reine, et apres qu'elle fut sortie du Louvre, il courut en sa galerie pour la voir encores passer sur le Pont Neuf,

---

(1) Sur l'entrevue de la reine-mère avec le roi, on peut voir la *Relation exacte de tout ce qui s'est passé à la mort du maréchal d'Ancre*, dans l'*Histoire des plus illustres favoris* ; le RECIT VERITABLE DE CE QVI S'EST PASSÉ AV LOVVRE DEPVIS LE VINGT-QVATRIESME AVRIL *iusques au depart de la Royne mere du Roy* (Paris, Abraham Saugrain, 1617), etc. L'auteur de l'*Histoire de la mère et du fils* met dans la bouche de la reine un discours beaucoup plus développé, et le *Mercure françois* fait tenir au roi un langage différent. Le récit de Bassompierre, témoin oculaire de l'entrevue, est celui qui paraît le plus digne de foi.

puis monta en carrosse et s'en alla au bois de Vincennes.

La reine et tout le reste de la court y arriverent le lendemain 4ᵐᵉ quy estoit un jeudy jour de l'Ascension, ou y arriva (1) don Baltasar de Suniga (2) avec sa femme, quy s'en alloint en Espaigne au retour de sa longue ambassade en la court des empereurs.

Le vendredy 5ᵐᵉ Mʳˢ de Vandosme, de Mayenne, et de Boullon y vindrent faire la reverence au roy quy les receut fort bien (3) : et moy ce soir la je fis autre chose (4).

Travail fut roué (5).

---

(1) La première rédaction était : *le lendemain* 2ᵐᵉ *quy estoit un mardy ou le jeudy* 4ᵐᵉ *y arriva...* L'auteur a changé le 2 en 5 et ajouté : *de l'Ascension*, sans effacer *mardy* ; puis il a changé le 4 en 7 sans effacer *jeudy*. Ici, comme plus haut, le copiste et les éditeurs ont suivi les indications contradictoires que fournissait une correction imparfaite. J'ai rétabli le texte de manière à le mettre d'accord avec les dates véritables.

(2) Don Balthazar de Zuniga, second fils de Jérôme de Zuniga, comte de Monterey, et d'Agnès de Velasco, avait pour femme Ottilie, baronne de Maldeghen. Jadis ambassadeur d'Espagne en France, impliqué en 1605 dans un complot dont le but était de livrer Marseille aux Espagnols, il avait depuis résidé auprès des empereurs Rodolphe II et Mathias.

(3) Suivant la *Relation exacte de tout ce qui s'est passé à la mort du mareschal d'Ancre*, le duc de Vendôme, le duc de Mayenne, et les autres princes et seigneurs se présentèrent au château de Vincennes dès le 4 mai, et ce fut seulement le 5 qu'y vint don Balthazar de Zuniga.

(4) Cette petite phrase, ajoutée après coup par l'auteur, ne se trouve ni dans les copies que j'ai sous les yeux, ni dans aucune des éditions précédentes : elle renferme sans doute une allusion à quelque aventure galante. Le mot *chose* est écrit d'une manière presque illisible.

(5) Alphonse du Travail, Dauphinois, tour à tour soldat, huguenot,

Le roy apres avoir demeuré pres de quinse jours audit bois de Vincennes s'en revint a Paris (1), et madame la Princesse peu de temps apres s'enferma dans la Bastille avec M^r le Prince. Madame la Princesse entra dans la Bastille le 21me de juin, veille de la petite Fête-Dieu (2).

Le roy s'en alla a Saint Germain ou il demeura quelque temps.

Juillet. — On trancha la teste a la mareschalle d'Ancres en Greve (3).

Genies y eut la teste tranchée (4).

---

capucin sous le nom de père Hilaire, espion du duc de Savoie, s'était fait l'intermédiaire secret de Sillery et de Luynes, et le complice de ce dernier. Il fut arrêté le 2 mai, et accusé d'avoir voulu faire mourir la reine-mère. L'auteur de l'*Histoire de la mère et du fils* fait entendre au contraire que, furieux de n'avoir pas reçu le don de l'archevêché de Tours, il forma le projet de tuer Luynes, et s'en ouvrit à Bressieu qui le dénonça. Il fut condamné et exécuté le 10 mai. — Sur cette affaire ténébreuse on peut voir la *Relation* déjà citée, l'*Histoire de la mère et du fils*, etc.; et sur Travail la *Vie du cardinal d'Ossat* (t. II, pp. 374 et suiv.)

(1) Le roi revint le 13 mai, veille de la Pentecôte.

(2) Cette dernière phrase a été ajoutée en marge par l'auteur. Le *Mercure françois* dit aussi que la princesse de Condé entra à la Bastille la veille de la petite Fête-Dieu, c'est-à-dire de l'octave de la Fête-Dieu. Mais la veille de la petite Fête-Dieu était cette année le 31 mai, et non le 21 juin, comme le dit Bassompierre. Du reste la *Relation* assigne à l'entrée de la princesse dans la Bastille la date du 26 mai, lendemain de la Fête-Dieu, et cette date paraît exacte; car la princesse vit le roi à Paris, pour recevoir son autorisation, la veille du départ pour Saint-Germain, qui eut lieu le 27 mai.

(3) Le 8 juillet. — Sur le procès odieux de la maréchale d'Ancre on peut voir les *Memorie recondite* (t. IV, pp. 70 et suiv.)

(4) Jean de Geniers, sieur de Massac, gentilhomme servant de la maison du roi, espérant par ce moyen faire fortune, avait ima-

Le roy [revint a Paris et] (1) ayant eu advis que Bournonville (2) par le moyen de Barbins avoit quelque intelligence avec la reine mere bien qu'il commandat sous son frere a la Bastille, l'en sortit et le mit en prison. Et a quelques jours de là un matin le roy me commanda de faire tenir proche de la porte Saint Antoine trois compagnies de Suisses; ce que je fis: et Mʳ le Prince quy m'aperceut les y mener, de sa fenestre, prit opinion que l'on le vouloit mettre entre mes mains, dont il tesmoygna du ressentiment; ce qu'ayant sceu, affin de luy lever cet ombrage, je ne voulus point parestre. Ces trouppes avesques deux compagnies françoises et cinquante gensdarmes et autant de chevaux legers le menerent au bois de Vincennes ou il

---

giné de dénoncer à Luynes plusieurs princes et seigneurs comme voulant se défaire de lui et de Déageant, sa créature, et rappeler la reine-mère. Il accusa enfin le duc de Vendôme d'avoir formé le dessein d'empoisonner le roi lui-même avec Luynes, dans une collation. La fourberie fut découverte et Geniers fut condamné à mort. C'est du moins ainsi que Déageant raconte cette intrigue singulière, sur laquelle il s'étend parce que « ce fait, dit-il, a esté imprimé tout autrement qu'il ne s'est passé. » (*Mémoires de monsieur Déageant*, pp. 74 et suiv.) La mère de Geniers, Hélène de Hermant, allégua inutilement en sa faveur l'excuse de la démence (Manuscrits de Dupuy, nº 92, fol. 93.) — La mention du supplice de Geniers, ajoutée en interligne par l'auteur, est prématurée: il fut arrêté seulement le 13 septembre, et exécuté huit jours après la fête de saint Côme, c'est-à-dire le 4 octobre.

(1) Inédit.

(2) Jean de Vaudetar, seigneur de Bournonville, était frère de Henri de Vaudetar, baron de Persan, et tous deux fils de Louis de Vaudetar, baron de Persan, et d'Anne Nicolay, dame de Bournonville. Le baron de Persan, qui avait épousé, le 2 février 1617, Louise de l'Hospital, sœur de Vitry, avait reçu de Luynes la lieutenance de la Bastille et la garde du prince de Condé.

demeura plus de deux ans depuis (1). Les gardes françoises et suisses demeurerent dans le chasteau jusques a ce que huit compagnies du regiment de Normandie nouvellement estably et mis sur pié les fussent venues relever (2).

Peu de jours en suitte Mr de Persan quy estoit demeuré gouverneur de la Bastille fut soubçonné d'avoir sceu la pratique de Bournonville son frere et fut mis prisonnier (3). Le roy me mit dans la Bastille avec soissante Suisses, ou je demeuray huit ou dix jours (octobre) au bout desquels le roy m'ayant commandé de mettre la place entre les mains [de Mr de Brante frere] (4) de Mr de Luynes, a quy il en avoit donné la capitainerie (5), je luy resignay.

Novembre. — Il y eut un jubilé extreordinaire que

---

(1) M^r le Prince fut mené de la Bastille au bois de Vincennes le 15me septembre.   (*Addition de l'auteur.*)

(2) Le régiment de Normandie, formé à la fin de l'année 1616, avait eu pour premier mestre de camp le jeune comte de Pène, fils du maréchal d'Ancre. Cadenet fut mis en sa place après l'assassinat du maréchal, et grâce à lui, le régiment nouveau prit bientôt la première place après les quatre vieux corps.

(3) Il semble que Bassompierre anticipe encore ici sur les événements. Luynes laissa durer quelque temps la correspondance de Barbin avec la reine-mère, dont il tenait tous les fils par ses agents secrets; et ce fut seulement par un arrêt du 30 août 1618 que Bournonville fut condamné à mort, Persan à l'exil de la cour, et Barbin au bannissement. Bournonville et Persan obtinrent grâce; mais Barbin fut au contraire retenu arbitrairement en prison. On peut lire l'arrêt dans les manuscrits de Dupuy (n° 92, fol. 125.)

(4) Inédit.

(5) La reine-mère avait été obligée de se démettre, en faveur de Luynes, de la capitainerie de la Bastille.

je fis a Paris ; et le lendemain j'eus l'aventure quy nous brouilla Mr de Montmorency et moy.

Decembre. — J'allay apres trouver le roy a Rouan, quy y faisoit tenir une assemblée de notables, en laquelle la paulette fut abolie (1).

Nous en partimes Mr de Guyse et moy, et avesques quatre carrosses de relais nous arrivasmes le 21me decembre, jour de Saint Tomas, en un jour, de Rouan a Paris, sur la nouvelle de l'extremité de la maladie de madame la Princesse quy accoucha de deux enfans ce mesme soir, quy n'eurent vie ; et elle (dont la sienne estoit desesperée, y ayant vingt heures qu'elle estoit en apoplexie) revint petit a petit apres estre delivrée.

Nous repartimes de Paris la veille de Nouel en mesmes carrosses de relais et arrivames le soir a Rouan, quy est une diligence en carrosse quy ne s'estoit encor faite en cette sayson.

1618.

JANVIER.

Apres que l'assemblée fut finie, le roy partit de

---

(1) L'assemblée des notables, convoquée au 24 novembre, se réunit le 4 décembre, et fut congédiée le 28 du même mois. — La paulette, établie en 1604, consacrait la vénalité des charges de magistrature et de finances, et les rendait héréditaires moyennant le paiement d'un droit annuel. En conséquence de la promesse faite à l'assemblée des notables, la paulette fut abolie par arrêt du Conseil du 15 janvier 1618; mais elle fut rétablie peu d'années après.

Rouan (1) au commencement de l'année 1618 et s'en vint demeurer quelques jours au chasteau de Madrid (2) ou il voulut que je vinsse loger le 17ᵐᵉ janvier.

Pario m'arma en Orqas (3).

La foire de Saint Germain arriva en laquelle Roucelay fut oultragé par Rouillac (4).

Fevrier. — Le roy dansa le ballet d'Arnaut et d'Armide (5), duquel je fus.

Mars. — En suitte les ducs et pairs, et officiers, trouverent estrange que le garde des sceaux (6) quy n'est point officier de la couronne, et mesmes le chancelier y estant (7), [se] plaçat devant eux au con-

---

(1) Ou Mʳ de Villeroy estoit mort quelques jours auparavant.
(Addition de l'auteur).
(2) Au bois de Boulogne.
(3) Cette phrase, ajoutée par l'auteur, et sans rapport avec ce qui suit et avec ce qui précède, est difficile à lire et difficile à comprendre. On peut supposer qu'un tailleur italien, nommé Pario, fit à Bassompierre, pour les fêtes de la Cour, un costume mythologique d'Orcas, ou peut-être d'Arcas. On voit en effet dans le *Nouveau langage françois italianizé* d'Henri Estienne, que l'usage s'introduisait de dire *armer* pour *habiller*, et d'un autre côté les Italiens étaient alors fort à la mode pour les costumes.

La phrase est en blanc dans le manuscrit 17476; dans les éditions précédentes on lisait: *Le 17 janvier Paris m'arma en Orcas.*

(4) Rucellaï, abbé de Signy, était fils d'Annibal Rucellaï, gentilhomme florentin, qui avait fait fortune en France. Le marquis de Rouillac ayant eu querelle avec Rucellaï, lui fit donner des coups de bâton.
(5) Le ballet de la *Délivrance de Renaud* avait été dansé en 1617, le dimanche gras 29 janvier; le jeudi gras 22 février 1618, le grand ballet du roi représenta la *Furie de Rolland*.
(6) C'était du Vair qui avait repris les sceaux enlevés à Mangot le 25 avril 1617.
(7) Même quand le chancelier était présent.

seil. Mʳ d'Espernon porta la parole au roy devant ledit garde des sceaux, et comme il est un peu violent, attaqua ledit garde des sceaux quy luy respondit plus hautement qu'il ne devoit. Trois jours apres, le roy (quy ce jour là avoit pris medecine) les fit tous deux venir en sa chambre ou nous estions peu de gens, et leur commanda de demeurer amis ; et sur ce que Mʳ d'Espernon se haussa encores un peu en parolles, le roy quy estoit assis, se leva contre Mʳ d'Espernon et le malmena : puis en suitte ayant dit qu'il vouloit aller a ses affaires, chascun sortit par la porte du cabinet, et Mʳ d'Espernon s'en alla par la porte de la chambre tout seul, et moy je le voulus aller accompagner nonobstant toute la brouillerie qu'il avoit eue avec le garde des sceaux et avec le roy. Il se trouva un peu estonné quand il se vit enfermé dans l'antichambre et eut quelque soubçon que l'on le vouloit arrester ; car toutes les portes estoint fermées. Je m'avisay de regarder sy le petit degré quy est contre la porte de la chambre du roy estoit point aussy fermé, et l'ayant trouvé ouvert j'y ammenay Mʳ d'Espernon de quy les gens l'attendoint en la salle haute et passames tous deux jusques devant le Louvre ou il trouva son carrosse quy l'emmena en son logis ou en quelque autre, me priant de luy envoyer donner avis sy on n'avoit rien resolu contre luy. Je parlay a Mʳ de Luynes sur son sujet, et me dit : « Il veut aller a Mets ; qu'il haste un peu son voyage et s'y en aille : car ces messieurs pourroint animer le roy contre luy. » Je vis bien qu'ils desiroint qu'il partit de la court et allay le lendemain trouver Mʳ d'Espernon et luy fis sçavoir l'intention du roy et du favorit. Il me pria de sçavoir sy, venant trouver le roy pour prendre congé de luy, il seroit le bien receu ; dont je luy portay parole. Il vint donc apres le disner du roy et y receut tres bon visage. Il luy demanda congé d'aller a Mets, que le roy luy accorda ; et luy ayant dit adieu, il s'en alla demeurer a Vanves (1) jusques a ce que M^r d'Espernon s'en fut allé, ce qu'il pensoit qu'il feroit le jour d'apres. Il emmena a Vanves monsieur son frere avesques luy, a quy il changea de gouverneur, mettant a la place de Mr de Breves (2), quy l'estoit, M^r le comte du Lude (3).

Apres que le roy eut demeuré deux jours a Vanves et qu'il sceut que tout Paris estoit venu visiter M^r d'Espernon, et qu'il n'estoit point party, que mesmes il avoit dit a Saint Geran qu'il avoit encores des affaires a Paris pour cinq ou six jours, le roy s'en fascha et me dit qu'il s'en retourneroit le lendemain au soir a Paris, et que s'il luy trouvoit encores, il luy feroit un mauvais party. Mr de Luynes mesmes me dit devant le roy que je le visse et que je luy fisse sçavoir qu'il ne demeurat pas plus longtemps a Paris s'il estoit sage. Je partis a la mesme heure et vins disner avesques luy, auquel je dis l'humeur du roy, luy palliant les

---

(1) Village des environs de Paris.

(2) François Savary, marquis de Breves, ambassadeur en Turquie en 1589, à Rome en 1608, était entré en charge auprès de Monsieur le 13 juillet 1615. « Il avoit esté si longtemps à Constantinople, dit Tallemant des Réaux, qu'il en estoit devenu tout mahometan ; » mais son plus grand tort aux yeux de Luynes était d'avoir été choisi par la reine-mère sur la recommandation du maréchal d'Ancre. Il mourut en 1628.

(3) François de Daillon, comte du Lude, fils de Guy de Daillon, comte du Lude, et de Jacqueline Motier, dame de la Fayette, né le 22 février 1570, mourut le 27 septembre 1619.

choses qu'il ne devoit pas sçavoir si cruement. En fin apres m'avoir longtemps parlé, il me pria d'asseurer Sa Majesté que le lendemain avant midy il seroit hors de Paris, comme il fit : et le roy y arriva le soir. Or Mʳ d'Espernon s'en alla a Fontenay (1) ou il demeura encores sept ou huit jours; dont le roy entra en telle colere qu'il envoya loger a Rosoy ses chevaux legers : et monsieur le chancelier quy estoit amy de Mʳ d'Espernon, luy manda par Guron (2) qu'il feroit bien de partir et de s'en aller a Mets. Guron luy porta la nouvelle sy chaude qu'il partit a l'heure mesme, et a grandes journées se rendit a Mets (3).

Peu apres on fit rouer a Paris les Siti, et Durant (4),

---

(1) Le 7 mai. — Fontenay, village du canton de Rozoy-en-Brie, arrondissement de Coulommiers, département de Seine-et-Marne, où le duc d'Épernon avait une terre.

(2) Jean de Rechignevoisin, seigneur de Guron, fils de Gabriel de Rechignevoisin, seigneur de Guron, et de Catherine Frotier, sa seconde femme, mourut en 1635.

(3) Le duc d'Épernon arriva à Metz le 20 mai.

(4) François et André Siti, frères Florentins, et Etienne Durand, jeune poëte. Par un arrêt de la justice exceptionnelle du Conseil du 19 juillet 1618, exécuté le même jour, ces trois infortunés furent condamnés « pour raison de livres et discours faicts et composés et escrits contre l'honneur et l'authorité du roy, pratiques et factions et menées contre son service, bien et repos de son estat, tant dedans que dehors le royaume, lesdits livres et discours, memoires et lettres desdits François et André Sity, tant en langue françoise qu'italiene et en chiffre. » (Manuscrits de Dupuy, n° 92, fol. 103.) Suivant les *Memoires de monsieur Deageant*, les Siti, serviteurs de la famille de Concini, étaient des émissaires de l'agent du duc de Florence à Paris, qui cabalait en faveur de la reine-mère. André Siti fut pendu; François Siti et Durand furent rompus vifs, leurs corps brûlés, et leurs cendres jetées au vent. L'histoire d'Etienne Durand, écrite par Colletet,

pour avoir fait quelques escrits en faveur de la reine mere.

En ce temps la (1) le roy quy estoit fort jeune, s'amusoit a forces petits exercices de son eage, comme de peindre, de chanter, d'imiter les artifices des eaux de Saint Germain par de petits canaux de plume, de faire des petites inventions de chasses, de jouer du tambour, a quoy il reussissoit tres bien. Un jour je le louois de ce qu'il estoit fort propre a ce qu'il vouloit entreprendre et que n'ayant jammais esté montré à battre le tambour, il le faisoit mieux que les maistres ; il me dit : « Il faut que je me remette a sonner du cor de chasse, ce que je fais fort bien, et veus estre tout un jour a sonner. » Je luy respondis : « Sire, je ne conseille pas a Vostre Majesté d'en sonner par trop souvent : car outre que cela fait venir les hairgnes(2),

---

était naguère conservée à la bibliothèque du Louvre. On peut voir une note sur ce poëte peu connu, dans le *Bulletin du bibliophile* (octobre 1859).

(1) Cette anecdote fut écrite sans doute après coup par l'auteur sur une feuille qu'il avait laissée blanche en faisant son manuscrit. Le copiste l'a transcrite à la place où il l'a trouvée, c'est-à-dire qu'il l'a intercalée dans l'histoire du démêlé du duc d'Épernon avec le garde des sceaux entre ces mots : *nonobstant toute la brouillerie qu'il avoit eue*, et ceux-ci : *avec le garde des sceaux et avec le roy.* Toutes les copies et toutes les éditions ont reproduit ce non-sens. Toutefois, dans le manuscrit Fr. n° 4063, une autre main avait refait la phrase par l'addition de ces mots : *Le duc d'Espernon faisant réflexion sur la contestation qu'il avoit eue avec le garde des sceaux;* et les éditeurs modernes des collections de mémoires avaient adopté cette insuffisante rectification. — L'anecdote porte la date d'avril 1618; mais cette date écrite d'avance sur le feuillet, n'a rien de précis. — Voir à l'Appendice. X.

(2) Hernies. — L'auteur avait d'abord écrit : *hargnes;* puis il a

il nuit encores grandement au poulmon, et mesmes j'ay ouy dire que le feu roy Charles, a force de sonner du cor, se rompit une veine dans le poulmon, quy luy causa la mort. » « Vous vous trompés, me respliqua il, le sonner du cor ne le fit pas mourir, mais bien ce qu'il se mit mal avec la reine Caterine sa mere a Monceaux, et qu'il la quitta et s'en revint a Meaux, mais sy là (1) par la persuasion du mareschal de Rets (2) quy le fit retourner a Monceaux aupres de la reine sa mere; car s'il n'y fut pas revenu, il ne fut pas mort sy tost. » Et comme je ne luy respondois rien sur ce sujet, Montpouillan (3) quy estoit present, me dit : « Vous ne pensiés pas, Monsieur, que le roy sceut ces choses là comme il les sçait, et beaucoup d'autres encores. » Je luy dis : « Vrayment non, Monsieur, je ne le pensois pas. » Cela me fit connestre que l'on luy donnoit beaucoup d'apprehensions de la reine sa mere, de laquelle je me garday bien a l'avenir de luy parler, mesmes en discours communs.

Quand la reine partit l'autre année de Paris, Rou-

---

ajouté un *i*. On lit dans le *Dictionnaire étymologique* de Ménage : « Plusieurs disent *hargne* ; mais le bel usage est pour *hergne*. »

(1) Mais encore là.

(2) Albert de Gondi, baron, puis duc de Retz, fils ainé d'Antoine de Gondi, seigneur du Perron, et de Marie-Catherine de Pierrevive, fut maréchal de France en 1573. Né le 4 novembre 1522, il mourut le 21 avril 1602.

(3) Jean de Caumont, seigneur de Montpouillan, sixième fils de Jacques Nompar de Caumont, seigneur, puis duc de la Force, et de Charlotte de Gontaut, sa première femme, après avoir joui pendant quelque temps de la faveur du roi, se jeta dans les rangs des huguenots, et fut tué en 1622 au siége de Tonneins.

celay eut commandement de s'en aller aussy comme son partisan. Peu apres m'estant mis bien avec Mʳ de Luynes, je fis en sorte qu'il revint a la court sous la caution que je fis pour luy qu'il ne feroit aucune chose quy peut desplaire au roy, et ne se mesleroit de rien. Mais comme il estoit homme d'intrigue, il ne s'en peut tenir et traitta avesques quelques grans et princes; puis ayant fait ses affaires de la court, voulant en traitter d'autres a la campaigne, fit donner luy mesme des avis contre luy, non les vrais, mais de faux et controuvés, pour se faire chasser de la court, ce que l'on fit allors (juillet) : et luy s'en alla en son abbaye de Signy (1) d'ou il traitta avesques Mʳ de Boullon pour la reine et en suitte reunit en bonne intelligence Mʳˢ d'Espernon et de Boullon pour le service de ladite reine.

Aust. — Vers la my aust le roy s'en vint a Monceaux d'ou j'estois capitaine, ou je le receus sy magnifiquement que rien plus. Il y demeura dix-sept jours quy me cousterent dix mille escus.

De la il s'en alla (septembre) a Villiers Costerets (2) et a Soissons ou je pris congé de luy pour m'en aller en Lorraine, et me permit aussy d'aller a Mets voir Mʳ d'Espernon, lequel s'en vint peu apres a Nancy (octobre) principalement pour me voir.

---

(1) Signy-l'Abbaye, chef-lieu de canton de l'arrondissement de Mézières, à peu de distance de Sedan où Rucellaï alla trouver le duc de Bouillon, et à portée de Metz où résidait le duc d'Épernon.

(2) Suivant le *Journal d'Herouard,* ce fut le 25 septembre que le roi partit de Monceaux pour Villers-Cotterets, et il arriva le 1ᵉʳ octobre à Soissons.

Je ne fus gueres plus d'un mois en mon voyage et m'en revins en court (novembre) ou je trouvay que l'on avoit ordonné aux Espagnoles (1) quy estoint avec la reine de se retirer (2).

Decembre. — Nous eumes les comediens espagnols cet hiver là, et il y eut une grande comette au ciel (3), quy apparut plus d'un mois durant.

1619.

JANVIER.

L'année 1619 commença par la grande maladie de la reine que Dieu enfin garantit. Madame la connestable (4) sa dame d'honneur quy huit mois auparavant s'estoit retirée de la court parce que Mr de Luynes

---

(1) Il y avait dans les précédentes éditions : *aux Espaynols.*

(2) Depuis longtemps la présence des dames et des demoiselles espagnoles qui avaient accompagné Anne d'Autriche, était importune au roi, et semblait contribuer à l'éloigner de la reine. Leur départ, décidé par lui dans le courant d'octobre, s'effectua, après quelques négociations, le 30 novembre.

(3) Cette comète parut le mercredi 28 novembre. On lut au bas de son « pourtraict » les vers suivants :

> Cette comète ne menace
> Les François, mais les estrangers.
> Sous nostre Roy, Dieu par sa grâce
> Garde nos lys de tous dangers.

(4) Laurence de Clermont, fille de Claude de Clermont, baron de Montoison, et de Louise de Saint-Simon ; mariée : 1° en 1589 à Jean, comte de Dizimieu ; 2° par contrat du 19 juin 1601 à Henri, duc de Montmorency, connétable de France, dont elle fut la troisième femme. Elle vécut jusqu'en 1654, et mourut âgée de 83 ans.

avoit fait donner la superintendance de la maison de la reine a sa femme(1), vint trouver la reine en l'exces de sa maladie, quy fut tres ayse de la voir et commença des lors a se mieux porter : et ladite connestable demeura desormais aupres d'elle comme auparavant.

M^r d'Elbeuf (2) espousa Mlle de Vendosme.

Le roy consumma le mariage avec la reine sa femme (3).

Fevrier. — La foire de Saint Germain fut suivie de forces ballets, et ces ballets des noces de madame Henriette seconde fille de France avec M^r le prince de Piemont(4) quy arriva en ce temps la pour l'espouser.

Apres le caresme prenant(5) le roy s'en alla a Saint

---

(1) Marie de Rohan, fille d'Hercule de Rohan, duc de Montbazon, et de Madeleine de Lenoncourt, sa première femme; née en décembre 1600, épousa : 1° par contrat du 11 septembre 1617 Charles d'Albert de Luynes; 2° en 1622 Claude de Lorraine, duc de Chevreuse, prince de Joinville. Ce fut la célèbre duchesse de Chevreuse. Elle mourut le 12 août 1679.

(2) Charles II de Lorraine, duc d'Elbeuf, fils de Charles Ier de Lorraine, duc d'Elbeuf, et de Marguerite Chabot, comtesse de Charny, mort le 5 novembre 1657, à l'âge de 61 ans.

(3) Ce fut le vendredi 25 janvier 1619 qu'eut lieu l'événement de la « perfection » du mariage du roi, sur lequel on peut lire les curieux détails donnés par M. Armand Baschet, dans le livre intitulé : *Le roi chez la reine.*

(4) Victor-Amédée, fils de Charles-Emmanuel Ier, duc de Savoie, et de Catherine d'Autriche, né le 8 mars 1587, alors prince de Piémont, devint duc de Savoie à la mort de son père, arrivée le 26 juillet 1630, et mourut le 7 octobre 1637. — Christine, et non Elisabeth, seconde fille de France, née le 10 février 1606, mourut le 27 décembre 1663. — Le mariage fut célébré le 10 février 1619; le contrat avait été passé le 11 janvier.

(5) Le mardi gras était le 12 février. Ce jour fut dansé au Louvre

Germain d'ou il eut la nouvelle de l'evasion de la reine sa mere de Blois, que Mr d'Espernon quy contre la deffense du roy estoit party de Mets pour aller en Saintonges, sans s'y arrester, estoit venu recevoir a Montrichart (1).

Le roy revint a Paris le mesme jour qu'il en eut la nouvelle (2), et le lendemain tint conseil pour sçavoir ce qu'il auroit a faire. Il fut avisé qu'il envoyeroit le pere Berulles (3) avec l'archevesque de Sens (4) vers elle pour la convier de revenir, et en mesme temps dresser une forte armée pour aller ruiner Mr d'Espernon, de laquelle le roy fit l'honneur a Mr de Crequy et a moy de nous faire mareschaux de camp (mars). Mr de Sens renvoya peu apres le pere Berulles avec quelque pourparler d'accommodement (5), ce quy fit

---

le grand ballet du roi auquel Bassompierre prit part. — Voir à l'Appendice. XI.

(1) La reine partit du château de Blois dans la nuit du 21 au 22 février, et gagna Montrichard et Loches; elle séjourna dans cette dernière ville, et arriva le 1er mars à Angoulême.

(2) Le 23 février le roi reçut la nouvelle pendant qu'il était à la chasse; il alla le lendemain à Paris.— Voir à l'Appendice. XII.

(3) Pierre de Bérulle, fils de Claude de Bérulle, conseiller au parlement de Paris, et de Louise Séguier, né le 4 février 1575, cardinal en 1627, mort le 2 octobre 1629. Il était alors général de la congrégation de l'Oratoire, qu'il avait fondée en France.

(4) Jean Davy du Perron, fils de Julien du Perron et d'Ursine Lecomte, fut archevêque de Sens après son frère le cardinal du Perron, du 5 septembre 1618 au 24 octobre 1621. — Les autres histoires ne parlent point de l'archevêque de Sens. Le premier négociateur envoyé à la reine fut le comte de Béthune.

(5) Le père de Bérulle revint à Paris le 7 avril; il en repartit le 9 avec le cardinal de la Rochefoucaud.

que l'on y envoya de plus Mʳ le cardinal de la Rochefoucaut avesques pouvoir de traitter.

Avril. — Le roy cependant partit au mois d'avril (1) pour aller sur la riviere de Loire ou ses trouppes s'acheminoint. Mais comme nous arrivasmes a Amboyse, Mʳ de la Rochefoucaut cardinal manda au roy comme il avoit traitté et conclu avec la reine sa mere, que la paix avoit esté conclue et jurée, et que l'on en avoit en mesme temps fait les feux de joye et chanté le *Te Deum*. On trouva que ledit sieur cardinal s'estoit un peu trop hasté, et qu'il en devoit donner avis au roy : neammoins on tint l'accord, par lequel la reine quitta le gouvernement de Normandie et on luy donna celuy d'Anjou avec le chasteau d'Angers, Chinon, et le Pont de Cé.

Le roy s'avança jusques a Tours (2).

Juin. — Mʳ le prince de Piemont alla voir la reine sa belle mere.

Cependant nous demeurasmes trois mois a Tours (juin, juillet, aust) y passant tres bien nostre temps (3). Nous allames au Lude (4), a la Fleche et a Durtal. Nous allions et venions en poste a Paris passer encor le temps. Le colonel Galaty mourut (5) : les ministres

---

(1) Le roi ne partit que le 7 mai, après avoir reçu le 2 la nouvelle de l'accommodement conclu le 30 avril avec la reine-mère. Ce fut le 24 mai qu'il envoya d'Amboise les lettres annonçant la paix : la déclaration n'en fut publiée que le 20 juin en parlement.

(2) Il y arriva le 28 mai.

(3) Voir à l'Appendice. XIII.

(4) Au Lude, dans le Maine, chez le comte du Lude, le lundi 26 août; à Durtal, en Anjou, chez M. de Schomberg.

(5) A l'âge de 80 ans, le 2 juillet.

voulurent en mon absence disposer des charges : les Suisses m'en donnerent avis, et je vins en un jour en poste de Paris a Tours ou j'eus du roy tout ce que je voulus; et estois en ce temps là tres bien traitté. Le roy me donna aussy l'abbaye de Annecourt pour Paule Fiesque (1), et d'autres graces.

Le roy fit mareschal de France Mʳ de Pralain, et quelque peu apres Mʳ de Saint Geran (2).

Septembre. — En fin la reine arriva a Cousieres (3) ou Mʳ de Luynes la vint trouver, ayant ammené avesques luy tous les principaux de la court, quy saluames la reine apres qu'il l'eut saluée. Le lendemain la reine arriva a Tours : la reine sa belle fille avec les princesses et dames fut au devant, puis le roy, et tous ensemble revindrent a Tours ou Leurs Majestés demeurerent dix ou douse jours ensemble, puis se separerent (4) : la reine mere alla a Chinon, et de là a Angers (octobre), et le roy a Amboyse d'ou il se separa de la princesse et du prince de Piemont, que Mʳ le grand prieur (5) eut charge d'accompagner jusques a Turin.

---

(1) Honnecourt, abbaye de bénédictins, au diocèse de Cambrai. — Paul de Fiesque, fils de Nicolas de Fiesque, nommé évêque de Toul par le roi en 1641, fut institué seulement en 1645, et mourut la même année.

(2) Cette mention, ajoutée en marge par l'auteur, n'indique pas de dates précises. D'après le P. Anselme, Praslin fut fait maréchal le 24 octobre, et Saint-Geran le 24 août; mais l'*Histoire des connestables* place en novembre la promotion de ce dernier.

(3) Couzières en Touraine était une maison du duc de Montbazon, beau-père de Luynes. La reine y coucha le 4 septembre, et arriva le 5 à Tours.

(4) La reine-mère prit congé du roi le 19 septembre.

(5) Ici et dans la suite, le grand prieur est Alexandre, chevalier de Vendôme. Voir sur lui la note 2, t. I, p. 64.

Le roy de là s'en vint a Blois, puis a Chasteaudun, Vandosme et Chartres ; a Mantes, Creil et Compiegne (1).

Le comte du Lude mourut en ce temps là, et la charge de gouverneur de Monsieur fut donnée au colonel d'Ornano.

Peu de jours apres que le roy fut arrivé a Compiegne, il en partit pour venir a Chantilly. Mr de Luynes fut querir M^r le Prince au bois de Vincennes (2) et madame sa femme, qu'il emmena a Chantilly trouver le roy, lequel les rammena a Compiegne d'ou ils allerent a Nostre Dame de Liesse (3).

Cependant la court vint passer quinse jours de temps a Monceaux ou je fis encores pareille despense que j'avois faitte l'année precedente.

Novembre. — De la le roy revint a Lesigny (4), et Mr de Luynes vint a Paris prester le serment de duc et pair.

La court vint puis apres a Saint Germain ou le chapitre de l'ordre du Saint Esprit fut tenu, et le dernier jour de l'an nous fusmes faits chevaliers aux Augustins a la maniere accoustumée. Le nombre fut remply (5).

---

(1) Le roi arriva à Vendôme le 24 septembre ; le 26 il fit son entrée à Chartres ; le 10 octobre il vint à Compiègne.

(2) Ce fut le 20 octobre que le prince de Condé sortit de prison.

(3) Célèbre pélerinage, à 3 lieues de Laon.

(4) Luynes, qui avait eu la confiscation du maréchal d'Ancre, recevait le roi à Lesigny. — Il fut admis par le parlement au serment de duc et pair le 14 novembre.

(5) Le nombre des chevaliers était fixé à cent. La promotion du 31 décembre 1619 comprit cinq prélats et cinquante-neuf chevaliers laïques ; M. de Bassompierre figure le vingt-quatrième sur la liste de ces derniers. Les trois Luynes faisaient partie de la promotion. — Voir à l'Appendice. XIV.

Il y eut ce jour là quelque brouillerie entre Mrs de Nemours et de Guyse, quy fut promptement rappaisée.

J'offris ce jour là mon service a madame la comtesse de Rochefort (1).

1620.
JANVIER.

Le premier jour de l'année 1620 fut commencé par la ceremonie de l'Ordre, et le lendemain par la ceremonie des chevaliers trespassés.

Fevrier. — La foire de Saint Germain vint en suitte, puis le caresme prenant (2), ou il y eut forces ballets et assemblées, entre autres trois, assavoir : cheux La Rochefoucaut ; cheux Chanvallon ou il y eut une fort belle comedie de personnes particulieres quy ne faisoint point de profession de comediens ; il y en eut aussy cheux Fedeau ou d'Andelot se fascha contre le maitre du logis et nous eumes quelque petite brouillerie Mr de Montmorency et moy (3), mais tout fut promptement appaisé.

Mr de Caddenet fut fait mareschal de France affin d'espouser Mlle de Pequigny (4).

---

(1) Anne de Rohan, princesse de Guémené, fille de Pierre de Rohan, prince de Guémené, et de Madeleine de Rieux, sa première femme, avait épousé, en 1617, Louis de Rohan, comte de Rochefort, depuis duc de Montbazon, son cousin germain.

(2) Le mardi-gras était le 3 mars.

(3) Cette seconde querelle de Bassompierre avec Montmorency est peut-être celle que raconte Tallemant des Réaux (*Historiette de Montmorency*, t. II, p. 307).

(4) Claire-Charlotte d'Ailly, comtesse de Chaulnes, dame de Péquigny, vidame d'Amiens, fille unique et héritière de Phili-

Mars. — On passa bien le temps tout le caresme et le printemps, tant aux Tuilleries ou les galans se trouvoint avesques les dames, comme aux assemblées que toutes les princesses firent, a ce invitées par la reine.

Au millieu du caresme, comme le roy estoit a Fontainebleau, Mʳ du Maine s'en alla de la court sans dire adieu (1).

Avril. — L'assemblée des huguenots se tenoit à Loudun, lesquels desclarerent qu'ils ne presenteroint point leurs cahiers, ou qu'iceux presentés, ils ne se desassembleroint point que l'on n'y eut respondu ; et

---

bert-Emmanuel d'Ailly, seigneur de Péquigny, vidame d'Amiens, et de Louise d'Ongnies, comtesse de Chaulnes, épousa Honoré d'Albert, seigneur de Cadenet, à la condition que les enfants issus du mariage porteraient les nom et armes d'Ailly. Par lettres du mois de janvier 1621, le roi érigea le comté de Chaulnes en duché-pairie.

Le P. Anselme fait remonter à 1619 le mariage de Cadenet et sa promotion à la dignité de maréchal; mais Godefroy (*Histoire des connestables*) est d'accord avec Bassompierre pour la date de la promotion.

(1) Ce fut le 29 mars que le duc de Mayenne partit pour la Guyenne, dont il avait récemment reçu la lieutenance générale en échange du gouvernement de l'Ile-de-France cédé par lui au duc de Montbazon.

Les princes et les grands, irrités de la toute-puissance du duc de Luynes, avaient noué des intelligences avec la reine-mère, qui se plaignait de son côté de l'inexécution des clauses de son accommodement avec le roi, des termes de la déclaration qui avait accompagné la mise en liberté du prince de Condé, et de la promotion de l'Ordre, dans laquelle tous ses ennemis étaient compris, à l'exclusion des amis qu'elle avait recommandés. Le duc de Mayenne fut bientôt suivi dans sa défection par la plupart des princes et par plusieurs seigneurs. — Voir à l'Appendice. XV.

Mʳ Desdiguieres n'eut pas assés de pouvoir pour les faire condescendre à agir comme ils avoint accoustumé et qu'il leur estoit permis par leur edit. Ils se fortifioint des divisions apparentes qu'ils voyoint dans l'estat, et fomentés par les grans quy les induisoint de tenir bon. Le roy quy se voyoit d'autres affaires sur les bras, tascha de s'accommoder avec ceux de la Religion quy en fin apres avoir presenté leurs cahiers avesques les deux deputés que le roy avoit choisis des six qu'ils avoint nommés (1) selon la coustume [se separerent] sur les promesses que leur firent au nom du roy Mʳ le Prince, Mʳˢ de Lesdiguieres et de Luynes, que dans six mois le roy leur termineroit trois affaires, assavoir : la continuation pour trois années de leurs places de seureté; l'establissement de deux conseillers de leur religion au parlement, dont on estoit en dispute avec eux; et que l'on osteroit de Leitoure le sieur de Fonterailles (2) quy depuis peu s'estoit fait catholique, et que l'on en mettroit en sa place un de la Religion, tel qu'il plairoit a Sa Majesté : et que sy dans lesdits six mois ils n'estoint pleinement satisfaits desdits articles, ceux de la Religion de Bearn auroint encorés un mois apres pour venir faire leurs tres humbles remontrances sur l'interest qu'ils avoint a l'arrest donné au conseil pour le restablissement des ecclesiastiques de

---

(1) Il y avait dans les précédentes éditions : *menés*.
(2) Benjamin d'Astarac, baron de Marestang et de Fontrailles, fils ainé de Michel d'Astarac, baron de Marestang et de Fontrailles, et d'Isabelle de Gontaut, sa première femme, était sénéchal d'Armagnac, et gouverneur d'Auch, de Lectoure et de l'Isle-Jourdain. Il mourut le 23 mars 1623. — Lectoure était une place de sûreté des huguenots dans le comté d'Armagnac.

Bearn dans leurs biens, apres lesquelles remontrances Sa dite Majesté en feroit ce qu'elle jugeroit bon estre : et que sy lesdits trois articles n'estoint respondus a leur contentement, ils se pourroint assembler de nouveau sans lettres patentes du roy pour leur permettre ainsy que c'est la coustume.

Le roy cependant s'advança [a Pasques] (1) jusques a Orleans ; mais ladite assemblée s'estant separée (2), il s'en revint a Paris : et Sa Majesté ordonna (may) que j'allasse commander comme mareschal de camp l'armée qu'il avoit en garnison en Champaigne, pour la tenir preste a marcher au premier commandement que j'en aurois d'Elle.

Devant que je m'acheminasse pour y aller, le roy eut divers avis des menées quy se faisoint contre luy, de l'errement (3) des trouppes ; et puis Mr de Vandosme partit d'Anet (4) et s'en alla a Angers trouver la reine. Le roy envoya Blainville (5) vers elle, de laquelle il ne peut tirer que des paroles incertaines et

---

(1) Inédit. — Pâques était le 19 avril. Suivant les *Memorie recondite*, le roi, parti le 9 avril de Fontainebleau pour Orléans, y revint le 15, et se rendit le 21 à Paris. Ce fut en effet le 13 avril que l'assemblée de Loudun se sépara.

(2) Le roi, en allant à Orléans, avait aussi pour but de se rapprocher de la reine-mère ; mais cette démarche n'eut pas de succès.

(3) Engagement au moyen d'erres ou arrhes. — Il y avait aux précédentes éditions : *levement*.

(4) Anet, à 3 lieues de Dreux, était une des maisons du duc de Vendôme, ou plutôt de la duchesse de Mercœur, sa belle-mère.

(5) Jean de Varigniez, seigneur de Blainville, fut premier gentilhomme de la chambre du roi, ambassadeur en Angleterre, chevalier des ordres. Il mourut le 26 février 1628.

ambigües quy augmenterent le soubçon du roy. Mr de Nemours en suitte partit une nuit de Paris et se retira a Angers, de sorte que le roy ne deut plus doutter de s'armer puissamment pour y resister. Il me commanda de partir, et je m'en vins le lundy 29me jour de juin pour prendre congé de Sa Majesté et partir l'apres disnée.

Mais comme le matin j'entrois au Louvre pour cet effet, une femme me donna advis par un billet que monsieur et madame la Comtesse (1) estoint resolus de s'en aller la nuit prochaine et que monsieur le grand prieur et le comte de Saint Aignan s'en alloint avesques eux. Je rencontray peu de temps apres le chevalier d'Espinay (2) quy me confirma la mesme chose. Je montay a la chambre du roy et luy dis, et a Mr de Luynes, le double avis que je venois de recevoir. Ils me menerent cheux la reine quy s'habilloit, affin que, personne n'y entrant a cette heure là, ils me peussent plus longuement entretenir. Le roy s'en devoit aller ce jour là coucher a Madrid : il proposa de demeurer, d'envoyer querir Mr le Comte, et de l'arrester. Mr de Luynes, et moy, luy dismes que sur des avis incertains que je presentois comme ils me venoint d'estre donnés, et d'arrester une telle personne sans plus grandes preuves, ne me sembloit pas convenable, et que l'affaire meritoit bien d'estre pesée et desbattue devant que de la resoudre. Mr de Luynes luy conseilla de plus de n'interrompre point son voyage de Madrid

---

(1) Le jeune comte de Soissons, et la comtesse sa mère, à l'influence de laquelle il obéissait dans cette première rébellion.

(2) Le même que le commandeur. Voir t. I, p. 160.

de peur d'effaroucher le gibbier, et qu'il demeureroit a Paris; qu'il me retiendroit pour ce jour là a Paris; que le roy pourroit renvoyer ses chevaux legers avec ordre de faire ce qu'il leur diroit, et qu'il s'en reposat sur luy; ce que le roy aggrea, et partit.

Mr de Luynes me voulut mener disner cheux le mareschal de Chaunes (1) avesques luy : mais comme j'estois prié a disner cheux Descures avec Mrs de Nevers et de Pralain, je luy dis que je m'y trouverois au sortir de son disner; comme je fis. Il me mena en sa maison en la mesme rue Saint Tomas (2) (qu'il faisoit bastir), avec Mr de Chomberg lequel l'année precedente a Tours avoit esté fait surintendant des finances en la place de M^r le president Jannin, et on avoit donné a Mr de Castille son gendre(3) le controlle general. Il s'enferma en une chambre avec nous et Mr de Chaunes, n'y ayant que Modene(4) et Contade(5)

---

(1) Cadenet, nouvellement devenu le maréchal de Chaulnes.

(2) Le duc de Luynes avait acheté, cette année même, l'hôtel de la Vieuville, qui fut depuis appelé hôtel d'Épernon, et qui était situé dans la rue Saint-Thomas du Louvre.

(3) Gendre du président Jeannin.

(4) François Raymond de Mourmoiron, baron de Modène, fils ainé de Laurent Raymond de Mourmoiron, seigneur de Modène, et de Françoise Gautier de Girenton, laquelle était fille de Jeanne de Rodulf. Par là le baron de Modène était parent du duc de Luynes, qui l'employa en diverses circonstances.

(5) André de Contades, fils d'Antoine de Contades et de N. de Pardailhan, né le 22 octobre 1572, était sous-gouverneur de Monsieur, frère du roi. Tallemant des Réaux prétend qu'un gentilhomme, nommé Contades, avait jadis, par le crédit du comte du Lude, fait arriver le jeune Luynes à la cour. Si le fait est vrai, ce fut sans doute en reconnaissance de ce service que Luynes appela le comte du Lude et Contades auprès du jeune prince.

avec. Là il fut longtemps agité ce qu'il seroit a faire. En mesme temps arriva Mr de Brantes quy luy dit que le roy luy envoyoit les chevaux legers (1). Il me dit en fin : « Monsieur, puis que vous avés donné un sy important avis au roy, que vous semble il que l'on puisse et doyve faire sur ce sujet? Dittes m'en vostre avis, [ou mesmes plusieurs avis](2), affin que nous en puissions choysir un quy soit utile au roy. » Je luy dis :

« Monsieur, je vous feray encores en cecy là mesme response qu'en plusieurs autres pareilles occasions j'ay desja faite, que n'ayant ny le maniement ny la connoissance des affaires du roy, je ne suis pas capable de donner un bon avis en l'air et d'une chose ou je ne vois ny le jour ny le fond. Je vous diray neammoins tous les avis qu'il me semble quy se peuvent prendre la dessus, desquels vous sçaurés choysir le meilleur et rejetter les autres. »

« Je pense qu'en cette affaire il faut parler en marchand et dire qu'il n'y a qu'a le prendre ou a le laisser, et qu'a le laisser il y a deux moyens : l'un, de le laisser partir sans luy rien faire ne dire ; et l'autre, de luy permettre aussy de partir, mais de luy faire sçavoir auparavant que l'on est fort bien adverty de son dessein, mais qu'il est indifferent au roy qu'il l'execute ou non. A le prendre, il faut que le roy luy mande qu'il le vienne trouver a Madrid, et là luy dire comme il est adverty qu'il a dessein d'aller trouver la reine mere,

---

(1) Brantes avait succédé à Filhet de la Curée dans la charge de capitaine-lieutenant des chevau-légers de la garde.
(2) Inédit.

et que pour cet effet il se veut asseurer de sa personne et le retenir pres de luy ; l'autre, faire investir son logis, le prendre et le mettre en tel lieu de seureté qu'il plaira au roy ; l'autre, de le prendre avec sa mere et le grand prieur quand ils sortiront de leur logis, ou bien quand ils viendront a la porte de la ville, ou bien a Villepreux(1) quand ils viendront au rendés vous quy leur est donné. »

« C'est maintenant a vous, Monsieur, de prendre et former deux avis : l'un, s'il est plus a propos de le prendre ou de le laisser aller ; l'autre, sy vous jugés qu'il le faille prendre, de faire le choix d'une des façons que je vous ay proposées, et l'executer promptement et seurement. »

Sur cela Mʳ de Luynes fut en plus grande incertitude que devant, et m'estonnay du peu d'ayde et de confort que ces autres messieurs là presens luy donnoint, quy se montroint aussy irresolus que luy. Sur cela madame la vidame (2) envoya dire a Mʳ de Chaunes que madame la Comtesse estoit venue cheux elle, et qu'elle luy prioit d'y venir. Mʳ de Luynes luy envoya en mesme temps et luy ordonna de prendre bien garde a sa contenance sy il pourroit point descouvrir son dessein. Nous demeurasmes cependant, attendant de ses nouvelles quy ne tarderent gueres a venir, par lesquelles il nous fit sçavoir qu'a sa mine et a ses discours il se fortifioit toujours davantage en l'opinion de sa prochaine fuitte. Allors Mʳ de Luynes plus perplexe que devant, se mit a la blasmer et a ne rien resoudre, ny

---

(1) Villepreux, à 3 lieues de Versailles.
(2) La vidame d'Amiens, femme de M. de Chaulnes.

ceux quy assistoint non plus, dont je fus bien estonné. En fin je luy dis : « Monsieur, vous consumés le temps a resoudre, qu'il vous faudroit employer a executer. Il se fait tard; le roy est en peine de ne sçavoir point de vos nouvelles : formés un dessein. » Il me dit : « Vous en parlés bien a vostre ayse ; sy vous teniés la queue de la poile comme moy, vous seriés aussy en peine que moy. »

Je vis bien lors qu'il luy falloit adjouter de nouveaux conseillers : c'est pourquoy je luy dis : « Monsieur, puis que vous estes en cette apprehension, faites part aux ministres de cette affaire et les rendés participans de ce que vous executerés. Aussy bien sy vous le faites sans eux, ils vous en blasmeront quoy qu'il en reussisse. » Je luy fis plaisir de luy avoir ouvert cette porte; et les envoya (1) aussy tost convoquer cheux monsieur le chancelier. M. de Chomberg dit que M. le cardinal de Rets (2) estoit malade et qu'il ne s'y pourroit trouver; je dis lors : « Monsieur, sy vous voulés, je luy en iray parler et vous porteray son (3) opinion cheux monsieur le chancelier. Je feray encor mieux : j'iray, chemin faisant, passer cheux monsieur le grand prieur prendre congé de luy, et verray sa contenance. »

Il le trouva fort bon. Ainsy j'allay cheux monsieur

---

(1) Il y avait aux précédentes éditions : *envoyai*.

(2) Henri de Gondi, second fils d'Albert de Gondi, baron, puis duc de Retz, et de Claude-Catherine de Clermont, baronne de Retz, né en 1572, évêque de Paris en 1598, cardinal en 1618, était alors chef du conseil. Il mourut le 13 août 1622.

(3) Aux précédentes éditions il y avait : *mon*.

le grand prieur que je trouvay avec le comte de Saint Aignan et le chevalier de l'Espinay. Je pris congé d'eux, et en embrassant ledit chevalier je luy dis : « Moy d'un costé et vous de l'autre, n'est ce pas? Y a il rien de changé? » Il me dit : « Tout est prest a partir a onse heures du soir. » J'allay de là cheux le cardinal : je luy parlay de la part de Mr de Luynes ; mais je le trouvay aussy irresolu que luy et vis bien qu'il ne vouloit pas charger ses espaules d'un genereux avis duquel puis apres on luy peut faire reproche.

Je m'en revins cheux monsieur le chancelier et trouvay que M^r le president Jannin avoit par de fortes raysons persuadé de les laisser aller sans leur rien dire ny empescher leur dessein, disant que M^r le Comte ny madame la Comtesse n'apportoint que de la fumée et ostentation (1) au party de la reine et nul avantage ou proffit; et qu'estans mal intentionnés au service du roy, il estoit a desirer qu'ils s'en allassent de Paris d'ou le roy quasy ne se pourroit eslongner, s'ils y estoint; que tous ces princes se nuiroint l'un l'autre (2), que l'on en pourroit retirer par apres quy l'on voudroit, et que ce seroit comme des moutons, qu'apres que l'un auroit franchy le saut, les autres y courroint en foule. Ainsy il fut resolu, et les chevaux legers renvoyés.

Mr de Luynes me pria de voir leur partement et de l'en avertir a l'heure mesme affin de le mander au roy. Je luy demanday un de ses gens qu'il me donna,

---

(1) Il y avait aux précédentes éditions : *offuscation*.
(2) Il y avait : *s'en iroient l'un après l'autre*.

nommé Destois, et comme ledit chevalier m'avoit dit, ils partirent un peu apres onse heures et se rendirent a la porte Saint Jacques d'ou je renvoyay a M' de Luynes ledit Destois et luy manday que je serois a luy a l'ouverture du Louvre le lendemain matin qu'il partit pour aller trouver le roy a Madrid et le rammena a Paris ou je pris le soir congé de luy pour aller trouver son armée de Champaigne et partis (juillet) le mercredy premier jour de juillet, et vins coucher a Chasteau Thierri.

Sardini (1) y passa la nuit, quy alloit faire haster Mr de Boullon de se desclairer.

On m'y envoya un avis que Loppes, lieutenant de la compagnie de chevaux legers de monsieur le grand prieur, m'attendoit pour me prendre prisonnier et m'emmener a Sdan. Mais cet avis fut faux, et estant arrivé a Chalons j'envoyay querir ledit Loppes quy avoit sa maison a trois lieues de là, et je luy trouvay sa foy entiere : aussy luy asseuray je de la part du roy de luy donner en chef la compagnie dont il estoit lieutenant.

Il m'ammena avec trente maitres le vendredy 3me de bon matin a Vittry ou estoit le regiment de Champaigne en garnison a deux compagnies près.

J'y demeuray le samedy 4me pour voir en bataille ledit regiment et en sçavoir la force et le nombre. Puis

---

(1) Sardini, Lucquois d'origine, était dévoué à la reine-mère, et d'un autre côté il devait être parent du duc de Bouillon, si du moins il descendait de ce Scipion Sardini, qui épousa, du temps de Catherine de Médicis, Isabelle de la Tour, demoiselle de Limeuil.

apres avoir fait une despesche aux trouppes quy estoint vers le Bassigny (1) et avoir sondé la volonté des officiers dudit regiment, que je trouvay bonne, hormis d'un des capitaines nommé Plaisance de quy le fils avoit assisté au desarmement du peuple a Mets(2), duquel on me donna soubçon, comme aussy du lieutenant collonel Pigeolet quy pour lors etoit absent aux eaux, et du sergent major la Faye, j'en partis le dimanche 5me et vins coucher a Sainte Menehou, et le lendemain lundy 6me je vins a Verdun.

Les capitaines quy y estoint en garnison vindrent au devant de moy, et messieurs de la ville quy avoint preparé mon logis cheux monsieur le doyen me vindrent saluer, et le chapitre en suitte. Je trouvay les regimens de Picardie et celuy de Vaubecourt, ce dernier assés complet sur la nouvelle de ma venue, et l'autre quy n'avoit pas le tiers de ses hommes parce que le regiment de Marcoussan (3) quy s'en estoit peu devant allé en Allemaigne (4) en avoit desbauché

---

(1) Pays du gouvernement de Champagne, aujourd'hui compris dans le département de la Haute-Marne; Chaumont en était le chef-lieu.

(2) L'année précédente, pendant l'entreprise du duc d'Épernon, les habitants de Metz avaient formé un complot pour livrer la ville au roi. Le marquis de la Valette, qui y commandait pour son père, en eut avis, et désarma les habitants.

(3) Il faut plutôt, ce semble, lire Marcoussay. M. de Marcossey était un seigneur lorrain, et l'Union des princes catholiques avait fait en Lorraine et dans les pays environnants de nombreuses levées pour le service de l'Empereur.

(4) La guerre de Trente ans venait de commencer en Allemagne : le gouvernement de la France était encore neutre, quoique plutôt favorable à la maison d'Autriche, et pouvait fermer les yeux sur les enrôlements à l'étranger.

une partie et l'autre s'estoit jettée avec Mʳ de la Vallette (1) dans Mets. Des Fourneaux (2) frere de Descures, mareschal des logis de l'armée, se trouva là aussy, quy servit tres bien en ce voyage, et en fus fort assisté.

Le mardy 7me comme je disnois avec Mʳ de Vaubecourt et plusieurs autres, m'arriva un courrier du roy quy m'apporta nouvelles comme le roy estoit party de Paris (3) pour aller en diligence a Rouan sauver la ville que Mʳ de Longueville, quy s'estoit jetté du party de la reine (4), taschoit de faire revolter. Sa Majesté me mandoit que je fisse en diligence assembler son armée a Sainte Menehou et que de là je la fisse marcher droit a Montereau ou j'aurois de ses nouvelles et plus tost encores, et qu'il estoit extremement pressé d'avoir promptement l'armée que je luy menois ; que je laissasse en Champaigne le regiment de Vaubecourt aux lieux ou je jugerois en estre le plus de besoin.

En ce mesme temps Mʳ de Fresnel (5) gouverneur

---

(1) Bernard de Nogaret, marquis, puis duc de la Valette, second fils de Jean-Louis de Nogaret de la Valette, duc d'Épernon, et de Marguerite de Foix, comtesse de Candale, devint duc d'Épernon après la mort de son père, arrivée en 1642. Né en 1592, il mourut le 25 juillet 1652.

(2) Hélie Fougeu, seigneur des Fourneaux.

(3) Le roi n'était parti que ce même jour 7 juillet ; mais la résolution de son départ avait été prise dans un conseil tenu le 4 juillet.

(4) Le duc de Luynes avait donné au duc de Longueville le gouvernement de Normandie en échange de celui de Picardie qu'il avait pris pour lui-même.

(5) Jean-Philippe, seigneur de Fresnel ou Franel, fils de Lucion, seigneur de Fresnel, et d'Adriane de Grammont, bailli et gou-

de Clermont(1) arriva, dont je fus bien ayse, m'asseurant qu'il m'ayderoit et de conseil et de soldats pour remplir mes trouppes quy estoint tellement desperies, et d'heure en heure j'avois nouvelles de toutes parts comme la pluspart des officiers quittoint le service du roy pour aller a Mets, emmenans les soldats avec eux. Je me trouvay fort en peine : neammoins aussy tost apres disner je m'enfermay avesques Vaubecourt, Fresnel, et des Fourneaux, ou je voulus voir quelles forces je pouvois ammener au roy, en quel temps je les pourrois rendre pres de luy, et quelle routte je tiendrois, ensemble quel ordre je laisserois dans la province en partant. Ces messieurs quy avoint connoissance plus parfaitte que moy de cette frontiere, me dirent que je n'en pourrois pas tirer deux mille hommes, laissant le regiment de Vaubecourt, et que les plus fortes compagnies n'estoint pas de vingt cinq hommes, lesquelles neammoins avoint leurs magasins complets et garnis ; et que pourveu qu'ils eussent des gens, ils avoint de quoy les armer. Je priay lors le sieur de Vaubecourt qu'il aydat le regiment de Picardie de quatre cens soldats, ce qu'il pouvoit faire sans s'incommoder, veu que de la terre de Beaulieu il en pourroit recouvrer tant qu'il voudroit pour les remplacer ; ce qu'il me promit de faire pourveu que je luy baillasse un escu pour soldat pour en enroler d'autres : et moy bien ayse de ce bon commencement je luy

---

verneur de Clermont, était aussi capitaine des gardes du duc de Lorraine. Il mourut en 1635.

(1) Clermont-en-Argonne, chef-lieu de canton de l'arrondissement de Verdun.

donnay en mesme temps quatre cens escus. Mʳ de Fresnel me dit lors qu'il m'en pourroit fournir quasy autant des terres de Clermont, et je luy donnay autres quatre cens escus. J'envoyay en mesme temps querir messieurs de la ville ausquels je priay de me trouver le plus de soldats qu'ils pourroint en ce besoin, a un escu pour soldat : ils m'en fournirent quelque six vingts (1), et ainsy je remplis le regiment de Picardie en un instant. J'escrivis en mesme temps au bailly de Bar et luy envoyay de l'argent : il estoit mon amy et s'appelloit Couvonges (2), lequel fournit pres de trois cens soldats au regiment de Champaigne. Ils s'ayderent aussy a Vittry, Saint Disier, et ailleurs, et en trouverent. Ils envoyerent a la vallée d'Aillan (3) six sergens quy leur ammenerent trois cens soldats. J'envoyay a Troyes, Chalons, Reims et Sens pour faire en diligence amas de soldats pour nos trouppes et leur donnay l'allarme chaude de la necessité ou estoit le roy. Ainsy nous grossimes, en marchant, insensiblement nostre infanterie de telle sorte que je presentay au roy pres de la Fleche (4) huit mille hommes de pied en rang.

---

(1) Les précédentes éditions portaient : *six cents*.

(2) Antoine de Stainville, seigneur de Couvonges, fils de Charles de Stainville, seigneur de Couvonges, et de Françoise du Châtelet, bailli de Bar, était aussi capitaine des chevau-légers du duc de Lorraine et premier gentilhomme de sa chambre. C'est le même dont il est parlé t. I, p. 146, et t. II, p. 16.

(3) Vitry, dans la Marne ; Saint-Dizier, dans la Haute-Marne ; la vallée d'Aillant, dans l'Yonne.

(4) La Flèche, aux confins du Maine et de l'Anjou. Ce fut là que Bassompierre, à la tête des troupes qu'il avait rassemblées en Champagne et Bourgogne, fit sa jonction avec le roi qui marchait sur Angers après avoir remis la Normandie dans le devoir.

Quant a nostre cavalerie, elle estoit complette de neuf cens bons chevaux.

Apres avoir commencé ce bon ordre pour grossir nos trouppes, je parlay de l'assemblée de l'armée et du temps auquel elle pourroit estre preste, et trouvasmes qu'elle estoit en diverses garnisons sur toute cette frontiere de Champaigne depuis Mouson (1) jusques a Chaumont en Bassigny, et que sy je luy donnois rendés vous a Sainte Menehou selon l'ordre que j'en avois du roy, qu'elle n'y pourroit estre toute assemblée en douse ou quinse jours, quy seroit une perte de temps grandement importante au service du roy : et ayant veu et consideré la carte, il me vint en pensée de faire mon rendés vous general a Montereau, et d'y faire acheminer les trouppes par trois divers chemins, assavoir : celles quy estoint vers Mouson, Donchery (2), et autres lieux de cette frontiere, les faire passer au dessus de Reims, et de là par dessous le Monaymé (3) a Sesanne, Barbonne, Villenosse, et Provins, a Montereau; celles de Vittry, Saint Disier, Ligny (4), et

---

(1) Mouzon, sur la rive droite de la Meuse, aujourd'hui chef-lieu de canton de l'arrondissement de Sedan, département des Ardennes, était compris dans le gouvernement de Champagne, ainsi que Chaumont; mais ces deux villes sont fort éloignées l'une de l'autre.

(2) Donchery, sur la rive droite de la Meuse, arrondissement et canton de Sedan.

(3) Sans doute le Montarmé, qui domine Montmort, sur la route de Reims à Provins par Épernay et Sezanne.

(4) Ligny, chef-lieu de canton de l'arrondissement de Bar-le-Duc, département de la Meuse. Situé sur la rive gauche de l'Ornain, Ligny faisait partie du Barrois mouvant.

autres de ce quartier là, les mener par [Poivre et] (1) Fere Champenoise a Provins, et de là a Montereau ; et quant aux garnisons de Bassigny, les faire venir par [Saint Fal] (2), Troyes, Nogent, Bray, Pont (3), et Montereau.

Apres avoir resolu mes routtes je resolus mes traittes que je fis plus grandes qu'a l'ordinaire, de neuf et dix lieues par journées : et pour cet effet je donnay ordre qu'apres que chasque regiment auroit fait cinq lieues, il trouveroit proche de quelque riviere ou ruisseau un charriot de vin et un de pain pour resfraischir les soldats, et se reposer depuis neuf heures du matin qu'ils pouvoint estre arrivés audit lieu, partant a trois heures ou quatre ; il pourroit sejourner jusques a trois heures apres midy et esviter de marcher par le grand chaud ; et que de là il marcheroit jusques a sept ou huit heures ; et ils trouveroint que la chair auroit desja esté tuée au village ou ils arriveroint, dont je payois la moitié, et le village l'autre. Par ce moyen le soldat se voyant quasy deffrayé, et considerant le soin que j'avois de faire que rien ne leur manquat, ils marcherent a grandes traittes sans murmurer jusques a Mon-

---

(1) Inédit. — Poivre, village du canton de Ramerupt, arrondissement d'Arcis-sur-Aube, département de l'Aube. — Fère-Champenoise, chef-lieu de canton de l'arrondissement d'Épernay, département de la Marne.

(2) Inédit. — Saint-Phal, village du canton d'Ervy, arrondissement de Troyes.

(3) Bray-sur-Seine, chef-lieu de canton de l'arrondissement de Provins, département de Seine-et-Marne. — Pont-sur-Yonne, chef-lieu de canton de l'arrondissement de Sens, département de l'Yonne.

tereau. Et pour donner ordre a toutes ces choses, outre douse ou quatorse hommes que Vaubecourt me donna pour faire ces courvées, quelques uns des miens et trois de Mr de Fresnel, comme aussy quattre ou cinq que ceux de Verdun me fournirent, les provosts et archers (1) des regimens y suppleerent.

J'avois en suitte une lettre de creance du roy sur moy a Son Altesse de Lorraine en cas que quelque occasion me portat de l'aller trouver pendant mon sejour par delà, de laquelle je me voulus servir pour empescher les levées quy se faisoint pour Mr de la Vallette ouvertement dans ses païs et par ses vassaux. Je despeschay a cette fin le sieur de Cominges vers luy avesques la lettre du roy et la mienne, pour le prier de la part du roy d'empescher lesdits gentilshommes ses vassaux de faire lesdites levées, s'il ne vouloit rompre la paix quy estoit entre la France et la Lorraine; que la neutralité quy permet a ses sujets d'aller servir les divers princes s'estendoit seulement entre France et Espaigne lors qu'il y auroit guerre entre les deux rois, qu'ils pourroint aller sous lequel ils voudroint indifferemment, mais non avesques les sujets rebelles de l'une ou de l'autre couronne sans rompre ouvertement avec eux; et que s'ils vouloint dire que les privileges de l'ancienne chevalerie leur permettoint d'aller impunement contre le roy, et puis se retirer puis apres en Lorraine pour esviter le juste chastiment de l'offense faite a un tel roy, que le roy en demanderoit rayson a Son Altesse, et que sy Elle res-

---

(1) Les archers accompagnaient les prévôts et leur prêtaient main-forte.

pondoit qu'il (1) ne la pouvoit faire attendu leurs privileges, qu'il (2) asseurat Sa dite Altesse que le roy y porvoyeroit et envoyeroit dans la Lorraine forces bastantes pour les chastier. Ce fut en substance ce que j'escrivis a Son Altesse ou que je donnay en instruction au sieur de Comminges de luy faire entendre de la part du roy.

J'employay en suitte tout le reste de la journée, et la suivante mercredy 8me, a faire mes despesches a tous les divers corps et leur envoyer leurs routtes, a establir les diverses personnes pour preparer jusques a Montereau cette espece d'estapes qu'a mes despens je faisois faire a l'infanterie, et a envoyer de tous costés pour avoir des hommes de recreue.

Je tiray aussy quelques soubçonnés mis en prison avant ma venue, et y laissay ceux que je vis apparemment meriter d'y estre retenus, et partis de Verdun le lendemain jeudy 9me pour aller disner a Clermont en Argonne cheux Mr de Fresnel, lequel me livra trois cens quarante hommes qu'il avoit levés auparavant dans son bailliage, que je departis dans les compagnies du regiment de Picardie. M^r l'evesque de Verdun (3) arriva en mesme temps que moy audit Clermont d'ou je partis apres disner pour aller coucher a Sainte Menehou.

Le vendredy 10me je vins a Vittry ou je trouvay mon

---

(1) *Il*, c'est-à-dire le duc de Lorraine lui-même.
(2) *Il*, Cominges.
(3) L'évêque de Verdun était alors Charles de Lorraine-Chaligny.

frere (1), le comte de Brionne (2), et plusieurs autres gentilshommes lorrains quy m'y estoint venus attendre pour me voir en passant.

Le samedy 11ᵐᵉ fut par moy employé a diverses despesches et particulierement a renvoyer un courrier quy le jour mesme m'estoit arrivé de la part du roy, par lequel il me mandoit de pourvoir a toutes les charges de ceux quy s'estoint retirés avesques la reine ou avec Mʳ d'Espernon, me promettant que quelque traitté de paix qu'il fit, jammais il ne restabliroit ceux quy l'avoint abandonné en cette occasion, et qu'il confirmeroit ceux que j'y aurois establis. J'avois bien moyen de faire des creatures et de donner forces charges, y en ayant pres de quattre vingt a pourvoir de capitaines, lieutenans, enseignes, sergens majors, aydes ou provosts des bandes : mais ma modestie m'empescha de recevoir cette grace du roy, auquel je manday que je mettrois en charge ceux qu'il plairoit

---

(1) Georges-African de Bassompierre, seigneur de Removille, devenu grand écuyer de Lorraine par lettres du 28 juin 1617, gouverneur et bailli de Vosges par lettres du 3 août 1618.

(2) Henri de Lorraine, second fils de Charles de Lorraine, duc d'Elbeuf, et de Marguerite Chabot, comtesse de Charny, d'abord comte de Brionne, et surnommé *Cadet-la-Perle*, devint

> Cet homme gros et court,
> Si fameux dans l'histoire,
> Ce grand comte d'Harcourt,
> Tout rayonnant de gloire,
> Qui secourut Casal et qui reprit Turin.

Né le 20 mars 1601, il mourut le 25 juillet 1666.

Les anciennes éditions portaient : *mon frère le comte de Bironne.*

au roy de m'envoyer; que plusieurs lieutenans meritoint les charges de leurs capitaines absens, plusieurs enseignes celles des lieutenans, dont je luy envoyay le roosle et mon avis quand et quand, et demanday seulement une compagnie pour le sieur de Lambert, qu'il m'accorda.

J'eus un courrier de Mr de Guyse sur les cinq heures du soir, par lequel il me donnoit avis que monsieur le cardinal son frere (1) avoit quitté le service du roy et s'en alloit en Champaigne pour y brouiller les cartes; a quoy il me prioit de pourvoir, et principalement a Saint Disier. Je fis passer en mesme temps le courrier a Saint Disier et donnay le mesme avis au sieur de Besme quy trois heures avant avoit esté me voir. J'advertis aussy le sieur Courtois cornette de la compagnie de chevaux legers de Mr de Guyse, quy estoit en garnison a Saint Disier : puis sur les six heures je m'en vins avesques cette noblesse cheux madame de Frenicourt quy estoit lors a Vittry.

Je n'y fus pas entré que le sieur de Villedonay (2) capitaine au regiment de Piemont arriva en poste, quy me dit avoir a me parler en particulier. Je le menay au jardin prochain, et lors il me dit que M^r le cardinal de Guyse me faisoit ses recommandations et me prioit de luy donner a soupper; qu'il avoit quitté le service

---

(1) Louis de Lorraine, archevêque duc de Reims, avait été mis au nombre des cardinaux le 21 décembre 1615. Voir sur lui la note 1, t. I, p. 298.

(2) François de la Grange, seigneur de Villedonné, fils ainé de Charles-Étienne de la Grange, seigneur de Villedonné, et d'Isabelle de la Chasque, était neveu du maréchal de Montigny.

du roy et s'en venoit en cette province servir a l'avancement des affaires de la reine sa mere ainsy qu'il me diroit tantost, et que la grande traitte qu'il avoit faite me contraindroit de l'attendre un peu tard a soupper. Je me trouvay bien estonné d'ouir parler cet homme sy franchement d'une telle chose et a un homme quy representoit la personne du roy et quy commandoit son armée : je le fus aussy de voir comme monsieur le cardinal se venoit jetter en nos mains pour s'y faire prendre, selon ce que je devois au service du roy. Neammoins je n'avois aucune charge du roy de le faire; c'estoit un homme a quy j'estois fort serviteur et de toute sa maison; je considerois sa qualité de prince et de cardinal, et que je pouvois faillir en le prenant comme en ne le prenant pas : en fin Dieu m'inspira de faire cette response a Villedonné : « Monsieur, je crois que vous vous moqués de me dire que monsieur le cardinal vienne icy ; car je sçay asseurement qu'il est en Normandie dont le roy luy a donné le gouvernement (1). Il est trop advisé pour avoir quitté son service, et quand Dieu l'auroit abandonné jusques là qu'il l'eut fait, il est encore trop advisé pour se venir jetter dans une ville de l'obeissance du roy ou il y a un fort regiment en garnison, ou je suis de sa part commandant son armée, pour s'y faire prendre prisonnier. C'est pourquoy [je vous dis que] (2) je ne crois point ce que vous me dittes, et que vous m'avés voulu donner cette nouvelle pour m'allarmer : mais je

---

(1) Le duc de Longueville avait été suspendu de sa charge de gouverneur de Normandie.
(2) Inédit.

la reçois comme vous me la donnés. » C'estoit assés luy dire, s'il l'eut sceu entendre : mais luy au contraire se mit a jurer qu'il me disoit la pure verité, et que dans trois heures il seroit a moy ; qu'il l'avoit devancé pour estre mieux monté, affin que je l'attendisse a souper. Je luy dis que je ne le croyois point, et qu'il trouveroit un mauvais souper s'il y venoit, et qu'il estoit trop avisé pour le faire ; mais que je le croyois en Normandie et aussy bon serviteur du roy que luy estoit un medisant. Je luy dis de plus : « Sçavés vous bien que vous parlés a celuy que s'il croyoit ce que vous dittes, seroit obligé de vous envoyer en prison ou vous courriés grande fortune, estant capitaine aux vieux regimens comme vous estes? » Lors il se mit a jurer plus que devant qu'il me disoit la verité et que dans deux heures je le verrois. Allors je luy dis : « Monsieur de Villedonay, je ne crois pas que cela soit ; mais sy par fortune il estoit, vous feriés bien, et vous et luy, de ne vous trouver pas en lieu ou j'aye puissance : car je vous mettrois l'un et l'autre en lieu d'ou je pourrois respondre de vous. » Allors me voyant fasché il s'en alla, et je creus qu'il estoit allé advertir M^r le cardinal de Guyse de ma response : mais au contraire il s'en alla a Saint Disier pratiquer le Besme et la compagnie de chevaux legers de Mr de Guyse, quy de bonne fortune ayans esté prevenus par mes amis se sceurent bien garder de luy.

Au sortir de cheux madame de Frenicourt, comme je m'en allois souper avesques toute cette grande compagnie, [le lieutenant coronel de Champaigne] (1) Pi-

---

(1) Inédit.

geolet arriva, quy me vint saluer, et luy ayant dit qu'il vint soupper avesques moy, s'en estoit excusé me disant qu'il estoit malade, ce que des capitaines dudit regiment me firent remarquer et me dirent qu'il estoit du party de M^r d'Espernon.

Apres souper je me retiray pour escrire au roy et a la court, comme un des habitans me vint dire que M^r le cardinal de Guyse seroit a l'heure mesme en mon logis pour y venir souper, qu'il me le mandoit, et qu'un des eschevins estoit allé querir les clefs pour luy ouvrir la porte. Or estoit il que le soir de devant que j'arrivay, ceux de la ville m'estoint venus porter les clefs a mon logis, et que n'ayant qu'a y demeurer un jour ou deux, je leur avois dit qu'ils les gardassent, qu'elles estoint en bonne main, et les leur fis rendre. Allors je m'apperceus de la faute que j'avois faite, et en mesme temps prins ce que j'avois de gentilshommes, dix Suisses, et le corps de garde quy estoit devant mon logis; j'envoyay un nommé Baulac (1) lieutenant de Cominges (2) mettre sa compagnie en armes et la faire promptement marcher a la place, ou je courus, resolu de charger furieusement tout ce que je trouverois assemblé, comme je croyois estre trahy : mais je ne trouvay personne.

Je me ressouvins lors du lieutenant colonel, devant le logis duquel je passay, lequel je pense, sy je l'eusse trouvé sur pié, que je luy eusse fait mauvais party : . mais je le trouvay au lit et mesmes sans chandelle a

---

(1) N. de Cassagnet, seigneur de Baulac.
(2) Cominges était capitaine au régiment de Champagne.

sa chambre, ce quy me donna bonne esperance. Il vit bien que j'estois esmeu, et que par deffiance j'estois entré cheux luy; il me dit : « Monsieur, le soubçon que vous avés que je suis fort serviteur de Mʳ d'Espernon est veritable; mais ma foy est entiere : je suis serviteur du roy, né son sujet : j'y ay le serment auquel je ne manqueray jammais : je suis homme de bien, fiés vous en moy. » Allors je l'embrassay et luy dis que je luy fierois ma propre vie sur la parolle qu'il me donnoit, puis luy dis qu'il demeurat à la place avec la compagnie de Cominges et qu'il envoyat tenir prestes les autres, chascune en leur quartier; car je me deffiois des habitans dont une partie sont huguenots et a la devotion de Mʳ de Boullon, les autres sont catholiques et ligueurs pour la vie. Puis j'allay en diligence a la porte et rencontray par le chemin l'eschevin [avesques les clefs] (1), quy alloit ouvrir a monsieur le cardinal. Je l'arrestay et luy demanday par quel ordre il alloit ouvrir la porte. Luy, estonné, me demanda pardon, et moy je luy dis que je le ferois pendre dans une heure. Je le fis suyvre, mené par mes Suisses, et arrivé que je fus [a la porte] (2) je trouvay que c'estoit Plaisance, celuy seul du regiment dont j'avois soubçon, quy la gardoit avec sa compagnie, et que quantité d'habitans estoint sur les remparts, quy disoint a Mʳ le cardinal de Guyse, lequel estoit sur le pont, que l'eschevin seroit là a l'heure mesme pour luy ouvrir. Je fis d'abbord escarter ces habitans, et

---

(1) Inédit.
(2) Inédit.

m'estant mis en colere contre Plaisance de l'estat ou j'avois trouvé sa garde, des habitans qu'il souffroit sur le rempart apres la garde posée, et de ne m'avoir envoyé dire que M^r le cardinal de Guyse fut a la porte, et qu'il l'eut laissé entrer, et ouvrir la porte, sy je n'y usse venu, je le menaçay de luy faire desplaisir, et luy s'excusa assés mal. Je fis monter les soldats de la garde quy estoit devant mon logis, sur le rempart, et fis dire par le sieur des Estans que ceux quy estoint sur le pont eussent a se retirer, ou que l'on tireroit sus eux. Monsieur le cardinal allors dit : « Je vous prie que l'on face dire a Mr de Bassompierre que c'est le cardinal de Guyse quy est a la porte. » J'estois derriere Des Estans quy luy respondit par mon ordre : « Mr de Bassompierre est couché ; on ne parle point a luy : retirés vous, et promptement. » Il ne se le fit pas dire deux fois et deslogea.

La compagnie de Plaisance n'estoit pas lors de plus de quinse hommes parce que son fils avoit emmené le reste a Mets pour Mr de la Vallette : je laissay vingt soldats quy faisoint garde devant mon logis avesques le capitaine du Pont (1) pour les commander, lequel estoit plus ancien que Plaisance, et fis semblant de vouloir renforcer la garde de la porte pour luy en oster la puissance et en estre asseuré. Tous ces messieurs qui m'estoint venus voir arriverent en file a moy, de sorte que j'avois plus de soissante hommes a ma suitte pour aller ou le besoin seroit. Je m'en revins

---

(1) Jean du Pont, gentilhomme du Vivarais, capitaine au régiment de Champagne, s'était déjà signalé à la guerre.

a la place et vis que Pigeolet avoit mis là et en tout le reste de la ville un tres bon ordre : aussy estoit ce un brave et entendu capitaine, et tres homme de bien.

J'emmenay l'eschevin en mon logis, lequel pensoit que le lendemain matin quy estoit le dimanche 12me je le ferois pendre : mais a la priere que ceux de la ville m'en firent, je leur rendis apres leur avoit fait quelque reprimande.

Je fis le mesme jour prendre la route de Montereau au regiment de Champaigne, et je demeuray encores ce jour là a Vittry, tant pour achever mes despesches et departemens que pour jouir de la compagnie de cette noblesse quy m'estoit venue voir.

J'en partis le lendemain lundy 13me et vins coucher a Poivre ou un gentilhomme huguenot nommé Despence me vint voir. Il souppa avesques moy, et apres soupper, l'ayant mené au jardin du gentilhomme ou j'estois logé, il me demanda s'il me pouvoit parler en seureté. Je luy dis que ouy et qu'il me parlat librement. Il me dit qu'il estoit party de Sdan le jour d'apres que je partis de Sainte Menehou, envoyé par Mr de Boullon pour me parler, lequel avoit sceu l'ordre que j'avois pris pour faire marcher l'armée en extreme diligence, et le soin que j'avois de la renforcer d'hommes, ce qu'il avoit extremement approuvé et loué, disant beaucoup de bien de moy; mais qu'il s'estonnoit grandement pourquoy je faisois toutes ces diligences, et quelle animosité me portoit contre la reine mere, quelle obligation sy forte j'avois a Mrs de Luynes, et qu'il ne s'agissoit pas maintenant d'attaquer le roy ou l'estat, mais de sçavoir sy l'un et l'autre seroit gouverné par celle quy avoit sy bien regy le reaume pendant la minorité du roy ou par trois marauds quy avoint empieté l'auctorité avesques la personne du roy; qu'il louoit ma resolution de me tenir toujours au gros de l'arbre, de suyvre non le meilleur et plus juste party, mais celuy ou la personne du roy estoit et ou il y a le sceau et la cire, mais que de s'y porter avesques tant de vehemence, outrepasser les ordres du roy pour diligenter davantage, employer son bien aussy profusement que je faisois pour des gens ingrats a la reine leur premiere bienfaictrice et en suitte a leurs amis (1), et en se hastant sans commandement ny ordre ruiner le party de la reine femme du feu roy quy m'a tant aymé, pour se faire marcher sur la teste puis apres par ces trois potirons venus en une nuit quy puis apres me mespriseront et ruineront, pour avoir mon merite et ma vertu suspecte, qu'il n'y voyoit aucune apparence ny rayson, et que sy je voulois retarder mon arrivée de trois semaines aupres de la personne du roy avesques l'armée que je conduisois, ce que je pouvois faire suyvant mesmes les ordres que j'avois du roy; sy je me voulois contenter d'ammener ce que je trouvois de trouppes en estre, sans m'amuser a en lever partout a mes despens pour les renforcer, et finalement ne montrer point cet exces d'ardeur et d'animosité au party contraire, on ne me demandoit point que je le servisse ny que je fisse rien contre mon honneur et devoir, Mr de Boullon me seroit caution de cent mille escus que l'on me feroit tenir ou je voudrois, sans que jammais personne autre que nous trois

---

(1) Aux précédentes éditions il y avait : *armes*.

en sceut rien, et qu'il avoit charge de me le promettre et de s'y obliger de sa part. Je luy respondis que je n'avois garde de me fier en sa parolle, puis qu'il m'avoit demandé seureté pour me parler franchement et qu'il m'avoit parlé seductoirement ; que je ne pensois pas que Mr de Boullon me connut sy peu que de croire que le bien ou quelque avantage que ce fut peut me faire manquer a mon devoir et a mon honneur ; que ce n'est point animosité mais ardeur et desir de bien servir mon roy quy me porte a ces soins et diligence extreordinaires; qu'apres Sa Majesté je suis plus passionné serviteur de la reine que [de] (1) personne du monde, mais qu'ou il y va du service du roy je ne connois point la reine; que je voudrois pouvoir courir et voler pour estre plus promptement ou son service m'appelle, et que mon bien fut despendu (2) pourveu que ses affaires fussent en bon estat ; que s'il n'avoit fait preceder l'asseurance de me [pouvoir] (3) parler devant son discours, que je l'aurois arresté et envoyé a Chalons, mais que la parolle que je luy avois donnée m'en empeschoit ; et sur ce le quittay, et je ne le revis point le lendemain avant mon partement : aussy fut il a la pointe du jour parce que Mr de Guyse m'envoya un courrier pour me prier de le vouloir voir le lendemain mardy 14me a Chalons ou il passoit, et qu'il avoit plusieurs choses a me dire.

J'y allay disner avesques luy, et il me donna une lettre du roy par laquelle il me commandoit de laisser

---

(1) Inédit.
(2) Dépensé.
(3) Inédit.

aller la compagnie de chevaux legers dudit seigneur avesques luy comme aussy celle de Mr le prince de Jainville son frere pour l'escorter jusques a Moulins, ce que je fis.

Je sceus par luy comme Rouan s'estoit sauvé par la diligence que le roy avoit faite d'y aller (1), et que Mr de Longueville en estoit sorty et s'estoit retiré a Dieppes ou peut estre le roy yroit l'assieger, ou bien Caen. J'eus audit lieu de Chalons un courrier du roy qui me donna le mesme avis, et me commanda de casser les compagnies de chevaux legers de Mr de Nemours et celle du mestre de camp de ladite cavalerie le comte de Saint Aignan (2), et ayant pris congé de Mr de Guyse j'allay coucher a Fere Champenoise.

Le mercredy 15${me}$ je cassay la compagnie de la mestre de camp des chevaux legers selon l'ordre que j'en avois du roy et m'en vins coucher a Villenosse.

Le jeudy 16${me}$ je vins disner a Provins et coucher a Montereau-faut-Yonne.

Je sejournay a Montereau le vendredy, samedy et dimanche suivant pour recevoir toutes les trouppes, les faire passer la riviere (3) et les loger de deça, comme aussy pour faire mes despesches au roy et y

---

(1) Le roi était entré à Rouen le 10 juillet : le duc de Longueville en était parti le 7.

(2) C'est-à-dire deux compagnies seulement, celle du duc de Nemours, et celle de M. de Saint-Aignan, alors mestre de camp de la cavalerie légère. Le mestre de camp, qui commandait toute la cavalerie, avait en outre une compagnie particulière que l'on appelait communément *la mestre de camp*.

(3) La Seine, grossie de l'Yonne.

recevoir plusieurs recreues quy me venoint de tous costés.

En fin j'en partis le lundy 20ᵐᵉ et ordonnay le logement de l'armée a Milly (1) et aux environs pour aller le lendemain loger a Estampes : et moy cependant je m'en allay en diligence a Paris, y estant mandé de la reine et de monsieur le chancelier pour diverses affaires, et moy y allant pour faire faire l'adjudication des vivres et pour les bien establir sur ma routte, que par un courrier quy le soir auparavant m'estoit venu du roy j'avois apprise et reglée. Sa Majesté me manda le succes de ses affaires quy estoit la reddition de la ville de Caen (2) apres avoir precedemment empesché Mʳ de Longueville de se rendre maitre de Rouan, et qu'il traittoit avec celuy quy tenoit le chasteau, que monsieur le grand prieur y avoit establi, nommé Prudent, avec esperance de conclusion au contentement de Sa Majesté quy m'envoyoit plein pouvoir de mettre en la place des capitaines rebelles de ses vieux regimens les lieutenans que je jugerois en estre dignes, ausquels il envoyeroit sur mon certificat les commissions ; de mettre aussy a la place desdits lieutenans promeus, et des autres quy estoint deserteurs, ceux que je jugerois y pouvoir capablement servir : et quant au surplus des capitaines, dont les lieutenans ne seroint a mon jugement capables de monter a leur place, il donnoit une compagnie a Lambert, et je luy envoyerois l'estat des autres pour y pourvoir, m'asseurant

---

(1) Milly, chef-lieu de canton de l'arrondissement d'Étampes, département de Seine-et-Oise.
(2) Le roi était entré dans la ville de Caen le 15 juillet.

que sy je desirois encores quelque autre compagnie pour un des miens, qu'elle luy seroit donnée par preference; que pour le surplus il avoit destiné l'armée que je luy menois pour se venir promptement joindre a luy, et qu'il prendroit sa routte devers Alançon s'il venoit a bout du chasteau de Caen. Il ne sçavoit pas encores que je fusse sy pres de luy et ne croyoit pas que de quinse jours son armée que je commandois deut estre a Montereau.

Je vins donc trouver la reine a Paris, que je trouvay parmy les princesses et quy me receut fort bien, me disant qu'elle ne sçavoit sy elle me devoit saluer comme general d'armée ou comme courrier, veu la diligence extreme que j'avois faite. Elle envoya aussy tost querir monsieur le chancelier et messieurs du conseil, pour le tenir, lesquels à peine pouvoint croyre que [le lendemain] (1) l'armée fut a Estampes, ny complette de la sorte que je leur asseurois.

Nous resolumes de l'adjudication de la munition, et que le lendemain on delivreroit aux munitionnaires de l'argent et leur contract; et des le soir mesme ils envoyerent pour faire les pains a Estampes et aux autres lieux quy estoint vers ma routte.

Le conseil desira que j'allasse assieger Dreux; mais sur ce que je leur remontray que le roy n'avoit que ses gardes et ses Suisses avec cinq ou six cens chevaux; que les ennemis estoint plus forts que luy, et s'ils luy tomboint sur les bras ils le mettroint en peine; qu'il faisoit estat de cette armée pour joindre avec celle qu'il avoit et aller chercher et battre ses

---

(1) Inédit.

ennemis partout ou il les rencontreroit; qu'eux deffaits, non seulement Dreux ne tiendroit pas, mais non plus tout le reste du party, et qu'ils avisassent sy quelque retardement que mon armée feroit par l'ordre de la reine ne nuyroit point au roy quy l'attendoit avec impatience. Sur cela ces messieurs se rendirent, et allors je leur proposay de la pouvoir prendre (1) sans retardement en en faisant le semblant seulement; que pour cet effet ils fissent preparer cinq canons pour me suyvre et qu'ils fissent courir le bruit que je l'allois forcer, a quoy je m'estois engagé a la reine ; qu'ils le fissent mesme sçavoir a messieurs de la ville de Paris quy estoint ceux quy pressoint de la faire attaquer, et que sy (2), j'en pouvois venir a bout (au nom de Dieu), sinon que j'aurois toujours pour ma descharge un commandement expres que je feindrois avoir eu du roy de l'aller trouver toutes choses cessantes.

Cela resolu, j'allay donner ordre a toutes mes affaires et visites, et le lendemain mardy 21me j'arrivay a Estampes ou je trouvay l'armée logée aux villages prochains en deça d'Estampes (3).

Ils passerent le mercredy 22me a travers d'Estampes ou je sejournay parce qu'elles (4) ne firent que deux lieues, les plus avancées au delà.

Le jeudy 23me je pris mon logement a Galardon (5) auquel lieu je receus par un courrier du roy une des-

---

(1) Prendre Dreux.
(2) C'est-à-dire : et qu'après tout.
(3) En deçà d'Étampes du côté de Milly.
(4) Les troupes.
(5) Gallardon, canton de Maintenon, arrondissement de Chartres, département d'Eure-et-Loir.

pesche pleine de la satisfaction que Sa Majesté avoit de mon extreme diligence qu'a peine Elle ny Mʳ le Prince avoint peu croyre; que sur cette confiance Elle s'avançoit a Alançon, ayant pris le chasteau de Caen par la capitulation que Prudent avoit faite (1).

J'eus aussy une despesche de la reine par laquelle elle me donnoit avis que la reine mere avoit fait arrester a Angers le comte de Rochefort (2) et que Mʳ de Vandosme le vouloit mener devant le chasteau de Nantes pour le faire rendre, le menaçant en cas de refus de luy faire trancher la teste; que le seul remede pour empescher cet accident estoit de se saysir de madame de Mercure et des enfans de Mʳ de Vandosme, quy estoint a Annet; qu'elle me recommandoit cette affaire tres importante au service du roy et quy satisferoit infiniment madame la comtesse de Rochefort de quy j'estois tant serviteur : monsieur le chancelier m'en escrivit aussy fort pressamment. J'avois alors desja envoyé tous mes ordres pour aller, comme je fis, le lendemain 24me, loger a Nogent le Roy (3), de sorte que je n'y peus pourvoir auparavant.

Comme je fus arrivé (4), quelques habitans de

---

(1) Prudent avait ouvert les portes du château le 17 juillet; le roi y était entré le lendemain.

(2) Louis de Rohan, comte de Rochefort, depuis duc de Montbazon, fils aîné d'Hercule de Rohan, duc de Montbazon, et de Madeleine de Lenoncourt, sa première femme, né le 5 août 1598, mort le 19 février 1667. Il était gouverneur des ville et château de Nantes.

(3) Nogent-le-Roi, chef-lieu de canton de l'arrondissement de Dreux, département d'Eure-et-Loir.

(4) A Nogent-le-Roi.

Dreux me vindrent dire que le cœur des habitans estoit au roy, mais que le chasteau les tenoit forcés de n'oser se descouvrir, ou il estoit entré le jour mesme avesques le sieur de Vismay cinquante bons hommes outre ce que Lescluselles(1) gouverneur y avoit desja : ce Vismay estoit lieutenant des gardes de M{{r}} le comte de Soissons a qui le chasteau et ville de Dreux sont par engagement du roy; et que ledit Vismay avoit dit a ceux de la ville qu'il me viendroit parler sy je luy envoyois un sauf conduit avec un trompette, ce que je pris a bonne augure et qu'ils (2) n'estoint pas fort resolus de tenir, bien qu'ils fissent bonne mine. Je leur (3) dis que je serois le lendemain a la pointe du jour aux fausbourgs de Dreux, et que s'ils me laissoint entrer seulement avec trente personnes, que je leur asseurois de les delivrer du chasteau que j'allois forcer des que mes canons que j'attendois le lendemain seroint arrivés; qu'ils dissent aussy pour response a Vismay que je luy envoyerois le lendemain le sauf conduit qu'il avoit desiré de moy.

J'envoyay aussy en mesme temps l'ordre a trois cens chevaux pour aller investir Annet, affin que sy mon dessein de Dreux ne reussissoit, je ne faillisse pas celui d'Annet.

Je donnay aussy rendés vous pour le lendemain samedy 25me au regiment de Picardie de se trouver

---

(1) N. de Sabrevois, seigneur d'Escluzelles, gentilhomme du pays chartrain. Un Claude de Sabrevois, seigneur d'Escluzelles, était gouverneur de Dreux vers l'an 1540.
(2) Ceux du château.
(3) Aux habitants de la ville.

une heure devant le jour au faubourg de Dreux ou je me rendrois aussy, et au regiment de Champaigne d'aller investir ledit chasteau de Dreux a mesme heure par la campaigne derriere la ville. J'envoyay en mesme temps a la maison de Lescluselles, quy est proche de Dreux (1), prendre sa femme et ses enfans par une compagnie de carabins, lesquels dirent aussy en les prenant avoir ordre de brusler ladite maison et de couper ses arbres, comme aussy que sy ledit Lescluselles ne rendoit le chasteau de Dreux, que l'on feroit mauvais party a sa femme et a ses enfans. Ils trouverent arrivant a ladite maison l'oncle dudit Lescluselles(2), vieux gentilhomme et bien honneste homme, quy estoit venu pour persuader son neveu de ne se pas opiniatrer dans cette place mal pourveue devant une armée du roy et sy proche de Paris. Ce vieux gentilhomme me vint trouver avant le jour pour me supplier de faire superseder de brusler la maison de son neveu jusques a ce que il luy eut parlé, et que sy je luy voulois permettre qu'il menat la femme dudit Lescluselles avesques luy, il me donneroit un sien fils (3) quy estoit là avesques luy, en ostage de la rammener dans deux heures apres qu'elle seroit entrée dans le chasteau de Dreux. Je me fis un peu tenir pour luy accorder : en fin je le fis a la priere de quelques gentilshommes quy marchoint avesques moy, environ a une heure apres minuit, droit a Dreux, ce

---

(1) Escluzelles est à une lieue S.-E. de Dreux.

(2) Les anciennes éditions portaient : *Ils trouvèrent en arrivant Talandmaison oncle dudit Lescluselles.*

(3) Il y avait aux précédentes éditions : *Saint-Rufin son fils.*

que ce bonhomme vit, ensemble ces regimens de Picardie et de Champaigne quy marchoint. J'envoyay un des miens commander au capitaine de carabins que j'avois envoyé a la maison de Lescluselles qu'il supersedat l'ordre que je luy avois donné jusques a une nouvelle commission et qu'il donnat la femme de Lescluselles entre les mains de son oncle, recevant pareillement de luy son fils (1) lequel il garderoit seurement.

J'arrivay devant les portes de Dreux vers les deux heures [et demie] (2) du matin, comme le jour commençoit a poindre, ayant fait faire halte au regiment de Picardie duquel je fis prendre cent hommes pour entrer au faubourg, et avesques quelque vingt chevaux je demanday a entrer (3). Je trouvay quelque cent cinquante bourgeois, la plus part armés, a la porte de la ville, quy laisserent entrer mon train : et moy au mesme lieu je me mis a leur parler, les louant de leur tesmoygnage de bonne volonté au service du roy ; que j'estois venu pour les conforter, les delivrer de ceux quy tenoint le chasteau contre le roy et les remettre en l'estat que je voyois a leur contenance qu'ils desiroint ardemment, ne manquant plus aucune chose a eux sinon qu'ils criassent : Vive le roy. J'avois dit aux miens que quand je dirois : Vive le roy, ils le criassent aussy, et ces bourgeois en firent de mesme, comme c'est la coutume des peuples de suyvre ce qu'ils voyent commencé, sans raysonner

---

(1) Le fils de l'oncle.
(2) Inédit.
(3) Dans la ville.

pourquoy. Quand le cry fut appaysé, je leur dis que ce n'estoit pas tout que d'avoir crié : Vive le roy, qu'il falloit donner ordre que ceux du chasteau quy l'avoint entendu ne fissent une sortie sur eux, et qu'il falloit barricader l'advenue, et que s'ils vouloint, je ferois entrer cent hommes de pié pour la faire (1) et pour la garder, ce qu'ils accorderent. Il estoit grand jour quand cette compagnie entra, quy peut bien estre veue des ennemis, lesquels neammoins ne tirerent point sur nous : car la pitié qu'Esclusselles eut de sa femme et de son bien, le peu de preparatifs que Vismay vit y avoir dans le chasteau pour soustenir un siege, leur fit tomber les armes des mains, de sorte que Vismay fit faire une chamade et me demanda seureté pour me venir trouver, et il me remit la place entre les mains, ou j'establis le capitaine Saint Quentin (2), du regiment de Picardie, gardant le respect convenable aux meubles et munitions quy appartenoint a Mʳ le Comte.

Des que j'eus disné, je montay sur des coureurs et allay en diligence au rendés vous que j'avois donné a ces trois cens chevaux pres d'Annet. Puis ayant parlé a madame de Mercure, elle monta demie heure apres en carrosse avesques les enfans de Mʳ de Vandosme que je fis mener a Paris entre les mains de la reine par la compagnie de chevaux legers de ladite reine.

---

(1) La barricade.
(2) Le capitaine Saint-Quentin périt devant Montauban, par l'explosion d'une mine, le 24 octobre 1621. Bassompierre, dans la suite de ses mémoires, raconte cet événement qui fit éprouver de grandes pertes au régiment de Picardie.

Cela fait j'envoyay le reste de la cavalerie que j'avois ammenée, sous la conduite de M^r d'Elbene (1) lieutenant des chevaux legers de Monsieur, tirer droit a Vandosme, sur l'avis que m'avoient donné les sieurs de Geofres (2) et des Boullets, capitaines de Navarre, quy y demeuroint, que sy les armes du roy paroissoint audit Vandosme, que la ville et le chasteau se mettroint en l'obeissance du roy. Je les y avois renvoyés tous deux avec ordre a Des Boullets de trouver quarante hommes prets pour mettre dans le chasteau, ce qu'il fit et l'affaire passa ainsy qu'ils me l'avoint proposée : car a la veue de cette cavalerie et des trompettes (3) quy les vindrent sommer, pensant que toute l'armée suivit, ceux quy y estoint pour Mr de Vandosme lascherent le pié.

Je revins d'Annet le soir fort tard, et le lendemain dimanche 26me je sejournay a Dreux, tant pour donner l'ordre necessaire a la ville et faire mes despesches que pour casser la compagnie de chevaux legers de Mr de Nemours selon l'ordre que j'en avois eu du roy des que j'estois a Poivre; mais j'avois trouvé de sy gentils soldats en cette compagnie et les chefs sy desireux de servir que j'avois fait instance aupres du roy pour la retenir, a quoy le roy ne voulut entendre et

---

(1) Guy d'Elbene, fils ainé de Pierre d'Elbene, seigneur de Villeceau, et d'Anne d'Elbene, devint chambellan de Monsieur.

(2) Le sieur de Geoffres, ancien capitaine du régiment de Navarre, en était lieutenant-colonel depuis 1617 : il se distingua en plusieurs occasions, et particulièrement au siége de Montpellier (1622), où il fut blessé.

(3) Les précédentes éditions portaient : *troupes*.

me fit un nouveau commandement de la casser, ce que je fis seulement ce jour là et avec regret.

Je vins le lundy 27me coucher a Bresoles (1).

Le mardy vingt huit je pris mon logement a Longny; le mercredy 29me a Teil (2) ou je sejournay le lendemain.

Le vendredy 31me et dernier de juillet je vins loger avec l'armée a Conarey (3) d'ou je partis l'apres disnée pour venir trouver le roy au Mans, quy me receut avec grandes caresses et me tesmoygna estre bien satisfait de mes soins et de ma diligence. Il me retint ce soir là au Mans. Je renvoyay a Conarey mander a Des Fourneaux qu'il fit loger le lendemain l'armée que je menois a Ivry l'Evesque (4) [et aux environs, ou je l'irois trouver, ce qu'il fit, et le lendemain samedy premier jour d'aust fus coucher audit Ivry l'Evesque] (5).

Aust. — Le 2me j'allay prendre quartier au Guessalart (6), ayant esté auparavant au conseil au Mans d'ou le roy partit pour aller coucher a la Suse (7).

---

(1) Brezolles, chef-lieu de canton de l'arrondissement de Dreux.

(2) Longny, Le Theil, chefs-lieux de canton de l'arrondissement de Mortagne, département de l'Orne.

(3) Connerré, bourg du canton de Montfort, arrondissement du Mans, département de la Sarthe.

(4) Yvré-l'Évêque, village du canton du Mans, à une lieue de cette ville.

(5) Inédit.

(6) Guecelard, village du canton de la Suze, sur la route du Mans à la Flèche.

(7) La Suze, chef-lieu de canton de l'arrondissement du Mans, entre cette ville et la Flèche.

Le 3me je fus trouver le roy en son quartier de la Suse, pris ordre du roy pour luy presenter le lendemain l'armée que je luy avois ammenée, a laquelle il voulut faire faire montre separement de la sienne affin de voir en quoy elle consistoit.

Donc le mardy 4me jour d'aust je partis du Guessallart, ayant donné rendés vous a huit heures du matin a l'armée en la plaine du Gros Chastaignier proche de la Fleche, laquelle je mis en bataille. Le roy y arriva apres dix heures, quy la vit et la trouva tres belle et bien complette au dela de ce qu'il s'attendoit : car a la montre il fut compté huit mille hommes de pié et davantage en rang, et six cens bons chevaux, sans les compagnies (1) de la reine, (quy n'estoit encores revenue de la conduite de madame de Mercure), les compagnies de Guyse et de Jainville que le roy m'avoit commandé de leur donner, et celles de Nemours et mestre de camp, cassées. Allors les deux armées furent jointes en un mesme corps, et le roy fit quattre mareschaux de camp sous M^r le Prince, general, et M^r le mareschal de Pralain, lieutenant general, quy furent le marquis de Trainel, Crequy, Nerestan (2), et moy.

---

(1) C'est-à-dire sans la compagnie de la reine, et les autres dont l'énumération suit.

(2) Philibert, marquis de Nérestang, fut, sous Henri IV, le premier mestre de camp du régiment de son nom, qui devint depuis régiment de Chappes, et plus tard régiment de Bourbonnais, l'un des cinq *petits vieux*. Il fut maréchal de camp en 1615, conseiller d'État, et grand maître de l'ordre de Saint-Lazare. Attaché au maréchal d'Ancre, il se retira sans doute de la cour après la catastrophe du 24 août 1617 : Luynes en effet le rappelait en lui

L'armée alla loger par delà la Fleche, et le quartier du roy dans la Fleche mesme ou le roy sejourna le mercredy 5me, que M^r le Grand (1) et les autres deputés du roy vers la reine pour traitter la paix revindrent apporter esperance d'accommodement, et l'on le tenoit aussy pour certain. Neammoins ils ne peurent obtenir que le roy s'arrestat a la Fleche pour en attendre la conclusion, ains partit le jeudy 6me et vint disner a Duretal ou il fut festiné par Mr de Chomberg, et coucher au Verger (2).

Le vendredy 7me j'eus ordre d'aller attendre les trouppes au rendés vous quy estoit en la plaine de Trelasay (3) assés proche des ardoysieres d'Angers, et le roy pensoit que les deputés luy viendroint là apporter les articles de la paix sinnés, et mesmes en avoit eu advis et ne s'avançoit que pour faire voir qu'il avoit fait la paix a la veue d'Angers. Mais ces messieurs quy devoint porter lesdits articles, furent longs a partir, et voyans qu'il estoit dix heures, M^r le Grand voulut encores voir la reine mere pour sçavoir sy la

---

écrivant : « Ayant esté aimé du feu roy, vous estes obligé d'en venir rendre quelque reconnoissance auprès du roy son fils. » (Lettre du 3 novembre 1618, Collection Godefroy, portefeuille CCLXVIII, n° 125.)

(1) Il s'agit ici du duc de Bellegarde, quoiqu'il eût depuis peu résigné à son frère, le baron de Termes, la charge de grand écuyer, qu'il avait si longtemps exercée, et qu'il reprit après la mort de M. de Termes, en 1621.

(2) Le Verger était une seigneurie de Pierre de Rohan, prince de Guémené, sénéchal d'Anjou, oncle de la duchesse de Luynes, et beau-père du comte de Rochefort, frère de cette même duchesse.

(3) Trélazé, village situé à une lieue d'Angers.

nuit n'avoit rien changé, et sy elle avoit rien de plus a luy commander.

Il parut proche de ladite plaine quelques gardes de Mʳ le Comte, et de fortune arriva là le regiment de Piemont avec Mʳ de Fontenay leur mestre de camp(1), auquel je fis avancer cent hommes sur l'advenue des ardoysieres. Ces gardes se retirerent derriere une mayson quy estoit proche d'eux, laissant neammoins toujours cinq ou six carabins pour nous tirer, quy estions avancés. Sur cela la compagnie d'Eure (2) arriva, que je mis en embuscade en un chemin creux, et envoyay harceller ces gardes pour tascher de les y attirer : mais comme ils virent que nous ne voulions point tomber dans le piege qu'ils nous avoint tendu derriere la maison, aussy ne voulurent ils point taster de nostre embuscade. Mʳ le mareschal de Pralain arriva sur ces entrefaites avec Mʳˢ de Crequy et de Nerestan, et l'armée se trouva dans ladite plaine et aux autres prochaines en mesme temps que le roy et Mʳ le Prince, lesquels nous ordonnerent plustost par divertissement qu'autrement, car ils attendoint les deputés a tous momens, de nous en aller avec les regimens des gardes, Picardie, et Champaigne, a un lieu nommé Sorges (3) quy est un petit village a la

---

(1) François du Val, marquis de Fontenay-Mareuil, fut ambassadeur en Angleterre en 1629, à Rome en 1641, et mourut le 25 octobre 1665. Il a laissé des mémoires.

(2) M. d'Eure commandait une compagnie de chevau-légers. — Les éditions précédentes portaient : *la compagnie du mestre de camp*.

(3) Sorges, village situé sur la rive droite de la petite rivière d'Authion, qui vient se réunir à la Loire vers les Ponts-de-Cé.

veue du Pont de Sey (1), et y attaquer quelque escarmouche pour, a la faveur d'icelle, reconnestre le retranchement des ennemis, affin que selon le rapport que nous en ferions, on peut le lendemain l'attaquer en cas qu'il y eut quelque retardement a la paix. Nous demandasmes deux canons pour venir sonner une aubade a ceux des Ponts de Sey, ce quy nous fut accordé. Mrs de Trainel et de Nerestan y voulurent venir avesques Mr de Crequy et moy quy y estions commandés bien que nous ne fussions point en semaine de charge. Comme nous fusmes proches de Sorges nous fismes nostre ordre tel que Mr de Crequy, ce me semble, le proposa, et passames Sorges jusques dans un assés grand pré entouré d'alisiers quy nous couvroint aucunement (2) de la veue des ennemis lesquels estoint en une grande plaine, ayant les Ponts de Sey derriere eux et leurs retranchemens aussy, a leur main droitte la Loire, a leur gauche une forte haye et espaisse de douse ou quinse pas, laquelle ils avoint farcie d'arquebusiers et mousquetaires, et en leur teste ces alisiers, et nous derriere. Les quatre mareschaux de camp s'avancerent et quelques gentilshommes avesques eux pour reconnestre l'ordre des ennemis et les lieux ou nous devions passer et marcher : mais des que nous parusmes dans la plaine, les mousquetaires de la haye nous tirerent assés vivement; De Vennes; capitaine de Navarre, quy estoit

---

(1) Saint-Aubin des Ponts-de-Cé, chef-lieu de canton de l'arrondissement d'Angers, à une lieue de cette ville, sur la Loire.

(2) Jusqu'à un certain point.

venu avesques nous y fut blessé au bras, et quelques [uns de nos] chevaux [blessés] (1). La cavalerie des ennemis estoit en deux gros quy faisoint ferme, ayans devant eux quelque soissante carabins quy marchoint en SS (2). Nous resolumes de chasser avant toutes choses les ennemis de cette haye, et en mesme temps marcher, et ayant demandé a Mr de Crequy ou il luy plaisoit de placer les gardes (parce qu'elles ont toujours le choix), il choysit la main droitte : je mis le regiment de Picardie a la gauche et celuy de Champaigne au millieu. Mais peu apres Mr de Crequy reconnoissant habilement que le foible de l'infanterie estoit le costé droit, que l'advenue d'Angers estoit de ce costé là, qu'il n'attaqueroit que par un coin, et que son attaque seroit beaucoup plus belle par le millieu, demanda que le regiment des gardes eut le millieu ; par ainsy la main droitte dudit regiment appartenoit a Picardie (3) et la gauche a Champaigne. Pour cet effet je dis a Mr Zammet mestre de camp de Picardie qu'il fit a droitte et puis marchat pour se venir mettre a la droitte des gardes, et creus qu'il ne manqueroit aux ordres de guerre qui veulent qu'en presence des ennemis les motions (4) se facent en marchant derriere les battaillons quy sont desja en bataille pour en estre couverts pendant que l'on est obligé de montrer le flanc. Mais luy par presumption, inadvertance, ou ignorance, ou tous les trois, passa par devant les

---

(1) Inédit.
(2) En zig-zag. — Il y avait : *ensuite*.
(3) A cause du rang supérieur du régiment de Picardie.
(4) Les mouvements.

battaillons de Champaigne, de sorte qu'en ce seul point, sy les ennemis nous eussent chargés, nous estions capables d'estre renversés. Mr de Crequy quy a l'œil tres excellent a la guerre (1), vit aussy tost cette faute et me dit : « Cousin, nous sommes perdus sy les ennemis nous chargent : Zammet marche par devant Champaigne. » J'y courus lors a toute bride, et en allant fis marcher les deux battaillons de Champaigne devant lesquels il n'estoit encores passé, et ayant fait faire halte a Picardie je le fis passer par derriere Champaigne; et les ennemis, ou ne s'en aviserent pas, ou ne voulurent pas se servir de cette belle occasion.

En ce temps nous avions gaigné la haye gardée par le regiment du marquis de la Flosseliere (2), nouvellement arrivé et levé, et dont les soldats lascherent le pié des qu'ils se virent attaqués et coururent par la plaine jusques a ce qu'ils fussent derriere leur cavalerie. Allors nos gens, de la haye, tirerent a la cavalerie et la firent desloger de la plaine pour se retirer dans leur retranchement. Le canon de la ville nous tira cinq ou six volées sans toucher a aucun de nos battaillons : nos deux canons arriverent quy firent riposte. Nous vismes la retraitte de Mr de Rets et de ses trouppes quy passoint sur les ponts avesques les enseignes quy

---

(1) On voit par le temps présent employé dans ce membre de phrase que cette partie des mémoires a été écrite avant l'année 1638, au commencement de laquelle le maréchal de Créquy fut tué.

(2) Jacques de Maillé, marquis de la Flocelière, second fils de Claude de Maillé, seigneur de Brezé, et de Robinette Hamon, dame de la Flocelière, mourut en 1641.

paroissoint (1), et vismes en mesme temps les retranchemens bordés d'autres trouppes. Nous, voyans la retraitte de la cavalerie, avançames a la persuasion de Nerestan quy nous montra le desordre de dedans aux piques quy se mesloint, ce que l'on pouvoit aysement remarquer ; mais nostre canon ne s'avançoit point, et me dit Mr de Crequy : « Cousin, sy vous ne commandés au capitaine suisse quy conduit le canon, de forcer les charretiers quy le menent de s'avancer, ces poltrons là ne le feront jammais. » Je courus a toute bride ; mais voyant que nos trouppes n'attendoint point ledit canon, mais marchoint toujours, je retournay a mesme instant et passant proche de Mr de Crequy, je luy dis: « Vous avés bonne rayson, mon cousin, de me persuader d'aller au canon pendant que l'on va a la charge », et passant outre me vins mettre a la teste du bataillon droit du regiment de Champaigne quy me sembloit en plus beau lieu pour donner, et me mis pié a terre avesques une hallebarde que je pris d'un sergent. Mr de Nerestan quy estoit a cheval me dit :

---

(1) Le duc de Retz, qui était dans le parti de la reine-mère, fit défection au milieu du combat, emmenant avec lui de l'autre côté de la Loire quinze cents hommes de son régiment et de celui de la Jousselinière. On attribua cette action honteuse, soit à un mécontentement personnel, soit à la connaissance des intelligences secrètes des chefs des deux partis, soit à la peur.

« Qui commença cette deroute du Pont de Sey ? — Ce fut un vrabe duc, qui boiant les approches prit une gaillarde resolution, et lebant la main haute s'escria : qui m'aime si me suibe, saube qui peut. Il dit cela de si vone feiçon qu'il fut ovei en despit d'un bieux mestre de camp, nommé Voisguerin, et quelques huguenots qui vouloient convattre. »

(*Aventures du baron de Fœneste.*)

« Monsieur, ce n'est pas là la place d'un mareschal de camp ; vous ne pourrés plus faire combattre les autres trouppes, estant a pié a la teste de celle là. » Je luy dis qu'il avoit rayson, mais que ces regimens quy estoint farcis de forces nouvelles recreues, combattroint bien me voyant a leur teste, et mal sy je demeurois derriere, et puis que je les avois ammenés j'avois interest qu'ils fissent bien. Allors il dit : « Je ne demeureray pas a cheval, vous estant a pié », et se vint mettre a ma main gauche.

En mesme temps les enfans perdus des gardes et ceux de Champaigne menés par Malaissis (1) et Cominges, s'approchans [de cent pas] (2) du retranchement, et nous trente pas derriere eux, toute la mousqueterie des ennemis quy le deffendoit fit sa descharge toute a la fois. Nous jugeames bien allors qu'ils n'y entendoint rien, et qu'ils estoint perdus, ce quy nous fit en diligence donner dans le retranchement. Nos enfans perdus trouverent peu de resistance, et me souvient que Cominges me cria, estant au haut du retranchement : « Souvenés vous, Monsieur, que j'y ay monté le premier. » Nous donnames immediatement apres sans rencontrer personne devant nous, ny peril que de quantité de mousquetades que l'on nous tiroit des fenestres du faubourg, quy tuerent et blesserent quelques uns (3) des nostres. Mr de Nerestan et moy nous rencontrames au lieu que l'on n'avoit point encor

---

(1) Maleyssie était lieutenant de la compagnie de Créquy, c'est-à-dire de la mestre de camp des gardes françaises.

(2) Inédit.

(3) Il y avait aux précédentes éditions : *quantité*.

retranché, pour faire passer le charroy, de sorte que sans peine ny resistance nous y entrames, et nostre battaillon, partie par cette ouverture, partie montant dessus le retranchement pour passer. Mais a peine estions nous passés cent hommes que d'une fondriere(1) quy estoit au dedans de ce retranchement sortit un gros de pres de cent chevaux, a mon avis, quy nous vindrent charger. Mr de Nerestan me dit lors : « Voicy quy nous donnera des affaires », et se tournant vers le battaillon quy nous suyvoit, leur dit : « Presentés vos piques, mes enfans, et tenons ferme ; car apres qu'ils auront veu que nous valons quelque chose, ils mettront de l'eau en leur vin. »

Sur cela je diray une chose estrange : un de nos enfans perdus quy estoit demeuré derriere, je n'ay jammais peu sçavoir depuis quy ce fut, et sy (2) j'eus soin de le faire chercher, ayant une pique a la main, s'addressa a un chef qui marchoit vingt pas devant les autres et donna un coup de pique dans l'estomach de son cheval; le cheval se cabra, et luy, rechargea un autre coup dans le ventre; celuy quy estoit dessus, craygnant d'estre abbattu, le tourna a gauche, et en mesme temps tout son esquadron tourna aussy et alla passer sous une arche du pont ou il n'y avoit gueres d'eau. Le comte de Saint Aignan faisoit combattre cet esquadron, et nous le connusmes fort bien avesques des armes moitié dorées en coste avec un chapeau gris et forces plumes. Il estoit au costé gauche dudit esquadron et hors de rang. Mais comme l'esquadron

---

(1) Il y avait : *fourrière.*
(2) Et cependant.

gauchit, il fut emporté avesques, et dans la foule le chapeau luy tomba : il voulut demeurer pour le ramasser, comme il fit, et passames a costé de luy en allant donner au faubourg quand avec son espée il ramassoit son chapeau. Je luy dis : « Adieu, Saint Aignan. » Il me respondit baissé comme il estoit : « Adieu, adieu. » Il fut arresté derriere l'esquadron par deux carabins quy suyvoint la victoire, et en ce mesme temps Boyer (1) passant pour nous venir dire quelque chose de la part du roy, il luy cria : « Boyer, je me rends a toy », a quy nous l'avions adjugé sur ce que Saint Aignan nous dit qu'il s'estoit en cette sorte rendu a luy.

Apres que cette cavalerie s'en fut ainsy fuy, nous allames droit au faubourg, et comme nous montions en une petite ruelle quy y va, on nous tiroit toujours forces mousquetades des fenestres, l'une desquelles rompit la cuisse gauche de Mr de Nerestan comme il avoit la droitte levée pour monter le premier degré : il tomba comme un sac tout d'un coup et en criant me dit : « Je suis mort. » Je voulus l'ayder pour le relever, mais y estant arrivé son fils(2), un nommé Lussan(3),

---

(1) Antoine de Boyer, seigneur de Bandol, fils d'Étienne de Boyer, dit *le capitaine*, et de Jeanne de Beyran, fut mestre de camp d'un régiment d'infanterie, et gentilhomme ordinaire de la chambre du roi.

(2) Jean-Claude, marquis de Nérestang, qui fut en 1631 mestre de camp du vieux régiment de son père, en 1633 gouverneur de Casal, et en 1636 maréchal de camp. Il fut tué à la défense de la citadelle de Turin, le 3 août 1639.

(3) Jacques d'Audibert, comte de Lussan, fils de Charles d'Audibert, seigneur de Lussan, et de Marguerite d'Albert.

de Languedoc, et d'autres, je passay outre ou j'avois affaire; et avec la mesme chaleur que nos enfans perdus avoint donné au retranchement et au faubourg, ils tirerent droit au pont (1), et moy les suyvant avesques ce battaillon et quelques autres quy arriverent [en mesme temps des gardes] (2), nous le passames et donnames dans la ville, tuant toujours les ennemis quy s'en alloint devant nous et entrames pesle mesle.

Il y eut sur le pont deux mestres de camp prins, l'un nommé la Flosseliere que j'empeschay que les divers soldats quy y pretendoint ne le tuassent; l'autre nommé Boisguerin(3), lequel combattant et se deffendant le mieux qu'il pouvoit, m'ayant apperceu, me dit: « Monsieur de Bassompierre, je me rends a vous: je suis Boisguerin que vous connoissés. » J'y courus et dis aux soldats que je leur laisserois sa rançon et qu'ils l'ammenassent seurement jusques a Mr de Crequy quy faisoit donner les battaillons avec un merveilleux sens et ordre. Mais il arriva que les soldats des gardes ne connoissans encores ceux de Champaigne les desvalisoint comme sy c'eussent esté ennemis: je luy priay de venir sur le pont remedier a cet inconvenient, et avec infinies peines nous empeschames que la ville du Pont de Sey ne fut pillée, ce que je tiens pour miracle quand des gens de guerre la prennent d'assaut.

---

(1) Au premier pont. On passe la Loire sur une suite de ponts séparés par des iles.

(2) Inédit.

(3) « Boisguérin qui avait aussi un régiment, témoigna qu'il était soldat en cette occasion, mais n'eut pas meilleure fortune. »
(*Mémoires de Richelieu*, liv. XI.)

Deux choses furent cause que nous primes ainsy la ville : l'une, que l'on n'en sceut jammais lever le pont levis (1); l'autre, que nous entrames pesle mesle avesques les ennemis. Aussy avoit Mʳ le duc de Rets emmené Betencourt avesques luy pour le faire sortir avesques ses trouppes, et comme il (2) revint de cette porte, il trouva que par celle du pont les gens du roy avoint pris la place. Il se jetta, comme s'il eut esté des nostres, parmy nos gens jusques a ce qu'il fut pres du chasteau (3) ou il courut, et lors on l'apperceut et luy tira on forces mousquetades dont l'une luy donna dans l'espaule, quy luy rompit (4). Il entra quand et luy (5) deux soldats du regiment des gardes, l'un nommé Poissegu (6) quy avoit esté page de Mʳ de Guyse, et un autre mousquetaire : le gouverneur creut qu'ils estoint des trouppes deffaites, et eux feignirent d'en estre; il les mit aux deux canonnieres quy regardent sur le pont : ils tiroint incessamment, mais haut,

---

(1) Le pont-levis partageait en deux le pont de la Loire sur lequel eut lieu une partie de l'action.

(2) *Il*, Betencourt.

(3) Le château des Ponts-de-Cé.

(4) « Le vicomte de Bettancourt, qui était gouverneur du Pont-de-Cé, y fit fort bien. Après avoir reçu un coup de pique à la cuisse à l'entrée du pont, il se retira dans le château qui ne vaut rien, où lui, onzième, le défendit jusqu'au lendemain qu'il fit la capitulation. »   (*Mémoires de Richelieu*, liv. XI.)

(5) Au château.

(6) Jacques de Chastenet, seigneur de Puységur, fils de Jean de Chastenet, seigneur de Puységur, et de Madeleine d'Espagne, devint en 1655 mestre de camp du régiment de Piémont. Il avait « quitté les chausses » en 1617, et était entré au régiment des gardes dans la compagnie de Casteljaloux. Il mourut âgé de 82 ans. — Voir à l'Appendice. XVI.

affin de ne blesser nos gens, ce quy nous servit beaucoup ; car ils (1) eussent peu tuer d'honnestes gens.

M*r* le marquis de Trainel avec le regiment de Picardie quy donna a main droitte, fit faire une barricade sur l'avenue d'Angers, comme nous aussy du costé du faubourg quy regarde une plaine aval (2) de l'eau. Puis M*r* de Crequy et moy avisames qu'il demeureroit a faire barricader contre le chasteau, et le battre, s'il ne se rendoit, des mesmes pieces des ennemis, lesquelles estoint encores sur le pont. Puis ayans posé nos gardes, je fus trouver le roy pour luy ammener les principaux prisonniers et apporter les drapeaux gaignés sur les ennemis. Je trouvay M*r* le Grand aupres de luy au mesme lieu des ardoysieres ou il avoit fait teste du costé d'Angers, le remerciay (3) du soin qu'il avoit eu de nous envoyer secourir de cavalerie comme il avoit fait, bien qu'elle ne nous eut de rien servy, puis luy rendis compte [du succes] (4) de ce combat ou cinq mille hommes avoint esté deffaits, plus de douse cens morts ou noyés et a peu pres autant de prisonniers, la ville de Pont de Sey prise, et le chasteau capitulant de se rendre le lendemain pourveu qu'il luy soit permis d'envoyer vers la reine. Le roy me fit extreordinairement bonne chere, et M*r* de Luynes me louant a M*r* le Grand, quy se plaignoit que comme il apportoit ratification de tout ce que le roy desiroit, il

---

(1) Les ennemis.
(2) Il y avait aux précédentes éditions : *une plaine vers le canal de l'eau.*
(3) Le roi.
(4) Inédit.

n'avoit pas voulu superseder deux heures seulement, Mʳ le Prince quy estoit là, luy dit (1) : « Monsieur, c'estoit a vous a vous haster ; ce n'estoit pas au roy a attendre, veu mesmement qu'il vous l'avoit bien dit a la Fleche. »

Sur cela on mit en deliberation de faire trancher la teste au comte de Saint Aignan, attendu qu'estant officier de guerre et mestre de camp de la cavalerie, il avoit quitté le roy. On le voulut mettre entre les mains de monsieur le garde des sceaux : mais je m'y opposay fermement, disant au roy et a Mʳ le Prince que sy on le traittoit de la sorte, aucun homme de bien ne voudroit se hasarder d'estre pris de ceux des ennemis, pour crainte de mourir par main du bourreau ; que nous avions receu sa foy, Mʳ de Crequy et moy, et qu'il estoit prisonnier de guerre ; que nous luy avions peu donner cette parole en la qualité que nous avions, et que nous n'estions point des provosts pour faire capture des pendus. J'envoyay en mesme temps en donner avis a Mʳ de Crequy, lequel manda qu'il s'en reviendroit [des Ponts de Sey] (2) et qu'il quitteroit tout si l'on ne luy mandoit et asseuroit de superseder cette execution : ce qu'en fin nous obtinmes jusques au lendemain, et cette premiere furie estant passée, il nous fut facile en suitte de rompre ce coup, et la paix quy succeda accommoda son affaire a sa charge (3) pres, quy fut perdue pour luy et donnée a Mʳ de la Curée.

---

(1) Dit à M. le Grand.
(2) Inédit.
(3) La charge de mestre de camp général de la cavalerie légère.

Le roy vint ce soir là coucher a Brin (1), et moy je m'en retournay au Pont de Sey, dont le chasteau avoit capitulé avec Mʳ de Crequy.

Le lendemain samedy 8me le roy partit de Brin et vint au Pont de Sey passant par dessus les reliques de la deffaite, et ne luy fut pas peu d'estonnement de voir la ville du Pont de Sey aussy entiere et les boutiques ouvertes comme s'il n'y eut point eu de gens de guerre, et de deux divers partis.

Le dimanche 9me les deputés de la reine vindrent avec ceux du roy, quy conclurent la paix qu'il plut au roy donner, laquelle il sinna le lundy 10me, et de là vint visiter au faubourg Mʳ de Nerestan quy pour le grand coup qu'il avoit, n'estoit point en mauvais estat et se fut garanty sy on l'eut laissé entre les mains du sirurgien Lion : mais les autres bourreaux de sirurgiens importunerent tant le roy, comme il estoit a Brissac, que le septième jour d'apres sa blesseure, estant en bon estat, on luy osta des mains pour le mettre en celles des sirurgiens du roy, ou il ne vesquit que deux jours.

Le roy sejourna encores le mardy au Pont de Sey, et le mercredy 12me en partit, et vint loger a Brissac (2).

Le jeudy 13me d'aust le roy envoya visiter la reine par Mʳ de Crequy a Angers, puis m'envoya au Pont de

---

(1) Brain-sur-l'Authion, village de l'arrondissement et du canton d'Angers.

(2) Au château du maréchal de Brissac, situé de l'autre côté de la Loire, aujourd'hui dans le canton de Thouarcé, arrondissement d'Angers.

Sey avec cinq cens chevaux pour luy faire escorte. En suitte il commanda a M^r le mareschal de Pralain de la venir recevoir a my chemin du Pont de Sey a Brissac. Puis Mr de Brantes (nouvellement devenu duc de Luxembourg par la femme qu'il avoit espousée quatre jours avant le partement du roy de Paris) (1), vint au devant d'elle avec force noblesse, et en suitte le roy vint a cinq cens pas hors de Brissac avec M^r le Prince et M^r le duc de Luynes, quy la receut (2) avec toute sorte de bonne chere et d'accueil, et demeurerent ensemble a Brissac jusques au lundy 17me, qu'elle s'en alla a Chinon, et le roy a Montereuil Belay (3); le mardy a Loudun; le mercredy a Mirebeau (4); et le jeudy 20me il arriva à Poytiers ou il laissa Monsieur son frere, et Mrs de Pralain et de Crequy pour commander son armée; car M^r le Prince quy en estoit lieutenant general estoit party de Montereuil Belay pour aller a Paris faire verifier l'affaire des conseillers de la Religion au parlement (5), et Sa Majesté, sur les nou-

---

(1) Léon d'Albert, seigneur de Brantes, avait épousé par contrat du 6 juillet 1620 Marguerite-Charlotte de Luxembourg, duchesse de Piney, fille aînée d'Henri de Luxembourg, duc de Piney, et de Madeleine de Montmorency, dame de Thoré : par lettres données à Rouen le 10 juillet, il était devenu, à cause de sa femme, duc de Luxembourg et de Piney.

(2) C'est-à-dire : le roi la reçut. — Sur l'entrevue de la reine-mère et du roi, on peut voir le *Mercure françois* (t. VI, année 1620, p. 340) et les *Memorie recondite* (t. V, p. 141).

(3) Montreuil-Bellay, chef-lieu de canton de l'arrondissement de Saumur, département de Maine-et-Loire.

(4) Loudun, chef-lieu d'arrondissement du département de la Vienne. — Mirebeau, chef-lieu de canton de l'arrondissement de Poitiers.

(5) Voir p. 149.

velles qu'il eut de la prochaine arrivée de la reine sa femme a Tours, l'y voulut aller voir, me commandant d'y mener avesques luy quattre mille hommes de pié et cinq cens chevaux pour l'accompagner : et partant le samedy 22me de Poitiers, nous vinmes coucher au Port de Piles ; et le lendemain arriva au Plessis les Tours (1), ou Mr de Luynes luy fit, et aux dames et a nous, le soir, un beau festin.

Le lundy 24me (2) le roy tint conseil avec M^r le cardinal de Rets, Mr de Luynes et moy, pour trouver moyen de licencier onse regimens, trois compagnies de gensdarmes, cinq de chevaux legers et deux de carabins, quy avoint esté levés par ordre du roy, mais arrivés seulement apres la paix. Et comme des le matin, Mr de Luynes m'ayant proposé cela pour empescher qu'ils ne vinssent manger la Touraine, je luy dis que pourveu que j'eusse de l'argent pour leur payer une montre, cela seroit facile, autrement non, il me dit que Mr de Chomberg estoit a Poitiers, et l'argent aussy, et que devant que l'on eut response et argent, toutes ces trouppes fondroint sur la Touraine, et me pria que je visse avec le receveur general s'il pourroit fournir l'argent. On l'envoya querir au conseil pour le persuader de trouver cent mille francs dont il se rembourseroit en suitte par ses mains : mais il s'excusa sur son peu de credit depuis que la paulette avoit esté

---

(1) Port-de-Pile, sur la rive gauche de la Creuse, village du canton de Dangé, arrondissement de Châtellerault. — Le Plessis-lez-Tours, ancien château, entre la Loire et le Cher, à peu de distance de Tours.

(2) Il y a au manuscrit : *Le lundy* 23me. C'est une erreur.

abolie; sur quoy je m'avisay de proposer un expedient quy fit nostre affaire : assavoir, que son remboursement seroit effectif dans moins d'un an et que le roy luy donneroit asseurance de sa charge au proffit de ses heritiers pendant cette année, moyennant quoy il nous fournit cent mille livres : et moy je 'demanday au roy qu'il me laissat quattre jours a Tours, pendant lesquels je licenciay non seulement les trouppes susdites, mais encores quattre regimens quy arriverent de surcroit.

Ainsy le roy partit le lendemain mardy 25me pour aller a Amboyse, ou il demeura, et moy a Tours, le mercredy et le jeudy, et ne revint que le vendredy matin 28me, ou il tint conseil, loua ma diligence, et le lendemain samedy 29me il partit de Tours et coucha au Port de Piles, et arriva le dimanche 30me a Poytiers ou la reine et les princesses arriverent le lendemain : et le jeudy suyvant, 3me de septembre, le roy voulut voir et faire faire monstre generale a son armée.

Le vendredy 4me la reine mere arriva a Poitiers.

Le samedy 5me le roy tint conseil de guerre, ou M^r le Prince quy estoit revenu de Paris se trouva, et resolut de mener avesques nombre de cavalerie la moytié des cinq vieux regimens (1); assavoir, les dix premieres compagnies de chascun, avec deux autres moyens regimens entretenus, et huit pieces de canon, avec ses deux regimens des gardes (2).

---

(1) Aux quatre vieux régiments de première création, Picardie, Champagne, Navarre et Piémont, s'ajoutait maintenant le régiment de Normandie.

(2) Le régiment des gardes françaises et celui des gardes suisses.

Le dimanche 6ᵐᵉ il y eut bal cheux la reine.

Le lundy les Jesuistes jouerent une comedie ou toutes les cours allerent. Mʳ du Maine arriva, a quy le roy fit fort maigre mine (1).

Le mercredy 9ᵐᵉ le roy prit congé des reines et partit de Poitiers pour aller en Guyenne. Il m'envoya mener son armée la premiere semaine, comme mareschal de camp, que j'allay trouver a Coué.

Le jeudy 10ᵐᵉ nous allames a Sausay (2).

Le lendemain nous logeames pres de Chef-Boutonne (3) en un village dont j'ay oublié le nom, d'ou je partis le lendemain pour aller trouver le roy a Saint Jean d'Angely (4).

Le dimanche 13ᵐᵉ je fus hors de semaine et demanday congé au roy pour aller voir en Brouages mon beau frere de Saint Luc (5), et de passer par la Rochelle ; ce qu'il me permit : et lors que l'on le sceut a la court, plus de deux cens gentilshommes voulurent y venir; Mʳˢ de la Rochefoucaut, de Crequy, de la

---

(1) « Monsieur de Mayenne arriva le sixiesme, se présenta au Roy inopinement. Sa Majesté luy dit en peu de paroles : j'oublieray le passé en me servant fidelement à l'advenir. »

(Thresor de l'histoire generale de nostre temps, par Loisel.)

(2) Couhé-Vérac. — Sauzé-Vaussais.

(3) Chef-Boutonne, chef-lieu de canton de l'arrondissement de Melle, département des Deux-Sèvres, situé à la source de la Boutonne.

(4) Saint-Jean-d'Angély, chef-lieu d'arrondissement du département de la Charente-Inférieure, sur la rive droite de la Boutonne.

(5) Saint-Luc était gouverneur de Brouage et des îles de la Saintonge. — Brouage, petite place forte au milieu de marais salants, à peu de distance de Marennes.

Ville aux Clercs (1), de Seaus (2), et quantité d'autres furent de la partie.

Nous disnames a Surgeres (3), et Mr de la Rochefoucaud envoya devant au maire de la Rochelle (4) l'avertir de la bonne compagnie quy le venoit voir, affin qu'il ne s'en allarmat s'il voyoit inopinement tant de monde. Le maire nous vint recevoir a la porte de la ville et nous mena voir le port, et puis, comme il estoit tard, nous ayant conduits a nostre hostellerie, nous donna le bon soir, et nous pria tous le lendemain a disner au logis du president (5).

Il nous vint prendre le lundy de bonne heure pour nous faire voir les fortifications de la ville : il nous mena en suitte a la tour de la Chaine (6) et finalement au temple quy est bien beau, et finalement nous vinmes cheux le president ou il nous fut fait un magnifique

---

(1) Henri-Auguste de Loménie, seigneur de la Ville-aux-Clercs, secrétaire d'État, fils d'Antoine de Loménie, seigneur de la Ville-aux-Clercs, secrétaire d'État, et d'Anne d'Aubourg, mourut le 5 novembre 1666, à l'âge de 71 ans.

(2) L'orthographe de ce nom fait présumer qu'il s'agit d'Antoine Potier, seigneur de Scéaux, secrétaire d'État, troisième fils de Louis Potier, baron de Gesvres, secrétaire d'État, et de Charlotte Baillet, mort le 13 septembre 1621 devant Montauban.

(3) Surgères, aujourd'hui chef-lieu de canton de l'arrondissement de Rochefort, appartenait alors à François de la Rochefoucaud, marquis de Surgères, second fils d'Isaac de la Rochefoucaud, baron de Montendre, et d'Hélène de Fonsèque, dame de Surgères.

(4) Le maire de la Rochelle en 1620 était Jean Prou.

(5) Le président, chef du présidial qui siégeait à la Rochelle, était Jean Pascaut, sieur de Villars.

(6) La tour de la Chaine était une des deux tours qui défendaient l'entrée du port.

festin de soissante serviettes, apres lequel nous allames en Brouages voir Mʳ de Saint Luc quy nous receut le plus honorablement du monde.

Nous y sejournames le mardy 15ᵐᵉ et allames voir a Marennes les trois filles du comte de Marennes (1), quy estoint tres belles.

Le lendemain nous vinsmes coucher a Pons (2).

Le jeudy 17ᵐᵉ nous vinsmes disner a Plassac (3) cheux Mʳ d'Espernon, ou estoit Mʳ le Grand, et de là coucher a Blayes.

Le soir le roy commanda a Mʳ de Crequy et a moy de faire faire patrouilles par la ville la nuit parce qu'Aubeterre (4) estoit desesperé de sçavoir qu'on

---

(1) François Martel, seigneur de Lindebœuf, fils de Charles Martel, seigneur de Bacqueville, et de Marie d'Yaucourt, sa seconde femme, avait épousé Anne de Pons, dame de Marennes. François Martel, second fils du seigneur de Lindebœuf et d'Anne de Pons, était comte de Marennes, du chef de sa mère.

(2) Pons, chef-lieu de canton de l'arrondissement de Saintes, était sans doute la résidence d'Henri d'Albret, baron de Pons et de Miossans, fils d'Henri d'Albret, baron de Miossans, et d'Antoinette, dame de Pons, sœur d'Anne de Pons et de la comtesse de Guercheville.

(3) Plassac, village du canton de Saint-Genis, arrondissement de Jonzac, département de la Charente-Inférieure. Le duc d'Épernon y possédait un château.

(4) François d'Esparbez de Lussan, baron de la Serre, devenu vicomte d'Aubeterre par son mariage avec Hippolyte Bouchard, vicomtesse d'Aubeterre, fille unique de David Bouchard, vicomte d'Aubeterre, et de Renée de Bourdeille, était fils de Jean-Paul d'Esparbez, seigneur de Lussan, et de Catherine-Bernarde de Montaigu, dame de la Serre. Il mourut en janvier 1628.

Le vicomte d'Aubeterre, qui était gouverneur de la ville et citadelle de Blaye, s'était jeté dans le parti de la reine-mère.

l'ostoit de sa place de Blayes; ce que le roy fit bien noblement en le faisant mareschal de France le lendemain, et luy donna outre cela cent mille escus. Le roy en donna le gouvernement a Mʳ de Luxembourg.

Le samedy 19ᵐᵉ le roy arriva a Bordeaux.

Le dimanche 20ᵐᵉ Mʳ du Maine fit un grand festin au roy dans le Chasteau Trompette, ayant Argillemont (1) esté pris le matin dans le logis du roy et mis es mains de la court de parlement des le soir mesme pour luy faire son proces, lequel luy fut fait et parfait le mercredy suyvant 23ᵐᵉ, et condamné a avoir la teste tranchée; ce quy fut executé le mesme jour : et le samedy suyvant 26ᵐᵉ le roy cassa tous les jurats de Bordeaux et en mit d'autres en la place (2).

Il envoya querir le sieur de Fonterailles gouverneur de Leitoure, a quy il donna cinquante mille escus en le tirant de cette place comme il avoit promis a ceux de la Religion assemblés a Loudun, attendu que ledit de

---

(1) Hercule d'Arsilemont, capitaine des châteaux de Fronsac et de Caumont pour François d'Orléans-Longueville, comte de Saint-Paul, duc de Fronsac, s'était rendu coupable d'exactions sur les riverains de la Dordogne, et d'actes de rébellion envers le parlement de Bordeaux. Il eut l'imprudence de venir saluer le roi. Arrêté le 20 sur la plainte du parlement, il fut condamné à mort le 22 et exécuté le même jour, malgré les prières du duc de Mayenne et du comte de Saint-Paul.

(2) Par ordre du roi il avait été sursis cette année à l'élection des jurats, qui devait avoir lieu le 1ᵉʳ août. Le roi lui-même, par lettres patentes du 24 septembre, nomma MM. de Martin, Bonalgues, et Brignon, jurats jusqu'au 1ᵉʳ août 1622, et MM. de Lure, Cosages, et Dorat, jusqu'au 1ᵉʳ août 1623; le tout sans déroger aux priviléges de la ville et sans tirer à conséquence (*Continuation à la Chronique bourdeloise*, p. 1).

Fonterailles s'estoit fait catholique et en cette profession ne pouvoit commander dans Leitoure place de seureté des huguenots. Le roy y mit en son lieu le sieur de Blainville l'aisné quy estoit huguenot et au gré de ceux de sa religion.

Le lundy 28me le roy alla en parlement tenir son lit de justice ou il blama (par la bouche de monsieur le garde des sceaux du Vair) ledit parlement de ne s'estre gouverné selon qu'il devoit en ces derniers mouvemens. Il fut de là disner au Chasteau Trompette avesques les principaux de la court et en suitte tenir sur les fons le fils de M^r le mareschal de Roquelaure (1).

Puis le lendemain mardy dernier jour de septembre (2), il fut disner et coucher a Cadillac (3) cheux M^r d'Espernon, ou il fut superbement receu, et revint le lendemain premier jour d'octobre (4); et le jour d'apres M^r le Prince s'en alla de la court.

Le 4me arriverent a Bordeaux Mr de la Force (5) et le premier president de Pau, sans apporter la verifi-

---

(1) Un des fils puînés du maréchal de Roquelaure et de Suzanne de Bassabat, sa seconde femme.

(2) Le mardi était le 29 septembre : ce fut en effet le 29 que le roi vint à Cadillac.

(3) Cadillac, chef-lieu de canton de l'arrondissement de Bordeaux, sur la rive droite de la Garonne. Le duc d'Épernon y avait fait construire un magnifique château.

(4) Le roi ne revint point de Cadillac à Bordeaux. On voit dans le *Journal d'Hérouard* qu'il partit le 30 septembre de Cadillac, passa la rivière et monta à cheval pour se rendre le même jour à Preignac, où il demeura jusqu'au 10 octobre. Les faits que raconte Bassompierre dans les jours suivants se passèrent donc à Preignac, et non à Bordeaux.

(5) M. de la Force était alors gouverneur du Béarn. — Le premier président de la cour souveraine de Béarn était M. de Cazaux.

cation (1) de l'arrest de restablissement des ecclesiastiques de Bearn dans leurs biens comme il a esté dit cy dessus que l'assemblée de Loudun [n']avoit demandé que les trois articles du restablissement des conseillers de la Religion au parlement de Paris, de la prolongation pour trois ans des places de seureté, et du changement de gouverneur a Leitoure, ce quy avoit [esté] entierement executé avant les six mois, neammoins ceux de Bearn pretendoint qu'ils pourroint faire, dans un mois apres, leurs remontrances contre cet arrest, et qu'icelles ouies, le roy feroit ce qu'il verroit bon estre là dessus. Le roy fut fort indigné de voir qu'ils n'avoint point verifié ledit arrest : toutefois ils sceurent sy bien persuader au roy qu'ils ne manqueroint de le faire, et qu'il leur avoit encores esté permis par la concession que le roy avoit faite a l'assemblée de Loudun, de venir faire cette derniere remontrance avant le verifier, et qu'ils promettoint d'aller le faire promptement verifier s'il plaisoit au roy de leur permettre d'y retourner, que le roy les renvoya promptement pour cet effet, et quand et eux le sieur de la Chainée (2) un de ses ordinaires, tant pour en solliciter la prompte verification que pour luy en mander a toute heure des nouvelles. Et cependant Sa Majesté partit de Bordeaux et s'avança sept lieues vers (3) le Bearn en un bourg nommé Prei-

---

(1) Les précédentes éditions portaient : *ratification*.

(2) Le sieur de la Chesnaye, gentilhomme ordinaire de la maison du roi, était lui-même huguenot. Cependant il demeura fidèle au service du roi dans la guerre qui eut lieu l'année suivante.

(3) Aux précédentes éditions il y avait : *dans*.

gnac (1) vis a vis de Cadillac au deça de la Garonne pour estre plus proche de Bearn pour s'y acheminer en cas qu'ils n'executassent punctuellement sa volonté, et y demeura onse jours entiers (2).

En ce temps se donna la fameuse bataille de Prague, quy rendit l'empereur pour lors maitre de l'Allemaigne (3).

Au bout de dix jours la Chainée revint trouver le roy le 8me d'octobre (4), sy mal instruit de ce quy s'estoit passé, qu'il ne luy peut dire autre nouvelle sinon que les desputés du parlement de Pau luy viendroint le lendemain porter ce qu'ils avoint resolu, ce qu'ils firent aussy le 9me (5) : mais ce fut un refus de pouvoir entrer en verification dudit arrest, portés, a mon avis, sur l'opinion qu'ils eurent qu'en la sayson bien avancée le roy ne s'embarqueroit pas dans le Bearn, quy est au pié des Pyrenées, et sur ce que l'on leur manda que tous les bagages de la court estoint

---

(1) Preignac, village du canton de Podensac, arrondissement de Bordeaux, sur la rive gauche de la Garonne, par conséquent en deçà par rapport au Béarn.

(2) Le roi en effet demeura onze jours à Preignac, ce qui n'eût pas eu lieu s'il fût retourné de Cadillac à Bordeaux : c'est ici que Bassompierre est dans le vrai.

(3) La bataille de Prague, dans laquelle l'électeur palatin Frédéric V, élu roi de Bohême, fut défait par le comte de Buquoi, général des troupes de l'empereur Ferdinand II, et par le duc Maximilien Ier de Bavière, se livra le 8 novembre 1620.

(4) Ces mots : *le* 8me *d'octobre*, ont été rajoutés ; ils ne s'accordent pas avec ceux-ci : *au bout de dix jours*, puisque La Chesnaye n'était parti que le 4 octobre. Ces derniers mots auraient dû être effacés.

(5) Cette date est ajoutée en interligne. — Les députés de la cour souveraine de Béarn étaient les sieurs du Four et de Marca.

desja a Blayes pour nous en retourner. Le roy n'attendit point a leur faire response l'avis de son conseil, mais de luy mesme leur dit : « Puis que mon parlement me veut donner la peine d'aller moy mesme verifier l'arrest, je le feray, et plus amplement qu'ils ne l'attendent », et sur ce entra en son conseil, resolu de partir, mais neammoins voulant sçavoir l'opinion d'un chascun sur ce sujet.

Dans le conseil estoint Mr du Maine, M^r d'Espernon, Mr de Pralain, Mr de Luynes, monsieur le garde des sceaux du Vair, Mr de Chomberg, Mr de Crequy, et moy. Mr du Maine discourut amplement pour dissuader le roy d'entreprendre ce voyage, se fondant sur l'incommodité du païs et de la sayson ; sur la crainte de soulever tout le party de la Religion, lequel pourroit faire de plus grands progres (cependant que le roy seroit en l'extremité de son royaume) dans la France, que luy en Bearn ; sur la disette des vivres dans les Landes pour son armée; sur le long retardement du passage de la Garonne a son armée, quy de douse jours ne sçauroit estre trajettée, et sur plusieurs autres raysons. Tous les autres du conseil prindrent la contraire opinion, animans le roy d'entreprendre le voyage de Bearn, a quoy le roy se resolut, et dit a Mr du Maine : « Je ne me mets point en peine du temps ny des chemins ; je ne crains point ceux de la Religion ; et quant au passage de la riviere que vous dittes que mon armée ne sçauroit faire en douse jours, j'ay un moyen de la faire passer en huit : car j'envoyeray la mener par Bassompierre que voyla, quy m'a mené l'armée avesques laquelle je viens de deffaire un grand party, en la moytié moins de temps que je ne l'avois esperé. » J'avoue que je sentis mon cœur chastouiller par cette louange et par la bonne opinion que le roy avoit de moy, auquel je respondis que je l'asseurois que l'esperance qu'il avoit conceue de ma diligence ne seroit point vaine et que dans peu il en auroit des nouvelles.

Sur cela je pris congé de luy et m'en vins coucher a Langon (1), de l'autre costé de la riviere, sur laquelle l'armée estoit espandue en divers villages et bourgs. Je portay des lettres du roy a Mrs de la Curée et de Constenant quy la commandoint pour venir trouver Sa Majesté, ce qu'ils firent. Et ayant envoyé en diligence ramasser tous les batteaux que je peus, je les partageay aux regimens et compagnies, sans la vouloir assembler pour le passage. Je fis joindre deux batteaux en un et faire des pontons dessus, sur lesquels je posay, le 10me d'octobre (2), deux pieces d'artiglerie. J'en fis joindre deux autres sans pontons, sur lesquels je mis les affuts, et en quatre voyages je passay l'artiglerie, et a force d'argent je fis en sorte qu'en tout le lendemain les munitions et vivres furent passés, et toute l'armée aussy, et vinsmes coucher en un bourg a une lieue de la riviere.

Le lendemain 11me (3) nous entrames sur le bord

---

(1) Langon, chef-lieu de canton de l'arrondissement de Bazas, département de la Gironde, est situé sur la rive gauche de la Garonne ; l'armée était encore de l'autre côté de la rivière, qu'il s'agissait de lui faire passer.

(2) Date ajoutée en interligne.

(3) Ou plutôt le 12 : c'était le 11 que l'on avait dû, après le passage de l'armée, aller coucher en un bourg à une lieue de la rivière.

des Landes et les passames tout le jour et couchames a Catchicot(1); le jour d'apres a un autre bourg; et le quatrieme jour apres nostre passage je vins sur cette lisiere de l'Armaignac et du Bearn loger a Saint-Justin d'Armaignac(2), ou j'eus un courrier du roy quy estoit extremement satisfait de ma diligence, et que j'eusse reduit a vingt quattre heures les douse jours que Mr du Maine nous donnoit a passer la Garonne, l'ayant costoyé en toutes ces journées (3). Il me commanda de luy envoyer le regiment de Champaigne et quelques autres trouppes pour mettre en garnison dans le Bearn, et de n'y entrer point, de peur de mettre la famine tant dans sa court que nostre armée.

Je sejournay donc a Saint-Justin, allant quelquefois visiter les trouppes logées a la Bastide, a Barbotans(4), et ailleurs, avesques les officiers de l'armée quy me firent tous cet honneur de ne bouger d'aupres de moy, non pas mesmes pour aller seulement a Pau.

En fin M^r le mareschal de Pralain s'en vint de [Pau a] (5) Saint-Justin le 20me d'octobre, quy m'apporta

---

(1) Peut-être Captieux, chef-lieu de canton de l'arrondissement de Bazas, mais plutôt Giscos, village du canton de Captieux, situé plus à l'est et en dehors de l'itinéraire du roi.

(2) Saint-Justin, village du canton de Roquefort, arrondissement de Mont-de-Marsan, était plutôt sur les confins des Grandes-Landes et de l'Armagnac, à une certaine distance du Béarn.

(3) C'est-à-dire : ayant côtoyé le roi. Ce prince, parti de Preignac le 10 octobre, était arrivé le même jour à Casenove : le 12 il vint par Captieux à Roquefort, le 13 à Grenade-sur-l'Adour, et le 14 à Arzac.

(4) La Bastide-d'Armagnac, petite ville; Barbotan, village; dans le canton de Cazaubon, arrondissement de Condom, département du Gers.

(5) Inédit.

1620. OCTOBRE.   215

une fort favorable lettre du roy avec ordre de renvoyer l'armée aux garnisons qu'il luy avoit destinées, et par les routtes qu'il m'envoya (1).

Ce fait, nous partimes, M' le mareschal et moy, le 21me, de Saint-Justin, et vinmes coucher a Catchicot, le 23me a Basas, et le 24me a Bordeaux.

Le roy y arriva le lendemain 25me, de quy j'attendois toute bonne reception : mais au contraire il ne me regarda pas; dont je fus un peu estonné. Toutefois je m'approchay de luy et luy dis : « Sire, me faites vous la mine a' bon escient, ou sy vous vous mocqués de moy? » Il me dit froydement : « Non, je ne vous la fais point », et puis se retourna d'un autre costé.

Je ne pouvois m'imaginer d'ou me pouvoit venir cette froideur depuis ses favorables lettres et mon depart d'aupres de luy; et estant allé saluer M' de Luynes, il me receut sy froydement que je vis bien qu'il y avoit un grand changement pour moy. Je m'en revins neammoins a la galerie de l'archevesché ou estoit le roy, ou je n'eus gueres demeuré que M^rs le cardinal de Gondy (2), de Chomberg, et de Roucelay me tirerent a part et me dirent que M' de Luynes se plaignoit infi-

---

(1) Le roi était entré le 15 à Pau; le 17 il s'était porté à Navarreins, où il avait mis un gouverneur nouveau. Il rétablit les ecclésiastiques dans leurs anciens droits, restaura le culte catholique en Béarn, et supprima les milices nationales. Enfin le 20 furent publiées à Pau les lettres patentes du 18 portant réunion de la couronne de Navarre et de la souveraineté de Béarn à la couronne de France, et fusion des cours souveraines de ces deux pays en un seul parlement siégeant à Pau. Le roi partit de cette ville le même jour pour retourner à Bordeaux.

(2) C'est le même que le cardinal de Retz dont il a été déjà parlé. Voir sur lui la note à la page 155.

niment de moy, quy avois negligé son amitié et creu [pouvoir](1) sans elle me maintenir aux bonnes graces du roy; et qu'il disoit que l'on verroit lequel de nous deux auroit le pouvoir de mettre son compagnon par terre, que la faveur du roy ne se pouvoit partager, et que, l'ayant mis en ombrage, il ne me pouvoit plus souffrir a la court.

Je fus bien estonné de ces discours, et ce que je peus faire allors, ce fut de [tascher de] (2) sçavoir d'eux, quy estoint mes amis, de quel vent m'estoit ammenée cette tempeste puis que je n'avois jammais rien eu a desmesler avesques Mr de Luynes que j'avois toujours servy et contribué a sa fortune, et qu'il m'avoit promis et juré une estroitte amitié. Je leur demanday quelles causes Mr de Luynes alleguoit pour se separer de mon amitié et pour me persecuter, voire mesmes ruiner, s'il pouvoit. Ils me dirent qu'il leur en avoit donné cinq differentes :

La premiere, qu'au Pont de Sey le roy m'ayant montré en sa presence les articles de la paix que luy, Luynes (3), avoit minutées (4) et proposées, je dis au roy qu'apres tant de revoltes de ces messieurs, tant d'impunités ne me plaisoint pas, et que j'eusse voulu que quelque exemple eut donné terreur a l'avenir aux autres de n'estre pas sy prompts a se rebeller; et disoit Mr de Luynes là dessus que c'estoit improuver la paix qu'il avoit faitte;

---

(1) Inédit.
(2) Inédit.
(3) Le mot *Luynes* rajouté en interligne.
(4) Il y avait aux précédentes éditions : *que Luynes lui avoit montrés.*

Sécondement que, le roy arrivant a Poitiers au retour du petit voyage qu'il avoit fait a Tours pour voir la reine sa femme, comme on luy apporta nouvelle du retardement de la [venue de la](1) reine mere a Poitiers, je dis au roy : « Sur ma vie, Sire, que c'est un artifice de ses partisans pour empescher le voyage de Vostre Majesté en Guyenne »; ce que le roy imprima sy fort dans son esprit qu'il (2) avoit eu mille peines de luy faire attendre la reine sa mere a Poitiers ;

En troisieme lieu que, m'ayant prié plusieurs fois a disner a Bordeaux, je l'avois meprisé et n'avois daigné y aller ;

En quatrieme lieu que, le roy nous parlant a tous deux, a Preignac, de cette verification qu'il attendoit, j'avois dit au roy que sy ces messieurs luy donnoint la peine d'aller en Bearn, je luy conseillois de leur faire payer cherement son voyage; ce quy estoit porter le roy a la cruauté ;

Et finalement, que j'avois tellement preoccupé l'esprit du roy, qu'il ne croyoit rien de bien fait que ce que je faisois, veu que sans en demander l'advis de son conseil il avoit destrosné les mareschaux de camp que (par la demission que nous avions faitte, M' de Crequy et moy,) il avoit establis sur son armée, pour me la mettre en main : ce qu'il ne pouvoit souffrir, se sentant assés fort pour empescher le progres que je faisois journellement a son prejudice aux bonnes graces du roy.

---

(1) Inédit.
(2) *Il*, Luynes.

Quand j'eus consideré les causes de ce subit changement de l'amitié de Mr de Luynes vers moy, je jugeay bien qu'il cherchoit des pretextes pour me perdre, et [que] (1) n'en trouvant point de legitimes dans mes actions, il en inventoit (2) en mes paroles, desquelles malitieusement il pervertissoit le sens, comme je le fis clairement connestre a ces messieurs quy me parloint, lesquels ne me desguiserent point que c'estoit une pure jalousie de faveur quy le possedoit lors, et qu'estant en la posture ou il estoit, il avoit toujours les yeux ouverts sur tous ceux qui pouvoint divertir l'affection que le roy luy portoit, et que considerant la grande inclination du roy a m'aymer, il me regardoit comme le chien quy le devoit mordre, et qu'ils ne trouvoint pas estrange qu'il me voulut baillonner; qu'au reste il leur avoit dit pour me faire sçavoir ces cinq causes de son divorce (3), et que c'estoit moy a y respondre, et qu'ils luy porteroint fidellement ce que je leur consignerois pour luy mettre en main, et ayderoint de toute leur puissance a raccommoder cette affaire ; qu'ils connoissoint au cœur de Mr de Luynes que le fond en estoit bon, et que je pouvois, par ma moderation et mon bon gouvernement vers le roy, remedier a la jalousie de son favorit.

Je leur dis donc pour respondre par articles aux plaintes de Mr de Luines, que j'eusse bien creu qu'il eut deu trouver estrange que j'eusse conseillé au roy d'approcher pres de sa personne les ennemis dudit

---

(1) Inédit.
(2) Il y avait aux précédentes éditions : *inventeroit*.
(3) Il y avait : *mécontentement*.

duc de Luynes ; mais qu'il eut trouvé mauvais que j'eusse dit au roy qu'il devoit chastier ses propres ennemis (1), ausquels il avoit conseillé de pardonner, que je ne me le fusse jammais imaginé, attendu que c'estoit parler en sa faveur et tesmoigner sa grande debonnaireté de pardonner a ceux quy l'avoint offensé, quand les indifferens en jugeoint quelques uns de ceux là indignes de cette grace ;

Que j'avois conseillé, selon mon devoir et ma conscience, au roy de haster son voyage de Guyenne, et de luy avoir fait connestre qu'en dilayant il perdoit la belle sayson et nuysoit a ses affaires; que je ne luy avois pas donné ce conseil en secret ny en cachettes, mais en sa propre presence, affin qu'il le peut fortifier s'il le desiroit, ou l'infirmer s'il ne luy aggreoit pas, et que sy lors j'eusse veu qu'il n'y eut acquiescé, j'eusse cessé de l'opiniatrer et me fusse rendu a la premiere semonce ; et que ce n'estoit point de propos deliberé que j'estois venu donner cet avis au roy, mais bien en suitte d'une proposition qu'il en avoit faite, et plustost par maniere de discours que de conseil ;

Qu'il prenoit en suitte un foible pretexte de rompre avesques moy parce que je n'estois pas allé charger sa table de ma personne quelquefois qu'il m'en avoit convié, veu que ma modestie et la profession [particuliere] (2) que je faisois d'estre son serviteur m'avoit fait faire l'honneur de sa mayson aux estrangers en leur cedant ma place a sa table, et que la mienne ou tous les principaux seigneurs venoint journellement

---

(1) Les ennemis de Luynes.
(2) Inédit.

disner et souper, et quy luy servoit de seconde table et de descharge a la sienne, requeroit ma presence par bienseance ;

Que je ne faisois autre response a sa quatrieme plainte sinon que l'effet avoit demontré que je donnois un bon conseil au roy puis qu'il luy avoit fait suyvre punctuellement ;

Que finalement j'estois bien malheureux sy les bons services que je rendois au roy et quy luy donnoint cette bonne impression de moy, me tournoint a crime, et que je devois attendre un rude chastiment sy je faisois quelque faute veu que mes grands services estoint improuvés, et que s'il me vouloit prescrire et regler quelque forme de vie, je l'observerois sy punctuellement qu'il auroit a l'avenir sujet de croyre que je n'aspirois en quelque façon que ce soit a empieter les bonnes graces du roy que par mes services et par son moyen ; et que j'estimois sy peu, et craignois sy fort une faveur d'un prince cousue (1) d'inclination, que sy elle estoit par terre devant mes piés, je ne me daignerois pas baisser pour la relever.

Ces messieurs me dirent qu'ils feroint entendre a Mr de Luynes mes justes excuses sur ses injustes accusations, des le jour mesme s'ils pouvoint, sinon le lendemain 26me a Blayes ou le roy alla coucher ; qu'ils m'en rendroint response, ce qu'ils firent et me dirent qu'ils voyoint bien que Mr de Luynes avoit pris une sy forte ombrage de moy qu'il ne me pouvoit souffrir a la court, et que sy je m'en voulois eslongner, qu'il me

---

(1) Les précédentes éditions portaient : *conçue.*

feroit payer en mon absence tous mes appointemens fort exactement, et que dans quelque temps qu'il ne me vouloit pas limiter, il me feroit rappeler avec honneur et feroit en suitte pour moy tout ce qu'il pourroit.

Je trouvay cette proposition sy creue qu'elle me mit fort en colere. Je respondis a ces messieurs quy m'avoint envoyé querir cheux Mr le cardinal de Rets que ce n'estoit point un homme de ma sorte qu'il falloit traitter en faquin, le chassant honteusement de cette façon, et que je ne m'en irois point du tout ; que c'estoit ma resolution, laquelle je leur priois de faire sçavoir a Mr de Luynes ; que sy l'on soubçonnoit de mon integrité ou de ma fidellité, on me pouvoit mettre en prison pour esclaircir ce doutte, et que sy on l'averoit on me pouvoit chastier ; mais que de me chasser de la court pour sa fantaisie, toutefois et quantes que je voudrois preferer mon sejour a la court a ma liberté ou a ma vie, que je le deffiois de le pouvoir faire ; avesques beaucoup d'autres choses que la passion et la colere me firent dire.

Ces trois messieurs estoint mes amis quy vouloint m'ayder et m'obliger : ils me dirent que cette creue response ne partiroit point de leur bouche pour estre ditte a Mr de Luynes, et qu'ils n'estoint pas là seulement comme entremetteurs, mais comme mes amis quy me conseilleroint toujours et se porteroint a addoucir l'affaire et jamais a l'aigrir, et qu'ils estoint d'avis, sy j'y consentois, de dire de ma part a Mr de Luynes que je m'esmerveillois qu'il eut sy bien traitté ses ennemis au Pont de Sey, lesquels il estoit en sa puissance de persecuter justement (1) en se vengeant d'eux, et que moy quy avois mis ma vie pour son service, et quy avois, par son propre aveu, sy dignement agy en ces dernieres brouilleries ou il ne s'agissoit point de desposseder le roy de son estat, mais de l'eslongner d'aupres de luy, et que par consequent j'avois servy le roy, mais que c'estoit en ses interets particuliers [de luy Mr de Luynes] (2), il me voulut payer de cette ingratitude sans l'avoir meritée ; et que je m'asseurois que quand il reviendroit a luy, qu'il m'auroit mieux consideré, et pesé mes actions passées, il me jugeroit digne de beaucoup de recompense et point du tout d'un si vil chastiment comme de me chasser de la court avesques infamie, a quoy je ne me pourrois jammais resoudre.

Je leur laissay la carte blanche, les connoissant mes amis ; et eux me prierent que sans faire semblant de rien ny en parler a personne, je laissasse cette affaire en leurs mains ou elle n'empireroit point : ce que je fis, et m'en allay prendre le mot du roy, quy apres me l'avoir donné, se tourna d'un autre costé. J'avois desja bien pris garde qu'il estoit toujours demeuré a un bout du navire pendant le chemin de Bordeaux a Blayes pour ne s'approcher du lieu ou j'estois ; et venant tous les jours disner et (3) souper cheux Mr de Luxembourg quy traitta Sa Majesté trois jours durant qu'il fut a Blayes, le roy ne disoit mot a table, comme il avoit accoutumé et de rire incessamment avesques

---

(1) Il y avait aux précédentes éditions : *maltraiter infiniment*.
(2) Inédit.
(3) Il y avait : *ou*.

moy : cela me mettoit en peine ; car Mʳ de Luynes s'en faschoit et s'en prenoit a moy.

Le troisieme jour que le roy sejourna a Blayes, quy estoit le 29me d'octobre (1), je vins le soir au chasteau prendre le mot, et trouvant que le roy estoit a ses affaires (2), j'y entray comme j'avois de coustume. Le roy ne me dit mot sinon que peu apres s'estant levé, il me commanda de faire acheminer les Suisses vers Saintes, et que sa garde fut le lendemain au lieu ou il alloit coucher, et puis m'estant approché l'oreille pour luy demander le mot, il me dit : « Saint-Michel », puis adjouta : « Bassompierre, mon amy, ne t'ennuye point et ne fais semblant de rien. » Je ne luy respondis aucune chose, de peur que quelqu'un ne s'en apperceut ; mais je ne fus pas marry que la source de la bonté du roy ne fut pas tarie pour moy.

Sur cela je sortis pour faire prendre les armes aux Suisses, parce que le roy devoit bientost aller cheux Mʳ de Luxembourg pour y souper. Comme j'estois en cette place devant le chasteau, arriverent Mʳˢ du Maine et d'Espernon que le roy avoit envoyé querir, quy appercevant les gardes sur leurs armes, creurent que l'on les alloit arrester. Mʳ d'Espernon me [prit par la main et me] (3) dit : « Parlés moy en cet ancien [et parfait] (4) amy que vous m'estes depuis longtemps :

---

(1) Le roi partit de Blaye le 29 pour aller coucher à Mirambeau : le fait que raconte Bassompierre se passa donc plutôt le 28.

(2) On peut voir dans le *Journal d'Hérouard* ce que signifie cette expression.

(3) Inédit.

(4) Inédit.

nous vast-on coffrer? » Je luy dis : « Je ne le crois pas; car je n'en sçay rien, et je serois infailliblement un des violons quy vous feroint danser sy cela estoit. » « Pourquoy donc a-t-on pris les armes? » me dit il. Je luy respondis : « Je les viens de faire prendre de moy mesme parce que le roy, apres vous avoir parlé, vient souper cheux Mr de Luxembourg. » Il me dit lors : « Nous courons grande fortune d'estre arrestés, et pour moy j'en ay grand peur, mais quoy qu'il arrive, promettés moy que vous serés mon amy et que vous m'assisterés de ce que vous pourrés, et sy vous me le promettés, je sçay que vous le ferés avesques autant de passion qu'aucun de mes enfans. » Je luy dis a l'heure les plus fortes parolles dont je me peus aviser pour l'en asseurer. En mesme temps ils furent delivrés de cette apprehension; car le roy sortit et les mena soupper avec luy, ou il leur parla de tout ce qu'il desiroit d'eux quand il seroit hors de la province.

Le roy partit de Blayes le 30me et arriva la veille de la Toussaints a Saintes (1), ou il sejourna pour y faire ses pasques.

Novembre. — Le soir Mr de Rouccelay me vint trouver apres soupper et me dit pour finale resolution, que Mr de Luynes voudroit mon eslongnement toutes les fois que la moindre humeur luy prendroit contre moy, et peut estre des que nous arriverions a Paris; mais qu'il ne le feroit que honorablement et

---

(1) Comme il a déjà été dit, le roi partit le 29 de Blaye pour Mirambeau; il se rendit le 30 de Mirambeau à Pons, et le 31 de Pons à Saintes.

sans que mon absence fut honteuse ; et que je luy disse pour cet effet ce que je desirois (1) ; que Mʳ de Chomberg et Mʳ [le cardinal] (2) de Rets l'avoint chargé de me le venir dire en leur nom de tous trois, et que j'avisasse de faire une response quy n'aigrit rien.

J'avois eu trois jours pour penser, en cas que l'on me pressat, par quelle porte je pourrois honorablement sortir. C'est pourquoy, sans marchander, je luy dis que toutes les fois qu'il me feroit donner quelque gouvernement, je m'y irois tenir; que s'il me donnoit un employ de guerre honorable, je l'irois executer ; s'il m'envoyoit en une ambassade extreordinaire, je m'en acquitterois ; et que pourveu que je servisse [en absence] (3), je la (4) prefererois a mon sejour inutile a la court : ce que Mʳ de Rouccelay ayant rapporté a ces messieurs qui estoint tous deux cheux Mʳ de Luynes, ils trouverent ma response sy bonne qu'ils ne differerent point de la dire a Mʳ de Luynes, ny luy a l'accepter, les asseurant que le lendemain par les chemins il s'accorderoit avesques moy sous ces conditions ; comme il fit de fort bonne grace, et me dit franchement que l'estime qu'il faisoit de moy et l'affection qu'il voyoit le roy me porter, luy donnoint de l'ombrage, et qu'il estoit comme un homme quy craignoit d'estre coquu, lequel n'aymoit pas de voir un fort honneste homme courtiser sa femme ; que du

---

(1) Il y avait aux précédentes éditions : *voulois*.
(2) Inédit.
(3) Inédit.
(4) Il y avait : *le*.

reste il avoit une forte inclination a m'aymer, comme il me vouloit tesmoygner pourveu que je ne fisse point les doux yeux a sa maitresse (1) : et le soir mesme me fit parler au roy quy me fit fort bonne chere et me dit que je me preparasse pour revenir en poste le lendemain avesques luy, ce que nous fismes.

Ayant pris la poste a Poitiers, nous allames coucher a Chastelleraut. Comme nous estions dans la forest (2), je dis a Mr de Luynes : « Monsieur, avés vous bien pensé a ce que vous faites de hasarder le roy dans une place huguenotte avesques trente chevaux de poste? Ces gens sont enragés de ce que vous leur venés de faire en Bearn, et vous vous venés jetter entre leurs mains : il n'y a point de riviere a passer de Chastelleraut jusques a la Rochelle. » Il prit bien mon propos et fut en grand suspens, et le dit au roy, lequel dit : « Il y a plus de catholiques en la ville que de huguenots : La Rochebeaucourt (3) quy en est gouverneur est homme de bien ; aussy est Foucaut (4) le lieutenant ; Du Jon (5) quy y a une

---

(1) Dans les différentes copies et dans les éditions précédentes il y avait : *Sa Majesté*.

(2) Dans la forêt de Châtellerault.

(3) Jean de la Rochebeaucourt, seigneur de Soubran, avait épousé sa cousine Jeanne de Galard de Béarn. Sa fille, Catherine de la Rochebeaucourt, épousa Louis Chabot, comte de Jarnac.

(4) Gabriel Foucault, seigneur de Saint-Germain-Beaupré, fils de Gaspard Foucault, seigneur de Saint-Germain-Beaupré, et de Gabrielle Rance, devint en 1623 lieutenant général en Haute et Basse-Marche. Il mourut en 1633.

(5) Le capitaine du Jon était un de ceux qui accompagnaient le roi Henri IV dans cette entreprise qu'il tenta pour aller sous un déguisement voir la princesse de Condé dans une de ses terres.

compagnie, est creature du feu roy mon pere (1) : je vous respons de nostre seureté. » Ce que nous trouvasmes aussy, et y vinsmes coucher.

Le lendemain nous couchames a Veve sur Loire (2), et le jour d'après vinmes pour disner a Orleans : mais comme le roy eut veu la quantité de gens quy luy venoint faire diverses harangues, il me demanda sy mon cheval estoit bon, et luy ayant dit que ouy, il piqua outre, moy luy servant d'escuyer, et s'en vint a Toury (3) que nous n'estions que cinq chevaux avesques luy.

Le lendemain 6me de novembre le roy arriva avec quarante chevaux de poste sur les dix heures du matin a Paris (4), et vint descendre cheux la reine sa mere quy achevoit de s'habiller.

Le soir Mr de Luynes luy fit festin, et le lendemain

---

(1) Dans les précédentes éditions la phrase était ainsi : *La Rochebeaucourt, qui en est gouverneur, est homme de bien aussi, et Foucaut, lieutenant du Roi, qui y a une compagnie, est créature du feu Roi mon père.*

(2) Veuves, village du canton d'Herbault, arrondissement de Blois, sur la rive droite de la Loire. Le *Journal d'Hérouard* dit que le roi coucha au château d'Escures; mais Escures est sur le territoire de Veuves.

(3) Toury, bourg du canton de Janville, arrondissement de Chartres. Le roi fit ce jour-là 14 postes en neuf heures.

(4) Le roi arriva seulement le 7 novembre à Paris. Voici d'après le *Journal d'Hérouard* son itinéraire depuis Saintes : le 2 il vint coucher à Aulnay, le 3 à Melle, le 4 à Châtellerault, le 5 à Escures (ou Veuves), et le 6 à Toury. La conversation de Bassompierre avec Rucellaï eut donc lieu à Aulnay et non à Saintes, ou bien il y eut un jour d'intervalle entre cette conversation et celle qu'il eut par les chemins avec Luynes.

le mena à Lesigny (1) en attendant que son train fut arrivé.

Decembre. — De là le roy s'en alla (2) en Picardie jusques a Calais d'ou il envoya M^r le mareschal de Chaunes vers le roy de la Grand Bretaigne, et se resolut en mesme temps de m'envoyer son ambassadeur extreordinaire vers le roy d'Espaigne son beau pere pour luy redemander la Valteline (3) quy avoit esté occupée peu auparavant sur les Grisons, anciens alliés du roy, par le duc de Feria (4) gouverneur du duché de Milan, et m'envoya un courrier avesques un ordre a Mr de Chomberg de me fournir dix mille escus pour les frais de mon voyage, et a moy de me preparer pour partir incontinent apres qu'il seroit de

---

(1) Il y a encore ici une légère erreur : le roi partit en effet le 8, lendemain de son arrivée, mais pour Saint-Germain ; après quelques excursions dans les environs de Paris, il se rendit seulement le 17 de Fresnes à Lésigny, où il demeura quatre jours ; le 21 il revint à Paris. (*Journal d'Hérouard.*)

(2) Il y avait aux précédentes éditions : *De là le mena.*

(3) La Valteline, pays arrosé par l'Adda, et situé entre le comté du Tyrol et le duché de Milan, avait appartenu aux ducs de Milan qui l'avaient cédée aux Grisons à l'époque des guerres de la France en Italie. Ce pays était convoité par les Espagnols, possesseurs du Milanais, comme passage pour les armées entre l'Allemagne et l'Italie. La différence de religion entre les Valtelins catholiques et les Grisons protestants vint en aide à leurs desseins. Le 19 juillet 1620, une entreprise conduite par Giacomo Robustelli, noble valtelin, enleva le pays aux Grisons. Les Espagnols ne tardèrent pas à se déclarer ouvertement et à mettre la main sur la Valteline.

(4) Gomez de Figueroa et de Cordova, troisième duc de Feria, fils de Laurent, deuxième duc de Feria, et d'Isabelle de Cardenas, avait succédé en 1618 à don Pedro de Tolède dans le gouvernement du Milanais. Il mourut en 1634.

1621.

JANVIER.

Des le commencement de l'année 1621 je fus extremement pressé de partir et on m'avoit desja donné mon instruction quand, pour le desir de passer les Rois a la court, tantost sur une difficulté que je proposay en ma dite instruction, tantost sur quelque autre sujet, je demeuray encores huit jours apres avoir eu toutes mes despesches, et fis partir en quinse diverses bandes, en poste, quelque sept vingts personnes quy vindrent avesques moy, parmy lesquels il y avoit pres de quarante gentilshommes que je voulus deffrayer tant de la bouche que des postes, de Paris a Madrid, et au-retour de Madrid jusques a Paris, faisant mesmes porter toutes leurs hardes a mes despens.

Au commencement de janvier vindrent nouvelles de la mort de madame la duchesse de Rets (4) ; et

---

(1) L'auteur avait ajouté ici en interligne : *le 7 novembre*, qui est la date exacte du retour de Guyenne. On ne sait pourquoi les précédents éditeurs avaient mis : *le 10 décembre*.

(2) Et madame la duchesse de Luynes accoucha d'un fils le jour de Nouel.   *(Addition de l'auteur.)*

(3) Le *Journal d'Hérouard* vient encore ici rectifier les dates de Bassompierre. Le roi n'était pas de retour à Paris pour les fêtes de Noël. Parti le 14 décembre pour la Picardie, il était le 17 à Amiens, le 20 à Péquigny chez le maréchal de Chaulnes, le 21 à Abbeville, le 24 à Boulogne, le 26 à Calais, où il resta jusqu'au 31. Ce fut seulement le 12 janvier 1621 qu'il revint de Chantilly à Paris.

(4) La duchesse de Retz était morte le 20 novembre 1620.

comme M⁰ le Prince s'imagina que M⁰ le cardinal de Rets son oncle (1), et M⁰ de Chomberg son allié (2), proposeroint de le remarier avesques la niece de M⁰ de Luynes, la jeune Combalet (3), ce quy eut attiré toute l'affection dudit duc de Luynes de leur costé et [l'eut] peut estre eslongnée de M^rs le Prince et duc de Guyse, M⁰ le Prince s'avisa de me proposer a M⁰ de Luynes pour l'espouser, ce quy plut merveilleusement a M⁰ de Luynes quy se vouloit asseurer de moy et m'avancer a cause d'une certaine inclination qu'il avoit de m'aymer, et pour me croire utile a sa fortune : ce qu'il (4) communiqua a M⁰ de Guyse, affin d'y ayder de sa part, et luy dit qu'il falloit qu'il disposat madame la princesse de Conty de me persuader d'embrasser ce

---

(1) Oncle du duc de Retz.

(2) M. de Schomberg était alors veuf de Françoise d'Espinay, fille de Claude d'Espinay, comte de Durtal, lequel avait pour mère Marguerite de Scepeaux, comtesse de Durtal, cousine de la duchesse de Retz. De plus Marie de Rieux, mère de la duchesse de Retz, avait pour frère consanguin Guy de Rieux, dont la mère, Madeleine d'Espinay, était tante de Mme de Schomberg.

(3) N. de Grimoard de Beauvoir du Roure, fille puinée de Claude de Grimoard de Beauvoir du Roure, seigneur de Combalet, et de Marie d'Albert, sœur du duc de Luynes. C'est d'elle sans doute que parle Tallemant des Réaux dans l'*Historiette de M. de Mayenne* (t. I, p. 503), lorsqu'il dit : « M. de Mayenne n'estoit point marié. On parloit de le marier ; mais on ne sçait, fier comme il estoit, s'il y eust consenty : c'estoit à une sœur de Combalet. Combalet estoit cadet, mais gentilhomme. Cette fille, voyant M. de Mayenne mort et M. de Luynes en suitte, eut assez de cœur pour se faire carmélite ; elle vit encore. » (En 1657.)

La sœur ainée de cette « jeune Combalet » avait épousé, le 31 mai 1620, Charles de Créquy, sire de Canaples, second fils de M. de Créquy.

(4) *Il*, le prince de Condé.

party, que luy de son costé m'en feroit parler par madame la Princesse sa femme, sçachant, luy disoit il, que les dames ont grand pouvoir sur moy (1).

Fevrier. — Je pris congé le 9me fevrier du roy et de la court, et parce que ce soir là il y avoit bal en la salle de Mr de Luynes, j'y menay madame la comtesse de Rochefort en la suitte de la reine. Comme je fus en haut, mesdames les princesses quy rioint bien fort, me tirerent en une fenestre, et au lieu de me parler crevoint de rire : en fin elles me dirent que j'avois autrefois parlé d'amour a de belles dames, mais que jammais deux dames de sy bonne maison ne m'avoint parlé de mariage que maintenant qu'elles m'en venoint requerir. Je fus longtemps a deschiffrer leur discours : en fin elles me dirent que le mary de l'une et [le] (2) frere de l'autre les avoint chargées de me seduire, mais que c'estoit en tout honneur et en loyauté de mariage, et qu'il falloit que je donnasse pouvoir a M^r le Prince et a Mr de Guyse de traitter et conclure (3) l'affaire pendant que je serois en l'ambassade extreordinaire d'Espaigne, et de le dire a Mr de Luxembourg apres l'avoir prié de me vouloir assister en cette recherche ; ce qu'il me fallut forcement faire : et puis ayant pris congé d'elles, je partis le lendemain mercredy 10me jour de fevrier et vins coucher a Estampes, puis a Saint Laurent des Eaux,

---

(1) Et particulièrement la princesse de Condé et la princesse de Conti. Cette dernière, à ce qu'il parait, n'était pas encore unie par mariage à M. de Bassompierre.

(2) Inédit.

(3) Il y avait aux précédentes éditions : *conduire*.

de là a Montrichart, a la Haye, a Vivonne, a Aigres, et a Montlieu (1).

Puis le mercredy 17me je vins a Bordeaux (2) ou je demeuray le lendemain pour l'amour de M^rs d'Espernon. et de Roquelaure, et vins le vendredy 19me coucher seulement a Belin, puis a Castets, apres avoir disné a la Harie (3) ou j'eus nouvelles de ce quy estoit arrivé a Mr de Fargis (4), et vins coucher a Castets, et le dimanche 21me j'arrivay a Bayonne ou M^r le comte de Gramont (5) me fit durant quatre jours que j'y demeuray, la meilleure chere du monde, et a tous les gentilshommes quy m'accompagnoint.

J'en partis le jeudy, premier de caresme et le 25me du mois, avesques Mr de Gramont quy me vint conduire et deffrayer encores jusques a Saint Jean de

---

(1) Saint-Laurent-des-Eaux, bourg du canton de Bracieux, et Montrichard, chef-lieu de canton, arrondissement de Blois. — La Haye, dans le département d'Indre-et-Loire. — Vivonne, chef-lieu de canton de l'arrondissement de Poitiers. — Aigre, dans le département de la Charente. — Montlieu, chef-lieu de canton de l'arrondissement de Jonzac (Charente-Inférieure).

(2) M. de Bassompierre logea à Bordeaux chez M. Prugues; il fut salué par MM. de Martin et Bonalgues, jurats, et par le procureur-syndic. (*Continuation à la Chronique bourdeloise*, p. 4.)

(3) Belin, chef-lieu de canton de l'arrondissement de Bordeaux, à 9 lieues S. de cette ville. — Castets, chef-lieu de canton de l'arrondissement de Dax, département des Landes. — La Harie, village du canton d'Arjuzan, arrondissement de Mont-de-Marsan.

(4) Charles d'Angennes, seigneur du Fargis, comte de la Rochepot par sa femme, fils de Philippe d'Angennes, seigneur du Fargis, et de Jeanne de Hallwin, était ambassadeur ordinaire en Espagne. — Son aventure est racontée plus loin.

(5) M. de Gramont était gouverneur et maire perpétuel et héréditaire de Bayonne.

Lus (1), ou me vindrent nouvelles que par la mort du pape Paul cinquieme, le pape Gregoire quinsieme, Lodovisio (2), luy avoit succedé.

Nous allames voir le Socoua (3) ou le roy desseignoit de faire un havre, et au dessus un fort (4), puis vinsmes descendre a Sinbourre (5). Ceux de Saint Jean de Lus danserent le soir un ballet devant moy, quy pour des Basques estoit aussy beau qu'il pouvoit estre (6).

Comme nous venions de Bayonne a Saint Jean de Lus, nous vismes en mer plus de cinquante petites barquettes [a une voile] (7) quy donnoint chasse a une baleine quy s'estoit fait voir le long de la coste avesques son balena; et le soir sur les onse heures nous eumes nouvelles comme le petit balena avoit esté pris, que nous fusmes voir le lendemain matin vendredy 26me; nous le fusmes voir sur la greve ou l'on l'avoit eschoué en haute mer (8). Il estoit de quelque

---

(1) Saint-Jean-de-Luz, chef-lieu de canton de l'arrondissement de Bayonne, à six lieues sud-ouest de cette ville, sur la rive droite de la Nivelle, près de son embouchure.

(2) Paul V, Camille Borghèse, mourut le 28 janvier 1621. Son successeur Grégoire XV, Alexandre Ludovisio, cardinal, archevêque de Bologne, fut élu le 9 février 1621; il mourut le 8 juillet 1623.

(3) Le Socoa, petit port et fort à l'entrée de la baie de Saint-Jean-de-Luz, du côté opposé à la ville.

(4) Les précédentes éditions portaient : *un port*.

(5) Ciboure, village du canton de Saint-Jean-de-Luz, situé sur la rive opposée de la Nivelle.

(6) Il y avait aux précédentes éditions : *étoit fort beau*.

(7) Inédit.

(8) Pendant la haute mer.

cinquante piés de long [seulement] (1), et ceux du païs ne jugeoint pas qu'il y eut plus de huit jours qu'il fut né.

Apres la messe Jouan d'Arbelais, courrier major (2) d'Yronet de Guypuscua, vint disner avesques moy. M' de Gramont me vint conduire jusques sur le bord de la riviere [de Fontarabie quy divise la France de l'Espaigne] (3), et me dit adieu, et Jouan d'Arbelais m'ayant conduit une lieue par dela Yron (4) me laissa aller coucher a la *venta* de Marie Beltram (5).

Le samedy 27me je fus coucher a Segura (6).

Le dimanche 28me je passay le mont Saint Adrien (7), vins disner a Galarette et coucher a Vittoria (8).

Mars. — Le lundy premier jour de mars je vins coucher a Miranda de Aro (9).

Le lendemain je vins a Birviesca (10), et le jour d'apres a Bourgos d'ou, apres avoir veu *el santo crucifisso* (11) et la grande eglise quy est bien belle, j'en

---

(1) Inédit.
(2) *Correo mayor*, ou maître des postes.
(3) Inédit. — Cette rivière est la Bidassoa.
(4) Irun, ville de la province de Guipuscoa, sur la rive gauche de la Bidassoa.
(5) A quelque distance d'Irun sont les *ventas* (hôtelleries) d'Irun. La *venta* de Marie Beltram était sans doute du nombre.
(6) Segura, ville de la province de Guipuscoa.
(7) La sierra de San-Adrian sépare le Guipuscoa de l'Alava.
(8) Galarreta, bourg de la province d'Alava. — Vittoria, capitale de l'Alava.
(9) Miranda de Ebro, ville de la province de Burgos, en Vieille-Castille, sur la rive gauche de l'Ebre, et non loin de Haro.
(10) Briviesca, ou Birbiesca, ville de la province de Burgos.
(11) Le saint crucifix, image miraculeuse conservée à Burgos.

partis le lendemain jeudy 4me pour venir a Leerma(1), ou je fus voir la maison et les meubles quy sont bien rares.

Le vendredy 5me j'ouis messe en un des couvens de religieuses que le duc y a fait bastir, ou j'ouis une excellente musique des filles, et de là je m'en vins au giste a Aranda de Duero (2); le lendemain a Borseguillos, puis a Buitrago; et le lundy 8me j'arrivay a Alcovendas (3), auquel lieu monsieur l'ambassadeur ordinaire d'Espaigne quy estoit Mr du Fargis, comte de la Roche Pot, vint me voir et souper avesques moy, et M^r le comte de Chasteauvillain aussy (4), puis s'en retournerent la nuit coucher a Madrid.

Le mardy 9me jour de mars je partis d'Alcovendas l'apres disner pour venir a Madrid. Monsieur l'ambassadeur et le comte de Chasteauvillain, comme aussy la famille de tous les ambassadeurs, vindrent au devant de moy. Puis le comte de Baraxas (5) me

---

(1) Lerma, ville de la province de Burgos. Le duc de Lerme y avait récemment construit un magnifique château.

(2) Aranda de Duero, ville de la province de Burgos, sur la rive droite du Duero ou Douro.

(3) Boceguilla, bourg de la province de Ségovie, en Vieille-Castille. — Buitrago, ville de la province de Guadalajara, en Nouvelle-Castille. — Alcovendas, bourg de la province de Madrid, à trois lieues nord de cette ville.

(4) Scipion, comte de Chasteauvillain, fils de Ludovic Adjaceto, partisan florentin, devenu comte de Chasteauvillain par acquisition, et d'Anna d'Aquaviva, des ducs d'Atri, mourut en 1648, à l'âge de 68 ans.

(5) Don Diego Zapata, IIe comte de Barajas, seigneur de l'Alameda, fils de François Zapata, Ier comte de Barajas, et de Marie de Mendoza.

vint recevoir avesques les carrosses du roy, dans l'un desquels je me mis. Il estoit accompagné de beaucoup de noblesse : une tres grande quantité de femmes en carrosse sortirent hors de la ville pour me voir arriver. Je descendis au logis du comte de Baraxas, que l'on avoit somptueusement appresté pour m'y loger et deffrayer. Je trouvay là le duc de Monteleon, don Fernando Giron (1), don Carlos Coloma, et quantité d'autres seigneurs que j'avois connus en France ou ailleurs, quy m'y attendoint pour me saluer. Je fus de là saluer la comtesse de Baraxas (2) cheux laquelle il estoit venu quantité de dames pour l'ayder a me recevoir, et apres je m'en allay souper en une table de cinquante couvers quy m'a esté tenue tant que j'ay esté a Madrid. Le duc d'Ucede (3) envoya le soir un des siens pour me saluer de sa part.

Le mercredy 10me madame la princesse d'Espaigne (4) m'envoya visiter, et une grande partie des dames du palais, tant vieilles que jeunes, comme dona Maria de

---

(1) Hector Pignatelli, IVe duc de Monteleone, fils de Camille Pignatelli, IIIe duc de Monteleone, et de Hieronyma Colonna, fait grand d'Espagne en 1613, mourut en 1622, à l'âge de 48 ans. — Don Fernando Giron Ponce de Leon, fils de don Diego Giron et d'Isabelle Ponce de Leon.

(2) Dona Maria Sidonia, seconde femme du comte de Barajas.

(3) Christophe de Sandoval et Roxas, Ier duc d'Uzeda, fils aîné de François de Sandoval et Roxas, duc et cardinal de Lerme, premier ministre d'Espagne de 1598 à 1618, et de Catherine de la Cerda, avait pris la place de son père dans la faveur du roi. Il mourut en 1624.

(4) Elisabeth de France, femme du prince qui allait devenir Philippe IV.

Benavides(1), les comtesses de la Torre et de Castro(2), Leonor Pimentel (3), Anna Maria Menrique (4), Maria d'Aragon, Antonia de Mendossa, et autres. Monsieur l'ambassadeur venoit tous les matins disner avesques moy affin de m'ayder a faire l'honneur de la mayson. Apres disner je fus visité par l'archevesque de Pise, ambassadeur du grand duc; Cenamy, ambassadeur de Luques; du resident de Lorraine et de celuy de Gesnes. En suitte le duc d'Ossune (5) me vint saluer en apparat extreordinaire : car il estoit porté en chaise; il avoit une robe a la hongroise, fourrée de martre, et quantité de pierreries sur luy de grand prix; plus de vingt carrosses le suyvoint, remplis de seigneurs espagnols ses parens et amis, ou des seigneurs neapolitains, et a l'entour de sa chaise plus de cinquante capitaines *tenientes* ou *alferes reformados* (6),

---

(1) Dona Maria de Benavides, fille d'Emmanuel de Benavides, Ier marquis de Javalquinto, et de Catherine de Sandoval, était veuve d'Alvarez de Benavides, des comtes de San-Istevan.

(2) Maria Henriquez de Ribera avait épousé Gomez de Mendoza y Manrique, V[e] comte de Castro.

(3) Dona Leonor Pimentel, fille de don Diego Pimentel et de Leonor de Portugal.

(4) Anna-Maria de Lara et de Manrique, fille de Bernard de Cardenas, duc de Maqueda, et d'Aloysia de Lara et de Manrique, duchesse de Naguera, épousa Georges de Alencastro, duc de Torres-Novas. Elle mourut le 17 décembre 1660. — Aux précédentes éditions il y avait : **Henrique**.

(5) Don Pedro Acuna y Tellez-Giron, IIIe duc d'Ossuna, fils de Juan Acuna y Tellez-Giron, IIe duc d'Ossuna, et d'Anna-Maria de Velasco, né en 1579, avait été vice-roi de Naples, et l'un des trois chefs de la conjuration contre Venise. Soupçonné d'avoir aspiré à la royauté de Naples, il fut rappelé en 1620. Il mourut en prison en 1624.

(6) Capitaines-lieutenants ou enseignes réformés.

espagnols ou neapolitains. Il m'embrassa avec grande affection et privauté, me presenta toute sa suitte ; puis, apres m'avoir traitté trois ou quatre fois d'Excellence (1), il me fit souvenir qu'en un soupper cheux Zammet avec le roy (2), nous avions fait alliance ensemble et promis que je l'appellerois mon pere, et luy mon fils, et me pria de continuer de la sorte, comme nous fismes depuis sans nulle ceremonie. Il voulut en suitte saluer ceux quy estoint venus avesques moy, leur parlant toujours françois et disant tant d'extravagances que je ne m'estonnay point de la disgrace quy luy arriva peu apres. En ce mesme temps le duc de Pastrane, le comte de Saldaigne, et celuy d'Arcos (3) arriverent, et puis le comte de Benavente (4), don Baltasar de Suniga, et d'autres. Le soir le duc d'Eboly, le marquis de Mortare, et Jouan Tomas Cossa me vindrent aussy visiter.

Le jeudy 11me la comtesse de Lemos (5) et la duchesse de Villermose (6) m'envoyerent visiter, et apres

---

(1) Le titre d'Excellence se donnait aux grands d'Espagne et aux ambassadeurs étrangers.

(2) Avec le feu roi Henri IV.

(3) Pedro Lasso de la Vega, comte de los Arcos, fils ainé de Garcias Lasso de la Vega, seigneur de los Arcos, et d'Aldoncia Nino.

(4) Juan-Alonso Pimentel, VIIIe comte de Benavente, second fils d'Antonio-Alonso Pimentel, VIe comte de Benavente, et d'Aloysia Henriquez.

(5) Peut-être celle dont il est parlé plus loin à la page 267; peut-être aussi Catherine de Sandoval, épouse de Pierre de Portugal y Castro, VIIe comte de Lemos, son cousin-germain.

(6) Maria-Aloysia, fille et héritière de Ferdinand, des bâtards d'Aragon, VIe duc de Villahermosa, mariée à Charles Llançol y Borgia, devenu par elle VIIe duc de Villahermosa.

disner le comte de Keveniller (1) ambassadeur de l'empereur me vint saluer, et en suitte celuy d'Angleterre, de Venise, et les residens de Parme, d'Urbin, et de Modene. Des que je m'en fus delivré, les ducs de Penaranda, de Gandia, et de Villermosa (2) me vindrent voir, comme aussy les marquis de Mondejar (3) et de Canette (4), et don Augustin de Messia, du conseil d'Estat, que j'avois connu au siege d'Ostende ou il faisoit la charge de mareschal de camp general (5).

Le soir l'auditeur du nonce, quy faisoit les affaires du pape a cause que le nonce estoit party d'Espaigne pour aller prendre le chapeau de cardinal, me vint faire les complimens ordinaires et me montra la copie d'un bref qu'il devoit le lendemain donner au roy sur le sujet de la Valteline, quy estoit tres pressant et a

---

(1) François Christophe, comte de Kevonhüller, seigneur carinthien, fils de Barthélemy, comte de Kevenhüller, et de Blanca-Ludomilla de Thurn, sa seconde femme.

(2) Diego de Zuniga, II⁰ duc de Penaranda, fils de Jean de Zuniga, I⁰ʳ duc de Penaranda, et de Marie de Zuniga, comtesse de Miranda, mourut en 1626. — Charles Llançol y Borgia, VII⁰ duc de Gandia, fils ainé de François Llançol y Borgia, VI⁰ duc de Gandia. — Charles Llançol y Borgia, VII⁰ duc de Villahermosa, fils puiné de Jean Llançol y Borgia, I⁰ʳ comte de Majalde, et de Laurentia de Loyola, était oncle du duc de Gandia.

(3) Inigo de Mendoza, V⁰ marquis de Mondejar, second fils de Louis de Mendoza, IV⁰ marquis de Mondejar, et de Catherine de Mendoza, mort en 1646.

(4) Juan Hurtado de Mendoza, V⁰ marquis de Caneta, fils de don Garcias Hurtado de Mendoza, IV⁰ marquis de Caneta, et de Teresa de Castro.

(5) Aux précédentes éditions il y avait : *lieutenant général*. — Don Augustin Mexia, fils de Gonzalve Mexia Carrillo, marquis de la Garde, et d'Anna Manrique.

mon opinion plus hardy que je ne l'eusse esperé d'un nouveau pape a un roy d'Espaigne ; car il luy mandoit que pour la liberté d'Italie, de laquelle la restitution de la Valteline estoit importante et necessaire, il estoit resolu non seulement d'y employer les armes spirituelles, mais les temporelles aussy : et ledit auditeur m'asseura en suitte qu'il se joindroit en ma negociation selon l'ordre qu'il en avoit de Sa Sainteté quy en faisoit son propre affaire ; ce que precedemment les ambassadeurs d'Angleterre, de Venise, [et Savoye] (1) m'avoint dit de la part de leurs maitres, et l'ambassadeur de Florence aussy, mais ce dernier avesques plus de retenue et tesmoygnant plustost le mediateur que le participant, a cause des interets presque egaux quy le portoint tant du costé de France que de celuy d'Espaigne.

Sur le soir don Jouan de Seriça, secretaire d'Estat, me vint visiter de la part du roy, et me dire de plus, apres plusieurs belles paroles du contentement que le roy avoit de ma venue et de la bonne opinion qu'il avoit de moy, que j'aurois audience aussy tost que sa santé luy pourroit permettre. Il estoit fort vray qu'il estoit malade ; mais chascun croyoit qu'il le feignoit pour dilayer mon audience et mon expedition. Sa maladie luy commença des le premier vendredy de caresme(2), lors qu'estant sur des despesches, le jour estant froid, on avoit mis un violent brasier au lieu ou il estoit, dont la reverberation luy donnoit sy fort au visage que les gouttes de sueur en desgouttoint ; et de son naturel

---

(1) Inédit.
(2) Le 26 février.

il ne trouvoit jamais rien à redire, ny ne s'en plaignoit. Le marquis de Pobar (1), de quy j'ay appris cecy, me dit que voyant comme [l'ardeur de] (2) ce brasier l'incommodoit, [il] dit au duc d'Alve (3) quy estoit gentilhomme de la chambre comme luy, qu'il fit retirer ce brasier quy enflammoit la joue du roy : mais comme ils sont tres punctuels en leurs charges, il dit que cela appartenoit au sommelier de corps, le duc d'Ucede. Sur cela le marquis de Pobar l'envoya chercher en sa chambre ; mais par malheur il estoit allé voir son bastiment, de sorte que le [pauvre] (4) roy, avant que l'on eut fait venir le duc d'Ucede, fut tellement grillé que le lendemain son temperament chaud luy causa une fievre, cette fievre une eresipelle, et cette eresipelle tantost s'appaisant, tantost s'enflammant, degenera en fin en pourpre quy le tua.

La maladie du roy me donna loysir de recevoir toutes mes visites, et le lendemain vendredy 12me apres que monsieur l'ambassadeur fut arrivé, quy ammena le comte de Chasteauvillain et don Augustin Fiesque, le duc de Monteleon et don Fernando Giron me vindrent voir pour me donner bonne esperance du succes de l'affaire quy m'ammenoit en Espaigne. Apres disner j'eus l'ambassadeur de Savoye, archevesque de

---

(1) Henri d'Avila y Guzman, marquis de Povar, second fils de Pierre d'Avila, IIe marquis de las Navas, et de dona Maria de Tolède.

(2) Inédit.

(3) Antoine de Tolède, V^e duc d'Albe, fils de Diego de Tolède, comte de Lérins, second fils du célèbre duc d'Albe, et de Briande de Beaumont, mourut en 1639.

(4) Inédit.

Tarantaise (1), et celui de Luques, puis les marquis de Falses et de Gonsague, les comtes de Medellin (2), de Selada et d'Arcos, don Francesco de Barganca et don Carlos Coloma.

Le samedy 13ᵐᵉ don Augustin Fiesque m'envoya un tres beau cheval. Apres disner l'ambassadeur de Perse me vint visiter, puis le marquis de Pobar.

Le dimanche 14ᵐᵉ Mʳ le duc de l'Infantado (3), *majordomo major*, me vint visiter le matin, fort bien accompagné : les quatre maitres d'hostel du roy marchoint devant luy. C'estoit un vieux seigneur fort honneste homme, et quy me prit en sy grande affection qu'il ayda infiniment a mon affaire et en parla fort haut. Apres disner don Diego d'Ivarra, Tomas Carachiola (4), Jouan Tomas Cossa, et plusieurs autres me vindrent voir.

Je feray en ce lieu une digression pour faire entendre les causes de mon voyage, l'estat ou je trouvay nos affaires en arrivant, et les graces et faveurs particulieres que je receus de ce roy.

L'année precedente, 1620, l'empereur assisté des armes d'Espaigne, avoit gaigné la fameuse bataille de

---

(1) Anastase Germonio fut archevêque de Tarentaise de 1608 à 1627.

(2) Pierre de Portocarrero, Vᵉ comte de Médellin, fils de Rodrigue-Hieronymo de Portocarrero, IVᵉ comte de Medellin, et de Juana de Cordova.

(3) Rodrigue de Mendoza, second fils de Diego de Mendoza, comte de Saldagna, et de Maria de Mendoza, était devenu VIᵉ duc de l'Infantado par son mariage avec Anna de Mendoza, duchesse de l'Infantado, fille de son frère ainé. — Le majordome major, ou grand maitre de la maison du roi, avait sous lui quatre majordomes de semaine.

(4) Peut-être Thomas de Caraccioli, duc de Rocca, seigneur italien, fils de Tristan de Caraccioli et de Cornelia d'Azzia.

Prague quy releva extreordinairement ses affaires et ruina celles du palatin et des autres princes protestans ligués avesques luy. En ce temps là le duc de Feria estoit gouverneur du duché de Milan, homme ambitieux et vain, quy vouloit a quelque prix que ce fut, brouiller les cartes et faire parler de luy. Il vit que sans grande obstacle il le pouvoit faire, puis que les Grisons luy donnoint quelque pretexte d'empieter la Valteline sy importante au roy d'Espaigne pour la conservation de ses estats d'Italie et affoiblissement des autres potentats d'icelle : il consideroit que les protestans estoint chastiés, le roy de France occupé en ses guerres civiles, et le roy d'Angleterre amusé sur l'esperance du mariage de l'infante d'Espaigne (1) pour le prince son fils; il en entreprit donc et executa la conqueste avesques la forme et le succes que chascun sçait : ce quy allarma les princes d'Italie, offensa les Suisses, et interessa le roy leur allié a en procurer et entreprendre la restitution et restablissement aux Grisons legitimes seigneurs d'icelle; et pour cet effet m'envoya en Espaigne son ambassadeur extreordinaire pour la redemander de sa part au roy son beau pere.

Comme je m'y estois acheminé, Mr du Fargis, ambassadeur ordinaire du roy en Espaigne, pratiqua d'avoir un logis assés beau pour sa demeure par les *aposentadores* (2) quy sont obligés de loger les ambas-

---

(1) L'infante Marie-Anne, seconde fille de Philippe III et de Marguerite d'Autriche, épousa en 1631 Ferdinand d'Autriche, depuis empereur Ferdinand III.

(2) Fourriers ou maréchaux des logis, officiers du roi chargés de s'occuper de tout ce qui concernait le logement.

sadeurs. Ce logis luy fut donc assinné ; mais comme il y voulut loger, le maitre de la maison montra une exemption qu'il avoit du roy et franchise pour son logis, et l'ambassadeur s'opiniatrant de l'avoir, le maitre de la maison porta ses privileges au conseil real (1) quy ordonna qu'ils luy seroint conservés : sur quoy monsieur l'ambassadeur quy avoit envie d'avoir ce beau logis, envoya deux vallets y porter quelques hardes, et en suitte dit que puisque ses meubles avoint entré dans le logis, que l'on ne l'en pouvoit desloger, et envoya en suitte tous ses gens et une partie de ceux de l'ambassadeur de Venise pour tenir bon dans cette mayson. Le maitre de la maison s'alla plaindre au conseil real, quy ordonna que l'on fit sortir les hardes et les vallets de l'ambassadeur de ce logis et que l'on y envoyat les alguasils (2) : et parce que l'on ne se fut jammais douté que l'ambassadeur deut faire rebellion a justice (ce quy est inouy en ce païs là), deux alguasils y furent seulement envoyés ; mais ils y furent tués, et leurs *vares* (quy sont des baguettes blanches, marques de leur pouvoir), furent par derision pendues aux balcons du logis. Sur cela le peuple accourt en armes et plus de deux mille personnes investirent le logis et l'ambassadeur quy y estoit entré par une porte de derriere. Par fortune un *alcalde de corte* (quy est comme le grand provost en France), nommé don Sebastian de Caravaxal (3), honneste homme et quy n'allumoit pas le feu, y arriva, fit retirer le

---

(1) Le conseil royal, ou de Castille.
(2) Alguazils, sergents ou bas officiers de justice, chargés de l'exécution des arrêts.
(3) Carvajal.

peuple de devant ce logis, fit sortir la famille (1) de ces ambassadeurs de dedans et prit dans son carrosse M' du Fargis qu'il rammena au sien sans qu'il luy fut mesfait.

M' du Fargis quy avoit fait ce desordre, fut par finesse le premier a se plaindre, et demanda le lendemain audience, et en icelle, justice de l'exces que contre le droit des gens on avoit commis contre luy, et le roy luy promit de la faire, et donna une commission a cet effet. Mais quand il eut sceu ce quy s'estoit passé, il ordonna que sans toucher a la personne des ambassadeurs de France et de Venise, on mit prisonniers tous ceux que l'on pourroit attraper de leurs familles hors de leurs presences : ce quy fut executé, et peu eschapperent quy ne fussent pris. L'ambassadeur mesme ne se sentant pas asseuré de la furie du peuple, se retira de la ville et despescha au roy pour l'avertir de l'estat ou il estoit, me manda aussy de retarder mon arrivée; mais je ne le voulus faire, et m'estant acheminé a Madrid, ayant precedemment ecrit au duc de Monteleon et a don Fernando Giron pour les prier d'accommoder cette affaire, ils en parlerent au roy quy leur commanda de me mander (2) que je vinsse a la bonne heure, et que j'aurois de luy toute satisfaction, comme veritablement je receus de luy; car le jour de mon entrée a Madrid il fit eslargir non seulement les serviteurs de ces deux ambassadeurs en ma faveur, mais encores les autres François quy l'estoint (3) pour autres sujets.

---

(1) Les gens.
(2) Il y avait aux précédentes éditions : *dire*.
(3) Qui étaient prisonniers.

Il me fit une autre grace de me faire donner une bulle par le patriarche des Indes (quy est comme un legat a la court), pour manger de la chair en caresme, moy et cent autres avesques moy. Et de plus, ce quy ne s'estoit jammais veu en Espaigne, pour me divertir, il permit que l'on jouat cheux moy des comedies, mesmes les deffraya : ce quy fit que les seigneurs et dames, quy en tout temps sont passionnés pour la comedie, le furent d'autant plus que c'estoit en un temps inusité, et que les deux bandes des comediens du roy s'estoint jointes ensemble pour rendre la comedie plus complette. Aussy leur donnois je, outre les trois cens reaux que le roy leur payoit de chasque comedie, mille reaux extreordinairement; et je faisois apporter durant la comedie quantité de confitures et d'*aloxa* (1) aux dames quy y venoint, quy estoint de deux sortes : celles quy s'y faisoint prier par la comtesse de Baraxas, lesquelles se tenoint sur le haut dais et avoint le visage descouvert; les autres sur les marches du haut dais et dans la salle, mais *tapades* (2) et couvertes de leur mante. Les hommes aussy y venoint, les uns couverts (3), les autres ouvertement : tous les ambassadeurs s'y faisoint prier par moy d'y venir.

Ce jour dimanche 14me la premiere comedie se joua dans une grande galerie de mon logis, fort ornée et illuminée, et s'y trouva tres grande quantité de dames et de seigneurs; apres laquelle je donnay a souper en

---

(1) *Aloja,* boisson composée d'eau, de miel et d'épices.
(2) Cachées sous le voile ou la mantille.
(3) Il y avait : *les uns comme les autres ouvertement.*

particulier, que j'avois fait apprester a la françoise par mes gens, a sept ou huit grands d'Espaigne ou seigneurs principaux.

Le lundy 15me le marquis de Renty (1) et les comtes de Palme et de Castrilla (2) me vindrent visiter. Puis don Jouan de Seriça me fut dire de la part du roy que son mal luy continuoit un peu vehement, ce quy le retarderoit quelques jours de me donner audience ; neammoins parce qu'il couroit un bruit que la maladie de Sa Majesté estoit feinte et a dessein de retarder l'expedition pour laquelle j'estois venu le trouver, affin de faire voir comme ce bruit estoit faux, qu'il me feroit donner des commissaires pour traiter incessamment avesques moy : ce que j'acceptay de bon cœur, et remerciay tres humblement le roy de la grace qu'il me faisoit sur ce sujet.

Le soir il y eut une comedie en mon logis.

Le lendemain mardy 16me don Jouan de Seriça me revint trouver de la part du roy pour me dire que Sa Majesté m'avoit donné pour commissaires M^{rs} le comte de Benavente, don Baltasar de Suniga, un regent du conseil d'Italie, et luy Jouan de Seriça, affin que sans intermission on traittat de mon affaire, et que pour cet effet il estoit besoin que je luy misse en main ma

---

(1) Charles-Philippe-Alexandre de Croy, marquis de Renty, fils de Philippe de Croy, comte de Solre, et d'Anne de Croy, dame de Renty, sa seconde femme, fut plus tard duc d'Havré. Il mourut le 23 novembre 1640.

(2) Ludovic-Antoine de Portocarrero, IIIe comte de Palme, fils de Ludovic de Portocarrero, IIe comte de Palme, et de Teresia de Norogna, mourut en 1639. — Le comte de Castrillo, de la maison de Crespi.

lettre de creance du roy au roy catholique, sur laquelle on commenceroit a traitter.

Ce mesme jour messieurs les ambassadeurs d'Angleterre et de Venise me vindrent voir, comme aussy le duc d'Ossune.

Le mercredy 17me don Baltasar de Suniga me vint voir tant en son nom que de mes autres commissaires ses compagnons, pour me saluer de leur part et me dire qu'ils avoint ordre [du roy] (1) de me venir trouver et de [traitter et] (2) conclure avesques moy des choses concernantes ma legation ; dont je le remerciay le mieux que je peus. Il me proposa en suitte d'admettre en nos conferences le seigneur Julian de Medicis archevesque de Pise (3), ambassadeur du grand duc, lequel estant egalement apparenté, obligé, et porté pour les deux couronnes, serviroit de mediateur pour nous faire convenir, et de rajusteur (4) sy en la negociation il y arrivoit quelque disconvenance et rupture : ce que j'accorday volontiers, tant pour ne desobliger monsieur le grand duc, que parce qu'il (5) nous pouvoit servir et ne nous pouvoit nuyre, veu que j'estois fort resolu de n'outre-passer les termes de mon instruction.

Le mesme don Baltasar me notifia en suitte la mort de monsieur le grand duc beau frere du roi catholique (6) et m'en ordonna le dueil.

---

(1) Inédit. — (2) Inédit.

(3) Julien de Médicis, fils de Raphaël de Médicis et de Constance Alamanni, archevêque de Pise en 1620, mort en 1636.

(4) Il y avait : *et rajuster*.

(5) *Il*, Julien de Médicis.

(6) Cosme de Médicis, grand-duc de Toscane, avait épousé

Ce mesme jour les marquis de Zara, d'Ognion et de Montesclaros (1) me vindrent visiter, comme aussy le comte de Monterey (2), don Diego d'Ivarra, et don Carlos Coloma. J'eus le soir la comedie, donnay a souper a quelques seigneurs, puis allames voir des dames.

Le jeudy 18ᵐᵉ bien que je n'eusse encores fait aucune visite, n'ayant point eu ma premiere audience, je creus neammoins qu'il estoit a propos d'aller visiter mes commissaires : ce que je fis affin de m'insinuer en leurs bonnes graces, leur dire toujours quelque chose de mon affaire tant pour les instruire que pour les preparer, ensemble pour leur lever les doutes, et impressions qu'ils auroint (3) mal prises, et finalement pour avoir sujet de faire ma premiere despesche au roy, a quy j'escrivis le soir mesme. Je fus a mon retour visité du duc (4) de Monteleon et de don Fernando Giron. Le soir j'eus la comedie cheux moy.

Marie-Madeleine d'Autriche, sœur de Marguerite d'Autriche, reine d'Espagne. Ce prince mourut le 28 février 1621.

(1) Ludovic Ponce de Léon, marquis de Zara, fils de Rodrigue Ponce de Léon, duc d'Arcos, et de Teresia de Zuniga. — Don Inigo Fernandez de Velasco, fils puiné de don Inigo Fernandez de Velasco, IVᵉ duc de Frias, et d'Anna d'Aragon, avait épousé Anna d'Herrera, marquise d'Aunon. Il y avait aux précédentes éditions : *d'Auquijon*. — Jean-Emmanuel de Mendoza, IIIᵉ marquis de Montesclaros, fils de Jean de Mendoza, IIᵉ marquis de Montesclaros, et d'Isabella de Lara et Manrique, mourut en 1626.

(2) Gaspard de Zuniga, Vᵉ comte de Monterey, fils de Hiéronimo de Zuniga, IVᵉ comte de Monterey, et d'Agnès de Velasco, et frère ainé de don Balthazar de Zuniga.

(3) Les précédentes éditions portaient : *avoient*.

(4) Il y avait : *visiter le duc de Monteleon et don Fernando Giron*.

Le vendredy 19me don Jouan de Seriça me vint dire de la part du roy que sa santé estant meilleure, il se resolvoit de me donner audience publique le dimanche suyvant, et qu'en suitte l'on mettroit mon affaire sur le tapis avesques les mesmes commissaires qu'il m'avoit desja nommés, pour la resoudre et conclure sans intermission. Je fus apres disner faire mes stations a *las Cruces* (1).

Le samedy 20me je donnay a disner a l'ambassadeur de l'empereur et a celuy de Luques. Apres disner les ducs d'Ossune, de Gandia, de Villermosa, et de Monteleon me vindrent voir : puis j'allay a Nostra.Senora de Attoché (2) ; et le soir il y eut cheux moy comedie.

Le dimanche 21me de mars je me preparay pour aller a ma premiere audience ainsy que le roy me l'avoit fait sçavoir, comme aussy le duc de Gandia m'avoit dit le jour precedent qu'il avoit ordre de m'y conduire. Mais sur les onse heures du matin, comme le roy s'estoit habillé pour cet effet, en se voulant mettre a table il eut un grand evanouissement quy le contraignit de se remettre au lit et de me mander par le comte de Baraxas qu'il luy estoit du tout impossible de me voir ce jour là.

Je fus visité l'apres disner par don Fernando Giron, par le marquis d'Ayetona (3) et par don Diego

---

(1) Peut-être à l'église de *Santa-Cruz*.

(2) Notre-Dame de Atocha, église située en dehors de la ville, sur la route de Valence.

(3) De la maison de Moncade. Ayetona était la première baronnie de Catalogne.

d'Ivarra. Je fus sur le soir au Prado, et a mon retour je donnay la comedie aux dames et seigneurs.

Le lundy 22me le comte de Benavente se trouva mal, ce quy l'empescha de venir cheux moy conferer, et n'y eut que don Baltasar de Suniga, le regent Caymo et don Jouan de Seriça, quy ammenerent aussy M^r l'archevesque de Pise pour entremetteur ainsy qu'il avoit esté convenu. Nous conferames plus de trois heures ensemble sans toutefois nous approcher de la conclusion, chascun se tenant sur la sienne. En fin nous nous separames, et monsieur l'ambassadeur et moy fismes nostre despesche au roy l'apres disner.

L'on nous manda le soir que le roy se trouvoit un petit mieux, ce quy nous permit de faire encores cette fois jouer la comedie.

Le mardy 23me le roy eut un grand redoublement a sa fievre et on commença d'en apprehender le succes. Il eut plusieurs vomissemens avec un flux de ventre, accompagnés d'une grande melancolie que luy causoit une opinion qu'il avoit de mourir : ce quy fut cause que messieurs les commissaires s'excuserent de me venir trouver.

Je fus voir le matin le comte de Benavente quy s'excusa sur sa maladie de ne pouvoir assister le lendemain a nostre conference. Je vis aussy don Baltasar de Suniga quy prit heure avec moy pour le lendemain matin, de venir avesques les autres commissaires pour continuer le traitté ; ce qu'ils firent le mercredy 24me avesques monsieur l'ambassadeur ordinaire et moy : puis en suitte je fus voir l'auditeur du nonce et les ambassadeurs de Venise et de Savoye pour leur donner part de tout ce quy s'estoit passé en cette derniere conference ; puis en suitte j'allay visiter l'ambassadeur de Florence.

Le 25me la maladie du roy continua plus violemment qu'elle n'avoit encores fait. Je fus voir l'ambassadeur de l'empereur.

Le vendredy 26me le roy eut un tres fascheux redoublement, ce quy fit superseder toute nostre negociation. Monsieur l'ambassadeur ordinaire me fit festin. Puis apres j'allay faire mes stations a *las Cruces*.

Le samedy 27me le roy dit a ses medecins qu'ils n'entendoint rien en son mal, et qu'il sentoit bien qu'il se mouroit : aussy eut il de tres mauvais accidens. Il commanda que l'on fit des processions et prieres publiques pour luy.

Ce mesme jour le comte de Salasar (1) mourut.

Le dimanche 28me on fit une solennelle procession pour porter l'image de Nostra Senora d'Attoché aux Filles Descalsas (2). Tous les conseils y assisterent avec grand nombre de penitens quy se fouetterent cruellement pour la santé du roy. On porta aussy le corps du beato Isidre (3) au palais dans la chambre du roy, et on mit le Sacrement sur les autels des églises de Madrid.

---

(1) Bernardin, premier comte de Salazar, fils aîné de Jean, seigneur de Salazar, et de Beatrix de Velasco, descendait par son père d'un bâtard de l'illustre maison des Velasco, comtes de Haro, ducs de Frias, et connétables de Castille.

(2) *Las Descalzas reales*, couvent de carmelites déchaussées, dans l'intérieur de la ville.

(3) Le bienheureux Isidore de Madrid fut canonisé par une bulle du 1er mars 1622 avec saint Ignace de Loyola, saint François Xavier et sainte Thérèse.

1624. MARS. 253

Le lundy 29me a quatre heures [du soir] (1), il parut au roy des ulceres sur le ventre, aux reins et aux cuisses, et les medecins luy ayant tasté le pouls, desespererent de sa vie : sur quoy il envoya querir le president de Castille et son confesseur Alliaga (2) et parla longtemps a eux et au duc d'Ucede, quy envoyerent en suitte querir [les autres conseillers d'estat et les presidens des conseils, en presence desquels il sinna son testament, puis envoya querir] (3) le prince et l'infant don Carlos (4), ausquels il donna sa benediction, pria le prince de se servir de ses vieux serviteurs entre lesquels il luy recommanda le duc d'Ucede, son confesseur, et don Bernabe de Vinanco, puis fit entrer l'infante Marie et l'infant cardinal (5), a quy il donna aussy sa benediction. Madame la princesse n'y peut venir pour un evanouissement qu'elle eut comme elle entroit cheux le roy. Il partagea en suitte ses reliques, puis se communia.

Le mardy 30me a deux heures du matin on donna l'extreme onction au roy, et fit recommander son ame. Il sinna en suitte grande quantité de papiers (6). Sur

---

(1) Inédit.

(2) Le P. d'Alliaga, religieux dominicain, était grand inquisiteur.

(3) Inédit. — La phrase existe dans les manuscrits Fr. 4063, Fr. 10315, Fr. 17476.

(4) Le prince héritier de la couronne, Philippe, né le 8 avril 1605. — Don Carlos, second fils du roi, né le 14 septembre 1607, mort en 1632.

(5) Ferdinand, troisième fils du roi, cardinal archevêque de Tolède, né le 17 mai 1609, mort en 1641.

(6) Dans toutes les éditions précédentes on lisait : *Il sonna ensuite grande quantité de papidos.*

le midy il fit mettre contre son lit le corps de Saint Isidre et voua de luy faire bastir une chapelle. Il envoya querir le cardinal duc de Leerme a Vailladolid. Le conseil d'estat se tint deux fois ce jour là. Sur le soir son mal redoubla avesques violence et [il] languit toute la nuit.

Le mercredy 31me et dernier jour de mars, sur les neuf heures du matin, il rendit l'ame. On l'envoya signifier sur le midy aux ambassadeurs, et donner aussy permission d'envoyer a cinq heures du soir des courriers pour en donner avis a nos maitres.

La reine (1) sentit ce jour là bouger son enfant. Elle s'en alla avec l'infante Marie et le cardinal aux Descalsas loger, et le nouveau roy partit dans un carrosse fermé pour aller a Saint Geronimo (2). Il rencontra par les chemins le corps de Nostre Seigneur que l'on portoit a un malade, et selon la coustume ancienne de ceux d'Austriche, il voulut descendre pour l'accompagner. Le comte d'Olivares (3) luy dit : « *Advierta V. M.^{d} que anda tapado* » (4), auquel il respondit :

---

(1) La nouvelle reine.

(2) San-Geronimo, couvent d'hieronymites, situé en dehors de la ville.

(3) Gaspard de Guzman, IIIe comte, et depuis duc, d'Olivarez, fils d'Henri de Guzman, IIe comte d'Olivarez, et de Maria Pimentel. Favori du nouveau roi, il partagea le pouvoir avec son oncle, don Balthazar de Zuniga, jusqu'à la mort de ce dernier, arrivée en 1623. Il fut ensuite premier ministre jusqu'en 1643, et mourut en 1645. — Il y avait aux précédentes éditions : *le comte d'Almaras*.

(4) « Que Votre Majesté se souvienne qu'elle va à visage couvert. »

« *No ay que taparse delante de Dios* » (1), et descendit l'accompagner; ce quy fut pris a Madrid a tres bonne augure.

Le nouveau roy envoya ce mesme jour chasser du conseil real (2) les *oydores* (3) Tapia et Benal, mal famés.

Avril. — Le jeudy premier jour d'avril on mit le corps du roy dans la salle du palais, la face descouverte, ou tous les ambassadeurs luy vindrent jetter de l'eau benite.

Ce jour là le secretaire Contreras vint dire au jeune roy que le duc de Leerme s'acheminoit pour venir a Madrid selon l'ordre qu'il en avoit eu du roy son pere, dont le roy se fascha, et envoya don Alonso Cabrera pour le faire retourner a Vailladolid, et l'alcalde don Louis Paredes pour le mener prisonnier en un chasteau, en cas qu'il en fit refus. On chassa aussy le secretaire de *camera* (4), nommé Tomas d'Angudo, et on mit ses papiers es mains du secretaire Contreras. On osta aussy a don Jouan de Seriça les papiers des consultes que l'on donna a Antonio Darostichi (5). Le roy desclara gentilshommes de sa chambre ceux quy avoint servy le roy son pere en cette qualité, remettant neammoins de les faire servir a un autre temps. Il osta le plat (6) au patriarche des Indes et a don Bernabe de Vinanco.

---

(1) « Il n'y a pas à se couvrir le visage en face de Dieu. »
(2) Il y avait aux précédentes éditions : *envoya ce même jour au conseil real.*
(3) *Oidores*, auditeurs. — (4) Le secrétaire de la chambre du roi.
(5) Antonio de Arostegui, fils de Martin Perez de Arostegui.
(6) La table.

Le vendredy 2me on donna la charge de *camerera major* (1) de la reine a la duchesse de Gandia (2) que monsieur l'ambassadeur ordinaire et moy allames aussy tost voir et saluer. Elle alla baiser la main au roy pour cette *merced* (3) a cinq heures du soir, conduite par le comte de Benavente et accompagnée d'autres grands [et] (4) seigneurs et de dames aussy.

Environ cette mesme heure on tira du palais le corps du feu roy pour le mener a l'Escurial au tombeau de ses peres. Je fus le voir passer sur la Puente Segoviana (5) avec quasy tous les grands de Madrid et les dames. Ce fut un assés chetif convoy a mon avis pour un sy grand roy. Il y avoit quelque cent ou six vingts moynes jeronimistes avesques leurs surpelis, montés sur de belles mules, quy alloint deux a deux suyvans le premier quy portoit la croix, puis quelque trente gardes menés par les marquis de Pobar et de Falsas : puis suyvoit la maison du roy, les maitres d'hostel les derniers avant (6) le duc de l'Infantado, grand maitre, quy marchoit devant le corps quy estoit porté sur un brancart [par deux mules couvertes comme le brancart] (7) de drap d'or jusques aux sangles seulement : apres cela marchoint les gentilshommes de la chambre

---

(1) *Camarera mayor*, première dame d'honneur.
(2) Artemisia Doria-Caretto, épouse du septième duc de Gandia.
(3) *Merced*, grâce accordée par le roi.
(4) Inédit.
(5) Le pont de Ségovie, sur le Manzanarès, aux portes de Madrid.
(6) Il y avait aux précédentes éditions : *avec*.
(7) Inédit.

et quelque vingt archers de la garde bourguignonne quy marchoint les derniers. Ils allerent coucher a Pinto (1), et le lendemain arriverent a l'Escurial d'assés bonne heure pour luy faire dire un service, et puis la compagnie s'en retourna.

Le duc d'Ossune estoit sur le pont comme les autres, à voir passer le corps du roy, et s'estant arresté contre un carrosse ou estoint des gentilshommes quy estoint venus en Espaigne avec moy, il leur demanda s'ils ne sçavoint point quand j'aurois audience. Mʳ de Rotelin (2) et Mʳ le marquis de Bussy d'Amboyse (3) luy respondirent que l'on m'avoit fait dire que ce seroit pour le dimanche prochain. Il leur dit : « Je m'en resjouis ; car j'ay asseurance d'avoir la premiere apres, en laquelle je veus dire au roy qu'il y a maintenant trois grands princes quy gouvernent le monde, dont l'un a seise ans, l'autre dix sept, et l'autre dix huit, quy sont luy, le Grand Turc, et le roy de France, et que celuy d'eux trois quy aura la meilleure espée et sera le plus brave, doit estre mon maitre. » Ces paroles là quy furent redittes par un quy estoit en son carrosse, que l'on avoit commis pour espier ses discours et ses actions, avesques sa vie precedente, et une lettre qu'il escrivit au duc de Lerme, furent cause de le faire mettre en la prison ou il a finy ses jours.

---

(1) Bourg de la province de Madrid, à 4 lieues S. de cette ville.

(2) Henri d'Orléans, marquis de Rothelin, fils de François d'Orléans, bâtard de Rothelin, et de Catherine du Val, mourut en 1651.

(3) Charles de Clermont d'Amboise, marquis de Bussy, fut tué en duel par Bouteville.

Ce mesme soir le roy donna la charge d'*aposentador major* (1) a don Louis Vanegas, vacante par la mort de son pere.

Le samedy 3me le roy donna une commanderie, vacante par la mort du comte de Salasar, au comte de Cabrilla, et le tiltre de comte de Anober a don Rodrigo Lasso neveu de (2) celuy quy estoit mort en Flandres peu de jours auparavant.

Monsieur l'ambassadeur et moy fumes voir don Baltasar de Suniga quy gouvernoit les affaires depuis ce nouveau regne.

Le dimanche 4me on m'ammena vingt carrosses dans lesquels nous nous mismes monsieur l'ambassadeur et moy et toute nostre suitte, conduits seulement par le comte de Baraxas a cause que ce n'estoit point une audience solennelle, mais privée, dans Saint Geronimo ou le roy estoit retiré et m'y admettoit par grace et pour honorer le roy son beau frere et luy montrer la promptitude avec laquelle il me vouloit despescher. Nous portions tous le dueil a l'espagnole avec la *lova*, la *caperutza* et le *capirote*(3), ce que je fis pour deux raysons : l'une, parce que tous les grands de l'audience et le roy mesme la portant, j'eusse esté descouvert, et eux non, ce quy ne m'eut esté bienseant ; l'autre, que j'en estois a cause de cela tres

---

(1) Président de la junte des *aposentadores*.

(2) Au lieu de : *neveu de*, il y avait : *qui étoit venu de*. — Rodrigue Nino, second fils de Garcias Lasso de la Vega et de Aldoncia Nino, devint IIe comte de Anover par héritage de son oncle Juan Nino, Ier comte de Anover.

(3) *Loba*, robe longue sans manches. — *Caperuza*, chaperon. — *Capirote*, manteau court, garni d'un capuchon.

aggreable aux Espagnols, et que je tesmoygnois porter le grand dueil de la mort du feu roy, ce quy n'eut pas paru ainsy, sy j'eusse esté habillé a nostre mode. Je fis donc la reverence au roy et luy fis le *pesame* (1), quy est le tesmoygnage du desplaisir de la mort du roy son pere, puis luy donnasmes le *parabien*(2), quy est la conjouissance de son heureux avenement a ses couronnes ; ce nous luy dismes aussy par precaution de la part du roy en attendant qu'il envoyat faire ce compliment par quelque prince ou grand seigneur expres : puis en suitte je luy parlay de nos affaires ; a toutes lesquelles choses il me respondit fort pertinemment. Apres cela j'allay faire la reverence au prince [don Carlos] (3) quy estoit pres de luy, et puis me retiray. J'allay de là rendre mes visites au duc de l'Infantado et au duc d'Ossune.

Le lundy 5me j'eus ma premiere audience de la reine. Puis j'allay faire la reverence a l'infante Marie et a l'infant cardinal. Finalement je fus voir l'infante [descalse] (4), grand tante du roy.

Ce mesme jour le conseil d'Estat s'assembla sur le sujet de mon expedition, et don Baltasar eut charge de m'en parler ; et a cette rayson il m'escrivit, me priant de venir le lendemain ouir messe a Saint Geronimo, et qu'apres, sy je voulois, nous nous promenerions une heure dans les cloitres : ce que je manday a

---

(1) Compliment de condoléance.
(2) Compliment de congratulation.
(3) Inédit. — (4) Inédit. — Marguerite, une des nombreuses filles de l'empereur Maximilien II et de Marie, fille de Charles-Quint ; née à Vienne le 25 janvier 1581, elle suivit sa mère en Espagne, où elle mourut en 1633.

monsieur l'ambassadeur ordinaire quy me vint trouver le lendemain matin mardy 6me, et apres la messe je trouvay dans les cloitres don Baltasar quy nous y attendoit. Il me dit qu'il me prioit de l'excuser s'il ne continuoit d'estre un des commissaires pour traitter avesques moy; que la charge generale des affaires d'Espaigne, qu'il avoit lors, l'en dispensoit legitimement, principalement en cette sayson ou il en estoit accablé; mais qu'il me serviroit mieux et a mon expedition que s'il estoit mon commissaire, et qu'il m'en donnoit cette foy et parole d'ancien amy que nous estions ensemble de sy longue main. Il me dit de plus que le comte de Benavente estoit oncle du duc de Feria et par consequent porté a la manutention de la Valteline par les interets de son neveu, ce quy le mettoit en peine, et qu'il tramoit de nous l'oster pour commissaire et nous en donner un autre quy nous fut aggreable; et sur cela m'en nomma trois ou quattre dont il me laissa le choix pour me tesmoygner comme il vouloit, me disoit il, l'accomplissement de nostre œuvre (1) et non la destruction. Je luy rendis mille graces de sa bonne volonté et puis luy dis que puis qu'il m'offroit sy franchement son assistance et son ayde, que je luy demandois encores son conseil, et qu'il choysit pour commissaire celuy qu'il penseroit(2) nous estre plus propre (3). Il me dit que puis que je me fiois en luy, qu'il ne tromperoit point ma franchise ny ma confidence, et qu'il me conseilloit de me contenter des deux quy me restoint, assavoir le regent

---

(1) Il y avait aux précédentes éditions : *envie*.
(2) Il y avait : *pensoit*. — (3) Il y avait : *propice*.

Caymo et don Jouan de Seriça, quy estoint bonnes gens, faciles, et dependans de luy, desquels il m'asseuroit; qu'il me prioit aussy que de mon costé j'apportasse l'esprit de paix et d'accommodement, comme je voyois que du leur ils estoint bien intentionnés, ce que je luy promis. Il me dit en suitte qu'estans sy avancés dans la semaine sainte, il n'y avoit aucune apparence de s'assembler devant Pasques, mais qu'incontinent apres nous negocierions sans intermission : a quoy je fus contraint d'acquiescer, ne pouvant faire autrement.

Je fus l'apres disner rendre mes visites a quelques grands et a des ambassadeurs.

Le mercredy 7me d'avril le conseil d'Estat se tint du matin, auquel assisterent le comte de Benavente, don Augustin Messia [et don Baltasar de Suniga; et puis sur le midy don Augustin Messia] (1) entra au logis du duc d'Ucede (2) pour le voir, et tost apres le marquis de Pobar y arriva avesques quarante archers de la garde, quy le firent prisonnier de par le roy, et l'ayant mis en un carrosse l'emmenerent en une maison fossoyée, quy appartient au comte de Baraxas proche de Madrid, nommée l'Alameda (3), et luy laisserent ces archers avec don Carlos Coloma pour le garder estroittement.

Apres disner je fus en une mayson de la *Calle Major* (4), que l'on m'avoit preparée pour voir passer

---

(1) Inédit. Il y avait : *le comte de Benavente, et don Augustin Mexia, qui entra.* — (2) Il y avait : *du duc d'Ossune.*

(3) Alameda est un bourg de la province de Madrid, situé non loin de la ville de Barajas.— (4) La *Calle Mayor,* la Grande-Rue.

la procession de *las Cruces* (1), quy est certes tres belle. Il y avoit plus de cinq cens penitens qui trainoint de (2) grosses croix, piés nus, a la ressemblance de celle de Nostre Seigneur, et de vingt en vingt croix il y avoit sur des theatres portatifs les representations diverses, au naturel, de la passion. Nous les regardions d'un balcon ou il y avoit deux chaises pour monsieur l'ambassadeur ordinaire et pour moy : et parce que l'ambassadeur de Luques, le prince d'Eboli, et le comte de Chasteauvillain estoint venus avec nous, je ne me voulus mettre en ces chaires pour les laisser debout, et dis a monsieur l'ambassadeur ordinaire qu'il representat nos deux personnes, et que pour moy, je m'irois mettre avesques des femmes quy estoint assises bas au bout du balcon, et leur vins demander place parmy elles et un petit tabouret a m'y asseoir. Elles estoint fort honnestes femmes et quy tindrent a honneur de m'avoir parmy elles : et la fortune voulut que je me rencontray aupres de dona Anna de Sanasare que j'avois veue a Naples vingt et cinq ans auparavant, et nous estions bien aymés. Elle jugeoit bien encores qu'elle m'avoit veu quelque part, mais ne pouvoit s'imaginer où : moy aussy avois bien quelque reconnoissance incertaine de son [visage], mais nous estions tous deux tellement changés qu'il estoit bien difficile de nous reconnestre. En fin nous nous connumes avesques grande joye de l'un et de l'autre ; et elle depuis m'envoya divers presens et me

---

(1) L'église de Santa-Cruz est voisine de la Calle Mayor.
(2) Il y avait : *deux*.

receut plusieurs fois cheux elle avesques collations et compagnies. Elle avoit espousé un fort riche homme secretaire du conseil de *hacienda* (1), auquel elle avoit apporté cent mille escus en mariage.

Le jeudy 8me on fit le comte d'Ognion (2) maitre d'hostel du roy pour servir a l'infante descalse.

On mit en prison les deux secretaires du duc d'Ossune et son tresorier.

On fit l'apres disner la grande pourcession des penitens, ou il y eut plus de deux mille hommes quy se fouetterent. J'ouis tenebres a *Nuestra Senora de Constantinopoli* (3) : puis toute la nuit (4) se passa a visiter les eglises pour voir *los monumentos de Nuestro Senor* (5). J'approuvay fort qu'avesques les cloches quy cessent, les carrosses cessent d'aller par la ville : on ne va plus a cheval, ny les dames en chaises : on ne porte plus d'espée, et aucun ne s'accompagne de sa livrée : toutes les femmes vont couvertes, et pas plus que deux a deux. Il se fait aussy cette nuit là beaucoup de desordres [par la ville] (6) que je n'approuve pas.

Le vendredy saint 9me les penitens continuerent d'aller par la ville.

On chassa ce jour là un regent du conseil d'Italie, nommé Quintana Duena marques de la Floresta, dudit

---

(1) Des finances.
(2) Il y avait : *de Giron*. Voir la note 1, à la page 249.
(3) Notre-Dame de Constantinople.
(4) Il y avait : *l'après-dînée*.
(5) Les tombeaux de Notre-Seigneur.
(6) Inédit.

conseil, pour quelques paroles peu respectueuses qu'il avoit dittes au comte de Benavente president dudit conseil.

Le samedy saint je fis mes pasques.

On donna avis au roy que quelques gens sans employ vouloint sauver le duc d'Ossune, ce quy fut cause que l'on redoubla ses gardes et que l'on mit prisonniers plus de deux cens hommes a Madrid quy estoint sans condition autre que de *valentones* (1).

Le dimanche 11me, jour de Pasques, le roy envoya offrir au duc de l'Infantado la charge de *cavallerisso major* (2); mais parce que le roy l'avoit ostée au comte de Saldaigne son beau fils (3), il la refusa.

Le lundy 12me je fus aux Descalsas, ou la reine s'estoit retirée depuis la mort du roy son beau pere : je luy donnay les bonnes festes. Elle me dit en suitte que les dames du palais desiroint fort de me parler, et que je devrois, pour leur satisfaire, demander *lougar* (4). Je luy respondis que s'il me falloit parler a elles une a une, que j'y employerois plus de temps qu'a faire le traitté que j'avois entrepris, et que je luy demandois en grace de les pouvoir entretenir en foule,

---

(1) *Valenton*, rodomont, bravache.

(2) La charge de grand écuyer du roi.

(3) Diego de Sandoval y Roxas, second fils de François de Sandoval y Roxas, duc de Lerma, et de Catherine de la Cerda, et frère cadet du duc d'Uzeda, était devenu comte de Saldagna par son mariage avec Aloysia de Mendoza, comtesse de Saldagna, fille de Rodrigue de Mendoza, duc de l'Infantado, et d'Anne de Mendoza. Il était veuf depuis 1619.

(4) *Lugar*, lieu et temps convenable pour dire ou faire une chose.

et que je tascherois de m'en bien desmesler. Elle me respondit que ce n'estoit pas la forme, a quoy je luy respliquay que Leurs Majestés, quand ils (1) accordoint des graces, c'estoit contre les formes, et qu'aux choses selon les formes on n'a que faire des graces du roy [ny d'elle] (2). Elle se sousrit et me dit qu'elle me la voudroit bien faire, mais qu'elle n'oseroit sans en parler au roy, ce qu'elle feroit et m'en rendroit response.

On desclara au comte de Saldaigne qu'il n'estoit plus *cavallerisso major*, et que le roy luy commandoit d'aller servir en Flandres ou il luy seroit donné cinq cens escus par mois d'entretenement, comme s'il estoit grand d'Espaigne. Le roy fit [couvrir comme tel] (3) ce jour là le comte d'Olivares (4) et luy donna pour les fils aynés de sa mayson le tiltre de comte de Castillejo.

Ce jour là nous nous assemblames pour nos affaires, le regent Caymo, don Jouan de Seriça, l'archevesque de Pise, monsieur l'ambassadeur ordinaire, et moy, en mon logis, ou nous ne traittasmes que les choses generales.

Je fus le soir cheux dona Maria de Pena-Teran.

Le mardy 13me on tint conseil d'Estat, et moy je continuay de rendre mes visites.

Le mercredy 14me une dame du palais, nommée

---

(1) Il y avait : *elles.*
(2) Inédit.
(3) Inédit.
(4) Il y avait : *le comte d'Alvires Grand.*

dona Mariana de Cordua, presenta au roy une promesse de mariage que le comte de Saldaigne luy avoit faite, et le roy commanda audit comte de se preparer pour l'accomplir, ce que ledit comte promit de faire au premier jour apres l'octave (1); et le duc de l'Infantado son beau pere quy jusques allors avoit refusé la charge de *cavallerisso major*, l'accepta.

Le patriarche des Indes presta le serment pour ses charges quy luy furent continuées. On donna au marquis de Renty celle de capitaine de la garde allemande, et on continua au marquis de Pobar celle de la garde espagnole.

Je continuay mes visites.

Le jeudy 15me le roy desclara que suyvant la clause du testament du feu roy (par laquelle il revoquoit les dons immenses qu'il avoit faits), il ostoit au duc de Leerme quatorse cens mille escus dont son pere luy avoit fait don sur *los tratos de Cicilia* (2). Ainsy ce pauvre seigneur quy avoit sy bien gouverné l'Espaigne par un sy long temps et possedé avesques rayson une tres longue faveur, se vit sur la fin de ses jours, en une seule heure, privé de tous ses biens quy furent pour cette somme en mesme temps saysis par les officiers du roy.

Le vendredy 16me je receus une despesche du roy, par laquelle il me commettoit la charge de condoleance sur la mort du feu roy a celuy lors regnant. J'en donnay en mesme temps avis au conseil d'Estat

---

(1) L'octave de Pâques.
(2) Le commerce des blés de Sicile.

par un memorial que j'envoyay a don Baltasar de Suniga ; lequel conseil desira que je tinsse cela secret jusques apres l'expedition de l'affaire quy m'ammenoit et qu'en suitte je prendrois congé du roy, mesmes je m'en irois jusques a Bourgos pour m'en retourner, et en suitte que j'envoyerois un courrier pour dire qu'ayant eu nouvelle commission du roy, je m'en revenois faire cette condoleance.

Le samedy 17me nous nous assemblames avesques nos commissaires pour avancer nostre affaire et y vis quelque jour, dont je donnay avis au roy le jour mesme par courrier expres. Et parce que nostre reine m'avoit pressamment recommandé tout ce quy concerneroit le duc de Leerme, et que la comtesse de Lemos (1), sa sœur, et ses autres amis estoint au desespoir du mariage du comte de Saldaigne et me prioint d'ayder a le rompre par tous les moyens que je pourrois inventer, je le fus trouver a Saint Geronimo ou il avoit une chambre et feignoit d'estre malade, et moy de luy rendre sa visite ; et apres les reciproques complimens je luy dis que je ne sçavois sy je luy devois donner le *parabien* ou le *pesame* de son futur mariage parce qu'encores que ce luy en fut un grand contentement, neammoins qu'un galant de la court comme luy n'estoit pas sans desplaisir de quitter une sy douce vie qu'il menoit precedemment pour en prendre une retirée, pleine de peine et de soucis, comme estoit celle

---

(1) Catherine de Zuniga y Sandoval, sœur du duc de Lerma, était veuve depuis 1601 de Fernando de Portugal y Castro, VIe comte de Lemos. — Il y avait aux précédentes éditions : *la comtesse de Ledesma*.

du mariage. Il me respondit qu'il falloit obeir au maitre quy commandoit d'accomplir ce que l'on avoit promis a la maitresse ; que c'estoit veritablement une dure condition qu'il mettoit sur ses espaules, mais que le mal estoit lors sans remede. Il me sembla par son discours que le bat luy blessoit et qu'il eut bien voulu trouver du soulagement ; ce quy m'obligea de luy dire qu'il y avoit plus de remedes qu'il ne pensoit, s'il avoit envie de guerir, et que l'ordre expres que j'avois de la reine infante d'assister en ce que je pourrois monsieur le duc cardinal son pere, comme sa propre personne, m'obligeoit dans le sensible desplaisir que luy et toute sa mayson avoit de son forcé mariage, de luy offrir en cette occasion mon ayde et assistance pour l'en tirer s'il le desiroit. Il me respondit lors : « Et quel ayde et assistance me pouvés vous apporter, puis que moy mesme ny mes parens n'en sont pas capables? » Allors je luy dis que s'il me vouloit croyre et se fier en moy, je le tirerois de cette peine avec son honneur et gloyre ; que le duc d'Alve grand pere de celuy cy (1) avoit mieux aymé encourir le crime de rebellion, tirant son fils don Fadrique de Toledo (2), en pleine paix, a coups de petart d'un chasteau ou on l'avoit mis pour le forcer d'espouser contre sa volonté une fille du palais quy vit encores et est la vieille marquise del Valle (3), que de le laisser marier a une tres riche

---

(1) Du duc d'Albe actuel.
(2) Frédéric de Tolède, IVe duc d'Albe, fils ainé du célèbre duc d'Albe, fut marié trois fois : 1° à Guiomare d'Aragon ; 2° à Marie Pimentel ; 3° à Marie de Tolède.
(3) Peut-être Angela de Gusman, veuve en 1615 de Jean, bâtard

fille et d'egale mayson a la sienne ; et que moy mesme avois plaidé huit années contre une grande maison quy me menaçoit d'une mort infaillible en cas que je n'espousasse une fille de la reine a quy j'avois fait un enfant et une promesse pour luy servir de couverture; qu'en cas que son honneur et celuy de sa maison luy fussent aussy chers que je le croyois, qu'il devoit sans regret quitter pour un temps la court d'Espaigne en laquelle il estoit desfavorisé, luy ayant esté ostée la charge de *cavallerisso major*, et ses parens et amis descredités et persecutés ; que le remede que je luy offrois estoit de partir a l'entrée de la nuit en poste, et s'en aller m'attendre a Bayonne ou je le suyvrois dans un mois au plus tard; que M^r le comte de Gramont le divertiroit en attendant de telle sorte que ce sejour ne luy seroit point desaggreable ; que s'il n'avoit pour le present l'argent pour y porter, qu'il luy estoit necessaire, que je luy fournirois mille pistoles pour son deffray jusques a mon arrivée, et que je luy respondois qu'en arrivant a la court de France, la reine luy feroit donner, jusques à ce que, par son moyen, sa paix fut faite par deça, mille escus par mois ; et qu'en cas qu'elle ne le fit, je le ferois du mien, et luy en donnois parole de *cavallero* (1). Il me rendit infinies graces tant pour la reine que pour moy, puis me dit : « Quel moyen de sortir d'Espaigne sans estre retenu ? Et sy je l'estois, on me feroit trancher la teste infailliblement. » Je luy repartis que je ne proposois jammais

---

d'Acuna, Ier marquis de Valle-Zerrato ; mais plutôt Anna de la Cerda, fille de don Alonso Tellez Giron et de dona Maria de la Cerda, et femme de don Pedro Cortez, IVe marquis del Valle.

(1) De gentilhomme.

a ceux que je voulois servir des choses impossibles, et que je prenois sur moy sa sortie, sa conduitte et sa conservation ; que l'on m'avoit donné un passe-port pour un gentilhomme que je despeschois le jour mesme au roy, quy couroit a trois chevaux ; qu'il luy serviroit de vallet jusques a Bayonne, encores que ce gentilhomme deut estre le sien, par les chemins ; qu'il ne partiroit qu'a une heure de nuit en laquelle il falloit qu'il se rendit cheux moy sans qu'il fut apperceu, et qu'il me laissat le soin du reste. Il me dit qu'il se resoudroit a cela et m'en auroit toute sa vie une sensible obligation ; qu'il vouloit parler seulement auparavant a deux de ses amis, et qu'il me prioit que je tinsse toutes choses prestes a l'heure que je luy donnois. Je le quittay sur cela et m'en vins achever ma despesche. Je mis mille pistoles en deux bourses et destinay un des miens nommé le Manny, mon escuyer, pour faire le voyage avec luy, lequel j'instruisis de ce qu'il avoit a faire. Mais comme l'heure fut venue, le comte de Saldaigne saygna du nés et m'envoya dire qu'il ne pouvoit parachever ce que nous avions resolu ensemble, pour des raysons qu'il me diroit des qu'il auroit le bien de me voir. Je ne sçay sy ses amis a quy il parla l'en destournerent, s'il n'eut pas la resolution de l'entreprendre, ou sy l'amour qu'il avoit pour cette fille le fit resoudre a l'espouser.

Je fus voir avant sortir de Saint Geronimo le comte d'Olivares et don Baltasar de Suniga ausquels apres avoir dit le bon acheminement que je voyois en nos affaires, je les priay de moyenner que plusieurs obstacles quy s'y presentoint encores fussent levés, ce qu'ils me promirent.

Le roy fit ce mesme jour *majordomo major* de la reine (1) le comte de Benavente, et en desposseda le duc d'Ucede. Il fit du conseil de guerre le comte de Gondomar, absent (2), fit don Augustin de Messia gentilhomme de sa chambre, et le soir il fit le comte d'Olivares sommelier de corps.

Le dimanche 18me l'ambassadeur de l'empereur me fit festin.

On publia une jonte (ou congregation) quy avoit quelques jours auparavant esté resolue pour remedier aux desordres de la court et de Madrid, et principalement pour bannir les *amancebades* (3). Les commissaires de cette jonte furent le docteur Villegas gouverneur de l'archevesché de Toledo, le prieur de l'Escurial, le marquis de Malpica (4), le comte de Medellin, don Alonso Cabrera, et le confesseur du roy.

J'allay ce mesme jour voir l'infante descalse quy me voyoit volontiers a cause que je luy parlois en allemand quy estoit sa langue maternelle. Je fus de là cheux la reine quy y estoit logée, laquelle me dit que le roy trouvoit bon que je parlasse aux dames du palais sans demander ny prendre *lougar* et en foule, et seule a seule, dont je rendis tres humbles graces au roy, et a elle : et des le lendemain lundy 19me j'employay la permission que j'en avois et envoyay demander

---

(1) Surintendant ou grand maître de la maison de la reine.
(2) Don Diego Sarmiento de Acuna, fils de don Garcias Sarmiento et de Juana de Acuna, Ier comte de Gondomar, était ambassadeur d'Espagne à Londres.
(3) Les courtisanes.
(4) François de Ribera, IIe marquis de Malpica, fils de Pierre de Ribera, Ier marquis de Malpica, et de Catherine de Ribera.

audience a cinq dames du palais qui vindrent a l'antichambre ou on noùs donna des sieges. Il y avoit seulement une vieille *duena* avesques elles. La marquise de Linojosa (1) quy venoit a la court, me trouva en cet estat, ce qu'elle trouva fort nouveau et inaccoustumé, et se mit de la partie, et fusmes plus de deux heures en conversation, apres laquelle je fus disner cheux l'ambassadeur de Venise quy fit ce jour là festin a tous les ambassadeurs, et puis je m'en revins cheux moy ou mes commissaires se trouverent pour conferer de nos affaires.

Le mardy 20me je fus voir l'inquisiteur general Alliaga, confesseur du [feu](2) roy : puis je vins disner cheux monsieur l'ambassadeur ordinaire, quy traitta ceux quy le jour precedent avoint esté cheux l'ambassadeur de Venise.

Apres disner nous nous assemblames de rechef avesques nos commissaires, et demeurasmes presque d'accord de toutes choses.

Ce jour là il fut resolu au conseil d'Estat que la tresve de Hollande ne seroit plus prolongée (3).

Le marquis de Velada et le comte de Villamediana (4) revindrent de leurs bannissemens.

---

(1) Anna-Maria de Mendoza, IIe marquise d'Hinojosa, avait épousé Jean d'Arellano, VIIIe comte d'Aguilar.

(2) Inédit.

(3) Une trêve de douze ans avait été conclue le 9 avril 1609 entre l'Espagne et les Provinces-Unies des Pays-Bas : à son expiration cette trêve avait été prolongée de six semaines seulement.

(4) Antoine d'Avila, IIIe marquis de Velada, fils de Gomez d'Avila, IIe marquis de Velada, et d'Anna de Toledo Colonna, sa seconde femme. — Jean de la Tour et Taxis, IIe comte de Villa-

Le mercredy 21me le roy vint dans un carrosse fermé le matin aux Descalsas, ou se fit le mariage du comte de Saldaigne et de dogna Mariana de Cordua. Le roy mena le marié, et la reine la mariée, a la messe ; et puis les ayant rammenés en mesme ceremonie jusques a la porte de l'antichambre de la reine, ou le roy entra, on les mena, marié et mariée, sans disner, dans un carrosse hors de la ville, *desterrados* (1), et le duc de Pastrana leur ayant presté sa maison de Pastrana (2) a huit lieues de Madrid, pour y demeurer, ils y allerent coucher.

Le jeudy 22me le duc d'Eboli me fit un fort joly festin.

On osta ce jour là aux moynes de l'Escurial une terre que le feu roy leur avoit donnée, nommée Campillo, quy vaut dix huit mille escus de rente, et ce en vertu de la clause de son testament par laquelle il revoquoit les dons immenses qu'il avoit faits durant sa vie.

Le vendredy 23me on envoya dire au confesseur du [feu] (3) roy, nommé Alliaga, que l'on luy ostoit la charge d'inquisiteur general, et l'on le fit a l'heure mesme monter en (4) une litiere pour le rammener au

---

mediana, fils de Jean de la Tour et Taxis, Ier comte de Villamediana, et de Maria Pecalta, fut tué d'un coup de pistolet dans son carrosse à Madrid le 21 août 1622. Il avait la charge héréditaire de grand-maître des postes d'Espagne.

(1) Bannis.
(2) Pastrana, dans la province de Guadalajara, en Nouvelle-Castille.
(3) Inédit.
(4) Il y avait : *sur*.

couvent de Goetté quy estoit sa demeure avant qu'il vint a la court ; ce quy luy fut annoncé de la part du roy par don Jouan de Villegas gouverneur de l'archevesché de Tolede.

Le samedy 24me le duc d'Ucede fut relegué en sa maison. On prit prisonnier son intendant nommé don Jouan de Salasar.

Je fus voir ce jour mesme le comte d'Olivares et don Baltasar de Suniga avec lesquels ayant terminé toutes les difficultés du traitté que nous voulions faire, il fut resolu que nous le sinnerions le lendemain, quy fut le dimanche 25me d'avril, que le regent Caymo et don Jouan de Seriça vindrent le matin cheux moy avesques les notaires et autres officiers necessaires pour servir de tesmoins. Mr du Fargis ambassadeur ordinaire du roy s'y trouva aussy, et tous quatre nous sinnames le traitté de Madrid (1) quy depuis a tant cousté de part et d'autre pour le faire ou effectuer ou rompre. Nous allames tost apres, monsieur l'ambassadeur ordinaire et moy, cheux les ambassadeurs leur en donner part et leur en laisser copie. Puis je fus voir sur le soir l'infante descalse.

Le lundy 26me j'eus le matin audience du roy pour le remercier de mon expedition. Je luy parlay en suitte des affaires d'Allemaigne, et particulierement luy recommanday de la part du roy l'electeur palatin(2).

---

(1) Le traité stipulait le rétablissement des choses en leur état précédent de part et d'autre ; en même temps il assurait le pardon des Grisons aux Valtelins qui avaient pris part aux mouvements, et donnait aux catholiques des garanties religieuses.

(2) L'électeur palatin Frédéric, vaincu à Prague, venait d'être mis au ban de l'Empire.

Finalement je luy parlay amplement de la part de la reine sa sœur, en faveur et a la recommandation du duc de Monteleon. Il me respondit sur tous les points fort judicieusement, me disant que pour ce quy estoit de l'expedition de mes affaires, il avoit luy mesme a remercier le roy son beau frere de la facilité qu'il avoit apportée sur ce sujet ; que pour les affaires d'Allemaigne Dieu luy estoit a tesmoin s'il n'en desiroit le repos et la tranquillité comme des siennes propres ; qu'il n'en estoit pas le chef, mais l'empereur, ny ses trouppes qu'auxiliaires, et qu'il y feroit tous les offices imaginables vers luy pour le porter a une bonne paix de laquelle il sçavoit que l'empereur son oncle (1) estoit tres desireux ; que pour le palatin, il n'avoit, ny toute la mayson d'Austriche, aucun sujet de luy bien faire ; neammoins que la recommandation du roy son beau frere luy seroit en tres forte recommandation ; et que finalement pour ce quy estoit du duc de Monteleon, qu'il tesmoygneroit dans trois jours a la reine sa sœur comme il estimoit et deferoit a ses prieres, principalement quand elles luy estoint faites en faveur de personnes sy dignes que le duc de Monteleon, et que de cela je pouvois asseurer et la reine sa sœur et ledit duc. Je pris en suitte congé de luy pour la forme affin de revenir en suitte faire [mon entrée a Madrid pour venir faire] (2) l'office de condoleance de la part du roy. J'allay puis apres prendre congé de la reine.

---

(1) Ferdinand II, alors empereur, était frère de Marguerite d'Autriche, mère du roi Philippe IV d'Espagne.

(2) Inédit.

[On osta ce jour là l'office a l'*asemilero major*] (1).

Le mardy je fis une ample despesche au roy, a M^r le connestable de Luines (2) et a Mr de Puisieux, pour leur rendre compte de toute ma negociation et leur envoyer le traitté de Madrid par le sieur de Cominges.

Le mercredy 28me jour d'avril je partis de Madrid comme pour m'en retourner en France, et allay coucher a La Torre (3).

Ce jour là on osta l'office de grand escuyer de la reine au comte d'Altamira (4). On donna celuy de lieutenant general de la mer sous le prince Philibert (5) au marquis de Sainte Croix (6) ; [celuy de general des galeres d'Espaigne a don Pedro de Leiva](7) ; celuy de general des galeres de Naples au duc de Fernandine (8), fils de don Pedro de Toledo.

---

(1) Cette phrase est inédite; elle se trouve dans les manuscrits Fr. 4063, Fr. 10315. — *Acemilero mayor*, chef des officiers chargés de veiller sur les écuries des mules et bêtes de somme.

(2) La charge de connétable, vacante depuis sept ans, avait enfin été obtenue par le duc de Luynes le 2 avril 1621.

(3) La Torre de Parada près du Pardo; ou Torreladones, sur la route de l'Escurial.

(4) Lopez d'Ossorio y Moscoso, VIe comte d'Altamira, fils de Rodrigue d'Ossorio y Moscoso, V^e comte d'Altamira, et d'Isabelle de Castro, avait épousé une Sandoval. Il mourut en 1638.

(5) Emmanuel-Philibert de Savoie, second fils de Charles-Emmanuel Ier, duc de Savoie, et de l'infante Catherine, fille de Philippe II, était par sa mère cousin-germain du roi d'Espagne.

(6) Alvarez de Bazan, IIe marquis de Santa-Cruz, fils d'Alvarez de Bazan, Ier marquis de Santa-Cruz, capitaine général de la mer sous Philippe II, et de Jeanne de Zuniga, mourut en 1646.

(7) Inédit. — Don Pedro de Leyva, second fils de don Sanche Martinez de Leyva, vice-roi de Navarre, et de Leonor de Mendoza, sa première femme.

(8) Garcias de Tolède, duc de Fernandina, fils de Pierre de

Le jeudy 29ᵐᵉ je vins disner a l'Escurial ou je vis tout cet admirable edifice et les choses rares quy y sont.

Ce jour là on fit a Madrid conseillers au conseil d'Estat le duc de Monteleon, don Diego d'Ivarra, le marquis d'Ayetona et le marquis de Montesclaros.

Le vendredy 30ᵐᵉ je partis de l'Escurial, vins disner au Pardo, maison de plaisance du roy (1), et fus coucher a Alcovendas.

Ce jour là le duc d'Ossune se gourma avesques don Louis de Godoy quy avoit charge de le garder dans l'Alameda.

May. — Le samedy premier jour de may, je fis mon entrée en dueil a Madrid pour venir faire l'ambassade de condoleance. Apres disner j'allay au Sottillo (2) ou tous les cavaliers et dames de Madrid s'allerent promener.

Le dimanche 2ᵐᵉ on haussa le *pendon* (3) a Madrid pour reconnestre le nouveau roy : don Rodrigo de Cardenas le porta.

Le lundy 3ᵐᵉ j'eus ma premiere audience pour plaindre la mort du feu roy. Apres disner on fit le service du feu roy [en grande ceremonie] (4) a Saint Geronimo.

Le mardy 4ᵐᵉ on fit les honneurs du feu roy au

Tolède, duc de Fernandina, marquis de Villafranca, et d'Elvire de Mendoza.

(1) A trois lieues de Madrid.
(2) *Sotillo*, petit bois.
(3) Le pennon, la bannière.
(4) Inédit.

mesme Saint Geronimo ou j'accompagnay le roy. Le pere Florensia jesuiste fit son oraison funebre.

Je fus apres disner a l'audience cheux la reine aux Descalsas.

Comme je sortois de cheux le roy le matin apres l'avoir rammené en sa chambre, le comte d'Olivares et don Baltasar de Suniga me vindrent conduire et faire un tour de galerie avesques moy. On parla de diverses choses : je leur demanday sy le prince Philibert verroit des ce jour mesme Sa Majesté, ou s'il attendroit au lendemain a le voir. Ils me dirent que le prince Philibert estoit en Sicile, bien eslongné de pouvoir voir le roy. Je creus qu'ils me faisoint les fins ; c'est pourquoy je m'opiniastray a leur dire que sy Alcala de Ennares (1) estoit Sicile, qu'il n'en estoit pas plus eslongné. Cela les estonna de sorte qu'ils me dirent qu'ils ne pensoint pas qu'il y fut. Allors je leur dis que s'ils vouloint que je l'ignorasse, au nom de Dieu soit ; que sy aussy (2) c'estoit eux quy l'ignoroint, je leur en pouvois asseurer, et que je le sçavois de l'ambassadeur de Venise a quy un courrier venoit d'arriver comme nous entrions a Saint Geronimo, quy l'avoit laissé a dix lieues d'Alcala, quy pensoit arriver ce jour là a Madrid sy ses mules l'y pouvoint porter. Ils me remercierent tous deux de cet avis, et me prierent de trouver bon qu'ils dient au roy qu'ils le sçavoint de moy ; a quoy je m'accorday. Ils rentrerent

---

(1) Alcala de Henares, ville de la province de Madrid, à cinq lieues de cette capitale.

(2) Au contraire.

a l'heure mesme cheux le roy luy dire cette nouvelle, puis envoyerent incontinent assembler le conseil d'Estat auquel il fut resolu que l'on envoyeroit en diligence en Alcala de Ennares dire de la part du roy au prince Philibert de Savoye qu'il ne passat pas plus avant sans nouvel ordre, s'il n'aymoit mieux aller attendre les commandemens du roy a Baraxas ; ce qu'il fit et feignit d'y estre malade pour cacher sa desfaveur. Il avoit eu ordre de ne bouger d'Italie. Ces nouveaux favoris quy avoint veu comme du temps du feu roy il avoit pris pié sur son esprit, craignoint qu'il n'en fit de mesme a celuy cy et ne luy voulurent jammais permettre de voir plus de deux fois ce roy.

Le mercredy 5me je commençay a faire mes adieux aux grands et fis une despesche au roy.

Le jeudy 6me don Augustin Fiesque, tresorier de la *cruçade* (1), me fit festin et y pria plusieurs seigneurs espagnols.

Le vendredy 7me je continuay de faire mes adieux et allay voir don Pedro de Toledo nouvellement revenu de son bannissement (2) ; puis j'allay visiter le duc d'Alve.

Le samedy 8me je fus cheux la reine, puis cheux l'infante descalse. Apres disner je fus voir l'almirante

---

(1) La *cruzada*, la croisade.
(2) Don Pedro de Tolède, alors gouverneur du Milanais, fut en 1618 l'un des trois chefs de la conjuration contre Venise. A la suite de cette affaire il avait été rappelé de son gouvernement et mis en disgrâce.

de Castille (1). J'envoyay un gentilhomme a Baraxas visiter le prince Philibert de Savoye.

Le roy ce jour mesme fit l'almirante gentilhomme de sa chambre et fit couvrir *grande* le marquis de Castel-Rodrigo fils de don Christobal de Mora (2).

Le dimanche 9me de may le roy fit son entrée solennelle a Madrid. Il me fit preparer un balcon a la Puerta Guadalaxara. Il partit de Saint Geronimo et vint par la Calle Major en son palais. Toutes les rues estoint tendues. Devant luy marchoint les *attabales* (3), puis les gentilshommes de la bouche, puis les *titulados* (4); apres marchoint les massiers, puis les quattre majordomes, en suitte les grands, puis le duc de l'Infantado, *cavallerisso major*, teste nue, portant l'espée nue devant le roy quy venoit apres sous un dais a trente deux bastons portés par les trente deux *regidores* (5) de Madrid, habillés de toile d'argent blanche et incarnate ; puis suyvoit le *coregidor* (6), et les escuyers du roy estoint a l'entour de luy ; puis suy-

---

(1) Louis Henriquez, VIIIe comte de Melgar, V^e duc de Medina-Riosecco, fils de Louis Henriquez, VIIe comte de Melgar, IVe duc de Medina-Riosecco, était le neuvième qui exerçait la charge, héréditaire dans sa maison, d'amirante de Castille. Il mourut le 25 janvier 1647.

(2) Emmanuel de Moura, IIe marquis de Castel-Rodrigo, fils de Christophe de Moura, Ier marquis de Castel-Rodrigo, vice-roi de Portugal pour l'Espagne, et de Marguerite Corte-Real, fut gouverneur général des Pays-Bas. Il mourut en 1648.

(3) Les *atabales*, tambours ou timbaliers.

(4) Les *titulados* (titrés) étaient les comtes et marquis qui avaient concession de titre, mais n'étaient pas grands d'Espagne.

(5) Officiers municipaux.

(6) Le *corregidor*, principal magistrat de la ville.

voint les capitaines des gardes, et ceux du conseil d'Estat, et ceux de la chambre (1).

Le lundy 10me je fus voir don Baltasar de Suniga pour avoir ma despesche, quy me remit au mercredy suyvant.

Le mardy 11me je continuay de faire mes adieux. Je fus le soir au logis de Marte Caudado ou je fis jouer une comedie en particulier avesques peu de seigneurs espagnols que j'y priay.

Le mercredy 12me j'eus ma derniere audience du roy quy me donna de sa main ma despesche au roy, et a la reine sa sœur. Je pris en suitte congé du prince don Carlos ; de là j'allay dire adieu au comte d'Olivares et a don Baltasar de Suniga.

Apres disner les executeurs du testament du roy me mirent en main un grand reliquaire quy pouvoit valoir cinq cens mille escus, fort garny de belles reliques, et me chargerent de le porter a la reine, que le roy son pere luy avoit laissé en testament. Je fus en suitte prendre congé de la reine, de l'infante Marie et de l'infant cardinal.

Le jeudy 13me je fus prendre congé de l'infante descalse ; puis je fus dire adieu au comte de Benavente, au duc de l'Infantado et autres grands.

[Le vendredy 14me j'achevay mes adieux et fus le soir avesques quelques seigneurs faire jouer une comedie cheux les comediens mesmes] (2).

Le samedy 15me je receus un present du roy par la

---

(1) Les conseillers d'État, et les gentilshommes de la chambre.
(2) Inédit. — La phrase se trouve aux manuscrits.

main de Jouan de Seriça, quy estoit une enseigne de diamans de six mille escus (1). La comtesse de Baraxas m'envoya en suitte un fort beau present de parfums; je luy envoyay aussy le sien quy estoit une chaine de diamans de quinse cens escus. Apres disner le roy m'envoya encores donner un fort beau cheval de son haras. Puis ayant dit adieu a la comtesse de Baraxas et a forces dames quy l'estoint venu voir expres, je partis de Madrid, le roy me faisant accompagner en sortant comme il avoit fait a l'entrée : puis je vins coucher a Alcovendas avesques monsieur l'ambassadeur ordinaire, M^r le prince d'Eboli, le comte de Chasteauvillain et quelques Espagnols parens du comte de Baraxas, desquels je me despeschay le lendemain dimanche 16me, et vins disner a Cabanillos (2) et coucher a Buitrago ; le lundy 17me disner a Serisco de Vaxo (3) et coucher a Mirubio (4), le mardy disner a Gumuel d'Isans (5) et coucher a Leerme ; le mercredy a Bourgos ; jeudy disner a Birviesca et coucher a Pancorbo (6) ; le vendredy a Vittoria ; le samedy disner a Galarette, et coucher a Villafranca (7); le dimanche 23me disner a la *venta* de Marie Beltram et coucher cheux mon amy don Jouan d'Arbelais *correro major* de Guypuscua.

---

(1) Voir à l'Appendice. XVII.
(2) Cabanillas, ville de la province de Madrid.
(3) Cerezo de Abajo, ville de la province de Ségovie.
(4) Peut-être Honrrubia, bourg de la province de Ségovie, sur la route de Burgos.
(5) Grumiel de Izan, bourg de la province de Burgos.
(6) Pancorbo, bourg de la province de Burgos.
(7) Villafranca, bourg de la province de Guipuscoa.

Le lundy 24me je disnay encores cheux Arbelais et passay a Saint Jean de Lus et vins coucher a Bayonne. Le comte de Gramont y arriva en mesme temps que moy.

Le mardy 25me je demeuray a Bayonne pour y attendre M^r d'Espernon quy y arriva le matin. Nous allasmes apres disner voir la grotte d'Amour et pescher.

Le mercredy 26me je fus coucher a Saint Vincent (1); le jeudy a la Harie; et le vendredy 28me a Bordeaux (2) ou je fus voir Mr du Maine, et madame d'Onane (3) nouvellement revenue (4) d'Italie. Il me donna le lendemain a disner, et le dimanche 30me j'allay disner a Blayes et coucher a Mortaigne (5); le jour d'apres a Saintes, d'ou j'en partis le mardy premier jour de juin et vins vers Saint Jean d'Angeli ou je trouvay l'armée quy alloit faire les approches (6). Je m'y en allay et au

---

(1) Saint-Vincent-de-Tyrosse, chef-lieu de canton de l'arrondissement de Dax, département des Landes.

(2) M. de Bassompierre, revenant d'Espagne, fut salué à Bordeaux par MM. de Bonalgues et Brignon, jurats (*Continuation à la Chronique bourdeloise*).

(3) La duchesse d'Onagno était sœur du duc de Mayenne. Voir sur elle la note 2, t. I, p. 212. — Il y avait aux précédentes éditions : *d'Ornano*.

(4) Il y avait : *revenus*.

(5) Mortagne-sur-Gironde, bourg du canton de Coze, arrondissement de Saintes, département de la Charente-Inférieure.

(6) Les huguenots, à la fin de l'année précédente, avaient reformé leur assemblée à la Rochelle, et la maintenaient malgré les défenses du roi; des troubles éclataient sur divers points du midi de la France : ces circonstances avaient déterminé le roi à recourir à la force, et la première guerre civile religieuse de son règne venait de commencer. Déjà Saumur et plusieurs autres

retour je vins trouver en un chasteau nommé les Eglises...... (1), quy me receut fort bien.

Le mercredy 2me je vins loger a Saint Julien proche de Saint Jean (2), ou nous assistames aux funerailles du comte de Maurevert (3) mestre de camp de Champaigne, tué le jour de devant.

Le jeudy 3me le roy vint aussy loger a Saint Julien et apres avoir tenu conseil, ordonna du siege et des charges de son armée. Il fit faire deux attaques, l'une par les gardes ausquelles les mareschaux de Brissac et de Pralain commanderent et sous eux Mrs de Crequy, de Saint Luc, et moy pour mareschaux de camp : celle de Picardie fut commandée par le mareschal de Chaunes que le roy avoit fait duc et pair a son partement de Paris (4), et sous luy par Mrs de Termes et de la Rochefoucaut mareschaux de camp.

---

places de sûreté avaient ouvert leurs portes; l'armée royale venait de mettre le siége devant Saint-Jean-d'Angély, appelé le boulevard de la Rochelle, et M. de Rohan, qui en était gouverneur, y avait laissé son frère, M. de Soubise, comme lieutenant.

(1) Le nom est en blanc au manuscrit et dans la plupart des éditions anciennes. Dans le manuscrit de Meaux on lit : *lè roi*; dans les éditions de 1692 et dans les éditions modernes : *M. le connétable*. L'auteur a sans doute voulu parler du roi, que du reste le connétable accompagnait toujours. — Hérouard indique Vervant comme le logement du roi à ce moment; mais les Églises sont très-rapprochées de Vervant.

(2) Saint-Julien, à peu de distance de Saint-Jean-d'Angély, avait un pont sur la Boutonne.

(3) Claude-François de la Baume, comte de Montrevel, fils d'Antoine de la Baume, comte de Montrevel, et de Nicole de Montmartin, né le 18 mars 1584, venait d'être créé maréchal de camp. Il fut blessé le 31 mai; mais il ne mourut pas sur le champ.

(4) Par lettres du mois de janvier, enregistrées le 9 mars.

Nous entrames dans le fossé de nostre costé le 21ᵐᵉ de juin, et y fismes quatre traverses : cela se fit au jour que je commandois. Mʳ de la Vallette et le comte de Paluau (1) furent blessés, et Carbonié tué avec Favoles et Des Herables et Du Roc : celuy cy estoit a Mʳ de Saint Luc, et le precedent a moy, tous deux braves hommes ; Favoles estoit mon ayde de camp (2).

Le 23ᵐᵉ l'on traitta et la capitulation fut sinnée ; et le 24ᵐᵉ, jour de Saint Jean (3), Mʳ de Soubise sortit de la place : Mʳ d'Espernon et moy y entrames avesques les gardes du roy, françoises et suisses ; puis j'en sortis pour aller accompagner les ennemis en sortant, a une lieue de la ville jusques en lieu de seureté.

Le 26ᵐᵉ le roy partit de Saint Julien (4), et s'en alla a Cognac.

Durant ce siege Mʳ le cardinal de Guyse mourut du pourpre a Saintes ou il s'estoit fait porter (5).

---

(1) Antoine de Buade, seigneur de Frontenac, baron de Paluau, fils de Geoffroy de Buade, seigneur de Frontenac, et d'Anne de Carbonnier, devait être le neveu du sieur de Carbonnier, tué à côté de lui, et non son beau-frère, comme le dit Hérouard.

(2) « Là se fit voir le genereux courage du mareschal de Praslin, des sieurs de Bassompierre et de Saint-Luc, avec une grande partie des volontaires de l'armée, desquels resta mort sur la place le sieur de Charbonnier, d'un coup de mousquet qu'il receut en la teste. » (*Thresor de l'Histoire generale de nostre temps.*) — Cette action eut lieu le 23 juin, et non le 21.

(3) Ces dates sont à rectifier : M. de Soubise envoya un parlementaire le soir du 23 juin ; mais les articles de la capitulation ne furent accordés et signés que le 25, et la garnison sortit le 26.

(4) Suivant le *Journal d'Hérouard*, le roi ne partit de Saint-Julien que le 28 ; il coucha à Brizembourg (Charente-Inférieure), et entra le 29 à Cognac.

(5) Le cardinal de Guise mourut le 21 juin.

Nous demeurames trois jours a Cognac, et puis le roy m'envoya a Paris pour ratifier avesques monsieur le chancelier quy y estoit demeuré, plusieurs traittés et accords que j'avois passés en Espaigne (1) ; ce que nous fimes avesques Mr le marquis de Mirabel (2) quy avoit receu une procuration particuliere sur ce sujet. Mr de Crequy et moy revinmes ensemble et demeurasmes, moy vingt sept jours a Paris, et luy bien davantage a cause d'une blesseure bien grande a la teste, d'une cheute qu'il fit cheux madame la comtesse de Rochefort.

Il ne se peut dire comme je passay bien mon temps en ce voyage : chascun nous festinoit a son tour : les dames s'assembloint, ou se rendoint aux Tuilleries. Il y avoit peu de galans dans Paris : j'y estois en grand estime, et amoureux en divers lieux. J'avois rapporté pour vingt mille escus de raretés d'Espaigne, que je distribuay aux dames, quy me faisoint une chere excellente.

En fin monsieur le connestable a quy quelques gens de moindre estoffe que nous, comme Marillac, Zammet et autres [quy se vouloint avancer] (3), avoint persuadé que ce n'estoit pas son bien que des gens sy

---

(1) Par lettres du 24 juin le roi avait déclaré ratifier les articles du traité de Madrid et la promesse contenue en un compromis signé le même jour que le traité, et portant que la France ferait tous ses efforts pour retenir les Grisons dans son alliance exclusive.

(2) Antonio de Tolède et d'Avila, fils de don Pedro d'Avila et de dona Hieronyma Henriquez, avait épousé Françoise de Zuniga et d'Avila, IIIe marquise de Mirabel.

(3) Inédit.

qualifiés que Mʳˢ de Crequy, Saint Luc, Termes, et moy, fussions mareschaux de camp ; que nous estouffions sa gloire et celle de ses freres, qu'il vouloit avancer par les armes ; et que l'on ne parloit que de nous, et point du tout de luy, ny d'eux ; c'estoit pourquoy il devoit nous donner des commissions a l'escart et introduire en nostre absence des mareschaux de camp de moindre merite quy seroint ses creatures et de ses freres, quy contribueroint leurs soins et leurs peines a leur honneur et a leur gloire ; monsieur le connestable se laissa aysement persuader a une chose quy estoit sy evidente, et pour cet effet il fit donner la lieutenance generale de la mer a Mʳ de Saint Luc et l'envoya a Brouages apres le siege de Saint Jean pour preparer les armemens necessaires pour rendre le roy puissant sur mer : il me commanda d'aller a Paris ratifier les contrats susdits d'Espaigne et m'adjoygnit commissaire pour les sinner pour le roy avec monsieur le chancelier : Mʳ de Crequy avoit eu une mousquetade a la joue (1), de laquelle il n'estoit encores bien guery, quy se laissa facilement persuader d'aller a Paris, outre qu'il y avoit quelques affaires. Monsieur le connestable nous dit qu'il croyoit faire la paix a Bergerac (2) ; que les huguenots en faisoint rechercher le roy quy y condescendroit volontiers, et que Dieu aydant, le roy et luy nous suyvroint de pres ; qu'en tout cas il nous adver-

---

(1) Au siége de Saint-Jean-d'Angély. La blessure, quoiqu'elle eût paru d'abord dangereuse, ne lui avait pas fait interrompre son service.

(2) Bergerac, aujourd'hui chef-lieu d'arrondissement du département de la Dordogne, était une des places de sûreté des huguenots.

tiroit promptement quand il seroit temps de se rendre a l'armée.

Il me donna mesmes quelques particulieres commissions pour prendre garde a une union dont on l'avoit mis en allarme entre madame la Princesse, madame la Comtesse, et madame de Guyse. Il croyoit que M^r le Prince, et Mr de Guyse et M^r le Grand n'estoint pas fort contens de luy ; le premier pour n'avoir plus le commandement de l'armée du roy ; les deux autres pour avoir esté faits du conseil estroit du roy et puis on leur avoit dit que pour quelques considerations ils n'y entrassent pas. Il me tesmoygna une grande confiance fondée sur le dessein qu'il avoit de me faire espouser sa niece de Combalet, ainsy que luy avoint asseuré M^r le Prince et Mr de Guyse comme il a esté dit cy dessus (1) ; et ayant veu depuis comme j'avois dignement servy en Espaigne et que j'avois bien fait a ce dernier siege de Saint Jean, il se reschauffa en ce dessein et m'en fit parler par Rouccelay quy eut charge de sçavoir de moy ce que je desirerois pour mon advancement et pour ma fortune, ce mariage se faisant : car il s'imaginoit que je luy demanderois des offices [de couronne] (2), dignités et gouvernemens, et que je me ferois acheter. Mais moy je respondis a Rouccelay que l'honneur d'entrer en l'alliance de monsieur le connestable m'estoit sy cher qu'il m'offenseroit de me donner autre chose que sa niece avesques sa robe ; que je ne luy demandois que cela et ne refuserois point en suitte les bienfaits dont il me jugeroit digne [lors que je

---

(1) Voir p. 230.
(2) Inédit.

serois son neveu] (1). Il fut ravy de ma franchise et me fit dire qu'il me mettroit dans la parfaite confidence du roy quy avoit tres forte inclination pour moy, de laquelle a l'avenir il n'auroit plus de jalousie comme il en avoit pris l'année precedente.

Il nous dit en suitte que, ou il nous escriroit quand il seroit temps de le venir trouver, ou qu'Esplan (2) nous le manderoit de sa part, auquel de plus il donna charge de nous mander tout ce quy se passeroit. Ainsy nous partimes fort satisfaits de luy, quy aussy tost dit au roy [qu'il estoit necessaire] (3) qu'il fit de nouveaux mareschaux de camp en son armée ; que nous estions tres propres et capables de ces charges là, mais que nous n'estions pas personnes a tenir pié a boule ny pour y rendre l'assiduité necessaire. Pour cet effet il luy nomma Zammet, Marillac, Constenant et Saint Jus (4), le seul Termes estant demeuré, quy fut tué aux approches de Clairac (5).

Nous estions cependant a passer nostre temps a

---

(1) Inédit.
(2) Esprit Alard, seigneur d'Esplan, devenu marquis de Grimault par suite de son mariage avec Marie de la Baume-Montrevel, dame de Grimault. La protection du duc de Luynes l'avait fait grand maréchal des logis de France. Il fut tué en duel.
(3) Inédit.
(4) Peut-être Jean du Quesnel, seigneur de Saint-Just, qui avait épousé Isabelle-Gabrielle de la Rochefoucaud-Langeac. — Il y avait : *Saint-Luc*, aux précédentes éditions.
(5) Clairac, sur la rive droite du Lot, canton de Tonneins, arrondissement de Marmande, département de Lot-et-Garonne. Cette place, attaquée le 22 juillet, se rendit le 5 août. M. de Termes fut blessé le 22 aux premières approches, et mourut le 24.

Paris, et Esplan nous mandoit de la part de monsieur le connestable, de temps en temps, que rien ne nous obligeoit de partir, et qu'il nous manderoit quand il seroit temps. Ainsy se passa le siege de Clairac et le roy s'acheminoit vers Montauban quand la reine mere quy estoit revenue a Tours, pour nous animer contre le connestable, envoya par Mr de Sardini une lettre qu'il luy avoit escrite, luy demandant Marillac comme le seul homme capable de reduire Montauban et la suppliant de l'envoyer au roy pour ne point retarder ses conquestes par son absence : il (1) nous donna cette lettre cheux madame la Princesse devant quantité d'hommes et de femmes. Cela despita Mr de Crequy, mais m'anima a retourner a l'armée sans attendre l'ordre de monsieur le connestable, qu'il nous avoit promis, et arrivay le samedy 21me d'aust a Picacos (2), quartier du roy devant Montauban. Je fis difficulté de vouloir servir de mareschal de camp, me contentant d'estre en ce siege colonel general des Suisses. En fin le roy m'accorda que je ne me meslerois point avesques cette recreue de mareschaux de camp ; que je [le] (3) serois seul au quartier des gardes (4), et que,

---

(1) *Il*, Sardini.

(2) Piquecos, village sur la rive droite de l'Aveyron, au nord et à une certaine distance de Montauban. C'était le 17 août que le roi avait établi son quartier au château de Piquecos, appartenant aux marquis de Montpezat. Les premières approches furent faites le même jour.

(3) Inédit.

(4) Le quartier des gardes, où commandaient les maréchaux de Praslin et de Chaulnes sous le connétable de Luynes, avait l'attaque des cornes ou ouvrages avancés de Montmirat et de

le siege finy, je conduirois l'armée; a quoy je m'accorday, et vins ce mesme jour au campement proche de la riviere du Tar du costé des cornes.

On n'avoit point encores ouvert les tranchées; seulement avoit on fait deux ponts pour traverser de nostre campement a Monbeton (1) ou Mr du Maine logeoit pour attaquer Ville Bourbon (2), et du quartier de Mr du Maine a l'autre quartier et attaque du Moustier (3). Nous allames, M^r le mareschal de Pralain et moy, visiter Mr du Maine quy nous mena le plus pres qu'il peut de Ville Bourbon a dessein de nous faire donner quelque mousquetade. Au retour nous nous preparasmes pour ouvrir la tranchée et allames, Gamorin (4) et moy, jusques contre les cornes de Montauban sans estre apperceus ny que l'on nous tirat; mais au retour nous estans fourvoyés du chemin,

---

Saint-Antoine, à l'ouest et au nord-ouest de la ville, sur la rive droite du Tarn, en avant du faubourg de Ville-Nouvelle.

(1) Montbeton, village du canton de Montech, arrondissement de Castel-Sarrasin, à l'ouest et à quelque distance de Montauban.

(2) Ville-Bourbon, faubourg situé sur la rive gauche du Tarn, au sud-ouest de la ville, à laquelle il était joint par un pont, avait reçu ce nom depuis que le roi Henri IV l'avait entouré de fortifications. Le duc de Mayenne, ayant sous lui le maréchal de Thémines, était chargé de l'attaque de Ville-Bourbon.

(3) Le Moustier, faubourg bastionné sur le ruisseau de Tescou, rive droite du Tarn, au sud-est de la ville. Le prince de Joinville, ayant sous lui les maréchaux de Lesdiguières et de Saint-Geran, attaquait le Moustier.— Les deux ponts jetés sur le Tarn reliaient les trois attaques.

(4) Joseph Gamorini, ingénieur italien, attaché à la reine-mère, et envoyé par elle au siége sur la demande du duc de Luynes (*Lettres et papiers d'État du cardinal de Richelieu*, t. I, p. 692). Il fut tué en 1622 devant Montpellier.

nous tombasmes dans un corps de garde avancé des nostres quy nous firent une descharge de tout leur feu a brusle pourpoint : ma mandille (1) fut percée d'une mousquetade ; mais Dieu mercy, rien ne toucha ny a Gamorin ny a moy. En suitte nous ouvrimes la tranchée des gardes et en outre fimes une forte tranchée en un grand chemin quy estoit sur l'eau, ce quy se fit par le regiment de Piemont.

Le dimanche 22me monsieur le connestable vint a nostre campement et nous fit venir le trouver [pour luy parler] (2) : et comme nous estions pres de luy, les ennemis firent une forte sortie sur Piemont quy estoit a la tranchée susdite contre laquelle un coup de canon de la ville ayant esté pointé, il emporta le corps du premier capitaine de Piemont nommé le Breuil (3), et la cuisse du lieutenant de Lambert (4), quy estoit mon domestique nommé Casteras, brave et gentil garçon quy en mourut a deux heures de là. Le capitaine Lartigue, du mesme regiment, eut le pié froissé d'une grenade, dont il mourut peu de jours apres. Le capitaine Serroque (5), du regiment de Normandie, se

---

(1) Mandille, sorte de casaque que portaient plus ordinairement les laquais.

(2) Inédit.

(3) Henri du Breuil, déjà capitaine au régiment de Piémont en 1594, avait obtenu, cette même année, la majorité de ce corps. C'est sans doute par erreur que Roussel, dans son *Essai sur les régiments d'infanterie*, donne le récit de sa mort au siége de Sommières en 1622, à moins qu'il n'y eut au corps un autre capitaine du même nom.

(4) Lambert était alors capitaine au régiment de Piémont.

(5) Le sieur de Sarroque était premier capitaine du régiment de Normandie.

trouvant dans la tranchée allors sortit l'espée a la main vers les ennemis, mais il fut aussy tost tué d'une mousquetade. Je courus en diligence au bruit de la sortie, et repoussames les ennemis dans la ville ; mais nous avions desja perdu ces braves hommes.

La nuit suyvante nous tirames une ligne assés longue que nous continuames la nuit du lendemain encores, et mismes a travers du grand chemin quy estoit descouvert, certains chandeliers (1) a l'espreuve quy furent depuis nommés *valobres* du nom de celuy quy les fit faire.

Le mardy 24me nous tirames une autre ligne et fimes deux barricades sur les deux avenues et une espaule en une traverse.

Les ennemis firent semblant de sortir la nuit, mais nous trouvant sur nos armes et en estat de les bien recevoir, ils tindrent bride en main.

La nuit du mercredy 25me nous voulumes occuper un tertre avancé borné d'un chemin creux, quy estoit fort propre pour faire une batterie pour lever les deffenses de cette corne ; et pour ce sujet nous fismes tout a l'entour une couronne de quarante gabions quy n'estoint point remplis, mais seulement nous servoint de blindes et pour amortir les mousquetades.

Le jeudy 26me a onse heures, les ennemis sortirent dans ce chemin creux au dessus duquel estoint posés les gabions et avesques des crocs les tirerent a bas vers eux (2). Ils avoint aussy apporté quelques feux d'arti-

---

(1) Chandeliers, pieux fixés sur des pièces de bois et destinés à soutenir des fascines pour couvrir les travailleurs.

(2) L'entreprise était conduite par Fleurans du Rozier.

fices pour les brusler en cas qu'ils ne les peussent tirer du lieu ou ils estoint, et avoint garny leurs courtines de mousqueterie quy tiroint a nos gens a descouvert lors que ces gabions n'y estoint plus et en tuerent huit ou dix. En fin nous tirions contre eux nos gabions, et n'en peurent (1) abattre que sept. Puis quelques mousquetaires s'estans avancés jusques sur le bord dudit chemin creux, les tiroint a plomb, et quantité de pierres que nous leur fismes jetter leur firent quitter ce chemin et se retirer en la ville : et une chose que nous avions faite la nuit contre eux leur fut favorable, quy estoint deux traverses contre ledit chemin, quy impossibilita (2) nostre descente a eux et nous osta le moyen de donner sur leur retraitte.

La nuit suyvante un Suisse de ma compagnie, nommé Jaques, nous dit que sy je luy voulois donner un escu, qu'il rapporteroit les gabions que les ennemis avoint renversés dans le chemin pourveu que l'on luy voulut faire passage, ce que nous fismes; et ce quy nous estonna le plus fut que cet homme rapportoit les gabions sur son col, tant il estoit robuste et fort. Les ennemis luy tirerent deux cens arquebusades sans le blesser, et apres en avoir rapporté six, les capitaines des gardes [quy voyoint une telle hardiesse] (3) me prierent de ne mettre plus en hasard pour un gabion quy restoit encores, un sy brave homme : mais il leur dit qu'il y en avoit encores un gabion de son marché et qu'il le vouloit rapporter, ce qu'il fit.

---

(1) Il y avait aux précédentes éditions : *pûmes*.
(2) C'est-à-dire : ce qui impossibilita.
(3) Inédit.

Cette mesme nuit nous avanceames nostre tranchée jusques a la teste du chemin creux.

Le vendredy 27me nous eslargismes nos tranchées. Nous fimes une gabionnade pour une batterie de huit ou dix pieces, et fimes une forte traverse (1) au bout du chemin creux [quy nous servit de tranchée] (2). Nous fismes une autre traverse sur le chemin quy est proche de la riviere.

Ce mesme jour M^{rs} les mareschaux Desdiguieres et de Saint Geran quy avoint l'attaque du Moustier, en firent une forte pour gaigner la contrescarpe du bastion quy leur fut disputée plus de trois heures; mais en fin ils l'emporterent. Mais il y eut des nostres plus de six cens hommes morts ou blessés, et entre autres Saint Jus mareschal de camp y fut blessé et mourut de sa playe a six jours de là : Zammet aussy mareschal de camp eut le bras droit cassé d'une mousquetade, quy le rendit inutile pour tout le reste du siege, bien que pour cela il ne l'abandonna pas (3). Ce fut un grand avantage que cette contrescarpe gaignée, et n'y avoit plus qu'a descendre au fossé et s'attacher au bastion, lequel gaigné, la ville estoit prise : mais ceux quy commandoint ce quartier et sur tous Marillac opiniatra que l'on n'y pouvoit descendre en ce lieu là a cause du

---

(1) Il y avait : *tranchée.*
(2) Inédit.
(3) Suivant l'HISTOIRE PARTICULIERE DES PLUS MEMORABLES CHOSES *qui se sont passées au siege de* MONTAUBAN, *dressée en forme de journal*, par H. JOLY, Zammet fut blessé seulement le 12 septembre dans une attaque contre une demi-lune qui protégeait le bastion du Moustier.

flanc caché qu'il y avoit et un coffre (1) quy estoit dans le fossé. Je vins un jour par commandement du roy au conseil a Picacos, et comme on proposa de tirer a gauche pour prendre sur le penchant quy regarde la riviere, j'y contrariay par plusieurs vives raysons, me moquant de ceux quy croyoint que l'on ne peut descendre dans un fossé ou il y avoit des flancs cachés et des coffres, et en fin il fut resolu que diverses personnes iroint reconnestre la possibilité ou impossibilité de cette descente, et monsieur le connestable m'ordonna d'y aller, comme je diray cy apres.

Le samedy 28me nous travaillames au dela du chemin a la sappe. Nous fismes encores une autre traverse dans le chemin a l'espreuve du canon, et tirasmes une ligne a travers de l'autre chemin pour aller gaigner le fossé de la corne.

Le dimanche 29me (2) nous nous logeames dans le fossé et fismes une tranchée ou ligne tirant au chemin de main gauche. Puis nous dressames nostre batterie de huit canons. Mr de Chomberg quy faisoit la charge

---

(1) Coffre, abri sous lequel l'assiégé peut tirer sur l'assiégeant qui est dans le fossé.

(2) Il y a au manuscrit : *le dimanche* 30e ; c'est une erreur : le dimanche était le 29. Cette erreur se continue jusqu'au 28 septembre, le quantième du mois étant toujours en avance sur le jour de semaine. La comparaison du récit de Bassompierre avec les autres récits du siége, et notamment avec l'HISTOIRE PARTICULIERE déjà citée, l'*Histoire de Montauban* par Lebret, l'*Histoire du Querci* par Cathala-Coture, m'a déterminé à adopter l'indication du jour de semaine plutôt que celle du quantième et à rectifier cette dernière. C'est ce qu'avaient fait les plus récents éditeurs dans les collections de mémoires. Il y aura encore lieu à quelques rectifications particulières qui seront indiquées en leur place.

de grand mestre de l'artiglerie par commission, vint voir la batterie que son lieutenant nommé Lesine avoit fait faire. Je luy montray comme le parc de ses poudres estoit trop pres de la batterie, et que s'il faisoit vent d'amont, que les canons en tirant jetteroint leurs estincelles jusques au parc, et pourroint mettre le feu aux poudres. Il considera bien que j'avois rayson et en parla a Lesine quy luy respondit qu'il n'y arriveroit aucun inconvenient, ce quy fit qu'il n'y remedia point.

Le lundy 30me nous continuames nos tranchées jusques a une ravine a droitte de nostre batterie (1). Je vins a la teste de la tranchée reconnestre combien nous nous estions avancés, et sortis huit ou dix pas a descouvert pour voir ce que nous aurions a faire la nuit prochaine et puis me rejettay dans la tranchée avant que les ennemis se fussent bien affustés pour me tirer, ce que la continuelle pratique nous apprend : mais il est dangereux pour ceux quy font cette mesme chose (2) apres nous, parce que les ennemis sont preparés, et ils reçoivent les mousquetades que l'on avoit destinées, et non données, au premier quy a paru ; comme il en arriva a M^r le comte de Fiesque, quy en voulant sortir pour faire la mesme chose que j'avois faite, receut une mousquetade dans le rein droit quy luy perça jusques au bas du ventre a gauche, dont il mourut le quattrieme jour apres (3). Ce fut un

---

(1) Dans les précédentes éditions il y avait : *jusques à une rame droite de notre batterie.*

(2) Il y avait : *ce métier.*

(3) Le 23 août le comte de Fiesque avait été plus heureux : étant au quartier du roi et assistant M. de Bassompierre qui

grand dommage pour tous, mais pour moy particulierement, car il m'aymoit uniquement : c'estoit un brave seigneur, homme de bien et de parole, et excellent amy.

Ce soir mesme monsieur le connestable envoya commander a M^r le mareschal de Pralain de ne faire tirer le lendemain nostre batterie, ce quy nous fit croyre qu'il y avoit quelque pratique d'accord quy se faisoit dans la ville, en laquelle Esplan entroit tous les soirs de la part du roy et traittoit avesques Mr de la Force et ceux de Montauban. L'on avoit aussy intelligence avesques un de dedans quy y avoit quelque commandement, nommé le comte de Bourfranc (1); mais les ennemis en ayans eu le vent s'en deffirent un jour en une attaque quy se faisoit du costé de Ville Bourbon, qu'un des leurs par derriere luy donna une mousquetade dans la teste quy luy mit en pieces.

Le mardy dernier jour d'aust nous continuames la sappe vers la main gauche que nous avions commencée et mismes au dela du chemin une batterie de quattre canons outre la premiere quy estoit de huit.

Mr de Chomberg vint loger en nostre quartier et pria a souper Mr de Pralain et moy, et quelques autres. Comme nous nous allions mettre a table, nous

---

allait reconnaître la place, il avait reçu une mousquetade qui lui avait seulement effleuré la peau.

(1) Le comte de Bourgfranc, « soldat de fortune, brave, habile » (Lebret), avait été investi par le duc de Rohan des fonctions de maréchal de camp dans la ville assiégée, et défendait en outre Ville-Bourbon, où il avait sous sa charge Vignaux avec dix compagnies. Il fut tué le 4 septembre dans la grande attaque du duc de Mayenne. — Voir à l'Appendice. XVIII.

promenans devant sa tente, nous vismes le feu de la ville causé par leurs (1) poudres quy furent ce jour là bruslées au nombre de vingt milliers.

Septembre. — Le lendemain mercredy premier jour de septembre sur les six heures du matin (2), nous commenceames une furieuse batterie aux cornes des ennemis : M^r le mareschal de Pralain estoit en la grande avec Mr de Chomberg, et j'estois a celle des quatre pieces. Elles faisoint toutes deux beau bruit : mais apres avoir tiré une heure ou un peu plus, ce que j'avois predit deux jours devant a monsieur le mareschal et a Mr de Chomberg nous arriva : car les flammesches des canons porterent dans le parc des poudres et en mirent en feu dix milliers quy y estoint avesques perte de quarante hommes et du lieutenant d'artiglerie Lesine quy y fut bruslé. Quelques gentils-hommes se sentirent du feu, comme Mr de Bourbonne (3), le baron de Seaux (4) et d'autres ; mais ce fut legerement. Il arriva par bonheur que quelque peu auparavant j'estois allé en la ligne quy estoit au devant de la batterie, et qu'ayant reconnu quelque chose quy

---

(1) Il y avait : *les*, aux précédentes éditions.

(2) « Cejourdhuy (1er septembre) entre sept et huict du matin commença la batterie de trois endroits a Montauban. » (*Journal d'Hérouard.*)

(3) Aux précédentes éditions, au lieu de : *Mr de Bourbonne*, il y avait : *Jarde, Bourbonne.*

(4) Peut-être Joachim de Saulx, baron d'Arc-sur-Thil, second fils de Guillaume de Saulx, comte de Tavannes, et de Catherine Chabot. Le fils aîné de M. de Créquy était comte de Sault, et Antoine Potier, qui mourut le 13 septembre à Piquecos, s'intitulait seigneur de Sceaux.

nous pouvoit servir, j'envoyay supplier monsieur le mareschal de le venir voir, ce qu'il fit ; et comme il s'y acheminoit avec Mr de Chomberg et autres des principaux, ils furent exempts [du péril] (1) de ce feu. Les huit canons estoint chargés et hors de batterie, prets a y retourner, quand le feu prit aux poudres, quy les fit tous tirer en mesme temps dans les gabions qu'ils mirent en pieces; et une motte d'un desdits gabions (2) m'ayant donné par le costé me porta par terre et me fit perdre l'haleine, mais aussy fut cause que le feu passa par dessus moy sans m'endommager.

En ce mesme temps les ennemis quy apperceurent nostre inconvenient, firent un grand cry et firent mine de sortir. Le regiment de Chappes estoit ce jour là de garde (3), quy estoit la plus part en cette ligne avancée : il y avoit deux compagnies des gardes sur la gauche de nostre batterie des quatre pieces : j'avois aussy fait venir aux deux batteries pres de deux cens Suisses tant pour la garde de la batterie que pour l'execution des canons. Mr de Chomberg se mit en mesme temps a ladite batterie de quatre pieces, et fit tirer de furie. Monsieur le mareschal se presenta avec les deux compagnies des gardes et les deux cens Suisses, et je me mis a la teste du regiment de Chappes, et fismes sy bonne mine que les ennemis n'oserent

---

(1) Inédit.

(2) Il y avait aux précédentes éditions : *une moitié desdits gabions*.

(3) Le régiment de Chappes, ancien régiment de Nérestang, et l'un des *cinq petits vieux*, avait alors pour mestre de camp César d'Aumont, dit *le marquis d'Aumont*, qui avait succédé en 1614 à son père Jacques d'Aumont, baron de Chappes.

venir a nous. Ils nous ont dit depuis le siege levé qu'ils avoint plusieurs fois fait dessein d'entreprendre sur nostre costé comme ils avoint heureusement fait sur les autres, mais qu'ils nous avoint trouvés toujours sur nos armes, et nos tranchées tellement embarrassées [pour eux] (1) et sy bien deffendues qu'ils n'ont osé y mordre, hormis la seule fois que la grande mine joua (2). Nous fismes aussy en mesme temps venir trois compagnies de Suisses et cinq du regiment des gardes ; et pour leur montrer que le feu n'avoit pas consumé toutes nos poudres, nous en fismes prendre de celles quy servoint pour la batterie des quattre pieces et en fismes charger les huit canons de la grande batterie. En fin dans deux heures de nouveaux gabions furent remis a la place de ceux quy avoint esté fracassés du canon, et toutes choses restablies en bon ordre.

L'apres disner comme nous estions a regarder sur le Tar, nous vismes comme le feu se mit aussy aux poudres du quartier (3) de Mr du Maine, quy fit, outre la perte de huit milliers de poudre, un assés grand meurtre d'hommes, parmy lesquels Mr de Villars (4) frere de mere de Mr du Maine, mareschal de camp, et

---

(1) Inédit.
(2) Le 22 septembre.
(3) Il y avait : *au quartier.*
(4) Emmanuel-Philibert des Prez, marquis de Villars, fils aîné de Melchior des Prez, seigneur de Montpezat, et de Henrie de Savoie, marquise de Villars, laquelle, en secondes noces, épousa Charles de Lorraine, duc de Mayenne, et fut mère du second duc de Mayenne.

le fils de Mr le comte de Ribeirac (1), jeune homme de grande esperance, y furent bruslés. Il sembla que ce jour là, et le precedent, avoint esté funestes pour le feu, tant aux ennemis qu'en nos deux divers quartiers.

Le jeudy 2me nous continuames nostre batterie avec peu d'effet, puis qu'elle n'estoit establie que pour lever les deffenses de ces cornes que nous estions resolus de prendre pié a pié ; car elles estoint tres bien faites, et de grands retranchemens derriere, garnis de chevaux de frise. Neammoins nous fismes semblant de les vouloir attaquer sur les quattre heures apres midy, sur la priere que Mr du Maine fit a monsieur le mareschal de faire faire quelque diversion aux ennemis pendant qu'il attaqueroit une demie lune, de laquelle il fut repoussé avesques grande perte : car il y mourut le marquis de Temines (2), mareschal de camp, brave homme et courageux ; La Frette (3) quy ne devoit rien en courage et en ambition a homme de son temps ; Carbon, et plus de cinquante gentilshommes (4).

---

(1) Frédéric d'Aydie, fils aîné d'Armand d'Aydie, comte de Riberac, et de Marguerite de Foix.

(2) Il y avait aux précédentes éditions : *Termes*.

(3) François Gruel, seigneur de la Frette, fils aîné de Claude Gruel, seigneur de la Frette, et de Louise de Faudoas, était gouverneur de Chartres. — Il y avait aux précédentes éditions : *La Ferté*.

(4) Suivant l'HISTOIRE PARTICULIERE, une première attaque fut donnée à la demi-lune de Ville-Bourbon dans la nuit du 2 au 3 septembre ; cette attaque n'ayant pas réussi, le duc de Mayenne la renouvela le 4, et ce fut seulement dans cette seconde journée, très chaude et très disputée, que périrent Thémines, la Frette, et une foule d'autres. Le *Thresor de l'Histoire generale* et *l'Histoire*

1621. SEPTEMBRE. 303

Le vendredy 3ᵐᵉ nous fismes une forte traverse a nostre batterie des quatre pieces parce que d'un bastion assés eslongné de la ville on la battoit en rouage (1). Nous tirasmes aussy une ligne quy nous menoit a la garde des deux compagnies des gardes, ou nous [ne] (2) pouvions aller sans estre veus de certaines pieces [de terre] (3) avancées des ennemis.

Mʳ le mareschal de Pralain estant peu devant la nuit a la tranchée, et estant pressé de moy de m'ordonner ce qu'il vouloit quy fut fait la nuit suyvante, se voyant entouré de force noblesse [quy l'empeschoit] (4), pour s'en deffaire se mit a descouvert des ennemis et nous appela, moy et les aydes de camp, et Toiras (5) quy estoit celuy quy avoit le soin de tout ce qu'il falloit pour le travail de la nuit. Comme les ennemis se furent apperceus que nous leur donnions sy beau jeu, ils firent une descharge sur nous de trente mousquetades quy percerent nos chausses et nos manteaux, et casserent la jambe de Mʳ de Toyras, dont nous fusmes bien incommodés : car il me relevoit de beaucoup de peines qu'il me fallut depuis supporter.

Le samedy 4ᵐᵉ le roy m'envoya commander de le venir trouver a Picacos sur ce que j'avois proposé quelques jours auparavant qu'il falloit qu'en l'attaque du Moustier ou l'on avoit gaigné la barricade, l'ordre

---

de Montauban s'accordent à assigner les dates du 3 et du 4 aux deux attaques du duc de Mayenne.

(1) Une batterie en rouage est celle dont on se sert pour démonter les pièces de l'ennemi.

(2) Inédit. — (3) Inédit. — (4) Inédit.

(5) Toiras était alors capitaine au régiment des gardes.

estoit de descendre dans le fossé, [le] (1) traverser et passer avec une galerie, et s'attacher au bastion lequel en huit ou dix jours seroit gaigné sans aucune faute. Messieurs les mareschaux de camp de ce quartier là n'estoint point de ce sentiment, non pas, a mon avis, qu'ils y reconneussent trop de peril (car ils estoint braves hommes), mais par opiniastreté ou insuffisance. J'apperceus encores en eux une chose que j'ay plusieurs fois remarquée, que forces gens sont vaillans, s'ils peuvent, pour le lendemain et non pour le jour mesme : car apres avoir gaigné la contrescarpe, au lieu de faire la descente, le mareschal de camp quy estoit en journée jugea a propos de tirer une ligne le long de la contrescarpe [sur la gauche] (2), disant que c'estoit pour venir gaigner la pointe du bastion ou l'on vouloit s'attacher ; peut estre aussy estoit ce pour laisser le peril de la descente a celuy quy luy devoit succeder, et celuy là la prolongea pour remettre a l'autre la descente. Ainsy depuis huit jours que la contrescarpe estoit gaignée on n'avoit rien fait que couler le long d'icelle sans fruit ny sans dessein. Il y avoit un capitaine du regiment de Chappes nommé la Moliere quy faisoit la charge d'ayde de camp, quy estoit creu plus que pas un, et quy donnoit de grandes esperances a ces messieurs sur des propositions qu'il faisoit, quy n'estoint pas bien raysonnées : et monsieur le connestable quy escoutoit les uns et les autres, s'ennuyoit de voir que l'on n'avançoit pas. M^r le mareschal Desdiguieres n'y n'estoit pas toujours creu, et des que l'on le contestoit, ou contrarioit, son naturel

---

(1) Inédit. — (2) Inédit.

benin luy faisoit acquiescer et suyvre le courant de l'eau, de sorte que le temps se consumoit. En fin le roy voulut tenir un bon conseil pour prendre une bonne resolution. Je m'y trouvay par son ordre et maintins fermement mon opinion quy estoit fondée sur les regles de l'art, sur l'experience, et sur l'apparence aussy. Mr des Diguieres seul l'approuva ; mais Mr le prince de Jainville quy avoit commandement en ce quartier là, Mr le mareschal de Saint Geran, Mr de Chomberg et les mareschaux de camp (1) du quartier furent du contraire, principalement Marillac quy vouloit prouver par raysons que l'on ne pouvoit faire descente dans un fossé ou il y avoit des flancs cachés et des coffres, comme sy cela rendoit les places (2) imprenables : ce petit la Moliere le secondoit et faisoit grand bruit. En fin je leur dis qu'ils fissent assembler les ingenieux et reconnestre le fossé, et qu'en cas qu'ils ne fussent de mon avis, j'acquiescerois au leur.

La chose en demeura là, et ces messieurs de ce quartier là s'en estans allés, monsieur le connestable me fit entrer en son cabinet ou le roy vint tôst apres, et me dit que ces messieurs luy disoint que j'en parlois bien a mon ayse puis qu'en ma proposition je leur en laissois tout le peril et le hasard sans en avoir ma part ; que je les voulois mettre a la boucherie, et que je ne serois pas marry de m'en estre deffait, et que c'estoit ce quy m'en faisoit ainsy parler. Je confesse que ce discours me mit en colere, et res-

---

(1) Il y avait : *le maréchal de camp.*
(2) Il y avait : *lesdits fossés.*

pondis a monsieur le connestable que le cours de ma vie passée ne feroit pas juger que je fusse homme a souhaitter la mort d'autruy ; que celle de Mʳ de Jainville me causeroit du desplaisir sans m'apporter aucun advantage; que Mʳ des Diguieres estoit de mon opinion ; que pour Mʳ le mareschal de Saint Geran, je ne pretendois pas estre mareschal de France par sa mort, mais par les bons services que je voulois rendre au roy ; quant aux mareschaux de camp, tant s'en faut que je deusse craindre qu'ils me devançassent, que je ne craignois pas qu'ils me deussent marcher sur les talons, aussy n'estoint ils pas de mon calibre ny de ma portée ; que ce que j'en avois dit estoit selon ma conscience, mon opinion, le service du roy et l'ordre de la guerre, et tellement apparent que bien que je ne profite pas a courre sur le marché d'autruy, j'offrois au roy, s'il me vouloit faire changer de quartier contre eux, qu'a peine de mon honneur et de ma vie, dans trois semaines j'aurois mis sur le bastion du Moustier en batterie contre la ville (1) trois canons du roy, et que de la façon qu'ils pretendoint de faire, ils n'y seroint pas de six, et peut estre point du tout ; que c'estoit tout ce que j'avois a leur dire, apres quoy je n'en parlerois jamais. Sur cela le roy quy a toujours eu assés bonne opinion de moy, dit a monsieur le connestable : « Prenons Bassompierre au mot et le laissons faire : je suis sa caution. Envoyons les trois mareschaux de camp du Moustier à l'attaque des gardes, et le mettons au Moustier : je m'asseure qu'il

---

(1) Il y avait aux précédentes éditions : *La Valette.*

fera ce qu'il nous promet, et ce sera nostre bien. »
Monsieur le connestable luy dit qu'il y auroit bien de
la peine a ce changement quy n'aggreeroit ny a l'un
ny a l'autre quartier, et que les gardes ne voudroint
pas obeir a ces mareschaux de camp du quartier du
Moustier : en fin il me pria d'aller sur les lieux avec
Gamorini, le Meine (1), et les Essars (2), et que le
lendemain je m'en revinsse disner avesques luy, luy
rammenant ces trois personnages susdits, desquels il
vouloit aussy prendre l'advis, ce que je fis le lendemain dimanche 5me, a la pointe du jour, affin qu'il n'y
eut aucun mareschal de camp du quartier du Moustier
quy m'y vit. J'y menay lesdits Gamorini, le Meine et
les Essars, et Lancheres (3) de plus quy avoit la fievre,
mais il se força. Nous reconnusmes exactement toutes
choses, puis nous nous en revinsmes a Picacos faire
nostre rapport a monsieur le connestable, quy fut
conforme a celuy que j'avois dit le jour precedent, ce
quy anima monsieur le connestable a le faire executer.
Mais le mesme jour Mr de Marillac le vint trouver, et
assisté de Mr de Chomberg, avec les grandes asseu-

---

(1) Louis, sieur du Maine, dit *le baron de Chabans*. On disait qu'il avait été joueur de violon : ce qui paraît plus certain, c'est qu'il était très-bon militaire. Il fut depuis gouverneur de Sainte-Foy et grand maître de l'artillerie de la république vénitienne. Le 26 décembre 1632, il fut tué par le père de Ninon de l'Enclos. — Ici et plus loin il y avait aux précédentes éditions : *Le Magny*.

(2) Charles des Essars, seigneur de Meigneux, fils de Charles des Essars, seigneur de Meigneux, et de Jeanne de Joigny, fut gouverneur de Montreuil.

(3) M. de Lanchère était capitaine au régiment de Piémont. Il fut tué en 1622 devant Sommières. Roussel dit que les talents supérieurs de cet officier le firent généralement regretter.

rances qu'ils luy donnerent (1) de venir bien tost a bout de Montauban, le porterent a suyvre leur opinion dont mal en print.

Le lundy 6me nous continuames de nous approcher des cornes du costé du cavin (2), et Mr de Faurilles (3), brave gentilhomme certes et experimenté, duquel je récevois tant d'assistance que j'estois resolu de le demander au roy pour mon compagnon mareschal de camp, fut tué en un logement qu'il pretendoit faire au cavin; quy fut grand dommage.

Le mardy 7me nous fusmes attachés a la corne et commenceames une mine pour la faire sauter.

Il est a sçavoir que des le commencement du siege, sur l'opinion que l'on avoit eue et les advis que l'on avoit receus de Montauban mesme que des Sevennes il se preparoit un secours par Mr de Rohan pour Montauban, et que trois ou quatre braves hommes se preparoint a lever des gens pour cet effet, le roy avoit envoyé M^r d'Angoulesme colonel de la cavalerie legere

---

(1) Il y avait : *qu'ils donnèrent audit maréchal.*

(2) Cavin, de *cavinum* suivant Ménage, ou cavain, de *cavaneus* suivant Ducange, lieu creux propre à favoriser les approches, et commode pour pousser la tranchée sans craindre le feu des assiégés. Ce cavin est sans doute le chemin creux dont l'auteur a déjà parlé. — Il y avait ici aux précédentes éditions : *chemin*, plus bas : *canon*, et à la page 325 : *cavani;* les manuscrits portent : *chemin, camin,* et *cavani.*

(3) Blaise de Chaumejan, seigneur, puis marquis de Fourille, fils de Gilbert de Chaumejan, seigneur de Fourille, et de Benoîte du Pont, capitaine au régiment de Picardie en 1587, mestre de camp d'un régiment d'infanterie en 1592, puis capitaine au régiment des gardes, avait reçu en 1617 un brevet de maréchal de camp.

entre Castres et Saint Antonin (1), avec des forces tant de cheval que de pié, suffisantes pour empescher que ce pretendu secours ne passat, et l'avoit fort asseuré de n'en laisser passer aucun (2). Neammoins je ne sçay par quel malheur le dit secours composé de douse cens hommes de pié des Sevennes, conduit et commandé par un [mestre de camp](3) nommé Beauffort et un autre, nommé Saint Amans, passa a travers des trouppes de M^r d'Angoulesme sans tour ny atteinte et entra dans Saint Antonin a dessein de se venir jetter en suitte dans la forest de Gresine (4) et venir, la teste couverte, jusques proche de Montauban hasarder d'y entrer ; mais cecy n'arriva qu'apres.

Le mercredy 8me Gohas (5), capitaine des gardes, eut l'espaule percée d'une mousquetade, dans la tranchée, en entrant en garde.

Le jeudy 9me nous fismes un logement fort ample

---

(1) Castres, aujourd'hui chef-lieu d'arrondissement du département du Tarn. Cette ville, située sur l'Agout, un des affluents de la rive gauche du Tarn, était le quartier général du duc de Rohan. — Saint-Antonin, chef-lieu de canton de l'arrondissement de Montauban, à huit lieues N.-E. de cette ville, sur la rive droite de l'Aveyron. — Les précédentes éditions portaient : *Lombez*, au lieu de : Saint-Antonin. Lombers, et non Lombez, est un village du canton de Réalmont, arrondissement d'Albi, que l'on atteint après avoir passé l'Adou, affluent de l'Agout. Beaufort s'y rendit par une traite de nuit; pour passer le Tarn la nuit suivante et arriver à Saint-Antonin.

(2) C'est-à-dire : M: d'Angoulême avait assuré le roi.

3) Inédit.

(4) La forêt de la Grésigne est située dans le département du Tarn, arrondissement de Gaillac, entre Penne et Castelnau-de-Montmirail.

(5) N. de Biran d'Armagnac, seigneur de Gohas.

dans les cornes, quy fut longuement disputé par les ennemis, lequel enfin nous gaignames. Treville, gentilhomme basque, quy portoit le mousquet en la compagnie colonelle, s'y signala fort, ce quy fit que je demanday et eus pour luy du roy une enseigne au regiment de Navarre : mais comme je le menay a Picacos pour en remercier le roy, il la refusa, disant qu'il n'abandonneroit point le regiment des gardes ou il estoit depuis quattre ans, et que sy Sa Majesté l'avoit jugé digne d'une enseigne en Navarre, il feroit sy bien a l'avenir [que sa conduite] l'obligeroit a luy en donner une aux gardes ; ce qu'Elle a fait depuis, et plus encores (1).

Le vendredy 10me il n'y avoit que demy pié de terre entre les ennemis et nous, depuis que nous avions gaigné ce poste ; ce quy fut cause qu'incessamment ils nous jetterent des pots a feu et grenades pour nous empescher de travailler, et nous a eux de mesmes.

Le samedy 11me Gamorini fit faire une machine pour gaigner l'eminence et leur faire quitter le poste qu'ils tenoint, laquelle ne nous profita point ; car les ennemis y mirent le feu. Nostre mine continua cependant de s'avancer.

Le dimanche 12me nous mismes des valobres au travers du fossé de la corne, affin de passer seure-

---

(1) Henri-Joseph de Peyre, seigneur de Troisvilles, depuis appelé le comte de Tréville, devint en effet, en 1634, capitaine-lieutenant de la compagnie des mousquetaires de la garde, dont le roi se fit capitaine. Il eut en 1657 le gouvernement du pays de Foix.

ment, et fismes une autre grande attaque en laquelle nous leur escornames la moytié de la corne. Mais ils avoint fait un retranchement derriere avesques des chevaux de frise, et derriere eux (1), des mantelets a l'espreuve, derriere lesquels ils tiroint incessamment, de sorte que nous fusmes contraints de nous loger sur le haut.

Ce jour arriva le seigneur Pompeo Frangipani lequel je demanday au roy pour mon compagnon mareschal de camp, et la faveur de Rouccelay quy estoit grande vers monsieur le connestable (2), fit qu'il luy fut accordé ; et vint servir en nostre quartier sous M^{rs} les mareschaux de Chaunes et de Pralain.

Le lundy 13me Mr du Maine fit faire une autre attaque au mesme ravelin où il avoit esté sy bien battu auparavant, et y eut mesme succes et plusieurs des siens tués, ce quy donna grand cœur aux ennemis et avilit ses gens : quant a luy il estoit enragé (3).

Le mardy 14me, il avoit esté resolu quelques jours auparavant que l'on couperoit a coups de canon le pont de Montauban affin d'empescher le secours que ceux de Montauban pouvoint donner a Ville Bourbon : M^r le mareschal de Chaunes quy estoit nouvellement arrivé au camp, de retour de Toulouse ou il avoit esté

---

(1) C'est-à-dire derrière les chevaux de frise.

(2) On voit dans le *Journal d'Hérouard* qu'un jour le roi, étant venu au camp, y dina « seant a table avec luy M^r le connestable seulement et l'abbé Rucelay. »

(3) L'auteur de l'HISTOIRE PARTICULIERE ne représente pas cette affaire comme aussi défavorable au duc de Mayenne dont « les nouveaux progrés tournoyent en reproche au quartier du Conestable. »

malade des le commencement du siege, eut charge, et me la donna, de faire faire une batterie contre ledit pont. Mais comme elle estoit loin et que cinq cens volées de canon n'eussent peut estre pas peu rompre ledit pont lequel toujours ils eussent peu refaire avesques du bois, ayant remontré la grande despense et la petite utilité quy en provenoit, on me dit que je ne m'y opiniastrasse pas. Et en ce mesme temps deux cens femmes quy estoint a laver les linges et les utenciles sous ce pont et aupres, quy estoint incommodées de ces coups de canon, sçachant que Bassompierre estoit avec commandement dans le quartier, quy avoit toujours fait bonne guerre aux femmes, elles m'envoyerent un tambour pour me prier de leur part de ne point incommoder leur blanchissage, ce que je leur accorday franchement puis que j'avois desja ordre de le faire, de sorte qu'elles m'en sceurent un tel gré, et les femmes de la ville, qu'elles firent demander une tresve pour me voir, et vinrent grande quantité des principales sur le haut de leurs retranchemens me parler; et moy, ce seul jour en tout le siege, je me mis en bon ordre et me paray pour les entretenir : ce quy arriva seulement le lendemain mercredy 15me, ayant esté mandé des le matin pour aller trouver le roy avec M^{rs} les mareschaux de Pralain et de Chaunes sur l'advis que le roy eut du secours quy avoit passé entre les doigts de M^r d'Angoulesme et estoit arrivé a Saint Antonin : Mr du Maine s'y trouva aussy avec Mrs de Cramail et Gramont ses mareschaux de camp, comme aussy Mrs de Chevreuse, Desdiguieres, de Saint Geran et de Chomberg avec Marillac. Ce fut a ce conseil ou on se repentit de n'avoir pas creu le bon advis de

M·ʳ le mareschal Desdiguieres quy vouloit que l'on fit des lignes et des forts a l'entour de Montauban pour en empescher le secours. Mais comme il n'estoit plus temps, il fut resolu trois choses : l'une, que l'on feroit venir Mʳ d'Angoulesme avec les forces qu'il avoit, pour se loger entre Saint Antonin et Montauban affin d'empescher le passage au secours ; l'autre, que l'on feroit retrancher tous les chemins et advenues de Montauban ; la troisieme, que de nos deux quartiers, des gardes et de Picardie (1), on tireroit tous les soirs mille hommes de chascun pour deffendre lesdittes avenues et combattre les ennemis dans les chemins estroits, tandis que Mʳ de Luxembourg avec cinq cens chevaux qu'il avoit, garderoit toute l'avenue de Villemur (2) a Montauban et la plaine du Ramier (3) quy estoit la grande avenue, dont il se chargea (Mʳ de Vandosme (4) avec trois cens chevaux se chargea depuis de l'avenue de Villemur); et que chasque nuit, de chasque quartier, il y auroit un chef quy iroit commander ces trouppes contre le secours, et que l'on commenceroit des le lendemain jeudy 16ᵐᵉ qu'en nostre quartier messieurs les mareschaux resolurent que Mʳ de Pralain iroit la premiere

---

(1) Le régiment de Picardie avait son quartier à l'attaque du Moustier, commandée par le prince de Joinville.
(2) Villemur, chef-lieu de canton de l'arrondissement de Toulouse, sur la rive droite du Tarn.
(3) La plaine du Ramier s'étend au nord-est de Montauban, dans la direction de Saint-Antonin.
(4) Le duc de Vendôme était arrivé le 4 septembre à l'armée, avec bon nombre de noblesse, sa compagnie de gendarmes, une de ses chevau-légers, et une de carabins (*Thresor de l'histoire generale*). — La phrase entre parenthèses a été rajoutée en marge par l'auteur.

nuit, Mr de Chaunes la seconde, et moy la troisieme. Mais une heure devant que M^r le mareschal de Pralain y deut aller, il receut une mousquetade quy luy entama la peau du ventre en effleurant seulement, de sorte qu'il fallut que j'y allasse en sa place.

Le vendredy 17me Mrs du Maine et de Chomberg nous envoyerent prier de nous trouver au bout du pont du Tar quy estoit entre l'attaque de Mr du Maine et la nostre : Mrs de Chaunes, de Pralain et moy, nous y trouvasmes, et Mr du Maine nous pria de vouloir favoriser une nouvelle attaque qu'il vouloit faire le lendemain a Ville Bourbon, tant de nostre canon que par quelque diversion, ce que messieurs les mareschaux luy promirent.

Mr de Guyse me voulut desbaucher pour aller disner avesques luy cheux Mr du Maine (1) ; mais parce que M^r le mareschal Desdiguieres nous avoit donné rendésvous au carero (2) de Ruffe, je m'en excusay, et luy dis qu'il se prit garde de Mr du Maine quy n'avoit point plus grand plaisir que de faire tirer sur luy, ou sur ceux qu'il menoit pour voir ses travaux, et qu'il s'eschaudoit pour brusler autruy. Mais a mon grand regret ma prophetie fut en quelque sorte veritable ; car l'apres disner, comme il leur montroit ses travaux, une haquebusade luy donna dans l'œil, quy avoit pre-

---

(1) Le duc de Guise était arrivé au camp le 7 septembre avec un grand nombre de gentilshommes de son gouvernement de Provence. Il repartit peu après la mort du duc de Mayenne.

(2) La carrière. Le carero de Ruffe était une position occupée par les troupes royales. L'*Histoire de Montauban* appelle cet endroit *la carrière de Rous*.

cedemment percé le chapeau de Mʳ de Chomberg, et le tua roide (1). Nous en apprismes la triste nouvelle au carero de Ruffe ou messieurs les mareschaux et moy estions venus trouver Mʳˢ de Jainville, Desdiguieres et de Saint Geran ; et là nous resolumes de garder depuis nostre quartier des gardes quy estoit depuis le pont du Tar jusques au pont de la Garrigue (2), et que ces messieurs du quartier de Picardie garderoint depuis ledit pont de la Garrigue jusques a l'autre pont du Tar du costé du Moustier, et choysimes nos champs de battaille en cas d'allarme. L'estonnement fut sy grand dans le quartier de Mʳ du Maine par sa mort, que tous les chefs et trouppes voulurent quitter ; mais Mʳ de Guyse demeura cette nuit là avec eux, quy les rasseura. Le roy rechercha Mʳ de Guyse de vouloir commander en ce quartier ; mais il s'en excusa, et Mʳ de Temines en eut seul le soin.

Le soir de ce jour là Mʳ de Chaunes se trouva un

---

(1) Ce fut le 16, et non le 17 septembre, qu'eut lieu cet événement. Tous les témoignages s'accordent sur ce point, à l'exception du *Journal d'Hérouard* qui dit : « Le 15 sur les trois heures Mʳ le duc de Mayenne est tué aux tranchées d'une mousquetade dans l'œil qui luy traversa la teste, mourut soudain sans parler. » Mais cette mention, fautive pour la date, est écrite en marge, et non dans le corps du journal.

(2) La Guarrigue est un ruisseau qui contourne une partie de la ville de Montauban en la séparant du faubourg de Ville-Nouvelle, et vient se jeter dans le Tarn du côté de Montmirat. Le quartier des gardes étendait sa surveillance depuis le pont du Tarn en aval de Montauban, jusqu'au pont de la Guarrigue, situé entre la route de Caussade et la route de Montclar, au-dessus de l'entrée du ruisseau dans l'enceinte de la ville ; et le quartier du prince de Joinville gardait l'espace compris entre ce même pont et le pont du Tarn en amont de Montauban.

peu mal, et fallut que j'allasse cette nuit là mener nos mille hommes contre le secours.

Le samedy 18me on s'avança en nos tranchées du costé du ravin. On continua la mine. Je fus a Picacos par ordre du roy ; et au retour, comme c'estoit ma nuit d'aller contre le secours, j'y menay nos trouppes.

Le dimanche 19me les ennemis vindrent mettre le feu a la batterie de deux pieces quy estoint sur le bord de l'eau, et se retirerent a l'heure mesme qu'ils luy eurent jetté.

Il arriva peu de jours avant en l'armée ce carme deschaussé (1) quy estoit a la battaille de Prague, et quy avoit conseillé de la donner : il estoit estimé homme de grande sainteté. Monsieur le connestable luy demanda ce qu'il luy sembloit que l'on deut faire pour prendre Montauban. Il luy dit qu'il fit tirer quatre cens coups de canon a coups perdus dans la ville, et que les habitans intimidés infailliblement se rendroint. Ce fut pourquoy le roy m'envoya querir le jour precedent pour [me commander de] (2) faire tirer les quatre cens coups de canon, comme je fis : mais les ennemis ne se rendirent pour cela (3).

Ce soir là quy estoit celuy auquel M^r le mareschal de Pralain devoit veiller contre le secours, a cause de sa blesseure j'y allay en sa place.

Le lundy 20me on continua nos travaux. Le soir

---

(1) Le P. Dominique de Jesu Maria, religieux espagnol.— Voir à l'Appendice. XIX.

(2) Inédit.

(3) Le roi vint au camp le 18 (*Journal d'Hérouard*), sans doute pour voir l'effet de la batterie.

Mr de Chaunes alla contre le secours, et parce qu'il n'y avoit encores point esté et qu'il craignoit, sy les ennemis arrivoint, qu'il n'y eut du desordre, il me pria d'y aller avesques luy, ce que je fis.

Le mardy 21me la mine fut quasy parachevée, et comme elle se devoit faire jouer le lendemain auquel Mr de Chaunes estoit en journée de commander, le capitaine des mines nommé Ramsay luy vint demander de combien il luy plaisoit que l'on la chargeat. Il demanda a ceux quy estoint pres de luy intelligens en cette affaire, de combien d'ordinaire on les chargeoit. Ils luy dirent de six ou sept cens livres, et luy dit allors : « Je veux qu'elle face un grand effet : chargés la de deux mille huit cens livres de poudre. » Le Ramsay luy dit que c'estoit beaucoup; mais il le voulut ainsy, croyant que ceux quy luy avoint dit de six ou sept cens, luy eussent dit de deux mille six ou sept cens (1).

Ce soir là, a cause de la blesseure de Mr de Pralain, il fallut encor que j'allasse veiller au secours pour luy.

Le mercredy 22me sur les neuf heures du matin il y eut une grande allarme de la venue du secours : chascun monta a cheval et fit avancer les trouppes ordonnées a cet effet. Neammoins Beauffort et ses trouppes estoint encores a Saint Antonin. Mr de Vandosme quy avoit quelque cavalerie, s'en vint a la plaine

---

(1) Les pièces du temps sont pleines de railleries sur l'ignorance des trois frères Luynes en matière de guerre. On peut voir à ce sujet le *Recueil des pieces les plus curieuses qui ont esté faites pendant le regne du connestable de Luyne*.

du Ramier vers nous, sur un faux avis que l'on luy donna que les ennemis venoint par là. Comme ce bruit fut appaysé, chascun s'en retourna.

Sur le soir comme j'acheminois les trouppes destinées au secours parce que c'estoit ma nuit, je rencontray en y allant messieurs les mareschaux quy alloint aux tranchées et me dirent qu'ils alloint faire jouer la mine. Mr Frangipani estoit avesques eux, quy avoit fait l'ordre que le regiment de Chappes quy ce jour là estoit de garde, devoit tenir : aussy estoit Mr Frangipani en jour de commander de mareschal de camp. Je leur dis qu'il me sembloit qu'ils la faisoint jouer bien tard (1) et qu'il leur resteroit peu de temps pour se loger dans l'effet de la mine; car la nuit approchoit, laquelle les mettroit en beaucoup de confusion et desordre. Plusieurs estoint de ce mesme avis ; mais Mr de Chaunes (quy la vouloit faire jouer en son jour), n'y voulut consentir et me dit : « Je vois bien que c'est : vous voudriés la faire jouer au jour de Mr de Pralain et de vous. » Je luy demanday s'il avoit besoin de mon service, dont il me remercia. Je luy dis là dessus que je lairrois aller le secours conduit par Mr de Fontenay mestre de camp de Piemont, et qu'apres avoir veu jouer la mine, j'aurois temps de courir apres, et suyvis messieurs les mareschaux quy se mirent en un lieu propre pour en voir l'effet, et moy aupres d'eux. Mr de Chaunes envoya sçavoir sy tout estoit prest ; [on luy manda que ouy] (2), a une

---

(1) « Environ les cinq heures du soir on donne le feu a trente ou trente deux quintaux de poudre. » (HISTOIRE PARTICULIERE.)

(2) Inédit.

chose pres : c'estoit que le sieur de la Mayson (quy commandoit le regiment de Chappes apres le mestre de camp, comme premier capitaine et sergent major (1), vouloit que l'on abattit une petite galerie quy traversoit le fossé de la piece quy devoit sauter, affin que les soldats allassent a l'effet de la mine avesques plus d'ordre, et Ramsay maintenoit qu'il ne la pouvoit laisser oster attendu que la fusée de la mine estoit dessous. Mʳ de Chaunes me commanda d'y aller et d'ordonner ce que je jugerois pour le mieux. J'y courus donc, et comme j'entrois dans cette petite galerie, je rencontray Ramsay quy me dit : « Fuyés, Monsieur, car j'ay mis le feu a la fusée de la mine quy fera a mon avis un terrible effet. » [Je ne me le fis pas dire deux fois] (2), et courus quarante pas de toute ma force pour m'en eslongner. Allors elle joua avec une plus grande violence que l'on ne sçauroit dire, et emporta en l'air toute la piece sous laquelle elle estoit, quy fut assés longtemps sans redescendre ; en fin elle vint fondre dans la tranchée sur nous. Je mis ma teste et mon corps sous un gros tonneau que je trouvay, quy ne fut pas assés fort pour soustenir et creva sous moy, et plus de mille livres de terre sur mes reins, mes cuisses et mes piés. Je m'en despestray comme je peus, et tout froissé m'en vins a la mine, marchant sur les corps morts des nostres que la mine avoit accablés, dont il y en avoit plus de trente, et entre autres Ramsay. La mine emporta ce quy estoit de nostre costé et rendit les ennemis plus forts qu'ils n'estoint ;

---

(1) Le sieur des Maisons avait eu la charge de major en 1620.
(2) Inédit.

elle esteignit la plus part des mesches des soldats quy devoint donner, lesquels se presenterent bravement, et quelques gentilshommes aussy, et furent un peu dans le lieu ou la mine avoit joué, ne pouvant monter plus avant a cause qu'elle avoit escarpé la terre. Mais tost apres les ennemis parurent au dessus et aux flancs, jettans pots a feu, grenades et cercles (1) sur nos gens, et tirans incessamment sur eux : La Mayson quy y devoit commander, fut tué d'abbord, et deux sergens. Mrs de Chaunes et de Pralain estoint a l'entrée et resfraichissoint continuellement de gens. Ce fut la premiere fois que je vis Mr Frangipani faire sa charge qu'il executoit avesques grand jugement et hardiesse, et fit ce jour là fort bien son devoir.

En mesme temps les ennemis firent une sortie sur les deux compagnies des gardes quy estoint au bout de la ligne quy fermoit nostre main gauche. Messieurs les mareschaux me commanderent d'y aller, et trente gentilshommes me suyvirent, quy firent des merveilles ce soir là, et puis dire qu'en un grand embarras comme fut celuy là, la noblesse y va tout autrement que les simples soldats. J'arrivay aux gardes comme les ennemis marchoint a eux ; je les trouvay sur leurs armes en bon ordre pour les soustenir. Les deux capitaines Castelnaut (2) et Meux (3) furent fort ayses de

---

(1) Cercles à feu.

(2) Mathurin de Castelnau, seigneur du Rouvre, capitaine au régiment des gardes, second fils de Pierre de Castelnau, seigneur de la Mauvissière, et de Marguerite de Sigonneau, sa seconde femme, mourut au siége de Montpellier en 1622.

(3) Jean de Rouville, seigneur de Meux, fils de Jacques de Rouville, seigneur de Meux, et de Denise Bochart.

me voir et cette petite trouppe de noblesse bien deliberée, parmy lesquels estoint le comte de Torigny (1), Bourbonne, Manican (2), le baron de Seaux et d'autres, quy proposerent d'aller attaquer les ennemis au lieu de les attendre, ce que je trouvay bon et les capitaines aussy ; et en mesme temps sortimes de nostre poste, la teste baissée, aux ennemis lesquels, voyans nostre resolution, s'arresterent premierement, puis en nous tirant forces mousquetades et quelques coups de pieces d'une courtine que l'on nommoit de Saint Orse (3), rentrerent dans la ville. Je m'en revins en mesme temps avec ma noblesse au trou de la mine ou je croyois que je ne serois pas inutile, me confiant que quand les ennemis retourneroint a sortir sur ces deux compagnies des gardes, ils trouveroint gens a quy parler.

Comme j'arrivois au trou de la mine, je trouvay M^r le mareschal de Pralain quy me dit : « Pour Dieu, mon fils, allés a la batterie des quatre pieces empescher que les ennemis quy y ont mis le feu, n'emmenent ou n'enclouent nostre canon : je vous iray tout a l'heure

---

(1) Jacques de Matignon, comte de Thorigny, fils de Charles, sire de Matignon, comte de Thorigny, et d'Eléonor d'Orléans-Longueville, né le 20 mars 1599, fut tué en duel par le comte de Bouteville le 25 mars 1626.

(2) Achilles de Longueval, seigneur de Manicamp, troisième fils de Philippe de Longueval, seigneur de Manicamp, et d'Isabelle de Thou, fut gouverneur de la Fère. Il pourrait ici être question de César, son frère aîné, ou de René, le second frère, chevalier de Malte, tué devant Montpellier en 1622.

(3) Du nom de Peirebrune de Saint-Orse, officier huguenot qui commandait à la corne de Saint-Antoine.

secourir avec les gardes quy entrent. » Nous tournames a l'heure mesme, tous ces gentilshommes et moy, et trouvasmes les ennemis [aux mains] (1) avec cinquante Suisses de ma compagnie quy estoint de garde a cette batterie, lesquels faisoint bravement a coups de piques et de hallebardes. Je vis là pour la premiere fois de ma vie, des femmes dans le combat jettans des pierres contre nous avesques beaucoup plus de force et d'animosité que je n'eusse pensé, et en donnans aux soldats pour nous les jetter (2). Nostre petit secours vint bien a propos pour les Suisses quy avoint beaucoup de monde sur les bras, le feu a la batterie, et les ennemis quy s'efforçoint de venir jusques aux quattre canons. Trois Suisses estoint estendus sur la place et quantité de blessés. A nostre arrivée nous leur fismes une rude charge et les repoussames a coups de hallebarde : eux, en se retirant, nous jettoint quantité de pierres dont une bien grosse me donna sur le haut du front, quy me porta par terre esvanouy : incontinent trois ou quattre Suisses m'emporterent hors de la meslée a vingt pas de là, ou je revins a moy et retournay au combat, ou peu apres Mⁱ de Pralain, comme il m'avoit promis, ammena deux compagnies des gardes commandées par Tilladet (3), quy firent

---

(1) Inédit.

(2) « Une d'entre elles sortant par la bresche avec une brassée de paille rencontre un soldat qui voulut la lui prendre et l'obliger à se tirer du danger : *Laissez moy aller* (dit-elle), *la perte n'est pas grande si je meurs : vous voyez que je suis vieille*. Elle va ou estoient les autres, et n'en revint point. » (HISTOIRE PARTICULIERE.)

(3) Bernard de Cassagnet, seigneur de Tilladet, fils d'Antoine

retirer bien viste les ennemis a belles mousquetades et en tuerent quelques uns.

Je m'en revins avec monsieur le mareschal ou la mine avoit joué et ou Mr de Chaunes s'opiniastroit hors de propos de faire un logement. En fin il en demeura ou il estoit auparavant, et la garde nouvelle estant venue, ce fut au tour de Mr de Pralain de commander. Nous ne fusmes pas plus tost arrivés pres de Mr de Chaunes que l'on cria que les ennemis attaquoint nostre garde quy n'estoit pas encores relevée du costé de main droitte et qu'ils luy avoint fait quitter le cavain. Allors toute la noblesse avesques moy y accourusmes, passans par dessus les tranchées a descouvert, et les vinmes prendre par derriere ; nous en tuames huit et en prismes deux, et leur fismes bien viste rentrer dans la ville. J'avoue que nostre noblesse ce jour là fit des merveilles, et que sans elle nous eussions infailliblement receu quelque affront ; ils firent aussy un honorable rapport de moy, et messieurs les mareschaux tesmoygnerent que j'avois tres bien servy ce jour là : le roy m'escrivit le lendemain une fort honneste lettre sur ce sujet (1).

Au sortir de là sur les neuf a dix heures on me mit quelque chose sur ma teste et un bonnet fourré par dessus avec lequel j'allay passer la nuit a la garde du secours.

---

de Cassagnet, seigneur de Tilladet, et de Jeanne de Brésoles, né en 1555, capitaine au régiment des gardes en 1589, gouverneur de Bourg-sur-Mer, servait encore en 1622, et mourut de la peste à Béziers.

(1) Le roi était venu au camp pour voir jouer la mine ; il était rentré à Piquecos à sept heures et demie (*Journal d'Hérouard.*)

Le jeudy 23ᵐᵉ nous nous occupasmes a raccommoder le mesnage que les ennemis et nostre impertinente mine avoint fait le soir precedent.

Mʳ le mareschal de Pralain avoit veillé toute la nuit dans les tranchées quy estoint en sy mauvais estat qu'elles avoint besoin de sa presence ; mais cela luy enflamma tellement sa blesseure qu'il ne peut aller cette nuit là a la garde contre le secours, et fallut que j'y retournasse encores pour luy. Nous eumes nouvelles que les ennemis estoint partis de Saint Antonin et venoint droit a nous, ce quy nous fit tenir tout la nuit alerte. Mais le matin Mʳˢ de Vandosme, de Chevreuse et de Chomberg vindrent a nostre champ de battaille comme nous en voulions desloger, quy m'asseurerent que les ennemis estoint dans la forest de la Gresine et que La Courbe capitaine des gardes de Mʳ de Vandosme les y avoit veus rentrer, n'ayans pas peu arriver de nuit pour se jetter dans Montauban (1). Sur cela ils prindrent resolution de les aller attaquer dans la forest de la Gresine et prindrent ce qu'ils peurent de cavalerie et d'infanterie pour executer leur dessein ; mais il y eut tant de discordance et de jalousie entre les chefs qu'ils s'en revindrent sans faire ny tenter aucun effet.

Ce fut le vendredy 24ᵐᵉ qu'ils y allerent et en revindrent aussy. Nous continuames nos tranchées et j'allay

---

(1) « Par un billet envoyé de Sainct Antonin, on nous advertissoit que nostre secours avoit esté jusques à une lieue de la ville, d'où par faute de guides il s'en estoit retourné. » (Histoire particuliere.)

la nuit au secours ; car nos deux mareschaux se trouverent mal et me laissoint la courvée.

Le samedy 25me les ennemis firent jouer sur les trois heures une mine au cavain, quy nous tua cinq hommes, mais ne gasta rien a nostre logement. Je fus la nuit avesques mille hommes contre le secours.

Le dimanche matin comme je revenois avec ces mille hommes dans nostre camp, le roy m'envoya commander de le venir trouver a Picacos. Je ne descendis point de cheval, et ainsy mal en ordre que j'estois, ayant veillé toute la nuit, et le sang caillé de ma blesseure a la teste s'estant espandu sur tout le visage et sur les yeux, je n'estois pas reconnoissable. Comme j'arrivay, le roy et monsieur le connestable me dirent que Mr de Luxembourg quy avoit commandement sur six cens chevaux quy estoint toutes les nuits sur pié pour empescher le secours, estoit tombé malade, et qu'il falloit que j'en prisse la charge jusques a ce que le secours fut entré, ou deffait ; ce que j'acceptay volontiers. Comme je parlois a eux, la reine vint de Moissac (1), ou elle demeuroit pendant le siege, a Picacos. Le roy envoya monsieur le connestable pour la recevoir et demeura a parler avec moy. Comme elle entra, elle demanda a monsieur le connestable quy estoit ce villain homme qui parloit au roy : il luy dit que c'estoit un seigneur du païs nommé le comte de

---

(1) Moissac, sur la rive droite du Tarn, chef-lieu d'arrondissement du département de Tarn-et-Garonne. — La reine, établie à Moissac, venait voir le roi à Piquecos ; de son côté le roi allait de temps en temps coucher à Moissac.

Curton (1). Elle dit : « Jesus, qu'il est laid! » Monsieur le connestable dit au roy, comme il s'approcha de la reine : « Sire, presentés Mr de Bassompierre a la reine, et luy dittes que c'est le comte de Curton » ; ce qu'il fit, et je luy baisay la robe ; puis en suitte monsieur le connestable me presenta a madame la princesse de Conty, a Melle de Verneuil, a madame la connestable de Montmorency, et a madame sa femme, lesquelles je baisay et oyois qu'elles disoint : « Voila un estrange homme et bien sale ; il fait bien de se tenir dans le païs. » Allors je me mis a rire, et a mon ris et a mes dents elles me reconnurent et eurent grand pitié de moy et plus encores l'apres disner qu'il y eut allarme du secours, et nous virent partir pour l'aller combattre.

Je veillay encores cette nuit là quy estoit la mienne au secours, et avoue que je n'en pouvois plus.

Le lundy 27me, jour de Saint Michel (2), nous avions sy fort en teste ce secours que nous n'avancions pas beaucoup a nos tranchées. M^r le mareschal de Pralain se portoit mieux de sa blesseure et me voyoit si abattu de peine et de sommeil qu'il se resolut d'aller cette nuit là a la garde du secours.

J'oubliois a dire que nous avions barricadé toutes les avenues des chemins que nous devions

---

(1) Christophe de Chabannes, marquis de Curton, fils ainé de François de Chabannes, premier marquis de Curton, et de Renée du Prat, mourut en 1636.

(2) On sait que la fête de saint Michel est le 29 septembre. Mais ce fut bien dans la nuit du 27 au 28 qu'eut lieu la rencontre du secours et le combat dont on va lire le récit.

garder, et que nous mettions nos. gens derriere ces barricades le long d'un grand chemin creux quy traverse toute la plaine du Ramier entre Picacos et Montauban, prenant depuis le quartier des gardes jusques a cent pas du pont de la Garrigue ou il y en a un autre quy y va et le coupe.

M^r le mareschal de Chaunes voulut aller la nuit a la tranchée, affin que je la peusse reposer toute entiere, estant l'onsieme que j'avois passée en l'attente du secours. J'oubliois aussy a dire que Mr de Luxembourg ne peut souffrir que le roy me commit a la cavalerie, et dit qu'il se leveroit plustost pour y aller, de sorte que l'on en laissa la charge aux chefs des trouppes (1). Ainsy franc et exempt de toutes courvées je me mis a table le soir avesques plus de cinquante seigneurs ou gentilshommes quy logeoint cheux moy ou aux logis attenans, lesquels m'avoint toujours voulu accompagner toutes les fois que j'avois veillé a l'attente du secours.

Durant le soupper on me vint dire qu'asseurement le secours devoit venir ce soir là et que l'on en avoit quelques nouvelles, ce quy fut cause qu'apres souper j'allay cheux M^r le mareschal de Pralain et luy dis que j'irois encores cette nuit pour luy assister et servir. Mais il me dit qu'il ne le souffriroit pas, qu'il n'estoit pas un novice quy eut besoin que l'on luy montrast sa leçon ; que je luy laissasse seulement Le Meine (2) pour luy montrer les postes, et qu'il n'y auroit point

---

(1) Il y avait : *de la dite cavalerie.*
(2) Il y avait aux précédentes éditions : **Le Magny.**

de mal pour nous cette nuit là ; que je m'en allasse dormir en repos affin d'estre en estat le lendemain et les autres jours pour y aller; qu'il n'avoit aucune nouvelle du secours autre que celle d'accoustumé, et que s'il y en avoit quelqu'une, il me le manderoit. Sur cela je m'en retournay a mon logis et envoyay mon escuyer nommé Le Manny (1) pour me venir dire s'il y avoit quelque nouvelle du secours. Il ne tarda gueres a revenir et me dire que La Courbe, capitaine des gardes de M⁺ de Vandosme, me mandoit qu'asseurement nous aurions dans deux heures le secours sur les bras, et qu'il l'avoit veu marcher.

J'estois prest de me jetter sur le lit, et desja M⁺ le duc de Rets et M⁺ de Canaples (2) quy couchoint dans ma chambre estoint endormis : je les resveillay et leur dis que l'on me mandoit que le secours venoit ; mais ils creurent que je me moquois, et n'y voulurent venir, ayans esté dix nuits consecutives a l'attendre, et a veiller. Je vins a une galerie proche de ma chambre et dis [que le secours venoit et] (3) que je m'y en allois; mais de plus de trente gentilshommes quy y estoint couchés aucun ne me creut, fors un nommé Rodon, fils de M⁺ de Cangés (4), et le sieur des Estans,

---

(1) Il y avait : *Le Maubry*.

(2) Charles de Créquy, sire de Canaples, second fils de Charles, sire de Créquy et de Canaples, et de Madeleine de Bonne, sa première femme. Il mourut d'une blessure reçue devant Chambéry en 1630.

(3) Inédit.

(4) Antoine de Conighan, seigneur de Cangé, fils de Pierre de Conighan, seigneur de Cangé, et d'Anne de Marafin, avait épousé en 1592 Jeanne Boudet, fille de Jean Boudet, seigneur de

quy vindrent avesques moy. Je passay devant le quartier de Piemont et dis a M᷊ de Fontenay qu'il m'envoyat deux cens hommes, ce qu'il fit : j'en dis autant au colonel Hessy quy m'ammena aussy deux cens Suisses.

Comme j'arrivay dans ce grand chemin quy separe la plaine du Ramier d'avec Montauban, j'y trouvay une extreme confusion. Monsieur le mareschal avoit envoyé querir cent gensdarmes de la compagnie de Monsieur, frere du roy, lesquels estoint dans le chemin et l'occupoint : Mrs de Vandosme, de Chevreuse, Desdiguieres, Saint Geran, Chomberg et Marillac y estoint aussy. Il n'y avoit que les deux compagnies de Normandie quy eussent leur poste a la barricade du carero de Ruffe ; c'estoint Devenes (1) et La Saludie quy les commandoint. Le regiment d'Estissac (2) quy devoit fournir quattre cens hommes les avoit encores devant leur quartier, attendant l'ordre. Trois cens hommes de Piemont estoint comme les autres dans le chemin, et deux cens des gardes aussy. Je rencontray Le Meine quy menoit vingt

---

Rodon. Leur fils aîné, Louis de Conighan, seigneur de Rodon, puis de Cangé.

(1) Jacques de Simiane, comte d'Evenes, second fils de Gaspard de Simiane, baron de Caseneuve, seigneur d'Evenes ou Evenos, et de Catherine Mitte de Miolans, fut lieutenant général en 1652, et mourut vers 1661, dans un âge avancé. — N. de Briançon, seigneur de la Saludie.

(2) Le régiment du baron d'Estissac, arrivé vers le milieu de septembre, avait pris son quartier « entre le ruisseau de la Garrigue et la plus haute corne, devant le bastion de la Fontaine, plus loing que la portée du canon » (HISTOIRE PARTICULIERE); par conséquent il opérait avec l'attaque des gardes.

gensdarmes de Monsieur dans la plaine pour prendre langue, et venir avertir. Je trouvay en suitte M^r le mareschal de Pralain quy se fascha de me voir ; je luy dis : « On m'a dit qu'asseurement le secours venoit ; sy cela est, je ne vous seray pas inutile. » Puis je luy dis : « Monsieur, voicy bien de l'embarras ; sy les ennemis venoint dans cette confusion, ils passeroint, et ne les pourrions discerner d'avesques nos gens. » Il me dit : « Ce sont ces messieurs quy font le desordre : quel remede y peut on apporter ? » « Sy feray bien, sy vous me le commandés, luy respondis je ; car je feray donner une allarme vers le pont de la Garrigue : ils y courront, puis je logeray Piemont pour les empescher de repasser. Cependant faites avancer ces gensdarmes mille pas dans la plaine ; car c'est là ou ils joueront leur jeu sy les ennemis viennent, et non icy. » Il me dit qu'il les y vouloit mener, et que sy les ennemis venoint, qu'il en rendroit bon compte. Il me commanda aussy de mettre les deux cens hommes des gardes a la traverse du chemin de Picacos quy va a la Garrigue, ce que je fis, et tous ces messieurs s'en allerent a l'allarme (1) devers leur quartier, et je logeay les gardes et Piemont : puis comme tout fut despestré, Mr de Vandosme arriva le dernier pour se retirer en son quartier, quy me dit qu'un sergent des ennemis s'estoit venu rendre a la barricade de Normandie, quy asseuroit que les ennemis le suyvoint de pres [et qu'ils estoint bien pres d'eux] (2).

---

(1) Il y avait : *s'en alloient alarmés devers leurs quartiers.*
(2) Inédit.

Les deux cens Suisses m'arriverent lors au bout du chemin devers le pont ; je les fis retourner le plus diligemment qu'ils peurent vers le carero de Ruffe ou estoit Normandie, et en mesme temps j'oyois tirer des coups de pistollets, ce quy me fit croyre que c'estoit quelque cavalerie quy les attaquoit. Je suyvis les coups de pistollet et descendis au carero de Ruffe ou un corps de garde avancé fit sa descharge et puis se retira dans la barricade, quy se mit en estat de les attendre, et a l'heure mesme les ennemis vindrent donner par deux fois dans la barricade, quy fut tres bien soustenue par ces deux compagnies de Normandie. J'estois en impatience des Suisses, quy arriverent en mesme temps ; je leur fis laisser leurs tambours a la main droitte et les fis passer doucement a la main gauche. Les ennemis qui ouirent battre ces tambours suisses a leur main gauche, n'y voulurent pas donner ; ils se jetterent a leur main droitte quy estoit nostre gauche, et parce que le chemin estoit creux (comme ils le sont tous en ce païs là), il falloit qu'ils sautassent dedans plus de quatre piés de haut. Ils estoint onse cens hommes separés en trois battaillons : celuy de l'avant garde passa, plus haut que le lieu [ou estoint les Suisses, proche du regiment] (1) d'Estissac quy estoit en battaille devant son quartier et quy par inadvertance ou pour croyre que c'estoint de nos trouppes (ce quy estoit toutefois hors d'apparence), le laisserent passer franc sans luy donner ny tour ny atteinte. Le battaillon quy le suyvoit, quy estoit le corps

---

(1) Inédit.

de battaille, ou estoint leurs enseignes, vint descendre dans les Suisses et moy, et creus d'abord que c'estoit le regiment d'Estissac quy venoit au bruit de l'attaque des ennemis a nostre barricade, et d'autant plus qu'ils crioint : Vive le roy ! Mais un soldat des ennemis, par mesgarde ou pour y estre accoustumé, dit : Vive Rohan ! Allors je criay aux Suisses que c'estoint les ennemis, quy ne se le firent pas dire deux fois, et menerent bien les mains. J'avois une hallebarde en main, de laquelle je voulus donner dans le corps d'un des premiers quy descendit dans le chemin ; mais la nuit me fit faillir ma mesure, et tombay devant luy, quy fut en mesme temps tué sur moy et trois ou quattre autres en suitte, et je craignois bien plus d'estre tué des Suisses en me relevant, que des ennemis : en fin un des miens nommé le Manny, et le sieur des Estans, me tirerent de dessous ces morts, et lors je m'employay comme les autres. De tout ce battaillon il ne se sauva pas quattre hommes quy ne fussent tués ou pris, et tués par de sy grands coups que le lendemain on s'en esmerveilloit.

Il y avoit en tout le secours onse enseignes de gens de pié. Un des capitaines quy estoint dans l'esquadron en fit prendre cinq drapeaux par un homme fort et dispost et fit une rude charge pendant qu'a costé de luy cet homme passa avesques les drapeaux. Ce capitaine fut incontinent tué, et ceux quy estoint avesques luy a la charge : il respiroit encores apres le combat, et comme je disois que ceux là avoint chargé rudement et que l'un d'eux avoit donné un coup de pistollet dans le bras du colonel Hessy, il sousleva sa teste et dit : « C'est moy, Monsieur, quy luy ay donné et quy meurs bien heureux d'avoir donné moyen de sauver une partie de nos drapeaux. » Je le fis retirer de là pour le porter panser : mais il expira avant que d'arriver ou estoint les sirurgiens, dont je fus marry; car je le voulois sauver.

Le troisieme battaillon voyant comme nous avions malmené ce second, n'osa pas se hasarder de passer et s'en retourna dans la plaine; mais nous envoyames le comte d'Ayen (1) avec sa compagnie de chevaux legers, quy les atteignit avant qu'ils eussent gaigné la forest de Gresine et les prit tous prisonniers.

Le mestre de camp Beaufort passa avec le premier battaillon, et entendant le combat du second, y accourut a cheval et fut enfermé dans le chemin entre les Suisses et douse des gensdarmes de la compagnie de Monsieur frere du roy, que menoit le sieur de Garennes enseigne de la compagnie, et fut porté par terre de plusieurs coups et prisonnier, dont depuis il guerit.

M' le mareschal de Pralain quy estoit a la campaigne avec la cavalerie, arriva en ce temps, et voyant comme nous avions bien fait, nous loua fort. Je luy presentay Beaufort quy luy dit que le premier battaillon alloit (2) a la ville. Il courut apres; mais il le trouva

---

(1) François de Noailles, comte d'Ayen, fils ainé d'Henri, seigneur de Noailles, comte d'Ayen, et de Jeanne-Germaine d'Espagne, fut gouverneur de Rouergue, lieutenant général au gouvernement d'Auvergne après son père, et gouverneur d'Auvergne, puis de Roussillon. Il mourut en 1645.

Le comte d'Ayen tenait la campagne avec sa cavalerie. — Voir à l'Appendice. XX.

(2) Il y avait aux précédentes éditions : *étoit*.

desja entré dedans (1), hormis quelques paresseux qu'il tailla en pieces.

Peu apres Modene quy estoit avesques la cavalerie quy avoit laissé passer le secours sur ce qu'il les avoit conseillés de s'en aller par un lieu (2) ou les ennemis ne venoint pas, s'en vint me trouver et me dire que par le plus grand malheur du monde, tout le secours estoit entré sans que l'on l'ait rencontré; qu'il avoit tiré deux coups de pistollets pour avertir qu'ils passoint, et que personne n'estoit venu a luy; qu'il les avoit menés jusques proche de la ville et les avoit comptés; qu'ils estoint quinse cens au moins, et plusieurs autres contes et fables selon sa coustume. Je me mis en colere et luy dis qu'il n'estoit rien de tout ce qu'il me disoit, et qu'il venoit apres le coup nous en faire accroire, et pour preuve je luy montray plus de deux cens hommes morts en cent pas de place, et cent autres en peu d'espace de là. Il me loua grandement, et puis alla a toute bride dire a monsieur le connestable que n'ayant peu induire la cavalerie a deffaire le secours, qu'il m'estoit venu montrer par ou ils passoint pour me les faire attaquer, et en me louant mediocrement luy dit que luy avoit fait des merveilles, dont il eut le lendemain la huée quand on sceut ce qu'il avoit fait.

Vers la pointe du jour monsieur le connestable avec Mrs de Guyse et de Montmorency, arriverent. Je luy

---

(1) « Six cent trente hommes sous neuf drapeaux » (les mémoires du duc de Rohan disent sept cents), entrèrent dans la ville.

(2) Il y avait : *de ne s'en aller pas en un lieu.*

presentay Beaufort, Penavere gouverneur de Saint Antonin, deux capitaines en chef prisonniers (il en demeura deux autres sur la place, deux lieutenans et trois enseignes) (1), et six drapeaux que nous avions gaigné, et le menay au lieu ou le combat s'estoit fait, qu'il fut fort ayse de voir, puis voulut me rammener a Picacos trouver le roy auquel il me presenta avec beaucoup d'honneur, et le roy me receut tres bien. L'apres disner on luy mena les prisonniers quy estoint pres de quatre cens, tant de ceux du comte d'Ayen (2) que des Suisses. La plus part des blessés moururent, et le roy envoya les sains aux galeres (3). On croyoit que je fusse blessé, voyant toute ma hongreline en sang; mais c'estoit de celuy des ennemis que l'on avoit tués [sur moy] (4), estant tombé.

Ce fut le mardy 28me, et je revins au soir en nostre quartier ou les ennemis firent jouer une mine quy faillit d'enterrer Mr de Pralain. Les ennemis firent semblant de sortir deux ou trois fois; mais ils nous trouverent en estat de ne leur laisser pas faire long chemin et s'en desisterent. J'eus en suitte congé d'aller

---

(1) Tout ce passage, depuis *Beaufort*, a été ajouté en interligne ou en marge.

(2) L'auteur de l'HISTOIRE PARTICULIERE prétend que les prisonniers du comte d'Ayen « furent conduits à Bourniquel (Bruniquel sur l'Aveyron), d'où ils trouverent moyen d'evader, et la pluspart avant la fin du siege se rendirent dans Montauban. »

(3) Beaufort, considéré comme prisonnier de guerre, fut envoyé à la Bastille. En 1628 il eut un sort plus funeste: pris à Pamiers, il fut condamné à mort et exécuté.— Suivant le *Mercure françois*, Penaveyre fut aussi traité comme prisonnier de guerre; mais s'il faut en croire l'*Histoire de Montauban*, il fut envoyé aux galères.

(4) Inédit.

dormir, que je n'avois peu obtenir les onse jours precedens.

Octobre. — Le vendredy premier jour d'octobre, M^rs les mareschaux de Pralain et de Chaunes firent faire une forte attaque ou ils gaignerent un grand coin des cornes et se logerent de telle façon qu'entre deux terres ils pouvoint gaigner jusques contre la contrescarpe de la ville a la sappe.

Le samedy 2me et le dimanche aussy, la pluye nous incommoda, quy fut violente et remplit nos tranchées en plusieurs lieux.

Le lundy 4me le roy envoya querir messieurs les mareschaux et me fit aussy commander de les suyvre a Picacos. Nous disnasmes avec monsieur le connestable, avesques tous les chefs et mareschaux de camp de l'attaque du Moustier, avesques lesquels estoit toujours joint Mr de Chomberg. Il (1) faisoit ce jour là un grand festin au millord de Hey ambassadeur d'Angleterre, quy eut audience l'apres disner, apres laquelle le roy et monsieur le connestable vindrent en la chambre de Mr de Luxembourg quy estoit malade, ou il nous avoit commandé de nous trouver pour tenir conseil de guerre. Le pere Arnoux (2) me dit en entrant : « Et bien, Monsieur, Montauban se va donner au moins disant, comme les œuvres publiques de la France (3) : en combien de jours offrés vous de la

---

(1) *Il*, le connétable.

(2) Jean Arnoux, né à Riom, jésuite, théologien et prédicateur, mort à Lyon en 1636. Il avait succédé en 1617 au P. Cotton comme confesseur du roi.

(3) C'est-à-dire : Montauban se va donner à celui qui offrira le plus fort rabais, comme se donnent les travaux publics de la

prendre? » Je luy dis : « Mon pere, ce seroit une offre bien presumptueuse sy l'on donnoit un jour determiné de prendre une telle place que Montauban, et on ne peut respondre autre chose sinon que ce sera selon la forte attaque que nous ferons, ou la deffense que feront les ennemis, ou les facilités, ou empeschemens que nous y rencontrerons. » Il me dit lors : « Nous avons des marchands bien plus determinés que vous; car ces messieurs du quartier de Picardie respondent sur leurs testes et sur leurs honneurs de la prendre dans douse jours apres que vous leur aurés livré vos canons. Et c'est de quoy il se va maintenant traitter, et vous ferés chose agreable au roy et a monsieur le connestable de n'y point contrarier, sy ce n'est que vous veulliés prendre un temps encores plus court qu'eux pour mettre Montauban entre les mains du roy. »

Le roy arriva sur l'heure, et je fus contraint de laisser sur ce discours le pere confesseur du roy, quy me fit ce bien de me donner moyen de penser a ce que nous aurions a respondre : et parce que je craignois que messieurs les mareschaux quy me commandoint, par opiniastreté, ou jalousie, ne voulussent faire quelque refus de donner les pieces de nostre quartier, je les tiray a part et leur dis : « Messieurs, on nous a envoyé querir a ce conseil pour tascher de vous prendre par le bec, et de vous embarquer en une

---

France. — Les précédentes éditions portaient : *Montauban se va donner, au moins comme disent les nouvelles publiques de la France.*

chose pour descharger messieurs du quartier de Picardie et en charger vos espaules ; c'est pourquoy il vous faut bien prendre garde a ce que vous dirés. Ces messieurs n'ont pas voulu faire la descente dans le fossé du bastion du Moustier, et ne sçavent plus ou ils en sont. Ils disent que s'ils avoint vos canons avesques les leurs, ils prendroint infailliblement Montauban; ils esperent que vous ne les voudrés pas bailler, affin d'en jetter la faute sur vous : au nom de Dieu, ne le faites pas. Vous avés desja eu l'honneur d'avoir deffait le secours ; toutes choses sont encores entieres pour vous : mais l'hiver s'approche plus viste de nous que nous ne nous approchons de Montauban ; les maladies attaquent desja l'armée, et elle s'affoiblit tous les jours. Sy ces messieurs sçavent une finesse pour prendre Montauban, n'envions point leur science : ils nous espargneront bien de la peine et peut estre des coups, et outre plus prennent sur eux une chose bien hasardeuse dont ils nous veulent descharger. Ne me demandés pas d'ou je sçay cette nouvelle, mais profités en. » Messieurs les mareschaux creurent que le roy me l'avoit ditte, et me dirent qu'ils se conformeroint en ce que je leur conseillois, et que pas un ne respondroit sans l'avis de tous trois, et me voulurent faire cet honneur de m'adjoindre a leurs resolutions.

Sur cet instant le roy nous commanda de nous asseoir. Puis monsieur le connestable nous dit que la prise de Montauban estoit sy importante au bien du service du roy, que tous ses serviteurs se devoint porter avesques une passion violente a luy faire conquerir, et quitter toutes les emulations, jalousies et envies que le courage et l'ambition auroint mises dans nos cœurs, pour cooperer tous ensemble a l'effet de ce quy luy doit estre sy utile et a tout l'estat; que Sa Majesté ne laisseroit pas de sçavoir un tres bon gré a ceux quy ne l'auroint pas prise, lesquels il reserveroit pour d'autres occasions quy ne seroint que trop frequentes dans le progres de cette guerre, et que pour nous exhorter a cela, il nous avoit assemblés tant pour prendre une determinée resolution comme pour faire que les uns et les autres s'entreaydassent a l'execution de ce quy seroit resolu ; et que le quartier des gardes estant le premier, c'estoit aussy a luy a quy il s'adressoit le premier pour sçavoir en combien de temps precisement nous voulions respondre de prendre la ville de Montauban. Mrs de Pralain et de Chaunes, et moy a leur suitte, apres avoir consulté ensemble, respondismes que nous y apporterions tout le soin, et la peine imaginable, et telle que Sa Majesté en seroit satisfaite, et que nous ne luy en pouvions limiter d'autre temps [pour la prise] (1) sinon luy respondre que ce seroit plus tost ou plus tard selon la bonne ou mauvaise deffense des assiegés et selon les facilités ou inconveniens que nous y rencontrerions. Sur cette response, monsieur le connestable nous dit que messieurs de l'attaque de Picardie l'asseuroint de la prendre dans douse jours, et en mesme temps M^r le mareschal de Saint Geran dit : « Ouy, Sire, nous vous le promettons sur nostre honneur et sur nostre vie. » Nous luy dismes que

---

(1) Inédit.

c'estoit un tres grand service qu'ils rendoint au roy, ou nous prenions la part quy appartenoit a de sy passionnés serviteurs comme nous estions a Sa Majesté, nous offrans, s'il y avoit quelque chose en nostre puissance, capable de contribuer a une sy genereuse proposition, de l'employer franchement. Sur cela monsieur le connestable nous dit que le roy nous en sçavoit gré, et que ces messieurs auroint besoin des seise canons quy estoint en nostre quartier, lesquels nous accordames sans replique, offrans de plus que sy pour quelque attaque ou autre occasion, ces messieurs avoint besoin de quelque secours, que messieurs les mareschaux m'envoyeroint avec quinse cens, voire deux mille bons hommes pour estre employés a ce qu'il leur plairoit me commander; dont ils nous remercierent. Nous dismes en suitte a monsieur le connestable que moyennant ce, le roy nous deschargeoit, non du siege de la ville, lequel nous continuerions, mais de la prise; ce que le roy nous accorda. Ainsy nous nous en retournames satisfaits de n'avoir plus rien a faire que de nous conserver, et divertir les ennemis par quelques attaques, mines, et sappes, de temps en temps.

Le mardy 5me nous fismes tirer de toutes nos pieces quelques coups de chascune, pour ne pas faire connestre aux ennemis que nous les voulussions oster (1), et toute la nuit nous en ammenasmes treise jusques au parc de nostre artiglerie.

---

(1) Il y avait aux précédentes éditions : *que nous les voulions attaquer.*

Le mercredy 6ᵐᵉ nous arriverent deux bastardes que nous avions demandées au roy (1) pour escarmoucher, au lieu de nos canons, et la nuit nous tirasmes des batteries les trois autres canons restans.

Le jeudy 7ᵐᵉ nous envoyames huit cens Suisses pour faire escorte a huit pieces de canon quy furent envoyées au quartier du Moustier par deça l'eau, et le lendemain on y mena les autres.

Nous ne laissames pas pour cela en nostre quartier d'avancer toujours quelques nouveaux travaux, de tenir les anciens en bon estat et nos batteries aussy, d'eslever un cavalier sur lequel nous mimes ces deux bastardes quy importunoint toujours les ennemis quy sceurent bien tost que nous n'avions plus de canons, dont ils se moquoint de nous.

Le samedy 9ᵐᵉ octobre Mʳ de la Force fut a la teste de nostre travail; je fis incontinent deffendre de tirer, et parlames sur le haut des cornes assés long temps ensemble, luy me tesmoygnant beaucoup de desir de voir un bon accommodement, et qu'il me prioit d'agir le plus que je pourrois en la perfection de ce bon œuvre et d'animer Mʳ le mareschal de Chaunes a y porter monsieur le connestable son frere, lequel se devoit dans peu de jours aboucher avec Mʳ de Rohan qui viendroit proche de Montauban a cet effet. Ce furent les premieres nouvelles que j'en appris. Il me dit aussy qu'il estoit bien marry qu'une migraine que

---

(1) Il y avait aux précédentes éditions : *nous demandâmes au roi deux bâtardes qu'il nous fit envoyer*. La rédaction du manuscrit original se trouve dans les manuscrits Fr. 4063, Fr. 10315, Fr. 17478.

ce jour là avoit M^r le mareschal de Chaunes l'empeschoit de le voir, et que ce seroit quand il luy voudroit permettre ; me priant d'asseurer Mr de Pralain et luy qu'il estoit leur serviteur tres humble, ce que je fis punctuellement. Il avoit avesques luy Saint Orse et Lendresse, deux capitaines braves hommes quy avoint charge de ce costé là (1).

Je m'en retournay dire a messieurs les mareschaux que je trouvay ensemble cheux Mr de Chaunes, ce quy s'estoit passé entre Mr de la Force et moy et ce qu'il m'avoit prié de leur dire. Allors Mr de Chaunes ne nous cela plus ce quy se traittoit entre monsieur le connestable et Mr de Rohan (2), nous priant de le tenir secret. Il me dit de plus que M^r le cardinal de Rets, Mr de Chomberg et le pere Arnoul contrarioint a l'accommodement : les deux (3) a cause de leur profession, le troisieme pour la certaine creance qu'il avoit de prendre dans huit jours Montauban, et qu'il luy avoit dit qu'il vouloit estre deshonoré et ne porter jamais espée en son costé s'il n'estoit dans dix jours au plus tard dans la ville ; ce quy me fit resoudre d'y aller le lendemain matin, et leur en demanday congé.

Je ne le peus faire neammoins parce que ce matin là, dimanche 10me, les ennemis firent une furieuse sortie du costé de Ville Bourbon, gaignerent les premieres tranchées qu'ils garderent assés longtemps,

---

(1) Ce colloque dut avoir lieu avant le 9 octobre. Voir la note 1 à la page 346.

(2) D'Esplans, le confident du connétable de Luynes, négociait depuis un certain temps avec M. de Rohan.

(3) Les deux ecclésiastiques.

emmenerent un gros mortier de fonte a jetter des bombes, tuerent quelques soldats quy resisterent, et eussent nestoyé toute la tranchée sy M^r le mareschal de Temines et M^{rs} les comtes de Gramont et de Cramail ne fussent venus courageusement s'opposer a leur furie et les arrester sur cul. Je m'advançay avec cinq cens hommes en mesme temps sur le pont du Tar et envoyay sçavoir de monsieur le mareschal s'il avoit besoin de mon service et que j'estois pres de luy avesques de bons hommes. Mais luy quy avoit desja mis quelque ordre et repoussé les ennemis, m'envoya remercier : je vins neammoins seul le trouver et voir le degast que les ennemis avoint fait, que luy et messieurs les mareschaux de camp firent (1) reparer en peu d'heures. A la verité ce quartier là estoit tres foible depuis la mort de Mr du Maine, et desperissoit tous les jours ; car les soldats quittoint : de sorte que monsieur le mareschal envoya prier Mr de Pralain quy estoit en jour, de luy envoyer quelques trouppes de son quartier pour faire cette nuit là la garde ; ce qu'il fit et me commanda d'y mener sept compagnies du regiment des gardes que j'y laissay pour venir de là a la garde de nos tranchées, dont ces sept compagnies furent mal satisfaites, et dirent qu'elles n'y viendroint pas une autre fois sy je n'y demeurois.

J'allay cette mesme apres disnée au quartier du Moustier ou je trouvay M^r le mareschal de Saint Geran et Mr de Marillac. Je fis semblant que j'estois seulement venu pour visiter Zammet quy estoit blessé ; mais

---

(1) Les précédentes éditions portaient : *avoient fait*.

en effet c'estoit pour voir ou ils en estoint de la prise de Montauban dont ils parloint sy affirmativement. Eux d'abord me prierent de venir voir leurs travaux, et l'infaillibilité qu'il y avoit en la prompte prise de Montauban. Je trouvay que depuis la grande dispute que j'avois eue avec eux pour la descente dans le fossé, qu'ils avoint toujours avancé a gauche [du long] (1) de la contrescarpe jusques a ce qu'ils estoint [venus] (2) sur le precipice, et qu'allors ils avoint coulé le long du penchant sur le Tar par une tranchée estroitte et incommode jusques a ce qu'ils eussent trouvé un certain tertre quy leur faisoit une place d'armes en l'aplanissant. Il estoit vray qu'il n'y avoit de ce costé là autre fortification que les murailles de la ville ausquelles mesmes estoint attachées les maisons; que le fossé n'avoit que deux toises ou deux toises et demy de creux, quy n'avoit pas grands flancs, et mesmes dans le fossé on y estoit avec peu de peril. L'importance estoit de battre cette muraille; car du lieu ou estoint leurs batteries, quy estoit fort bas, on ne pouvoit voir a une toise et demy pres du pié de la muraille, ce que je fis considerer a ces messieurs: mais ils me dirent que les ruines des murailles y feroint un talus facile a y monter, ce que je ne peus croire, et le disputay avesques eux d'autant plus fermement que le fossé alloit en penchant du costé de la contrescarpe. Lors ils me dirent en secret qu'a tout evenement la place d'armes qu'ils esplanoint allors leur feroit loger trois canons avesques lesquels ils verroint le fond du

---

(1) Inédit.
(2) Inédit.

fossé, et qu'ils avoint une invention pour les y guinder a force de bras; ce quy eut esté une grande affaire sy elle eut peu reussir : mais j'y voyois de grandes difficultés, dont la principale estoit que les ennemis tascheroint par mines (comme ils firent en suitte), ou en leur coupant leur tranchée pour y venir (ce quy n'estoit pas impossible veu sa forme et sa situation), de les en empescher.

Je m'en revins en nostre quartier, plus confirmé que jamais que ces messieurs bastissoint sur de faux fondemens, et le dis a M^r le mareschal de Chaunes, le suppliant instamment de porter monsieur le connestable a une bonne paix, s'il y trouvoit jour, de crainte qu'il ne receut et le roy premierement, quelque notable dommage et honte.

Il fut d'avis de me mener le lendemain lundy 11me a Picacos avesques luy pour en parler moy mesme a monsieur le connestable, ce que je fis fort amplement, et le laissay partir ce jour mesme, fort deliberé de conclure la paix s'il y voyoit jour. Il s'en alla a quattre lieues de Picacos en un chasteau nommé Renies (1) ou il avoit donné seureté a Mr de Rohan de luy venir parler. Ils confererent long temps ensemble (2), et approcherent toutes choses de l'accommodement : neammoins pour plusieurs respects monsieur le con-

---

(1) Reynies, village du canton de Villebrumier, arrondissement de Montauban; il est situé dans une plaine qui longe la rive droite du Tarn, dans la direction de Villemur.

(2) On peut lire dans les mémoires du duc de Rohan les discours tenus de part et d'autre dans cette conférence qui « n'eut point d'effect, parce qu'on ne voulut entendre à aucun traitté general. »

nestable ne voulut rien conclure sans en avoir precedemment eu l'approbation du roy et de son conseil.

Il en revint seulement le mardy 12ᵐᵉ bien tard (1), et envoya le mesme soir donner rendés vous a Mrs de Chaunes et de Chomberg de le venir trouver le lendemain mercredy 13ᵐᵉ (2) a Picacos, au conseil, ou ils se rendirent, et Mr de Chaunes voulut que je le suyvisse.

Monsieur le connestable proposa au conseil secret (je n'y estois pas), les conditions dont il estoit demeuré comme d'accord avesques Mr de Rohan, quy estoint avantageuses et honorables pour le roy, utiles pour l'estat, lesquelles furent trouvées raysonnables par tous ceux du conseil, quy estoint le roy, M^r le cardinal de Rets, monsieur le connestable, Mr de Chaunes, Mr de Chomberg, et Mr de Puisieux quy n'y estoit qu'en qualité de secretaire d'Estat et debout, mais ne

---

(1) Hérouard a écrit en marge de son journal, à la date du 8, la mention suivante : « Le matin a quatre heures M^r le connestable alla a Reniers y trouver Mr de Rohan pour traicter d'accord », et l'*Histoire de Montauban* fixe au 9 la rupture des négociations à Reynies. Le *Mercure françois* donne aussi le 8 comme date de l'entrevue. Il y a lieu de penser que ces indications sont exactes, et ce qui vient à l'appui de cette opinion, c'est que plusieurs des dates assignées par Bassompierre aux journées suivantes doivent être également avancées.

(2) C'est-à-dire le dimanche 10, jour de la sortie ; peut-être le lundi 11, jour indiqué par l'auteur comme celui de sa première visite à Piquecos au sujet des négociations. — Le 13 le roi monta à cheval à sept heures et demie du matin pour venir au camp où il dina chez le prince de Joinville, vit la batterie de dix-huit canons et revint à Piquecos seulement à cinq heures et demie du soir. (*Journal d'Hérouard.*)

laissoit pas d'en dire souvent son avis. Mais Mr de Chomberg adjouta a son opinion que bien que les articles apportés par monsieur le connestable ne fussent a rejetter, neammoins qu'il ne conseilloit pas que l'on les accordat presentement, mais que l'on les dilayat pour quinse jours, attendu qu'en ce temps là le roy seroit maistre absolu de Montauban et auroit les mesmes conditions en sa puissance que l'on luy offroit maintenant, et de plus hautes s'il en demandoit; et comme Mr de Chaunes repliqua qu'en cas aussy que l'on ne prit point Montauban, sy on estoit asseuré d'avoir les mesmes conditions (1), Mr de Chomberg dit que c'estoit un cas qu'il ne falloit pas poser parce que la prise en estoit infaillible, qu'il en respondoit au roy sur son honneur et sur sa vie, et qu'en cas que cela ne fut, il vouloit que le roy luy fit trancher la teste : sur quoy il fut resolu de remettre a quinsaine le traitté, et de le mander a Mr de Rohan quy en attendoit la response a Renies.

Ce jour mesme Mr le mareschal de Temines manda a monsieur le connestable que son quartier diminuoit de gens a toute heure, et que ses gardes estoint sy petites que sy les ennemis entreprenoint sur eux, il seroit forcé d'abandonner leurs tranchées; que pour cet effet il le supplioit de commander qu'il entrat tous les soirs des trouppes de nostre quartier six cens hommes pour garder le sien. Monsieur le connestable en parla a Mr de Chaunes devant moy : mais je luy dis

---

(1) C'est-à-dire : demanda si, dans le cas où l'on ne prendrait pas Montauban, on serait assuré d'avoir encore les mêmes conditions.

qu'il avoit esté affriandé de l'envoy que nous luy avions fait peu de jours auparavant de sept compagnies des gardes; que nous n'avions que les gens qu'il nous falloit pour garder nostre attaque, et que les trouppes enrageoint d'estre commandées d'aller garder un autre quartier que le leur; finalement qu'ils cherchoint leur ayse au prix de nostre incommodité, et leur seureté en nostre peril. Monsieur le connestable prit bien mes raysons et ne nous commanda rien là dessus, renvoyant le gentilhomme qu'il (1) luy avoit envoyé, quy luy dit de plus que monsieur le mareschal estoit assés mal d'une fievre depuis deux jours.

Mais sur la response que ledit sieur mareschal eut par son homme, il le renvoya le lendemain matin jeudy 14me pour l'en presser de nouveau (2) et protester du mal quy en pourroit arriver sy l'on n'y provoyoit, et qu'il quitteroit le quartier; ce quy fut cause que monsieur le connestable envoya un ordre precis a M^{rs} les mareschaux de Pralain et de Chaunes pour envoyer les six cens hommes en garde que Mr de Temines demandoit, lequel ordre ils me donnerent pour regarder aux moyens de le pouvoir executer. Quand je me vis sy pressé, je m'avisay d'une ruse que je mis incontinent en pratique, quy fut d'envoyer prier M^{rs} les comtes de Cramail et de Gramont de venir disner cheux moy quy avois quelque chose de consequence a leur desclarer : quand ils furent arrivés, je leur fis voir l'ordre que j'avois d'envoyer six cens hommes garder leurs tranchées; et parce qu'ils

---

(1) *Il*, Thémines.
(2) Pour presser de nouveau le connétable.

estoint mes anciens freres et amis, je ne l'avois voulu faire sans leur en dire precedemment mon avis, quy estoit que ce leur estoit une espece d'affront d'envoyer un mareschal de camp estranger commander a leur prejudice dans leur quartier, et que nos trouppes n'y vouloint aller sy Frangipani ou moy ne les y allions mener et commander; que c'estoit a eux a y pourvoir, et que s'ils vouloint aller apres disner remontrer au roy et a monsieur le connestable leur interest sur ce sujet, qu'ils pourroint a mon avis faire rompre cet ordre, et que, ce me semble, ils devoint demander des corps entiers pour venir camper avesques eux, ausquels ils commandassent; que des trouppes de Mr de Montmorency (1) il y avoit encores quattre ou cinq cens hommes des regimens de Fabregues et de La Roquette (2), quy huttoint entre le quartier de Picardie et nous; que l'on attendoit dans deux jours le regiment de Languedoc commandé par Portes (3), et d'autres quy viendroint tous les jours, dont on fortifieroit leur quartier; que c'estoit une vision de M^r le

---

(1) M. de Montmorency amena de son gouvernement de Languedoc un renfort de six mille hommes de pied des cinq régiments de Rieux, Réaux, Moussoulens, Fabrègues et la Roquette, et de cinq cents chevaux. Une partie de ces troupes quitta le siége en même temps que ce seigneur, que la maladie obligea de se retirer du camp.

(2) Il y avait aux précédentes éditions : *de Fadrique et de la Royauté*.

(3) Antoine-Hercule de Budos, marquis de Portes, fils de Jacques de Budos, baron de Portes, et de Catherine de Clermont-Montoison, lieutenant général en Gévaudan et pays de Cévennes, était oncle maternel de M. de Montmorency. Il fut tué au siége de Privas en 1629.

mareschal de Temines malade. Ils prindrent mon avis de la mesme main que je leur avois presenté, allerent apres disner trouver monsieur le connestable [pour le prier] de changer cet ordre, mais de leur renforcer leur quartier de trouppes nouvelles quy devoint venir a l'armée ; ce qu'il leur promit, et delivra nostre quartier de ce surcroit de garde.

Le vendredy 15me M^r le mareschal de Temines m'envoya dire que je luy vinsse parler au pont du Tar; ce que je fis, et le trouvay dans sa litiere avec son train, s'en allant de l'armée par la permission quy luy en estoit a l'heure mesme venue du roy. Il estoit fort malade, et a la mine et a l'effet : il se dressa comme il peut sur la litiere et me dit que l'extremité de sa maladie le forçoit de quitter son quartier, et qu'outre cela le mauvais estat ou il estoit l'eut contraint de l'abandonner ; qu'il me le consinnoit pour le garder, et que j'y envoyasse des trouppes au nombre que je jugerois a propos. Je creus qu'il resvoit de me tenir ce langage et luy dis que ce n'estoit pas à moy à quy il le devoit remettre, mais a monsieur le connestable quy luy avoit mis en main ; que j'avois charge de celuy des gardes sous M^{rs} les mareschaux de Chaunes et de Pralain, dont j'estois bien empesché de m'acquitter ; a plus forte rayson ne me chargerois je pas d'une nouvelle commission, laquelle je ne voudrois pas accepter sy le roy mesme me la commettoit, s'il ne me deschargeoit de celle des gardes. Sur cela il s'esmeut fort, et me dit qu'il me le reprocheroit un jour; qu'il n'eut pas creu cela de moy, et qu'il protestoit, en cas que je ne l'acceptasse, du mal quy en pourroit arriver : et moy je luy dis absolument que je n'en ferois rien. J'ay toujours creu depuis que son mal le troubla de sorte qu'il ne me connut pas, ou qu'il ne sçavoit ce qu'il me disoit : car il laissoit deux mareschaux de camp comme moy ; je n'avois aucune part ny despendance en son quartier; je n'eusse peu prendre cette commission que du roy seul ou de monsieur le connestable, et je ne l'eusse jamais acceptée au prejudice de mes amis.

Nous avions fait faire en nostre quartier un cavalier sur lequel nous avions mis deux bastardes quy voyoint et tiroint dans les pieces des ennemis et les endommageoint grandement : je crois que sy nous y eussions eu des canons de batterie, qu'ils y eussent fait merveilles. Nous travaillions encores a une mine plus tost par divertissement que pour aucun autre effet, n'ayant plus autre dessein que de garder les postes avancés que nous tenions. Nous faisions quelquefois des tresves de deux ou trois heures pendant lesquelles nous parlions les uns aux autres en tres grande privauté, et sans crainte les uns des autres. Messieurs de la Force, et comte d'Orval quy avoit le tiltre de gouverneur de Montauban, bien que son [beau] (1) pere y eut le principal credit, me prioint souvent de baiser les mains de leur part a monsieur le connestable et a M^{rs} les mareschaux de Chaunes et de Pralain : je leur asseuray de le faire et de moyenner une entreveue entre eux, dont ils me tesmoygnerent estre fort contens.

---

(1) Inédit. — François de Béthune, comte d'Orval, fils de Maximilien de Béthune, duc de Sully, et de Rachel de Cochefilet, sa seconde femme, avait épousé en 1620 Jacqueline de Caumont, fille de M. de la Force.

Nous continuames ainsy en nostre quartier moytié guerre, moytié marchandise, jusques au mercredy 20me (1) que monsieur le connestable m'envoya commander de le venir trouver cheux Mr de Chomberg au quartier de Picardie ou il avoit disné. Il s'enquit de moy sy nous avions une mine preste a jouer et une attaque a faire ainsy qu'il me l'avoit commandé quelques jours auparavant, dont je l'asseuray que tout estoit prest quand il l'ordonneroit. Il me dit lors : « Il faut que ce soit pour demain quand je le vous envoyeray dire ; car s'il plait a Dieu, nous serons demain dans Montauban pourveu que chascun veuille bien faire son devoir. » Je l'asseuray qu'il ne tiendroit pas a ceux de nostre quartier d'y apporter toute leur industrie et pouvoir. Il me dit qu'il ne vouloit rien autre de nous sinon que par une feinte attaque nous eussions a divertir les ennemis pendant que du costé de Picardie on forceroit la ville. Je ne me peus tenir de luy dire : « Monsieur, vous en parlés avesques une grande confiance : Dieu veuille qu'elle ne soit point vaine. » J'avois bien ouy les deux jours precedens une furieuse batterie en ce quartier là ; mais je ne m'appercevois point d'aucune bresche raysonnable ny d'autre chose quy nous deut donner aucune apparence de cela : et certes je me suis mille fois depuis estonné d'un tel aveuglement quy ait continué sy long temps et a tant de diverses per-

---

(1) Ce fut probablement le mercredi 13 que M. de Bassompierre reçut cet ordre : c'était en effet ce jour-là que le roi avait diné au quartier du prince de Joinville. On comptait sans doute donner l'assaut le lendemain. Mais pendant les journées des 14, 15 et 16 octobre, on ne fit que continuer les travaux et la batterie.

sonnes, et n'ay jamais sceu a quoy l'attribuer. M' de Chomberg mesme en me disant adieu, il me dit : « Mon frere, je vous offre apres demain a disner dans Montauban. » Je luy dis : « Mon frere, ce sera un vendredy et jour de poisson; remettons la partie au dimanche, et n'y manqués point. »

Je vins rapporter l'ordre que m'avoit donné monsieur le connestable a messieurs nos mareschaux, lesquels me commanderent de faire charger nostre mine et [de tenir] (1) toutes choses prestes pour le lendemain.

Ce fut le jeudy 21ᵐᵉ jour d'octobre (2) qu'au matin le roy et monsieur le connestable partirent de Picacos ayans fait porter leur disner au quartier de Picardie, ou se devoit faire cette solennelle execution, avec une telle certitude que Reperan secretaire de M' de Chomberg convia les commis de M' de Puisieux de venir dans sa chambre pour voir prendre Montauban; que les chefs du quartier commanderent a leurs gens

---

(1) Inédit.
(2) Cette tentative d'attaque sur Montauban eut lieu le dimanche 17, et non le jeudi 21. Voici en effet ce que dit Hérouard dans son journal : « Le 17 va au camp, y faict porter ses armes au quartier de Mʳ de Montmorency, y a disné de sa viande : a unze heures monte a cheval pour voir trois attaques qui se debvoint faire, l'une du costé ou il estoit; l'autre du costé des gardes; et la troisieme delà la riviere sur Villebourbon : ce fut sur les trois ou quatre heures : fust tiré de la ville ung coup de canon qui tue ung laquais a dix pas pres de luy sans s'en effraïer; revient a huict heures. »

L'HISTOIRE PARTICULIERE donne à la même date du 17 un récit détaillé de cette journée. Le *Mercure françois* annonce aussi le 17 un assaut général aux trois batteries, repoussé par les assiégés.

d'estre prests a porter leur souper et coucher dans la ville quand on leur manderoit. Ils placerent le roy, Mr de Rets, cardinal, monsieur le connestable, le pere Arnoux, Mr de Puisieux et autres en lieu ou ils peussent facilement voir forcer la ville, et tant d'autres choses plus ridicules que je ne daignerois escrire.

L'ordre general et particulier fut fait : on nous manda de commencer la danse en nostre quartier. Le roy envoya plusieurs fois sçavoir a quoy il tenoit que l'on ne donnat, et il n'y avoit ny descente au fossé, ny montée a la bresche, [ny mesmes bresche] (1) quy ne fut remparée : il y avoit mesmes une piece entre la bresche et le lieu d'ou l'on partoit, quy n'estoit ny ruinée, ny battue : il n'y avoit point d'eschelles pour y monter, et quand il y en eut eu, point de moyen de le faire. En fin apres avoir consumé toute la journée jusques a six heures du soir, avoir tenu six cens gentilshommes et quantité de gens de marque armés tout le jour, sans agir ny tenter de faire aucune chose, sy ce n'est de faire tuer de la ville forces gens quy se descouvroint, on vint dire au roy que l'on avoit de nouveau fait reconnestre le lieu ou il falloit donner, et que veritablement il n'estoit raysonnable; et sur cela chascun s'en retourna.

On nous avoit mandé sur les quatre heures apres midy de faire jouer notre mine, ce que nous fismes en mesme temps : elle fit un fort bon effet et ouvrit une grande partie des cornes sur lesquelles nous nous logeames; mais c'estoit en vain, car nous n'avions

---

(1) Inédit.

pas a prendre la ville. La mine en faisant son effet, tua d'une grosse motte de terre enlevée le jeune frere de Mr de Saint Chaumont (1) nommé Miolans, dont il fut heritier de plus de vingt mille livres de rente. Du mesme coup Le Plessis de Chivray (2) fut porté par terre, quy fut plus de quattre heures tenu pour mort, et passay trois ou quattre fois par dessus luy, ne le connoissant pas, a cause qu'il avoit le visage tourné contre terre.

Messieurs nos mareschaux ny aucun de nostre quartier ne voulut les jours suyvans aller a Picacos pour voir la contenance du monde. Mais le lendemain vendredy 22me (3) monsieur le connestable envoya dire que quelqu'un du quartier le vint trouver. Messieurs les mareschaux me commanderent d'y aller. Je trouvay le roy dans son cabinet avesques luy, M^r le cardinal de Rets, Rouccelay, et Modene. Le roy me dit d'abord : « Vous aviés bien toujours esté d'avis qu'il ne se feroit rien quy vaille du costé de Picardie. » Je luy dis : « Vostre Majesté me pardonnera, mais je n'ay pas creu que tout ce que l'on proposoit reussit : neammoins il ne faut pas juger des choses par les evenemens. » Il me dit lors : « Que croyés vous de cette

---

(1) Melchior Mitte, comte de Miolans, marquis de Saint-Chamond, seigneur de Chevrières, était fils de Jacques Mitte, comte de Miolans, seigneur de Chevrières, et de Gabrielle de Saint-Chamond, sa première femme. Il mourut le 10 septembre 1649, à l'âge de 63 ans. — Son jeune frère, Jean François Mitte de Miolans, baron d'Auges en Dauphiné, était né du second mariage de leur père avec Gabrielle de Gadagne.

(2) Hector de Chivré, seigneur du Plessis, fils de François de Chivré, seigneur du Plessis, et de Léonor de la Porte.

(3) Le lendemain de l'attaque était le lundi 18 octobre.

batterie qu'ils veulent faire sur ce tertre ou ils font l'esplanade? » « Je dis, Sire, luy respondis je, que s'ils la peuvent faire, la ville est a nous ; mais comme nous songeons a les prendre, ils songent aussy a s'empescher d'estre pris : ce sera merveille s'ils les laissent paisiblement faire cette batterie, et ils ont prou de moyens de les troubler, et sy l'on leur empesche cette batterie, vous pouvés bien remettre la prise de Montauban a l'année quy vient. » « Et moy, dit le roy, je ne me voudrois plus arrester a ce qu'ils veulent faire, car ce sont des trompeurs : je ne me fieray jamais a ce qu'ils me diront. » Monsieur le connestable n'avoit point encores parlé, quy dit lors : « Tout beau, Sire, ils ont creu bien faire, et en sont plus marris que vous : ce ne sont pas les premiers quy se sont trompés a leur calcul. Ils respondent encores a cent pour cent que dans cinq jours ils pourront mettre leurs canons sur le tertre ; et s'ils le peuvent faire, voyla Mr de Bassompierre quy vous dit que vous estes maistre de Montauban : donnons leur encores ce temps. » Il me dit lors : « Mon frere de Chaunes m'a dit plusieurs fois que Mr de la Force vous avoit prié de moyenner une entreveue entre eux deux. Auroit il, a vostre avis, dessein de renouer la pratique de Mr de Rohan, et vous a-t-il point dit qu'il en eut quelque pouvoir ? » Je luy dis qu'il m'avoit fait parestre ce desir, mais que l'affaire du jour precedent luy estoit sy favorable et a nous sy contraire que j'avois peur qu'ils n'en fussent maintenant eslongnés. Lors il me dit que sy je voyois jour pour les ajuster, que je le fisse ; que de son costé il tascheroit de remettre la pratique de Mr de Rohan sur pié.

Ainsy je m'en retournay avesques cet ordre en nostre quartier, que je cherchay le moyen d'executer sans montrer que ce fut avec affectation, pour ne hausser davantage le chevet aux huguenots, superbes de leurs bons succes, tandis que ceux du quartier du Moustier taschoint d'avancer leur pretendue batterie. Mais les ennemis quy estoint maitres de leur fossé vindrent miner dessous ce travail, en sorte que la nuit du dimanche 24me au lundy 25 sur les deux heures du matin, ceux de Montauban sortirent par une fausse porte au dessus du Moustier et vindrent par l'entrée de la tranchée attaquer le regiment de Picardie quy estoit en garde depuis ce coin de la contrescarpe jusques au penchant et de ce penchant vers le Tar jusques a l'esplanade ou l'on vouloit faire la batterie, et tuerent tous ceux quy voulurent faire resistance ou quy ne se jetterent de la tranchée dans le penchant quy va vers le Tar, et tuerent quatre capitaines du regiment de Picardie, et en mesme temps firent jouer la mine qu'ils avoint faite sous l'esplanade et emporterent tout le lieu ou l'on vouloit mettre la batterie.

Monsieur le connestable me commanda de me trouver le lendemain cheux Mr de Chomberg ou il vint disner, et l'apres disner il fut agité de ce que l'on devroit faire pour remedier au desordre de la nuit precedente; ce que Mr de Marillac promit de faire, et malgré les ennemis, de mettre dans cinq jours trois pieces en batterie au mesme lieu ou elles avoint esté destinées.

Mais la nuit du mercredy au jeudy 28me (1) les

---

(1) Il y a au manuscrit : *la nuit du vendredy au jeudy* 28me.

ennemis firent une autre grande sortie sur Champaigne (1) quy y estoit de garde et ne la peut soustenir, de sorte qu'ils gasterent toutes les tranchées. Ils donnerent aussy par en bas sur le regiment de Villeroy (2) quy les laissa passer jusques aux batteries de derriere eux, et donnerent sur une des trois pieces que quinse Suisses gardoint (3), dont ils en tuerent trois et chasserent le reste, et gasterent une desdites pieces.

Tant de malheurs consecutifs obligerent monsieur le connestable d'aller au quartier du Moustier et d'assembler les chefs des autres quartiers pour prendre une finale resolution. Chascun voyoit apparemment qu'il n'y avoit plus de moyen de continuer le siege ; mais personne ne le vouloit proposer. Marillac fut d'avis de faire un fort au Moustier, quy commanderoit la ville et auquel on mettroit tous nos canons et munitions en reserve pour, en un autre meilleur temps, en user, et que c'avoit esté le premier avis de M^r le mareschal Desdiguieres en arrivant a Montauban. Monsieur le mareschal dit allors qu'au commencement du siege le succes avoit fait voir que son conseil estoit bon et eut esté maintenant utile, mais qu'il n'estoit pas d'avis de l'executer astheure qu'il nous faudroit tenir une armée deux mois durant sur pié pour le mettre en perfection ; que la sayson ny nos trouppes ne le

---

(1) Le régiment de Champagne avait son quartier à l'attaque du Moustier.

(2) Le marquis de Villeroy avait amené à la fin de septembre un régiment de quinze cents hommes qui avait pris son quartier dans la plaine du Tescou, à portée de l'attaque du Moustier.

(3) Une petite partie des Suisses était aussi à cette attaque.

nous pouvoint permettre. Mr le mareschal de Saint Geran proposa de reduire les trois quartiers en un, et de continuer vivement l'attaque du Moustier, persistant toujours que l'on prendroit infailliblement Montauban sy on l'attaquoit comme on l'avoit toujours proposé. Je suppliay Mr de Chomberg de luy demander ou il vouloit faire la batterie, veu que la mine des ennemis avoit emporté la place ou l'on l'avoit destinée. Il luy respondit que c'estoit a luy (1) quy faisoit la charge de l'artiglerie, de la trouver. Il (2) luy repliqua que sa charge estoit de faire faire les batteries ou les generaux desiroint et pour battre ce qu'ils jugeoint qu'il falloit battre. Sur cela monsieur le connestable leur dit : « Messieurs, nous ne sommes pas icy pour decider de vos charges, et il n'en est pas temps. » Puis il demanda l'avis de plusieurs autres quy tous tournerent autour du pot, jusques a ce qu'il demanda mon opinion. Je luy dis lors :

« Monsieur, sy je reconnoissois que nostre perseverance au siege de la ville de Montauban la peut porter [ou forcer] (3) a se reduire a l'obeissance qu'elle doit au roy, je vous conseillerois de vous y opiniastrer, et m'estimerois bien heureux d'employer selon mon devoir, mon temps, mon travail et ma vie en l'execution d'une chose tant importante a l'honneur et au service du roy. Mais voyant l'estat present de nostre armée, fatiguée par une longue campagne et

---

(1) A lui, Schomberg.
(2) Il, Schomberg.
(3) Inédit.

par plusieurs grands sieges qu'elle a faits cet esté, diminuée par la perte de quantité de braves hommes quy y sont peris, et finalement [ruinée par les maladies et autres incommodités] (1), je ne feindray point de vous dire ouvertement ce que messieurs les preopinans vous ont voulu faire comprendre par leurs discours ambigus, quy est que vous devés plustost songer a rendre le repos a vostre armée, dont vous l'avés privée depuis huit mois, qu'a l'employer infructueusement en la continuation d'un siege auquel toutes choses nous sont plus desavantageuses au bout de trois mois qu'il est commencé, que lorsque nous l'avons entrepris. Il est entré dans cette place plus de deux mille soldats depuis la deffaite du secours; les habitans le sont devenus par un exercice continué durant trois mois, et ne sont pas plus enorgueillis qu'encouragés, [tant] par leurs heureux succes de Ville Bourbon que par ces deux dernieres sorties; l'attaque generale entreprise et non executée leur a enflé le cœur et applaty celuy de nos gens de guerre quy se sont persuadé que nous ne la pouvions faire puis que nous ne la faisions pas; nous sommes a la fin de l'automne, quy est le temps auquel on a accoustumé de cesser d'entreprendre et d'agir. Je vous en puis parler d'autant plus librement, Monsieur, que je suis moins interessé dans l'affaire; car ceux de nostre quartier ont esté deschargés de la prise de cette ville des que vous les deschargeates de leur artiglerie. Toutes choses y sont en leur entier : les ennemis ne

---

(1) Inédit.

nous y ont donné aucun tour ny atteinte, et nos trouppes quy sont veritablement aucunement (1) desperies, ne le sont point a l'esgard de celles de Ville Bourbon ou du Moustier, et nous reste encores cinq mille bons hommes de pié prests a employer ou il vous plaira nous commander. Ces messieurs quy commandent en ce quartier et quy soustiennent tout le faix du siege sur leurs espaules, ont tant de generosité et de gloire, qu'ils aymeroint mieux perir et mourir que de vous avoir proposé de le lever; mais moy quy n'ay pas les mesmes interets qu'eux, a quy celuy du service du roy m'est cher a l'egal de ma vie, je ne marchanderay point a vous dire en ma conscience, et selon le serment que j'y ay, que vous devés, Monsieur, avesques un bon ordre, une entiere seureté, et en temps non precipité, quitter l'entreprise et le siege de Montauban et reserver le roy, vous, et cette armée, a une meilleure fortune et a une plus commode sayson. »

Comme un chascun vit clairement que mon avis estoit le seul que la sayson et l'estat de nos presentes affaires requeroint, personne n'y contredit, bien que aucun n'en voulut proposer autant, chascun estant bien ayse d'en laisser faire la proposition a un autre.

Je m'en retournay par Picacos avec monsieur le connestable quy me dit qu'il estoit resolu de lever le siege. Je luy dis : « Monsieur, vous faites bien de vous coucher de peur d'estre porté par terre. Je ne m'estonne pas que vous soyés contraint de lever un siege que vous avés entrepris sans dessein; car vous ne

---

(1) Un peu.

vous y estes embarqué que sur l'asseurance que le comte de Bourfran vous donnoit de trahir la place. » Il me dit lors que c'estoit Esplan quy l'y avoit embarqué, et Chomberg empesché de s'en despestrer honorablement ; que le roy estoit bien mal satisfait de luy et qu'il estoit fort content de moy, et qu'il me croyroit desormais aux choses de la guerre, et non luy. Il me commanda en suitte d'embarquer Mr de la Force a parler a M^r le duc de Chaunes ; ce que je fis pour le vendredy 29me octobre (1), auquel Mrs de la Force et d'Orval avec quelques uns des principaux de Montauban sortirent de la porte de la ville quy est entre le bastion de la Garrigue et les cornes que nous attaquions, et environ a deux cens pas de la ville Mr de Chaunes et moy nous y trouvasmes. Nous nous saluames avesques beaucoup de tendresse et d'affection ; ils prierent que l'on ne parlat point en particulier, parce qu'ayant affaire a une ville jalouse et a un peuple soubçonneux, cela leur pourroit porter prejudice. Il y eut beaucoup de discours de part et d'autre, quy en fin aboutirent de leur part qu'ils estoint tres humbles serviteurs et sujets de Sa Majesté, quy ne respiroint qu'une entiere et parfaite obeissance a ses volontés et commandemens, pourveu que le

---

(1) Les manuscrits Fr. 10315, Fr. 17476, et le manuscrit de la ville de Meaux portent : *le lundy* 29 *octobre*. Cette date fautive a été reproduite par l'édition de 1665 et par quelques-unes des anciennes éditions. Mais d'autres donnent à l'entrevue la date du samedi 30 octobre, qui est la véritable : c'est en effet celle que s'accordent à indiquer l'Histoire particuliere et l'*Histoire de Montauban*.

libre exercice de leur religion et les autres choses accordées par leurs edits soint punctuellement observées; et Mr de Chaunes conclut sur l'asseurance que le roy les recevroit en ses bonnes graces quand ils se remettroint en leur devoir.

Voyla en quoy consista cette conference et le fruit qu'elle apporta, quy fit bien juger qu'ils n'estoint pas pour raccrocher le precedent accord, non plus que Mr de Rohan, quy n'y voulut plus entendre; ce quy porta le roy et monsieur le connestable a se resoudre, le mardy 2me jour de novembre (1), de lever entierement le siege de Montauban et d'envoyer cette leur volonté aux chefs quy commandoint au quartier de Picardie, affin de s'y preparer : ce qu'ils firent durant quelques jours en retirant les canons en nombre de trente deux, quy estoint dans les diverses batteries, et les mirent dans le parc lequel tous les chevaux de l'artiglerie rammenerent en six voyages avesques tous les affuts et munitions depuis le vendredy 5me jusques au dimanche 7me, et les deschargerent sur le bord du pont du Tar de nostre costé. J'envoyay ces trois jours durant huit cens Suisses pour escorter, depuis le quartier de Picardie jusques au nostre, toutes les voitures des canons.

En fin le lundy 8me de novembre a trois heures du matin le quartier de Picardie leva le siege, et se retira

---

(1) Si l'on en croit l'Histoire particuliere, ce même jour 2 novembre aurait eu lieu une sortie des assiégés dont les détails se rapporteraient assez exactement à ceux de la sortie du 28 octobre, tandis que la sortie de la nuit du 24 au 25 octobre sur le quartier de Picardie n'aurait eu lieu que le 28.

au quartier de Ville Bourbon, laissant la ville libre de tout ce costé là jusques au commencement de celuy des gardes; et fallut que de là en avant, non seulement nous nous gardassions de la teste des ennemis, mais aussy tout nostre costé gauche quy demeura descouvert.

On employa tout ce jour là et le suyvant mardy 9me, a embarquer nos canons dans les batteaux sur lesquels nostre pont estoit basty, pour les faire descendre le long du Tar dans la Garonne vers Moissac.

Le mercredy 10me (1) le roy quitta son logis de Picacos et vint loger a Montbeton, quartier de Ville Bourbon; il passa en y allant devant mon logis et me dit, la larme a l'œil, qu'il estoit au desespoir d'avoir receu ce desplaisir de lever le siege, et qu'il n'avoit contentement que de nostre seul quartier; qu'au reste il avoit resolu de me donner seul l'armée a mener, mais que je n'en die rien et qu'il n'y avoit que monsieur le connestable et luy quy en sceussent rien, et que je le vinsse voir le lendemain matin a Montbeton.

M^r le mareschal de Pralain luy envoya en ce mesme temps demander congé de se retirer de l'armée pour se faire panser de la fievre qu'il avoit depuis quatre jours, ce qu'il luy permit.

Le jeudi 11me de novembre j'allay suyvant l'ordre du roy a Montbeton, lequel me voyant mal en ordre, m'en

---

(1) Ce fut le samedi 6 novembre que le roi se rendit de Piquecos à Montbeton où il séjourna jusqu'au 14. « Le 6 a sept heures, dit Hérouard, monte a cheval, part de Piquecos et par le pont dict de Tholose, faict sur des bateaux, va a Montbeton. »

demanda la cause : je luy dis que j'avois couché dans la tranchée. Lors, tout estonné, il me dit pourquoy je n'avois pas encores levé le siege : je luy respondis [que c'estoit] (1) parce qu'il ne me l'avoit pas commandé. Il demanda a monsieur le connestable s'il ne me l'avoit pas dit, lequel respondit qu'il croyoit que cela fut fait des le dimanche passé ainsy qu'au Moustier, et que nous avions grand tort de n'en avoir point parlé. Je luy respondis que je n'avois garde, et que j'y fusse demeuré toute ma vie devant que de luy en faire instance, bien qu'il nous ait fallu depuis quatre jours continuels doubler nos gardes, attendu que ceux de Montauban n'ayant plus a songer qu'a nous, pouvoint nous attaquer avesques leurs forces entieres ausquelles nostre garde ordinaire n'eut sceu resister. Ils me dirent lors que je ne manquasse pas de lever le siege la prochaine nuit, et que je portasse cet ordre a Mr de Chaunes de leur part; mais comme ils me parloint, il arriva, et lors ils luy dirent que la nuit prochaine il eut a quitter les tranchées. Je luy dis que je ne m'y trouverois pas s'il le levoit de nuit; mais s'ils me vouloint permettre de le lever de jour, je le ferois et avec ordre, et avec nostre honneur, et que je leur suppliois tres humblement de m'accorder cette grace, leur respondant de ma teste de tout le mal quy en arriveroit; ce qu'ils m'accorderent apres quelque contestation, et Mr de Chaunes me dit que je prisse le temps que je voudrois pour ce sujet, mais qu'il y vouloit estre. Je luy dis lors que ce seroit entre trois et

---

(1) Inédit.

quattre heures apres midy de ce mesme jour, et que je m'en allois y donner ordre affin qu'a son arrivée il trouvast tout prest; et a l'heure mesme je retournay a la tranchée pour le faire sçavoir aux gardes. Quelques capitaines m'y contrarierent, disans que les ennemis me donneroint sur la queue et que je ne ferois pas ma retraitte sans perte. En fin ils me creurent, et fis l'ordre necessaire pour bien frotter les ennemis en cas qu'ils fussent venus nous troubler, puis donnay ordre de faire descamper les Suisses, Estissac, Vaillac (1), Piemont, Chappes et Normandie, et les mettre en battaille entre le quartier des gardes et la queue de la tranchée; apres quoy je demanday a parler a Mrs de la Force et d'Orval et aux capitaines quy avoint la garde contre nous, lesquels arrivés, je leur dis que nous estions pres de desloger, remettant la partie au printemps prochain pour l'achever a leur perte et a nostre avantage, et que j'estois venu prendre congé d'eux et sçavoir sy quelqu'un de nous avoit manqué de payer son hoste, affin de le satisfaire, ne voulant point laisser mauvaise renommée de nous. Ils m'embrasserent et me dirent adieu, m'asseurans que cette nuit a nostre depart ils nous feroint prendre le vin de l'estrieu. Je leur dis que s'ils nous vouloint faire boire, il falloit que ce fut dans une heure; car nous voulions employer le reste de la journée. Ils n'en creurent rien;

---

(1) Louis Ricard de Gourdon de Genouillac, comte de Vaillac, fils de Louis Ricard de Gourdon de Genouillac, comte de Vaillac, et d'Anne de Montberon, sa première femme, avait amené vers le milieu de septembre un régiment qui avait pris son quartier non loin de celui du régiment d'Estissac.

mais je leur asseuray et juray que je ne leur mentois point, et que leur en voulant laisser le sinnal, je ferois premierement mettre le feu aux huttes d'Estissac, puis a celles de Vaillac, de là aux Suisses, a Piemont, Chappes, et a Normandie, et qu'apres je mettrois le feu aux choses combustibles de nos tranchées; finalement apres l'avoir mis a nostre cavalier, nous ferions immediatement apres nostre retraitte quy ne seroit pas plus longue qu'au bout de la tranchée. Ils me dirent que sy j'en usois de la sorte, je m'en trouverois mauvais marchand. Comme je leur parlois ils virent embraser le quartier d'Estissac, puis celuy de Vaillac, et celuy des Suisses, et ainsy les autres consecutivement, ce quy leur persuada mon dire, et me laisserent pour m'aller preparer la collation. Mais la composition de mes tranchées estoit de telle façon que je n'avois rien a apprehender; elles estoint a angle saillant et rentrant; et aux angles, de petites places d'armes capables de quinse mousquetaires, entre la riviere du Tar ou il y avoit un chemin sur le bord, et un autre grand chemin, lesquels avoint chascun cinq ou six traverses sur lesquelles on pouvoit loger des mousquetaires quy enfiloint encores les tranchées sans pouvoir estre deslogés : de sorte que je garnis ces traverses et ces places d'armes de bonne mousqueterie, et toutes les lignes, hormis la premiere, furent bordées de mousquetaires en cas qu'ils eussent voulu passer par dessus les tranchées : et ainsy je quittay la premiere ligne, mes piques en retraitte pour faire teste s'ils fussent venus, et apres cette premiere ligne, comme les ennemis y voulurent entrer, ils furent salués des mousquetaires quy estoint a la premiere

place d'armes et des autres quy estoint sur les traverses, quy leur firent bien cacher le nés, et ne parurent plus. Apres j'ostay les mousquetaires desdites
traverses et places fait a fait que je n'en avois plus de
besoin, et ainsy me vins camper a deux cens pas des
tranchées en un lieu ou le canon de la ville ne nous
pouvoit voir, aupres de toutes nos trouppes, proche
du pont, sans que je perdisse un seul homme, en plein
jour, ayant suffisamment averty les ennemis de nostre
retraitte quy fut faite en la presence de Mr de Chaunes
quy l'approuva fort, et lors il s'en alla loger au quartier du roy, m'ayant precedemment ordonné d'y passer
le lendemain, apres avoir asseuré le bord de deça de
nostre pont par une bonne redoutte, a laquelle je fis a
l'heure mesme travailler, estant chose d'importance,
attendu que tous nos canons estoint sur les batteaux
du pont, lequel il falloit rompre pour faire descendre
nostre artiglerie a Moissac, ce que je pensois que l'on
feroit seulement a deux ou trois jours de là. J'employay
le reste du jour a poser les gardes de mon campement
quy estoit ouvert de tous costés, et toute la nuit a faire
passer nos malades et nostre bagage.

Sur le point du jour je mis cinq cens hommes des
gardes et cinq cens Suisses pour faire teste aux ennemis durant le passage de nos trouppes et commençay
a faire passer dans le quartier du roy les regimens de
Vaillac et d'Estissac quand Mr de Chomberg avec
quelque trente gentilshommes passerent a moy. Il me
donna une lettre du roy et une de monsieur le connestable, portant creance sur luy. Il me dit premierement
ce dont le roy l'avoit chargé, quy estoit qu'il me donnoit la conduitte et le commandement de son armée

pour la mener devant Monheurt (1) qu'il desiroit que j'assiegeasse cependant qu'il sejourneroit a Toulouse, et que sy je voyois apparence de prendre bientost la ville, que je luy mandasse et qu'il passeroit par là ; sy aussy (2) c'estoit une affaire de longue haleine, qu'il passeroit par Leitoure pour s'en aller a Bordeaux; qu'il avoit donné charge a luy Chomberg de me fournir tout ce que je desirerois de l'artiglerie, et tout ce qu'il pourroit des finances, ses deux charges; que le roy avoit escrit au marquis de Grignaux (3) et au comte de Ribeirac (4) quy luy ammenoint chascun un regiment, de se venir joindre a moy, comme aussy a M^r le mareschal de Roquelaure de m'envoyer son regiment et sa compagnie de gensdarmes ; toutes lesquelles lettres il me donna pour les envoyer, et me conseilla que ce fut par Le Mayne quy avoit connoissance en ce païs là et de cette place ; ce que je fis a l'heure mesme, et luy donnay charge d'investir mesmes la place avec ces deux regimens s'ils y estoint arrivés plus tost que moy.

Mr de Chomberg me dit en suitte ce que monsieur

---

(1) Monheurt, petite place sur la rive gauche de la Garonne, importante par sa position entre Agen et Marmande.

(2) Si au contraire.

(3) Charles de Talleyrand, comte de Grignols, prince de Chalais, marquis d'Excideuil, fils aîné de Daniel de Talleyrand, comte de Grignols, prince de Chalais, marquis d'Excideuil, et de Jeanne-Françoise de Montluc.

(4) Armand d'Aydie, comte de Riberac, vicomte d'Espeluche et de Cailus, seigneur de Montagrier et de Montbazillac, fils aîné de Charles d'Aydie, vicomte de Riberac, et de Jeanne de Bourdeille, dame des Bernardières, mourut au siége de la Rochelle en 1628.

le connestable luy avoit chargé de creance, laquelle a mon avis il avoit pratiquée et mendiée, quy estoit qu'ayant consideré que les canons quy estoint sur nos batteaux n'estoint point en seureté parce qu'une redoutte pouvoit estre battue et forcée par les ennemis quy seroint maitres de tout ce costé de la riviere, et que ce nous seroit un grand deshonneur s'ils nous gaignoint un de nos batteaux, soit en gaignant nostre redoutte, soit en les attirant a eux comme ils avaleroint le long du Tar dont une des rives estoit entierement a eux; c'estoit pourquoy il me prioit de demeurer deça (1) avesques les trouppes que je voudrois choysir, hormis celles des gardes françoises et suisses, et faire rompre le pont et avaler les vaisseaux, puis m'en venir passer a la punte de la Veyrou (2) a deux lieues de là, ou il me feroit tenir des batteaux tout prests pour toute ma trouppe. Je consideray bien la perilleuse commission que l'on me donnoit de faire couper ce pont et me laisser avec sept cens hommes sans pouvoir estre secouru, en un païs du tout(3)ennemy et a la veue d'une ville ou il y avoit plus de trois mille hommes de combat et soissante bons chevaux quy auroint deux lieues durant a me suyvre, et au bout trouver un conflans de deux rivieres devant moy a passer en batteaux, cinquante a cinquante. Je dis neammoins a Mr de Chomberg devant cette noblesse, que je sçavois bien que cette commission m'avoit esté

---

(1) Sur la rive droite.
(2) A la Pointe de l'Aveyron, lieu situé au confluent de l'Aveyron et du Tarn, sur la rive droite de cette dernière rivière.
(3) Entièrement.

procurée par luy quy avoit voulu, pour sauver ses canons, me hasarder a une ruine asseurée sy les ennemis l'entreprenoint comme ils feroint infailliblement, et ne manqueroint pas de bons avis de cela, et par nos gens mesmes; toutefois que je n'avois encores refusé aucun commandement que l'on m'eut fait, et que je ne commencerois pas par celuy là, prenant neammoins a tesmoins tous ces gentilshommes, sy je me perdois, que je l'avois plustost voulu faire que de manquer aux ordres et au service du roy. Mr de Chomberg me dit que veritablement cette commission estoit ruineuse, mais qu'elle estoit importante au service du roy quy avoit une telle estime de ma suffisance et sy grande opinion de ma bonne fortune qu'il estoit tout asseuré que je la ferois heureusement reussir; qu'il avoit bien fait connestre a Sa Majesté l'inconvenient qu'il y avoit de desgarnir ce costé du Tar avant qu'avoir fait acheminer nos batteaux chargés de canons a Moissac, mais que c'avoit esté le roy quy m'avoit nommé et destiné a cette action, tant pour les raysons susdites que parce que j'estois desja porté sur le lieu, que j'avois le commandement des trouppes et qu'il n'en pouvoit envoyer un autre a l'execution de cette affaire sans me faire tort; finalement qu'il estoit venu me trouver avesques cette noblesse pour avoir sa part du bien et du mal quy me pourroit arriver, et qu'il mourroit avesques moy.

Cette derniere offre me ferma la bouche et fit que je me mis incontinent a faire l'ordre que j'avois a tenir, et effectuer celuy que le roy m'envoyoit. Je pris donc 400 hommes du regiment de Piemont, 200 de Normandie et 200 de Chappes pour faire ma retraitte, que je mis en battaille a la place du regiment des gardes, lequel, avec tout le reste de nos trouppes, je fis incontinent passer le Tar et s'aller joindre au roy pres de Montbeton, et puis commençay a faire rompre nostre pont ; et fait a fait que l'on destachoit un batteau, je le faisois descendre à val. Ceux de Montauban voyant toutes nos actions fort clairement, je m'attendois a toute heure de les avoir sur les bras, et qu'ils sortiroint, cavalerie, infanterie et canon. En fin nous fusmes prests a marcher, et je priay lors Mr de Chomberg de parestre sur un lieu un peu elevé et mettre en deux rangs ces quarante chevaux qu'il pouvoit avoir, vingt de front, affin de faire croire aux ennemis qu'il y en avoit cent. Mais les ennemis apres avoir escarmouché un demy quart de lieue sans nous enfoncer, furent sy joyeux de nous voir retirer qu'ils cesserent de nous suyvre. Je fis quattre battaillons de mes huit cens hommes, et trente mousquetaires que j'en tiray pour estre sur les ailes de trente piques quy estoint les derniers et que je menois, faisant toujours marcher nos ordres separés, affin de ne nous point embarrasser. Apres que les ennemis se furent lassés de nous suyvre sans profit que de bonnes mousquetades, nostre cavalerie passa par un guey que nous luy enseignames (1), et nous laissa aller apres nous avoir dit adieu, et nous continuames paysiblement nostre chemin jusques a la punte de la Veyrou où nous ne trouvasmes aucun batteau pour passer, comme il nous avoit esté promis, ce quy me mit en une grand peine :

---

(1) Pour regagner la rive gauche du Tarn.

car de nous camper a cette pointe, ceux de Montauban sortiroint avesques deux mille hommes, leur canon et leur cavalerie, et nous viendroint deffaire ; de passer, je ne pensois pas qu'il y eut de moyen. En fin je fis sonder un lieu ou il ne se trouva d'eau que jusques a la ceinture pour passer (1) : allors je dis a nos soldats que je serois leur guide, et que je m'asseurois qu'ils me suyvroint volontiers, encores que l'eau fut bien froide allors. Ils me prierent de la passer sur un cheval que l'on m'avoit mené; mais je ne le voulus faire, et commencions tous a nous deschausser pour nous mettre en l'eau, [quand] nous avisames descendre un batteau chargé d'avoyne dans des sacs, venant de Picacos. Nous le fismes aborder, et ayans en diligence mis a terre tous les sacs, nous passames en seise fois, cinquante a cinquante, et moy a la derniere passée qu'il estoit toute nuit. Je logeay mes trouppes a trois villages prochains et m'en vins encore a Moissac ou le roy avoit envoyé le sieur des Fourneaux (2) mareschal des logis de l'armée avec tous mes ordres necessaires.

Je fus contraint de demeurer le lendemain, tant pour emprunter de l'argent de toutes les bourses, ou je trouvay cinq mille escus, et trois que j'en avois encores, que de preparer des batteaux pour embar-

---

(1) Pour passer l'Aveyron.
(2) Claude Fougeu, seigneur des Fourneaux, fils d'Hélie Fougeu, seigneur des Fourneaux, maréchal général des logis des camps et armées du roi, et d'Anne Beloïs, avait obtenu le 14 mai 1621 un brevet d'aide de maréchal des logis. Il fut aussi maréchal général des logis des camps et armées du roi.

quer toute l'infanterie, canon, bagage, et munitions de guerre et de vivres, [et] que pour donner les ordres necessaires pour nourrir nostre armée : ce que je reglay jusques a Agen ou j'envoyay en diligence pour avoir trente mille pains prets. J'allay aussy a la punte du Tar (1) reconnestre, et pourvoir a l'embarquement.

Le dimanche 14me je partis de Moissac et vins coucher a la Magistere (2). Je fis passer ma cavalerie du costé gauche de l'eau (3), quy est un bon païs de fourrage.

Le lundy 15me je m'en vins a Agen ou je trouvay que l'on n'avançoit gueres pour nostre munition, et que les jurats de la ville la destournoint, disant que le pain encheriroit dans leur ville sy on en tiroit une sy grande quantité pour l'armée : ce que je ne trouvay pas bon. Messieurs de la ville m'estans venus voir, je leur dis comme le roy m'envoyoit nestoyer et rendre libre la riviere de Garonne, ce que j'esperois faire dans peu de jours par la prise de Monheurt que j'allois assieger, et que j'avois desja fait investir; que je m'asseurois que pour une sy bonne œuvre ils contribueroint de tout ce quy seroit en leur puissance; que j'avois diverses choses a leur demander, les unes en payant, les autres en prest a bien rendre ; de cette

---

(1) Le point de jonction du Tarn avec la Garonne, un peu au-dessous de Moissac. L'embarquement devait avoir lieu sur la Garonne.

(2) La Magistère, bourg du canton de Valence d'Agen, arrondissement de Moissac, sur la rive droite de la Garonne.

(3) Du côté gauche de la Garonne.

derniere sorte estoint deux milliers de poudre menue grenée que je leur priois de me prester, lesquels leur seroint remplacés quand l'equipage de l'artiglerie passeroit par devant leur ville, et que j'y avois desja pourveu ; ce que je voulois en payant estoint six cens pelles, trois cens pics et trois cens hoyaux, quelques serpes et quelques haches, que je ferois payer comptant, comme aussy trente mille pains presentement, et dix mille par jour tant que ce siege dureroit ; que je demandois qu'ils prissent ce soin là et m'en delivrassent, et que je leur mettrois argent en main pour faire faire toute cette fourniture. Ces messieurs me firent response qu'ils alloint assembler le conseil de ville pour en resoudre et puis qu'ils me viendroint parler, ce qu'ils firent au bout d'une heure ; et leur response fut qu'ils trouvoint fort bon que je fisse faire les outils que je demandois, et que s'il y en avoit, on me les donnat en payant ; que pour leur poudre menue grenée, ils ne s'en vouloint desgarnir, mais que sy j'en trouvois a vendre cheux les marchands, ils permettroint de la sortir de la ville ; que pour la quantité de pains que je demandois, ils ne pouvoint souffrir que l'on la tirat de leur ville, car cela y mettroit non seulement la cherté, mais encores la disette : et sur cela me vindrent presenter du vin de la ville qu'ils me prierent de recevoir. Je leur respondis :

« Messieurs, je ne veux ny ne dois accepter le vin de ceux quy refusent le pain au roy, ny moins demeurer en une ville que je ne crois pas quy luy soit gueres plus affectionnée que Montauban, et quy peut estre le seroit moins sy elle estoit aussy forte. Je viens vous oster une taye de l'œil et ouvrir le commerce de vostre ville avec celle de Bordeaux ; quy vous devroit obliger non d'accorder ce que je vous demande, mais d'en offrir beaucoup davantage : et vous me respondés comme sy j'estois venu de la part du roy d'Espaigne ou d'Angleterre et non de celle de vostre roy. Sçachés que je vous puis oster, (voire faire pis), ce que je vous demande, et que ceux là donnent tout, quy refusent les choses justes a celuy quy a les armes a la main. Je me contenteray neammoins de superseder le siege de Monheurt jusques a ce que j'aye [tout ce quy m'est necessaire a cet effet, et feray sejourner l'armée du roy sur vos terres et dans vos belles maisons ou elle se resfraischira jusques a ce que j'aye] (1) receu les commandemens du roy sur la response que vous me venés de faire, lesquels, je m'asseure, seront dignes de luy et de vostre proceder, que je sçauray fort punctuellement executer. »

Ce discours finy, je me tournay vers Des Fourneaux et luy dis : « Donnés le departement de toute l'armée depuis les fausbourgs de cette ville jusques a une lieue a la ronde, et leur ordonnés d'y faire bonne chere et de se recompenser des travaux et des peines qu'ils ont souffertes a Montauban. » Et sur cela je tournay le dos a messieurs d'Agen et montay a ma chambre. Ils voulurent suyvre pour me parler ; mais je leur fis dire que j'allois faire une despesche au roy, et que je ne les pourrois voir qu'a sept heures du soir, quy estoit dans quatre heures. Ces messieurs ne furent pas moins

---

(1) Inédit. La phrase se trouve aux manuscrits Fr. 4063, Fr. 10815, Fr. 17476, et au manuscrit de Meaux.

estonnés de mon proceder que j'estois indigné du leur, et voyant que Des Fourneaux alloit donner les departemens, ils le prierent de les superseder; mais luy dit qu'au contraire il les hasteroit, et qu'ils meritoint pire traittement que celuy que je leur faisois. Ils revindrent battre a ma chambre, et moy je fis la sourde oreille jusques a ce qu'ils me firent dire par La Motte de Nort quy entra par ma garde robbe, qu'ils me donneroint non seulement ce que j'avois desiré, mais encores tout ce que je leur voudrois ordonner, et que seulement je les veuille entendre : ce qu'en fin je fis avesques une forte reprimande, et eus tout ce que je voulus d'eux. Aussy fis je changer mes logemens.

Le lendemain mardy 16me je vins coucher au Port Ste Marie (1), et le mercredy 17me je disnay a Esguillon (2) ou Le Meine Chabans me vint trouver, quy me fit sçavoir comme Monheurt (3) estoit investy d'un costé par le regiment du marquis de Grignaux quy avoit le mesme soir gaigné un moulin tres important et quy nous menoit bien pres de la ville. J'y allay voir apres disner et fis passer les regimens de Piemont et de Normandie que je fis camper joignant celuy de Grignaux, tirant vers Puch (4), assés eslongnés l'un de l'autre pour garder la moytié de la campagne.

---

(1) Port-Sainte-Marie, chef-lieu de canton de l'arrondissement d'Agen, sur la rive droite de la Garonne.

(2) Aiguillon, petite ville du canton de Port-Sainte-Marie, au confluent du Lot et de la Garonne.

(3) Monheurt est situé un peu au-dessous d'Aiguillon, sur l'autre rive du fleuve.

(4) Puch-de-Gontaut, bourg du canton de Damazan, arrondissement de Nérac (Lot-et-Garonne), à peu de distance de Monheurt.

Je m'en revins le soir coucher a Esguillon, et le jeudy matin 18me je fis passer Navarre, Ribeirac et Champaigne, quy acheverent de fermer tout a fait Monheurt du costé de la terre, et ordonnay l'attaque de deça vers Esguillon aux trois regimens premiers campés, et celle de l'austre costé aux trois autres, toutes deux le long de la riviere.

Je logeay les compagnies de chevaux legers de Chevreuse, Signan et Bussy Lamet a Puch de Gontaut, et leur ordonnay de battre l'estrade vers Castel Jaloux (1) ou le vendredy 19me je fis aller loger la compagnie de gensdarmes de monsieur le connestable.

Le samedy 20me le regiment de Champaigne ouvrit la tranchée de son costé. On estoit bien plus avancé (2) du costé de Piemont.

M^r le mareschal de Roquelaure arriva, a quy je rendis le devoir et l'obeissance requise, dont il se contenta, me laissant le destail du siege. Il me pressa d'oster la compagnie de gensdarmes de monsieur le connestable, de Castel Jaloux, parce qu'il avoit au chasteau dudit lieu une compagnie des siennes en garnison, pour l'entretenement de laquelle il faisoit payer a ceux de la ville cinquante francs par jour. Je luy respondis qu'il estoit le maitre, et qu'il pouvoit donner le departement ou il luy plairoit; que pour moy je n'en sçavois point d'autre. Il dit qu'il la falloit faire passer delà la riviere devers Marmande; a quoy je contrariay, disant qu'elle n'y seroit seurement. Il

---

(1) Castel-Jaloux, chef-lieu de canton de l'arrondissement de Nérac.

(2) Il y avait aux précédentes éditions : *plus au nu*.

trouva bon de loger ses gardes a Puch, d'ou je retiray vingt soldats que j'y avois mis.

J'ordonnay aussy que chasque regiment fermeroit jusques a celuy quy luy estoit voysin, d'une tranchée par laquelle il y eut communication a couvert de l'un a l'autre, et leur fis fournir d'outils. Je fis faire des gabions et dresser des platteformes, affin que des que nos canons que j'attendois seroint venus, nous les missions en batterie, et nous avançames des deux costés nos tranchées en toute diligence : elles n'estoint pas fort seures ny larges ; mais c'estoit un siege que nous devions desvorer sans le mascher.

Le dimanche 21me j'envoyay nos chevaux legers a la guerre vers Sainte Foy (1). Nous avançames nos travaux jusques pres du fossé des ennemis lesquels me reconnoissoint aysement aller et venir, pour estre habillé d'escarlate, monté sur un bidet blanc, et a la croix de mon manteau. Ils me tendirent un piege pour me tuer en passant du quartier de Piemont a celuy de Normandie dont la ligne de communication n'estoit encores parachevée. Ils garnirent le bastion avancé de mousqueterie, comme ils firent aussy leur contrescarpe. Ils n'avoint qu'une seule piece de campagne dont ils me saluerent comme j'estois encores loin et

---

(1) Sainte-Foy-la-Grande, chef-lieu de canton de l'arrondissement de Libourne, sur la rive gauche de la Dordogne. Cette place importante par sa position était entre les mains de Théobon (Charles de Rochefort de Théobon, baron de Saint-Angel), beaufrère du marquis de Mirambeau, qui tenait Monheurt. Il s'agissait d'empêcher ceux de Sainte-Foy de venir au secours de la place assiégée.

avesques forces gens, lesquels je quittay et ne laissay avesques moy que les aydes de sergent major de Champaigne et de Navarre. Il y avoit quelque six vingts pas a passer a descouvert, [que l'on pouvoit esviter] (1) en s'eslongnant quelque peu, ce que je ne faisois jamais. Ils tirerent d'abbord leur piece de campaigne sur ma compagnie quy estoit assés loin, ce quy me convia de les prier (2) d'aller par le couvert, tandis que je m'en allay avec ces deux aydes de major passer plus proche de leur contrescarpe. Allors ils me firent leur salve de telle furie que je ne voyois que balles siffler a l'entour de moy, dont deux porterent, l'une dans le pommeau de la selle de mon bidet, l'autre me perça mon manteau. Je fis escarter les aydes de major a quy il ne le fallut pas dire deux fois, et je descendis de mon bidet pour me mettre a l'abry d'un gros arbre quy estoit proche, auquel ils tirerent plus de cent mousquetades; mais j'estois en seûreté derriere. En fin comme je creus qu'ils n'auroint plus a tirer, j'en sortis et allay assés viste gaigner la tranchée de Normandie : mais ce ne fut pas sans l'eschapper belle ; car ils me tirerent encores plus de cent mousquetades de soissante pas pres. Mais comme mon heure n'estoit pas encores venue, Dieu m'en preserva contre l'attente et l'opinion de ma trouppe eslongnée quy me voyoit passer par les armes : je n'ay jamais mieux creu mourir que cette fois là.

Les ennemis avoint deux barques armées avesques

---

(1) Inédit.
(2) De prier ma compagnie.

lesquelles ils alloint et venoint librement delà l'eau et mettoint toujours quelques nouveaux soldats dedans leur ville; ce quy m'obligea d'armer un fort batteau tant pour faire escorte a ceux quy montoint et descendoint la riviere que pour resserrer les ennemis.

Je fis aussy passer les regimens de Chappes et de Vaillac de l'autre costé de l'eau et fis commencer un tres beau retranchement ou je logeay six canons de batterie des que l'artiglerie fut arrivée, quy fut le lendemain lundy 22me, et que j'en fis mettre quatre pieces dans la batterie que j'avois preparée au quartier de Piemont, et mesmes des le soir elles en tirerent quelques volées contre les deffenses de la ville.

M^r le mareschal de Roquelaure nous fit le soir un magnifique festin aux principaux de l'armée.

Le temps estoit sy mauvais et les pluyes sy continuelles que nos soldats estoint jusques au genoul dans la boue : ils souffroint neammoins ces incommodités de bon cœur et sans murmurer.

Le marquis de Mirambeau (1), fils ayné de Mr de Boisse (2) quy avoit peu auparavant esté assassiné a

---

(1) Armand d'Escodeca, marquis de Mirambeau et de Pardaillan, fils d'Arnaud d'Escodeca, baron de Boësse et de Pardaillan, et de Jeanne de Bourzolles, avait épousé en premières noces Madeleine de Pons-Mirambeau, et en secondes noces Victoire de Bourbon-Malause. Il fut tué dans un combat peu de temps après le siége de Monheurt.

(2) Arnaud d'Escodeca, baron de Boësse et de Pardaillan, gentilhomme huguenot, jadis compagnon d'armes du roi Henri IV et mestre de camp du régiment de Navarre, était gouverneur des deux places de Monheurt et de Sainte-Foy. Après le siége de Saint-Jean-d'Angély, il les avait remises en l'obéissance du roi. Mais pendant qu'il était au siége de Montauban, toutes deux se

Gensac (1) par un nommé...... (2), estoit gouverneur de Monheurt et s'estoit revolté contre le roy a la mort de son pere; avesques lequel Mirambeau j'avois quelque pratique secrette, et en estions demeurés a quattre mille escus qu'il demandoit pour remettre la place es mains du roy, avec une abolition de sa derniere revolte; dont j'advertis le roy sans le communiquer a M^r le mareschal de Roquelaure, ainsy que ledit marquis de Mirambeau m'en avoit prié : ce quy fit resoudre le roy et monsieur le connestable de venir a Monheurt affin d'en avoir l'honneur de la prise (3).

Le roy m'avoit envoyé le mesme jour le sieur de Lancheres quy avoit fait semblant de s'en venir me trouver sans y estre envoyé du roy : il m'en porta une lettre, et une autre de Mr de Puisieux, par laquelle ils me manderent que je n'eusse a prendre allarme de ce que Sa Majesté avoit chassé d'aupres d'elle le pere Arnoux et que le roy l'avoit fait pour le mieux, comme il me diroit a mon arrivée. Je diray en ce lieu toute cette affaire.

Depuis que Mr de Luines avoit esté honoré de la charge de connestable, il la voulut faire avec tant

---

mirent en révolte. Boësse-Pardaillan, après avoir rétabli l'ordre à Monheurt, se rendait à Sainte-Foy lorsqu'il fut assassiné à Gensac par Savignac d'Eynesse dans la maison où il était logé.

(1) Gensac, bourg du canton de Pujols, arrondissement de Libourne.

(2) Le nom est en blanc au manuscrit : il avait été rempli dans les éditions précédentes.

(3) Le roi, parti de Montbeton le 14 novembre, s'était rendu à Toulouse, où il avait fait entrée. Il quitta cette ville le 23 et, passant par Lectoure et Nérac, s'approcha de Monheurt.

d'autorité que cela le rendit suspect au roy, a quy des particuliers souffloint aux oreilles pour luy faire des mauvais offices, faisant voir au roy que luy ou les siens avoint toutes les bonnes places de France; que les principaux gouvernemens estoint en ses mains; que luy et ses deux freres en trois ans estoint devenus ducs et pairs, de sy bas qu'ils estoint auparavant; qu'ils possedoint, eux trois, des biens, des charges ou des gouvernemens pour plus de dix millions d'or, et qu'ils devenoint insensiblement sy puissans que le roy ne les pourroit pas abbaisser quand il voudroit. Le roy n'escoutoit pas seulement ces discours, mais les faisoit aux autres et s'en confia premierement au pere Arnoux, puis a Mr de Puisieux. En fin apres le siege de Saint Jean d'Angeli, comme monsieur le connestable revenoit un matin de disner, ayant ses Suisses et ses gardes marchans devant luy et entrans dans le logis du roy, suyvy de toute la court, et des principaux de l'armée, le roy le voyant venir d'une fenestre, me dit : « Voyés, Bassompierre, c'est le roy quy entre. » « Vous me pardonnerés, Sire, luy dis je, c'est un connestable favorisé de son maitre, quy fait voir vostre grandeur, et quy estale vos bienfaits aux yeux de tout le monde. » « Vous ne le connoissés pas, me respondit-il ; il croit que je luy en dois de reste et veut faire le roy : mais je l'en empescheray bien tant que je seray en vie. » « Sire, luy dis je lors, vous estes bien malheureux de vous mettre ces fantaisies en la teste ; luy, l'est bien aussy de ce que vous prenés ces ombrages de luy, et moy je le suis encores davantage de ce que vous me les avés descouvertes : car un de ces jours, vous et luy, vous crierés un peu et en suitte vous vous appaiserés, et apres vous ferés comme il se fait entre mary et femme, quy chassent les vallets ausquels ils ont fait part de la mauvaise volonté qu'ils avoint l'un contre l'autre, apres qu'ils se sont accordés; aussy vous luy dirés que vous n'aurés fait part du mescontentement que vous aviés de luy, qu'a moy, et a quelque autre, quy en pastirons. Vous avés veu l'année passée que la seule opinion qu'il avoit eue que vous me pouviés vouloir du bien me pensa ruiner et perdre. » Il me fit lors de grands sermens qu'il n'en parleroit jammais, quelque raccommodement qu'il peut faire avesques luy, et qu'il ne s'estoit jammais ouvert a personne sur ce sujet, qu'au pere Arnoux et a moy, et que sur la vie je n'en ouvrisse jamais la bouche qu'au pere Arnoux, et encores apres qu'il luy en auroit parlé et lors qu'il me le commanderoit. Je luy dis qu'il n'avoit que faire de me le commander et que j'avois desja fait ce commandement a moy mesme, a quy il importoit de la fortune et de la vie.

Sur cela je fus bien ayse d'avoir eu ordre d'aller a Paris peu de jours apres; car je trouvois la confidence du roy tres perilleuse en ce temps là. Je revins au commencement du siege de Montauban, et ayant eu l'attaque des gardes a commander seul de mareschal de camp, je m'y rendis sy sujet que je ne venois jamais a Picacos, quartier du roy, sy je n'y estois mandé. Les ombrages du roy contre monsieur le connestable croissoint a toute heure; et luy, prenoit moins de soin de s'entretenir bien avesques le roy qu'il ne faisoit auparavant, soit qu'il se sentit asseuré de l'affection cordiale que Sa Majesté luy portoit, soit que les grandes affaires qu'il s'attiroit sur les bras l'empeschassent d'y penser, ou que la grandeur l'aveuglat ; de sorte que les mescontentemens du roy croissoint bien fort, et le roy toutes les fois qu'il me pouvoit parler en particulier, m'en tesmoygnoit de plus violens ressentimens.

Une fois que j'estois venu le trouver, le millord de Hey, ambassadeur extreordinaire du roy de la Grand Bretaigne, envoyé pour s'entremettre de la paix entre le roy et les huguenots, eut sa premiere audience du roy (1), apres laquelle il l'alla prendre de monsieur le connestable. Mr de Puisieux, selon la coustume, venoit entendre du roy ce que le millord luy avoit dit a son audience, quand le roy m'appella en tiers et me dit : « Il va prendre l'audience du roy Luines. » Je fus bien estonné de ce qu'il me parloit devant Mr de Puisieux, et voulus faire l'ignorant ; mais il me dit : « Il n'y a point de danger devant Puisieux ; car il est de nostre secret. » « Il n'y a point de danger, Sire ! (luy dis je.) Je suis maintenant asseurement perdu ; car c'est un homme craintif, et peureux, comme monsieur le chancelier son pere, quy au premier coup de fouet confessera tout et perdra en suitte tous les complices et adherens. » Le roy s'en rit et me respondit de luy en quy je me fiois bien, et estoit mon amy. Lors le roy commença a deschirer monsieur le connestable et en dire tout ce qu'il avoit en sa fantaisie ulcerée de ce qu'il avoit adjoint a la charge de connestable celle de chancelier depuis la mort de M^r le garde des sceaux

---

(1) Voir p. 336.

du Vair (1) quy estoit decedé peu de jours auparavant.

Je vis bien qu'il estoit sur le penchant de sa fortune, et me resolus de luy remontrer quelque chose sur ce sujet, pour son bien, veu que depuis nostre brouillerie il m'avoit tesmoygné beaucoup de bonne volonté. Ce fut a quelques jours de là, que me trouvant dans son cabinet avesques luy, je luy dis que comme son serviteur tres humble, passionné a ses interets, je me croyois obligé de luy remontrer qu'il ne cultivoit pas assés la faveur et les bonnes graces du roy, et qu'il n'en avoit pas tant de soin qu'auparavant, maintenant qu'il en devoit avoir davantage; que le roy croissoit en aage, en regne, et en connoissance des choses, et qu'en mesme temps luy, quy croissoit en charges, honneurs, bienfaits et obligations, devoit aussy croitre en reconnoissance et en summissions vers son roy, son maitre et son bienfaicteur; qu'au nom de Dieu il y prit garde, et qu'il pardonnat a la liberté que j'avois prise de luy en parler, puis qu'elle provenoit du zele et de la passion que j'avois a son service tres humble. Il me respondit qu'il me sçavoit gré et se sentoit obligé au soin que j'avois de sa conservation, quy me seroit asseurement utile et profitable, et que je luy avois commencé de luy parler en neveu, comme il esperoit que je luy serois dans peu de temps; qu'il me vouloit aussy respondre en oncle et me dire que je me reposasse sur l'asseurance qu'il me donnoit qu'il connois-

---

(1) Du Vair était mort à Tonneins le 3 août. — L'auteur a écrit par erreur : *De Vic*.

soit le roy jusques au plus profond de son ame ; qu'il sçavoit les moyens par lesquels il le falloit conserver, aussy bien qu'il avoit sceu ceux de l'acquerir, et qu'il luy donnoit quelquefois expres des petits sujets de plainte quy ne servoint qu'a augmenter l'ardeur de l'affection qu'il avoit pour luy. Je vis bien lors qu'il estoit de la mesme trempe de tous les autres favoris qui croyent avoir cloué (1) leur fortune, quy la croyent eternelle, et quy ne connoissent leur disgrace que lors qu'ils n'ont plus le moyen de l'empescher.

Depuis ce temps là, toutes les fois que le roy me pouvoit parler en particulier, c'estoit incessamment en plaintes de monsieur le connestable, et ce quy m'en fit plus mal juger fut que tout d'un coup l'extreme passion qu'il avoit pour madame la connestable se convertit en une telle haine qu'il avertit monsieur son mary que Mr le duc de Chevreuse en estoit amoureux : il me dit qu'il luy avoit fait cette harangue, dont je luy dis qu'il avoit tres mal fait et que c'estoit pecher de mettre mauvais menage entre le mary et la femme. Il me dit : « Dieu me le pardonnera, s'il luy plait ; mais j'ay eu un grand plaisir de me venger d'elle (2), et de faire ce desplaisir a luy. » [Il me dit en suitte plusieurs choses contre luy] (3), et entre

---

(1) Il y avait : *élevé*.
(2) Si la duchesse de Luynes avait personnellement encouru le ressentiment de Louis XIII, ce n'était pas pour avoir repoussé des avances qu'il n'aurait pas eu, dit Tallemant des Réaux « l'esprit » de lui faire ; c'eût été plutôt pour avoir fait remarquer à la reine la froideur du roi à son égard.
(3) Inédit.

autres que devant qu'il fut six mois, qu'il luy feroit bien rendre gorge de tant de choses qu'il luy avoit prises. Sur cela je partis de Montauban sans voir le roy, et la premiere nouvelle que j'en eus, fut qu'il avoit esté contraint d'abandonner le pere Arnoux a la haine de monsieur le connestable, mais que je m'asseurasse qu'il n'y avoit rien contre moy. Je ne laissay pas d'en estre en grande apprehension, bien que je puisse dire que toutes les fois que le roy m'avoit parlé sur son sujet, que j'avois toujours rabattu les coups, et que j'avois esté infiniment marry que le roy eut eu cette confidence avesques moy.

Le mardy 23me je fis porter tous les drapeaux des regimens de l'armée a mon logis, a l'instance des capitaines, affin qu'ils fussent deschargés de cette garde, et que celle quy estoit posée devant mon logis servit quand et quand pour la garde des drapeaux. Il arriva que comme Navarre m'envoya les siens par vingt soldats quy les portoint et cinquante quy les accompagnoint, ceux de la ville tirerent sur eux un coup de leur piece de campaigne quy emporta quatre bras droits a quatre des soldats quy les portoint.

Il m'arriva aussy qu'estant a la batterie et m'estant avancé au devant pour remarquer ou reconnestre quelque chose, les canonniers ne pensant pas que j'y fusse, mirent le feu a la piece plus prochaine de moy, dont le vent me porta tres rudement par terre et me laissa un tel bruit dans l'oreille droitte avesques des eslancemens quy m'estoint insupportables; et deux heures apres une forte fievre me prit, quy ne m'empescha pas pourtant de continuer ma charge et de faire avancer nos tranchées jusques sur le bord du fossé, quelque asseurance que j'eusse du marquis de Mirambeau qu'il me rendroit la place aux conditions sus mentionnées.

Je fus, le mercredy 24me, fort pressé de M^r le mareschal de Roquelaure de faire desloger la compagnie de gensdarmes de monsieur le connestable, de Castel Jaloux, et vis que le lieutenant, nommé Mr de Nesmont (1), le desiroit aussy, porté par la priere du jeune Vaillac (2) quy en estoit guidon, ou peut estre parce que ceux de Castel Jaloux leur avoint promis quelque present pour les faire desloger. Je dis a monsieur le mareschal qu'il estoit le maitre pour me commander absolument, et que je le ferois; que pour les envoyer delà l'eau, j'y contredirois toujours pour le peril que j'y voyois, sy ce n'estoit que l'on les accompagnat d'infanterie pour les garder, ce que nous ne pouvions durant le siege, lequel s'en alloit finy; que s'ils n'en vouloint attendre l'issue, qu'il ne les pouvoit loger qu'aux Tonnains (3) : mais outre que le mesme inconvenient estoit a Tonnains qu'a Castel Jaloux, parce qu'ils contribuoint cinquante francs par jour pour une des compagnies du regiment de monsieur le mareschal, les Tonnains appartenoint en partie a M^r le comte de la Vauguyon son gendre (4). En fin

---

(1) François de Nesmond, seigneur de la Tranchade, gentilhomme ordinaire de la chambre du roi, fut lieutenant d'une compagnie de gendarmes de ses ordonnances.

(2) Un des frères cadets du comte de Vaillac.

(3) Tonneins, chef-lieu de canton de l'arrondissement de Marmande, sur la rive droite de la Garonne, plus bas que Monheurt. Il y a Tonneins-dessus et Tonneins-dessous.

(4) Jacques d'Estuert de Caussade, comte de la Vauguyon, fils

monsieur le mareschal se fascha contre moy, et moy je ne luy dis autre chose sinon que je luy envoyerois le mareschal des logis des Fourneaux, et qu'il luy ordonnat ce qu'il voudroit; que pour moy je ne m'en meslerois plus.

J'allay delà la Garonne voir nostre retranchement quy s'en alloit en deffense, dont je fus fort ayse; car je craignois fort ce costé là.

Ma fievre me rengregea sy fort que je ne fus plus capable de servir, et despeschay au roy et a monsieur le connestable pour les supplier de trouver bon que le lendemain a leur arrivée (1) je me fisse porter a la Reoulle (2) pour me faire panser, et de me vouloir envoyer un medecin.

J'eus le lendemain matin congé de m'en aller par une tres honneste lettre du roy, et asseurance que l'on m'envoyeroit le medecin, de sorte que le lendemain jeudy 25me on me porta dans un batteau que l'on m'avoit preparé, sur les dix heures du matin, et je baissay le long de la riviere pour aller a la Reoulle.

Comme je passois bien malade devant les Tonnains,

---

unique de Louis d'Estuert de Caussade, comte de Saint-Megrin, et de Diane d'Escars, princesse de Carency, comtesse de la Vauguyon, avait épousé en 1607 Marie de Roquelaure, fille du maréchal.

(1) Ce jour, 24 novembre, le roi n'était pas à la veille d'arriver devant Monheurt : il se rendait de Grenade-sur-Garonne à Beaumont-de-Lomagne pour aller de là à Lectoure. Ce fut seulement le 28 qu'il vint prendre son logement à Longuetille, lieu situé à une lieue environ de Monheurt (*Journal d'Hérouard*).

(2) La Réole, chef-lieu d'arrondissement du département de la Gironde, sur la rive droite de la Garonne.

mes gens me dirent que de la cavalerie passoit la riviere ; je m'imaginay aussy tost que c'estoit celle de monsieur le connestable, et ne fus pas trompé. Je me fis aborder en l'estat que j'estois et trouvay Nesmont sur la rive, quy faisoit embarquer ses bagages pour aller coucher avec la compagnie a Puch de Gontaut (1) qui est a demie lieue de Marmande. Cela me mit en tres grande peine, tout perdu de mal comme j'estois, et preveus celuy quy leur arriveroit. J'envoyay querir Nesmont et Vaillac, et leur demanday quy leur avoit donné ce departement : ils me dirent que le soir auparavant M^r le mareschal de Roquelaure leur avoit envoyé, et leur avoit fort recommandé de desloger avant que le roy arrivat devant Monheurt. Je le creus facilement ; car le roy n'eut jammais consenty qu'ils en fussent partis pour aller a Puch se jetter au millieu des ennemis dans un païs huguenot. Je leur dis lors que je les priois de superseder jusques a ce que le roy eut sceu l'inconvenient qu'il y avoit de faire passer une seule compagnie de gensdarmes dans un païs du tout ennemy, sans l'accompagner d'infanterie ou la loger dans une ville fermée ; que j'envoyerois un gentilhomme avec celuy qu'ils envoyeroint au roy, et que peut estre le roy leur donneroit pour garnison la ville de Marmande (2), quy leur seroit un

---

(1) Ici et dans la suite du récit il faut lire : Gontaud, et non : Puch-de-Gontaud. Ce fut en effet à Gontaud, petite ville située du côté droit de la Garonne, non loin de Marmande, qu'eut lieu la surprise dont il est fait mention plus loin.

(2) Marmande, chef-lieu d'arrondissement du département de

excellent quartier. Nesmont et Vaillac estoint plus vaillans que considerés (1), et quy ne pensoint pas que le soir mesme de leur arrivée les ennemis les deussent venir saluer, me dirent que desja tous leurs bagages et grands chevaux estoint passés et mesmes estoint desja avancés sur le chemin de Puch de Gontaut ; que les ennemis ne sçauroint estre avertis de leur arrivée qu'il ne fut bien tard ; qu'ils n'auroint pas le loisir de s'entreavertir a temps pour leur venir donner sur les doigts la mesme nuit ; que s'ils n'estoint bien forts ils ne leur sçauroint rien faire ; qu'il y avoit un chasteau a Puch de Gontaut ou ils se pourroint retirer, et qu'ils feroint bon guet ; qu'ils envoyeroint pour avoir un autre quartier pour le lendemain. En fin ils passerent par dessus mes avis et persuasions, et suyvirent leur chemin.

Pour moy je descendis jusques a Marmande, mon mal se rengregeant d'heure en heure de telle sorte que je n'eus pas la force d'aller jusques a la Reoulle, et fus contraint de me jetter en une meschante hostellerie aux fausbourgs de Marmande, ou je fis tendre mon lit pour y coucher, attendant quelque medecin ou esperant d'en trouver a Marmande, comme je fis, mais un medecin de village. De bonne fortune m'arriva quasy en mesme temps un empirique que M^r d'Estissac m'avoit envoyé, nommé Dubourg, quy n'estoit qu'un ivrongne, mais quy avoit d'excellens remedes. Sur les neuf heures du soir m'arriva aussy

---

Lot-et-Garonne, sur la rive droite de la Garonne, entre Tonneins et la Réole.

(1) Prudents.

un medecin du roy, excellent, nommé le Mire, que le roy m'envoya, lequel pour m'oster ce furieux tintonain que j'avois dans la teste, de l'avis des autres medecins, me fit scarifier, et appliquer des ventouses sur les espaules.

Cela fut vers les onse heures du soir, quand en mesme temps nous ouymes tirer forces coups de pistollets dans cette rue du faubourg quy est sur la Garonne : c'estoint les gensdarmes de monsieur le connestable que les ennemis poursuyvoint les ayans chargés dans Puch de Gontaut le mesme soir qu'ils y estoint arrivés. Sur ce bruit mes gens en diligence me mirent une serviette sur mes espaules quy estoint toutes en sang, puis me mirent ma robe de chambre, et me firent emporter en cet estat par quatre de mes hallebardiers suisses; et cinq ou six autres, et ce qu'ils peurent ramasser, m'accompagnerent jusques pres de la porte (1), puis coururent se barricader dans mon logis pour tascher de sauver avesques eux mes chevaux, ma vaisselle et mon equipage. Ils creurent que j'estois entré, et ne demeura avesques moy que ces quatre Suisses, les deux medecins le Mire et Dubourg, avec deux vallets de chambre. Mais comme j'approchay de la porte, ils (2) me saluerent de quelques mousquetades, croyans (a ce qu'ils me dirent depuis), que j'estois le petard que l'on leur venoit attacher a leur porte. Mes gens leur crierent que c'estoit le mareschal de camp quy commandoit

---

(1) La porte de la ville.
(2) Les habitants de Marmande.

l'armée, celuy qu'ils estoint venus saluer a la descente de son batteau, et que s'ils ne m'ouvroint ils s'en repentiroint; mais pour tout cela ils ne sceurent jamais gaigner autre chose sur eux, sinon qu'ils me permettroint de me mettre sous un petit corps de garde ouvert quy estoit au dedans de leur barriere, qu'un homme vint ouvrir pour m'y faire entrer, lequel la referma sur moy en mesme temps et puis se jetta sur un petit pont levis qui fut levé en mesme temps. Ainsy je fus enfermé dans cette barriere sans pouvoir plus rien mander a mes gens, lesquels croyans que je fusse entré dans la ville, ne s'occuperent qu'a garder mon logis; et ceux de la ville ne me voulurent jammais ouvrir qu'il ne fut sept heures du matin. J'estois estendu sur une table, tout remply du sang de ma scarification quy s'estoit figé et attaché a la serviette que l'on avoit mise dessus, et quy s'escorchoit de temps en temps, avec un espoinçonnement furieux dedans la teste, une forte fievre continue, n'estant couvert que d'une robe de nuit assés legere dans un temps tres froid ; car c'estoit le vendredy 26me de novembre, que je puis dire avoir esté le plus grand tourment, et mal, que j'aye senty de ma vie, quy me fit cent fois souhaiter la mort. En fin messieurs de Marmande m'ouvrirent les portes de leur ville et m'y donnerent un bon logis ou je fis tendre mon lit et y demeuray malade a l'extremité d'une fievre de pourpre quy en fin le treisieme jour finit par une forte crise. Le dix septieme (1) je

---

(1) Le dix-septième jour de maladie. Il y avait aux précédentes éditions : *le* 17.

me fis porter sur le batteau, et l'on me descendit a la Reoulle.

Le 13me de decembre (1) pendant ma maladie Monheurt se rendit.

Monsieur le connestable y mourut (2) d'une mesme fievre de pourpre que celle dont je reschappay (decembre). Il ne fut gueres plaint du roy, et les affaires changerent de face, aussy bien que la court. M^r le cardinal de Rets et Mr de Chomberg aspirerent a la toute puissance et penserent retenir le roy a ne rien faire que ce qu'ils luy conseilleroint, luy faisant sur toutes choses abhorrer les favoris. Ils s'adjoygnirent promptement un garde des sceaux, quy fut Mr de Vic (3), auquel ils les firent bailler : et parce qu'ils apprehendoint que je ne serois pas conforme

---

(1) Monheurt se rendit le 12. On lit dans le *Journal d'Hérouard* : « Le 12 va au logis de Mr de Schomberg, de la au camp pour voir sortir ceux de Moneur a qui il donnoit la vie, et sortirent un baston blanc a la main, et les femmes on les fict sortir a part dans des bateaux pour les conduire à Tonens : ce fust ung de ses soins particuliers : que la ville sera bruslée et une potence ellevée au millieu ; faict mettre son armée en bataille et sans armes de peur que les soldats ne s'entretuent point sur le pillage...... mais il n'y fust point et alla a la volerie. »

(2) Le connétable de Luynes mourut à Longuetille le 15 décembre : il était tombé malade le 3. Hérouard dit à la date du 14 : « S'amuse a jouer pour tromper le desplaisir qu'il avoit de la maladie de M^r le connestable ; » et à la date du 15 : « Triste, affligé pour l'extremité de la maladie ou estoit M^r le connestable, et qui le faict resoudre de desloger et alla coucher a Damazan. A deux heures mourut M^r le connestable. » Bassompierre ne croit pas que le roi fût très « triste » ni très « affligé », ni qu'il eût besoin de « tromper son desplaisir. » — Voir à l'Appendice. XXI.

(3) M. de Vic fut créé garde des sceaux par lettres du 24 décembre.

a tous leurs sentimens, et que le roy me parloit a toute heure, et moy fort franchement a luy, que j'avois forces amis, et credit dans les gens de guerre, ils proposerent au roy de me laisser lieutenant general en Guyenne, dont ils firent donner a Mr de Roquelaure en recompense deux cens mille livres et le gouvernement de Leitoure. Ils m'en firent aussy parler par Rouccelay (quy s'avançoit aussy tant qu'il pouvoit et estoit aux bonnes graces des ministres), et par Mr le mareschal de Pralain : ils m'offrirent mesmes d'adjouter a ma charge celle de mareschal de France; mais je voulus voir le cours de ce marché et attendre de voir en quelles mains tomberoint les affaires, jugeant bien que celles là n'estoint pas assés fortes pour les soustenir et m'asseurant que quiconque les auroit seroit bien ayse de m'avoir pour amy, et de me faire plus de part au gasteau que ceux cy ne m'en offroint. Je respondis donc au roy quand il me parla de cette lieutenance generale, que je m'estimois plus heureux de faire la charge de colonel general des Suisses pres de sa personne qu'aucune autre, eslongné d'elle ; que je ne faisois que sortir d'une grande maladie quy me demandoit trois mois de repos, et moy ce temps là au roy sans autre occupation qu'en celle de ma premiere charge; ce que Sa Majesté agrea. Ils la donnerent en fin au mareschal de Temines, a quy ils osterent le gouvernement de Bearn, que l'on m'offrit encores ; mais j'en fis comme de celuy de Guyenne.

J'arrivay a Bordeaux six jours devant le roy (1), ou je fus fort visité, des ambassadeurs et autres.

---

(1) C'est-à-dire le 15 décembre : le roi arriva à Bordeaux le 21.

En fin le roy en partit le 30me de decembre, et vint coucher a Blayes (1).

Le lendemain il vint disner a my chemin de Blayes a Libourne, la ou il assembla (en y arrivant) ce qu'il avoit là de conseil, quy estoint M^{rs} le cardinal de Rets et de Chomberg (quy luy avoint mis en teste l'affaire qu'il nous proposa), puis M^{rs} les mareschaux de Pralain, de Chaunes, et de Crequy (a quy le roy avoit donné le baston cinq jours auparavant (2) a Bordeaux), Mr de Marillac, et moy ; et par la bouche de Mr de Chomberg il nous proposa un dessein que l'on luy avoit mis en teste, de faire luy mesme une entreprise sur Castillon [et de s'en saisir en passant] (3) : on vouloit qu'il fit semblant d'y aller au giste, et que l'on feroit entrer six compagnies des gardes françoises et quattre des Suisses, pour garder le roy, et puis quand Sa Majesté y seroit entrée, elle iroit se prommener au chasteau d'ou elle chasseroit ceux qui le gardoint pour Mr de Boullon quy des le commencement de cette guerre avoit convenu avesques le roy que toutes les places qu'il avoit, comme Sdan, Negreplisse, Castillon (4), et toutes celles de la

---

(1) Au lieu de Blaye, il faut lire : Créon. Voici en effet l'itinéraire donné par Hérouard : le 30 le roi alla coucher à Créon ; le 31 il alla diner à Branne et coucher à Libourne.

(2) Le 27 décembre.

(3) Inédit.

(4) Le duc de Bouillon était prince de Sedan, comte de Négrepelisse, vicomte de Castillon. — Négrepelisse, chef-lieu de canton de l'arrondissement de Montauban. —. Castillon, chef-lieu de canton de l'arrondissement de Libourne, sur la rive droite de la Dordogne.

viscomté de Turenne (1), demeureroint dans le service du roy sans toutefois faire la guerre a ceux de la Religion ; que pareillement le roy ne les feroit molester, ny entreprendre sur elles. J'oubliois a dire que ce matin mesme, par les chemins, le roy m'avoit dit que l'on luy proposoit cette affaire, laquelle il ne goustoit pas ; neammoins sy tout son conseil qu'il assembleroit a la disnée, estoit d'avis de l'executer, qu'il le feroit : je le desgoustay encores davantage qu'il ne l'estoit par plusieurs vives raysons que Dieu m'inspira de luy remontrer, lesquelles il me commanda de dire tantost apres au conseil, et les autres dont je me pourrois adviser, a quoy je songeay par les chemins.

Apres que Mr de Chomberg eut amplement deployé tout ce quy estoit de cette entreprise, il conclut par son opinion quy estoit de l'executer en la forme proposée, ce que, a son avis, il jugeoit tres facile ; qu'il seroit utile au roy [et de reputation] (2) d'avoir, en sortant du siege de Montauban, pris Monheurt de force, et Castillon par entreprise. Le roy demanda en suitte l'avis de Mr de Marillac, quy fut conforme a celuy de Mr de Chomberg, y adjoutant quelque particularité en la forme de l'execution. De là le roy me commanda de dire mon opinion, laquelle je dis en cette sorte :

« Sire, sy par le manquement de foy et de parole vous eussiés voulu chercher vostre avantage, vous en aviés, l'année passée, une belle occasion lors que par

---

(1) En Bas-Limousin.
(2) Inédit.

la deffaite du Pont de Sey, apres avoir abattu un grand party quy s'estoit eslevé contre vous, il estoit en vostre pouvoir d'employer, tant les forces ennemies que les armées que vous aviés mises sur pié pour leur resister, quy consistoint ensemble a plus de cent mille hommes, pour ruiner les huguenots surpris, mal preparés, despourveus de forces, et desnués de secours. Il ne vous manquoit pas allors de justes et specieux pretextes pour l'entreprendre, ny d'habiles et sensés personnages a vous le persuader ; joint que le profit et utilité quy vous en revenoit d'exterminer un tel party et de donner la paix et le repos a vostre estat (que soissante années durant, cette faction luy avoit osté ou traversé), estoint assés capables d'esmouvoir et faire incliner une ame moins genereuse et bien née que la vostre, a faire ce manquement cy, quy fut neammoins rejetté par Vostre Majesté, pour ne violer la foy publique quy leur avoit esté donnée de vostre part et pour ne contrevenir a vostre royale parole. Est-il possible, Sire, que cette foy et parole que vous avés voulu saintement garder au prejudice mesme de vostre religion, au desavantage de vostre estat et au dommage de vostre propre et particulier interest, vous la veulliés maintenant mettre a l'abandon pour la conqueste (pour ne dire la volerie et le larcin) d'une simple bicoque, et mettre pour un sy vil prix une sy grande tache a vostre honneur et reputation ? La ville de Castillon quy demeure en paix au milieu de la guerre, quy subsiste dans son devoir au millieu de la deffection de ceux de sa religion, et quy vit en une entiere asseurance parmy ses voysins sous la protection que Vostre Majesté a donnée aux terres de

Mr de Boullon, se trouvera opprimée sous tiltre de bonne foy en la presence et par la propre personne de Vostre Majesté, et de Vostre Majesté a quy, non par affectation (1), mais par une voix publique comme emanée du ciel, a esté attribué le tiltre de juste. Cela est, ce me semble, incroyable, et neammoins il n'est que trop vray que l'on l'a osé proposer à Vostre Majesté, qu'elle l'a daigné escouter et qu'elle a voulu maintenant faire deliberer sy elle le doit executer. »

« Depuis six semaines, Sire, le chef du party huguenot, Mr de Rohan, est venu se mettre entre les mains de feu monsieur le connestable sur sa simple parole et y a trouvé une entiere seureté : Mrs de la Force et d'Orval, sur celle de M^r le mareschal de Chaunes, sont sortis de Montauban pour conferer avec luy ; et sy sur celle de Vostre Majesté et sur la confiance que ses peuples en doivent prendre, la ville de Castillon luy ouvre ses portes, elle en encourra sa fatale ruine. Sire, il est aysé de tromper quy se fié ; mais il n'est pas aysé de tromper plus d'une fois : une parole mal gardée une seule fois prive pour jamais celuy quy l'a enfreinte de creance envers tout le monde. Je ne vois point de difficulté en la prise de Castillon ; vous y serés infailliblement receu, et sans peril vous vous en rendrés maitre : mais en gaignant avec reproche et honte cette chetive place, vous perdés toutes celles de la Religion quy se fiant en vostre royale parole, vivent sous vostre autorité, et

---

(1) Il y avait aux précédentes éditions : *affection*.

joindrés aux rebelles huguenots, les autres huguenots obeissans et fidelles. Une seule armée, ou deux au plus, vous suffisent a faire la guerre aux revoltés, là ou six armées ne suffiront pas a ceux que vous contraindrés par cette action d'estre tels. Le seul duc de Boullon a quy vous osterés Castillon, vous forcera d'en tenir une en Champaigne contre Sdan, une en Limousin contre les places de la viscomté de Turenne; Mrs de la Trimouille et de Suilly, jusques astheure tres zelés a vostre service, chercheront leur seureté, et M^r le duc des Diguieres quy vous a sy bien servy cet esté passé contre ceux de sa mesme religion, et quy contient tout le Dauphiné en paix et en obeissance, ne le pourra plus contenir, ne se pourra peut estre plus contenir luy mesme, voyant que l'on ne se peut plus fier a Vostre Majesté, ny prendre creance en sa parole. »

« Sire, je ne sçay quy vous a donné ce conseil; mais je sçay bien, de quelque part qu'il vienne, qu'il est ou interessé, ou malintentionné, ou inconsideré, et qu'il n'en peut succeder que perte et repentir. C'est pourquoy, Sire, je vous conseille de conserver religieusement, toute vostre vie, vostre foy et parole, tant a vos amis qu'a vos ennemis, a vos voysins qu'a vos sujets, et par un noble et genereux desdain rejetter comme prejudiciables toutes les propositions et avis que l'on vous viendra donner au contraire. »

Le roy quy n'avoit pas besoin de beaucoup de persuasions pour le divertir de cette entreprise, voyant aussy que les trois mareschaux de France par leurs gestes approuvoint mon avis, n'en voulut pas demander aux autres, mais dit qu'il avoit toujours bien jugé que son honneur, et sa foy, ne luy pouvoint permettre d'executer ce dessein : a quoy tous les autres ayans applaudy, il fut resolu que l'on iroit coucher a Libourne.

Quand le roy me parla premierement de cette affaire, il ne me dit pas que Mr de Chomberg luy eut proposée, et veritablement je n'en sçavois rien. Il tesmoygna de grands ressentimens a Mrs de Pralain et de Crequy, de l'aigreur et vehemence dont j'avois usé en mon opinion, et qu'il n'eut pas creu que moy, son ancien amy, luy eusse voulu faire ce tour : mais je leur respondis qu'il n'avoit point fait la proposition comme venant de luy, mais d'une tierce personne, et que mon serment, et mon devoir, m'obligeoint de dire, (selon ma conscience), mes sentimens sur les avis que le roy me demandoit. Neammoins cela ne l'appaisa pas, et demeurasmes depuis en froideur, parlant neammoins toujours ensemble.

Ainsy le roy s'en vint coucher le dernier jour de l'année 1621 a Libourne ou il sejourna.

FIN DU TOME SECOND.

APPENDICE

I

(Voir p. 5.)

Dans une histoire manuscrite de Beauvais, conservée à la Bibliothèque nationale (Fr. 8579-8583), un chanoine de Beauvais, nommé Hermant, proteste vivement contre le récit et les appréciations du maréchal :

« Bassompierre, dit-il, n'avoit point esté du voyage du Roy, parce qu'il sollicitoit un procés à Roüen contre la demoiselle d'Entragues au sujet d'une promesse de mariage qu'il ne vouloit point accomplir. Elle avoit un enfant de luy qui depuis est mort Evesque de Saintes et a porté le nom de Louis de Bassompierre. Elle se conduisoit dans la poursuitte de ce grand procés par les conseils de nostre Evesque René Potier ; et c'est ce qui a donné lieu aux plaintes que ce Mareschal fait de luy dans ses Memoires, luy attribuant l'avis qu'il avoit inspiré a sa partie de demander au Pape des juges ecclesiastiques pour en connoistre. Les termes outrageux dont il se sert contre Jean Jacques de Sault, Evesque d'Aqs (1), nommé commissaire

---

(1) Le chanoine de Beauvais, trompé par l'édition qu'il avait sous les yeux, confond Jean-Jacques du Sault, évêque de Dax, avec Paul Hurault de l'Hôpital, archevêque d'Aix.

par Sa Sainteté dans cette cause, font voir jusques a quel point sa passion le transportoit; et quand les sentimens de la religion n'auroient pas dû l'empescher de traitter un Evesque de fou enragé dans des Memoires qui sont devenus publics apres sa mort, la seule regle de l'honnesteté dont il se piquoit plus qu'aucun autre suffisoit pour le detourner de cet exces. »

Fr. 8582 (t. IV), p. 1956.

II

(Voir p. 7.)

Le *Mémoire de diverses notes concernant le genuit de la maison de Bassompierre*, déjà mentionné à l'Appendice du tome I, fournit, sous les n°s 144, 145, 148, 149 et 150, des documents relatifs à l'état de fortune et aux dispositions de Mme de Bassompierre.

1° N° 144. — 6 juin 1604. — « Original en papier du testament de Messire Jean de Bassompierre, par lequel ledit seigneur fait divers legs pieux, domestiques, et autres donations a Messieurs ses deux freres, donne ensuitte l'usufruit de tous ses biens a Madame de Bassompierre sa mere pour en joüir sa vie naturelle. »

2° N° 145. — 9 juillet 1609. — Acte devant Malcuyt, tabellion, par lequel François, baron de Bassompierre, et African, baron de Removille, son frère, déclarent que nonobstant le partage fait entre eux le jour précédent par leur mère, Louise de Radeval, veuve de Christophe, baron de Bassompierre, « ils n'entendent neantmoins oster a laditte dame leur mere le pouvoir qu'elle a de faire et disposer des maisons, terres et seigneuries de son propre et ancien heritage, icelles scituées et assises en la province de Normandie ; » ladite dérogation au partage étant faite toutefois « a charge et condition expresse que si laditte dame vend ou alienne aucune desdittes terres et seigneuries, d'autant qu'elles sont données en partage audit seigneur de Removille, ledit seigneur de Bassompierre, son frere, promet et s'oblige par ces presentes de rendre et restituer audit seigneur de Removille, incontinent apres le decès de laditte dame, la moitié d'autant de rente et de meme nature et qualité que celles que laditte dame de Bassompierre, leur mere, auroit vendue et alienée. »

3° N° 148. — 10 juin et 7 juillet 1614. — « Original en papier du testament avec codicile ensuitte de haute et puissante Dame Madame Louise de Radeval, veuve de Messire Christophe de Bassompierre, chevalier, seigneur du meme lieu, Harrouel, Ormes, Removille, Baudricourt, grand maistre de l'hostel de S. A. Monseigneur le duc de Lorraine, chef de ses finances, par lequel laditte dame fait divers legs.....; ensuitte desquels est ecrit : Et d'autant que par les partages faits et agreés tant des immeubles de feu Messire Christophe de Bassompierre, chevalier, mon mary, que des miens, entre lesdits seigneurs François et Affrican nos enfants, le 8e juillet 1609, le pouvoir et liberté m'est expressement reservé de disposer de mesdits biens compris ésdits partages, je les affecte, hippoteque et oblige specialement et chacun d'iceux pour satisfaire a tous et chacun les legs, ordonnances et donations cy dessus pour les executer et accomplir entierement; les dits partages faits en conformité de l'intention de mon dit mary et de la mienne ; ordonne que ses meubles soient pour moitié aux enfants masles et a faute de masles aux filles nais et a naistre de son fils François en legitime mariage, d'autres neantmoins que de Damoiselle Marie Charlotte de Balsac au cas qu'il l'espouse, auquel cas je l'exherede et prive de tous et chacun mes biens, luy ayant expressement deffendu de contracter mariage avec elle, etc. »

On voit par cet acte que Bassompierre avait un grand intérêt à ne pas épouser Mlle d'Entragues.

4° N° 149. — 27 avril 1615. — « Original en papier d'un autre codicile fait par haute et puissante dame Louise de Radeval, veuve etc.... portant qu'ayant reconnu, reveu et examiné de nouveau le testament par elle fait le 10° juin 1614, declare qu'elle veut et entend que la moitié des meubles par elle leguée aux enfants de haut et puissant seigneur François de Bassompierre, chevalier, baron et seigneur de Bassompierre, Harrouel, Ormes et autres lieux, colonel de Suisses de la garde du corps du roy de France et son conseiller d'Estat, son fils aisné, nais en loyal mariage, soient et appartiennent a defaut d'iceux, aux enfants de haut et puissant seigneur Messire Affrican de Bassompierre, chevalier, seigneur de Removille, du Chastellet, Baudricourt, grand escuier de Lorraine; et veut qu'a deffaut d'enfants dudit seigneur de Removille, l'autre moitié desdits meubles soit et appartienne a ceux du dit seigneur de Bassompierre, nais en legitime mariage et non autrement; entend laditte dame que lesdits meubles soient et appartiennent aux enfants masles et a deffaut a ceux des dames ses filles. Item ladite dame donne pour bonne considération audit seigneur de Bassompierre seul tous les meubles d'Harrouel qu'elle avoit ordonnés par son testament estre partagés entre luy et le dit seigneur de Removille son frere... »

5° N° 150. — En avril. — Original en papier par lequel il est rappelé entre Louise de Radeval, veuve etc......, et haut et puissant seigneur messire François de Bassompierre, etc...... que madame de Bassompierre avait conservé la libre disposition de ses biens propres sis en Normandie, et l'usufruit des autres terres contenues au partage fait entre ses enfants: « Neantmoins la ditte dame pour donner moyen audit seigneur de Bassompierre de supporter les dépenses ordinaires qu'il est obligé de faire tant a la suitte du Roy que dans les armées de Sa Majesté, luy a cedé et abandonné la propriété, possession et jouissance de la baronie, terre et seigneurie de Moustier sur Saulx (1), ensemble les maisons, terres et seigneuries a elle appartenantes scises en Normandie. »

---

(1) Moutier-sur-Saux, au bailliage de Bar, aujourd'hui chef-lieu

Dans l'*Inventaire fait apres le deceds de M^r le mareschal de Bassompierre*, déjà mentionné à l'Appendice du tome 1, on lit la cote suivante :

« Item un contract en papier datté du 8ᵉ avril 1615, signé Malcuit, qui est une disposition faite par feu Mad⁰ de Bassompierre par laquelle elle change les lots de partage qu'elle avoit auparavant fait entre messieurs ses enfants, inventorié au dos 135. »

Le contrat de cession des biens de Normandie, dont la date précise est donnée par la cote ci-dessus et se rapporte à l'époque du voyage de M. de Bassompierre en Lorraine, dut l'obliger, conformément à l'acte du 9 juillet 1609, à tenir compte à son frère d'une valeur égale à la moitié des biens cédés.

La terre de Moutier-sur-Saulx fut vendue par décret et adjugée au duc de Guise. On lit dans l'*Inventaire* la cote suivante :

« Item une copie en papier de la sentence d'ordre des deniers du prix de la terre et baronnie de Moustiers sur Saux, expedié au baillage de Bar le 14ᵉ novembre 1616, signé Rigodin, inventorié 104. »

En outre des dons vérifiés à la cour des comptes, le s^r de Bassompierre reçoit sur l'« Estat des pentions ordonnées par le roy en son conseil durant l'année mil six cens quinze », sous le titre des « Pentions des seigneurs, gentilzhommes et autres depuis xviij^m lb. et au dessoubs jusques à vj^m lb. exclusivement », une pension de 7500 livres (Manuscrits de Dupuy, n° 852, fol. 114).

---

de canton de l'arrondissement de Bar-le-Duc, avec forges et hauts-fourneaux.

III

(Voir p. 7.)

Malgré l'arrêt définitif du parlement de Rouen, Bassompierre eut encore quelques démêlés avec Mlle d'Entragues, ou peut-être dut-il, comme il est dit à la page 6, achever et terminer le procès devant des commissaires délégués par le pape. Je transcris ici quelques cotes de l'*Inventaire fait apres le deceds de M^r le mareschal de Bassompierre :*

« Item une sentence donnée entre led. seigneur mareschal et la d^e d^{lle} d'Antragues par M^{rs} le cardinal de la Rochefoucauld, evesque de Senlis, et cardinal de Retz, evesque de Paris, juges commissaires delegués de notre St Pere le pape, en date du 29 janvier 1621, signé Baudouin, greffier commis, et scellé, au dessous de laquelle est la signification qui en a été faitte à lad^e d^{lle} le 10e fevrier ensuivant, inventorié au dos 89. »

« Item un acte d'appel en adherant de lad^e d^{lle} des ordonnances desdits seigneurs cardinaux de la Rochefoucauld et de Retz du 18 janvier 1620 : avec l'acte d'appel de lad^e dam^{lle} contre lesdites ordonnances du 20 dud. mois, inventorié l'un comme l'autre 90. »

« Item une signification faite a la requete de lad^e d^{lle} d'Antragues aud. seigneur mareschal, dattée du 9e mars 1620, signée Marie de Balsac dame de Bassompierre, et Lambert, inventorié au dos 91. »

« Item une copie d'acte de comparution faitte par led. seigneur mareschal par devant lesdits seigneurs cardinaux, au dessous de laquelle est une protestation faite contre icelle par led. seigneur mareschal le 2e decembre 1619, signé de Bassompierre, reconnu par devant notaires le 2e mars 1620, inventorié 92. »

« Item une copie d'un acte d'appel fait par lad[e] d[lle] d'Antragues a la sentence desdits seigneurs cardinaux, du 10e fevrier 1621, inventorié 93. »

Du reste, malgré tous les arrêts et toutes les sentences, Mlle d'Entragues persista toujours à s'intituler « dame de Bassompierre », dans des actes notariés au bas desquels toutefois elle signait seulement « Charlotte » ou « Charlotte Marie de Balsac. » Cette obstination donna lieu à quelques mots piquants du maréchal, que l'on peut lire dans Tallemant des Réaux (*Historiette de Bassompierre*), et ailleurs. Après la mort du maréchal, Mlle d'Entragues se qualifie « illustre et puissante dame, dame Marie Charlotte de Balsac, veufve d'illustre et puissant seigneur messire François de Bassompierre, seigneur du dit lieu, marquis d'Haroué, chevalier des ordres du Roy, conseiller en ses conseils, mareschal de France, et colonel general des Suisses » (contract d'acquisition de quatre arpens et demy de pré de madame la mareschalle de Bassompierre), ou « vefue de feu hault et puissant seigneur, Mre François de Bassompierre, viuant cheualier des ordres du Roy, mareschal de France, collonel des Suisses » (quittance notariée du 2 décembre 1651), ou encore « haulte et puissante dame Charlotte Marie de Balsac, vefue de Mre François de Bassompierre, viuant mareschal de France » (quittance notariée du 10 mai 1660) ; mais elle signe toujours « Charlotte Marie de Balsac. »

IV

(Voir p. 34.)

Ce léger exploit eut l'honneur d'être raconté assez pompeusement dans le *Recit veritable de la deffaite des trouppes de Monsieur le Prince de Tingry, par Monsieur de Praslain, lieu-*

tenant de Monsieur le Mareschal de Bois Daulphin en l'armée de Sa Majesté. Ou sont desnommez tous les capitaines tant d'une part que d'autre (Paris, Jean Bourriquant. M. DC. XV).

On voit dans ce récit que « ce brave Capitaine Monsieur de Praslain, hardy comme un autre Brasidas, appuyé de l'authorité de son Roy, marchoit allegrement en ce conflict d'honneur », et que « les autres Capitaines l'ayants en teste n'y alloient aussi froidement : de façon qu'en les voyant aller, il n'y avoit subject de doubter qu'ils n'enfonçassent tout, et n'esbrechassent les resolutions de leurs ennemis. »

La vigueur de la résistance ne fut cependant pas en rapport avec la grandeur de l'effort; car le même récit ajoute :

« Presque tous ces gens là avoient déja le ventre à la table, et le cœur à piller le bonhomme, ne songeant rien moins qu'à telles visites ny a tels hommes de chambres pour leur apporter le vin de couche et leurs besongnes de nuict : de sorte qu'aussi tost ils perdirent tout courage, et firent faire une chamade par une trompette, et en mesme temps se rendirent, à condition de sortir la vie sauve, avec le baston blanc, faisans serment de ne porter jamais les armes contre le service du Roy : Ce qui leur fut accordé par le sieur de Praslin, la presence duquel ne leur fut un foible canon pour se rendre. Pour tous les chefs il fut arresté qu'ils demeureroient prisonniers de guerre. Voila toute la resistance et resolution de ces gens d'armes, qui bien dissemblables de Granius Petronius, lequel Scipion ayant prins en Afrique dans un des navires de Cesar, et ayant fait mettre en pieces tous les soldats qui y estoient, et luy voulant donner la vie, respondit que les soldats de César n'avoient pas accoustumé de recevoir la vie en don, mais de la donner aux autres : et en disant cela se passa l'espée au travers du corps et se tua luy-mesme. Ceux cy, dis-je, bien dissemblables à ce Petronius, n'attendirent qu'on leur donnast la vie, mais la demanderent sans coup ferir. Ils meritoient de subir la peine des poltrons, portée par la loy de Charondas : laquelle peine estoit qu'ils demeuroient trois jours en place publique en habit de femme. »

Il parait du moins que le profit de l'expédition fut considérable ; le *Recit veritable* ne parle point du prélèvement fait par les deux entremetteurs ; suivant lui, au contraire, « tout le butin de ladite avant garde fut donné aux soldats, et se monte à plus de cent mil escus : le prince de Tingry tout seul y a faict perte de plus de cinquante mil escus. Il luy fut pris de sa despense ordinaire quatre mil escus, douze mil escus pour le payement de ses gens de guerre, vingt pieces de grands chevaux estimez vingt mil escus, et pour dix-huict mil escus de pierreries. »

Ce fut le duc de Mayenne qui parut quelques instants après, avec trois gros de cavalerie : « ce magnanime Prince, tournant les yeux vers le Ciel, mouroit de regrets de ce qu'il ne s'estoit trouvé pour montrer qu'il ne degeneroit de ceux de sa maison. Nonobstant tout cela, voyant que la partie estoit mal faicte de son costé, pour n'encourir le nom de temeraire, et pour ne perdre beaucoup de bons soldats qu'il avoit, fust contrainct de remettre la partie à une autre fois, et ainsi retourna sur ses pas. »

V

(Voir p. 64.)

Le régiment des gardes suisses, alors institué pour faire partie de la maison militaire du roi, fut tiré du régiment du colonel Gallaty, formé en 1614, et réformé la même année de trois cents à cent soixante hommes par compagnie. Il fut composé à ce moment de cinq enseignes de gens de guerre à pied suisses, chacune de cent soixante hommes. Bientôt il reçut des augmentations : le décompte de 1617 (17 janvier) marque que le régiment des gardes suisses était composé de huit enseignes, chacune de cent soixante hommes; depuis le 2 mai 1619 le régiment eut dix compagnies de deux cents hommes, et depuis le 15 juin 1628 jusqu'à 1633 il en eut onze.

D'après un décompte du régiment des gardes suisses en 1645, ce régiment avait alors dix-huit compagnies de cent quatre-vingt-dix hommes, et une de deux cents. A cette même date le maréchal de Bassompierre avait deux mille livres par mois « pour son estat et appointement ordinaire audit regiment. »

Gallaty fut le premier colonel de ce régiment, et il jouit de cette charge jusqu'à sa mort en juillet 1619. Il conserva en outre le commandement particulier de la compagnie ancienne des gardes suisses, qui était alors de deux cents hommes, et qui resta distincte du régiment des gardes suisses, avant lequel elle passait, le rang des gardes suisses étant du reste fixé immédiatement après celui des gardes françaises. A la mort de Gallaty le commandement de la compagnie ancienne passa à M. de Bassompierre, comme colonel général des Suisses.

Le colonel général avait dans le régiment des gardes suisses une compagnie particulière que l'on appelait *la générale*, et que commandait sous lui un capitaine-lieutenant, avec rang de capitaine aux gardes; cette compagnie portait seule le drapeau blanc.

Toutes les troupes suisses au service de France étaient subordonnées au colonel général, à l'exception de la compagnie des Cent-Suisses de la garde du corps.

Ces divers détails sont empruntés à l'*Histoire de la milice françoise* du P. Daniel (t. II), et à l'*Histoire militaire des Suisses au service de France*, par le baron de Zurlauben (t. I).

VI

(Voir p. 95.)

M. de Bassompierre était-il fondé à prétendre que le comte d'Auvergne n'était pas rétabli dans sa bonne fame et renommée? Le texte des lettres de commutation de peine, rapporté dans les manuscrits de Dupuy, contredit cette assertion. On y lit en effet :

« Arrest de verification pure et simple sur les lettres y inserées tout au long, obtenues par M[rs] les comtes d'Auvergne et d'Antragues le 15 avril 1605 pour la commutation de la peyne de mort en prison perpetuelle, en quoy ils avoyent esté condampnéz par arrest du parlement du premier febvrier 1605. Extrait des registres du parlement. »

« Henry, etc..... avons commué et commuons la peine de mort desd. comte d'Auvergne et s[r] d'Antragues en prison perpetuelle aux lieux et soubz telle garde qu'il sera cy apres par nous particulierement desclaré, a laquelle peyne de prison perpetuelle nous avons moderé et moderons l'arrest de nostre dite court, les remettant a cette fin en tous et chascuns leurs biens, mesme en leur bonne fame et renommée, sans toutes fois en ce comprendre les charges et offices dont ils ont esté pourveuz par les roys noz predecesseurs ou par nous, etc....... Donné a Paris le xve jour d'apvril l'an de grace mil six cent cinq. »

« La court entherinant lesdites lettres ordonne que les supplians jouiront du contenu en icelles. » (Du 22 août 1605.)

(Manuscrits de Dupuy, n° 32, fol. 166 et 167.)

Toutefois M. de Praslin avait raison de dire que le comte d'Auvergne n'était ni déclaré innocent, ni absous (voir p. 97); car la commutation de peine accordée par le roi Henri IV avait modéré, et non infirmé le jugement, et la reine avait mis le comte d'Auvergne en liberté sans autre forme de procès.

VII

(Voir p. 112.)

Une lettre de Claude Séguier, seigneur de la Verrière, à M. de Nérestang, conservée dans la collection Godefroy, portefeuille CCLXVIII, n° 75 (Bibliothèque de l'Institut), confirme le dire de Bassompierre, et le met en même temps d'accord avec l'*Histoire de la mère et du fils,* et avec l'*Histoire de Louis XIII.* C'était le maréchal de Thémines qui était chargé de la garde du prince de Condé dans la Bastille; mais ce fut Lauzières, son second fils, qui en fut expulsé par le stratagème que raconte Séguier. La lettre est datée du 14 décembre 1616, d'où il résulte que cette « invention subtile » d'une cour qui craignait même ses amis, aurait été pratiquée le 12, et non le 19, encore moins au mois de février 1617. Au reste il est possible que l'auteur de ces mémoires ait placé par mégarde cette addition marginale en regard de février 1617, tandis qu'elle devrait se rapporter à décembre 1616.

Voici quelques passages de la lettre :

« ..... Ce qui est icy le plus nouveau est que Mr de Temines a esté mis hors la Bastille par une invention assez subtile : c'est qu'estant demeuré a disner en ville, le sieur de Vouzay fit croire au s^r de Loziere, second fils dud. s^r de Temines, que ceulx qu'il avoit dans la Bastille pour la garde de Monsieur le Prince se battoient ensemble, a quoy voullant remedier il sortit dans la basse court et incontinent le pont levis luy fut fermé.... On dit maintenant qu'il (le maréchal) estoit trop a charge et qu'il demandoit tout ce qui se presentoit et ne pouvoit estre contenté. Cella arriva avant hier... On ne sçayt pas encore qui sera pourveu du gouvernement (de la Bastille); quelques uns ont dit que ce sera monseigneur le mareschal d'Ancre. »

VIII

(Voir p. 116.)

Le *discours touchant la prise des villes et chasteaux de Chasteau Porcien, et Pierre-fons. Par Messieurs le Duc de Guise, et Comte d'Auuergne* (Paris, chez la vefue Jean Renoul. M. DC. XVII), raconte ainsi cette surprise :

« Cela estant fait, Monseigneur de Guise eut aduis que le Regiment du sieur de Balagny, et deux compagnies de cheuaux legers, de Monsieur de Vendosme, estoient logez dans les Faulx-bourgs de la ville de Laon : ne pensant à rien moins qu'à ce qui leur arriua, partit de l'armée le samedy premier jour d'Auril, à six heures du soir, accompagné de Messieurs de Bassompierre, et marquis de Themines, auec quatre cens cheuaux, et quatre cens Mousquetaires, qui trop lents pour un tel effect, furent laissez en chemin, par mondit Seigneur de Guise : lequel arriuant sur la Diane, le Dimanche matin, fit mettre pied à terre, à sa Cauallerie, donnant dans les susdits faux-bourgs : où il fut par eux tué vingt, ou vingt-cinq hommes, autant de prisonniers, trente cheuaux pris, et tout le reste mis en desordre : se retirant peu apres mondit Seigneur en son armée. »

IX

(Voir p. 124.)

Le maréchal d'Ancre écrivait au roi, du Pont-de-l'Arche, le 13 mars 1617 :

« Sire, »

« Dernierement que j'eus l'honneur de prendre congé de vostre Majesté en vostre gallerie du Louvre, en luy faisant la reverence, je l'asseuray qu'au besoing, en quoy je la voyois, je ne luy dirois comme force gens de ceux qui estoyent obligez autant que j'ai l'honneur de l'estre à vostre Majesté, estoient accoustumez de luy dire, que si vostre Majesté leur commandoit, et leur donnoit les moyens, qu'ils vous ameneroient nombre de gens de guerre pour la servir : mais que lors qu'il seroit temps, je la servirois avec six mil hommes de pied, et huict cens chevaux quatre mois à mes despens; J'ay tenu, Sire, ma parolle, et satisfait a ceste obligation. J'ay levé en vertu de vos commissions trois mille deux cens hommes de pied, Liegeois, et cinq cens chevaux, et deux mil huict cens François, et trois cens chevaux. Je meneray là où il plaira à vostre Majesté cinq mil hommes de pied, et huit cens chevaux, et le surplus de l'infanterie, je la laisseray dans les places plus importantes de ma charge, pour les garentir de tous accidents qui leur pourroient arriver. J'attendray donc, Sire, vos commandemens, etc. »

Lettre escrite au Roy par Monsieur le Mareschal d'Ancre. Paris, Joseph Guerreau. M. DC. XVII.

X

(Voir p. 138.)

M. le duc de Mouchy, que la Société de l'Histoire de France compte au nombre de ses membres, a bien voulu m'autoriser à publier quelques pièces originales extraites des manuscrits de la précieuse bibliothèque de son château de Mouchy. Je lui adresse ici mes remerciements pour sa gracieuse obligeance.

Parmi ces pièces la suivante donne une idée du jugement que portait sur l'esprit et le caractère du jeune roi un des personnages qui l'approchaient de plus près :

« M‍r de Seaux, secretaire d'Estat a M‍r de Noailles, Henry, 18 fevrier 1618 (1).

« .... Cependant nostre maistre se fortifie tous les jours de corps et de jugement et graces a Dieu donne de signalez tesmoignages du dernier et de ses bonnes intentions ; mais croyéz qu'il veut estre obey et qu'il prendra mal a ceux qui manqueront a ce qu'ils luy doiuent, si ce n'est par ignorance ; car en ce cas il excuse volontiers et entend raison tres facilement. Il s'occupe maintenant aprez le temps qu'il donne aux affaires, a la foire S‍t Germain et a la chasse et a vn ballet que fera Sa Majesté a l'exemple de laquelle la reyne en fait vn autre qui sera l'entretien de ce carneval. Mais je crois que bien tost aprez rien ne pourra plus retenir Sa Majesté en cette ville ou il n'y a maintenant autre nouueauté que ce qui est arriué en Leuant dont vous deuéz estre aduerty, c'est pourquoy je ne vous diray autre chose sinon, etc. »

Signé : Seaus.
De Paris, le xviij‍e feurier 1618.

Lettres, etc. a M‍r de Noailles par les rois, etc. T. II, fol. 321. (Bibliothèque du château de Mouchy-Noailles.)

XI

(Voir p. 143.)

Le grand ballet du roi en l'année 1619 représenta l'aventure de Tancrède dans la forêt enchantée. Le roi était un des quatre chevaliers des aventures ; mais le premier d'entre eux et le véritable héros du ballet était le duc de Luynes sous les traits de Tancrède.

---

(1) Antoine Potier de Sceaux, secrétaire d'État. — Henri de Noailles, comte d'Ayen, fils ainé d'Antoine, seigneur de Noailles, et de Jeanne de Gontaut, était lieutenant général au gouvernement d'Auvergne.

Après les scènes de l'enchantement de la forêt, et avant l'intermède des quatre chevaliers des aventures qui triomphaient de cet enchantement, il y eut trois entrées successives de quatre bûcherons, de quatre scieurs de bois, et enfin de quatre sagittaires qui étaient MM. de Bassompierre, de Brantes, de Courteñvaux et de la Rochefoucaud.

Ces quatre sagittaires « s'en vindrent faire leur entrée, avec des arcs et des fleches, faisans gestes et contenances guerrieres. Ils avoyent un pourpoint de satin blanc, en forme de cuiracine, avec des mufles de lyon, le tout en broderie d'or fort relevée, deux bas de saye l'un sur l'autre, incarnadin et blanc, brodez d'argent, le bas de soye incarnadin avec des bottines brodées d'or, et sur la teste une bourguignotte argentée avec forces plumes. »

(*Relation du grand ballet du roy, dancé en la salle du Louvre, le 12 fevrier* 1619. Lyon, pour Jean Lautret, 1619.)

On peut lire dans cette relation les quatrains licencieux que le poëte Porchères, inventeur du ballet, adressait « aux dames » par la bouche de ces seigneurs.

XII

(Voir p. 143.)

Le roy a Mr de Noailles, Henry, 24 fevrier 1619.

« Monsr de Nouailles, Ayant esté aduerty du depart inopiné de la royne, Madame ma mere, et de son acheminement vers Loches, peu suiuie des siens mais bien accompagnée d'aultres, j'ay estimé necessaire de vous en donner aduis. Cette nouuelle comme non preueue m'a esté bien estrange et d'aultant plus que j'estois sur le point de partir pour l'aller visiter ainsy que je l'en auois fait asseurer par le s^r du Fargis que je luy auois despesché depuis huit jours comme en toutes occasions je me suis efforcé a luy donner toutes sortes de contentements : autrefois il sembloit qu'ils se trouueroient a me voir, et lors que je pensois m'acheminer vers elle pour cest effect, je la trouue partie. Je veux croire toutesfois que ce n'est a mauuaise intention et que me conseruant les debuoirs et affections de mere elle se contiendra aux termes que je doibs non seullement souhaiter mais esperer, et neantmoins crains que sur ce bruit il n'y en ayt qui vuellent se mesler d'entreprendre; vous y donnerez ordre, etc. — Escript a Paris le xxiiij^e jour de feburier 1619.

Signé : Louis.

Lettres, etc., a Mr de Noailles par les rois, etc. T. II, fol. 265. (Bibliothèque du château de Mouchy-Noailles.)

XIII

(Voir p. 144.)

Arnaud d'Andilly a tracé, dans une belle page de ses mémoires, le tableau de la vie que l'on menait à Tours, particulièrement chez M. de Bassompierre.

« ... M'étant trouvé logé à Tours près de M. le maréchal de Bassompierre, qui tenoit une table que l'on pouvoit dire être l'une des plus grands Seigneurs de la Cour, puisqu'elle en étoit toûjours pleine, il me fit l'honneur de me venir prier d'y aller toûjours, et m'en pressa de telle sorte, que n'y ayant pas un de ces Grands que je ne connusse si particuliérement que je crois pouvoir dire qu'il n'y a personne en France de ma condition qui ait eu tant d'habitude et de familiarité avec eux, je ne pus refuser une civilité si obligeante. C'étoient, outre leur qualité, des personnes d'un si grand mérite, que les uns remplissoient déja, et les autres ont rempli depuis les plus grandes charges de l'État, et commandé les armées. Ainsi il y avoit beaucoup à apprendre dans leur conversation, et rien n'est plus agréable que l'honnête liberté avec laquelle ils vivoient ensemble. On ne sçavoit là ce que c'étoit que cérémonie, dont la contrainte est insupportable à ceux qui sont nourris dans l'air du grand monde. Chacun se plaçoit où il se rencontroit. Ceux qui venoient le plus tard ne laissoient pas de se mettre à table, encore qu'il y eut déjà longtemps que les autres y fussent. Quelque grande que fut cette bonne chere, on n'y parloit jamais de manger. De même que l'on étoit venu sans se dire bonjour, on s'en alloit sans dire adieu, les uns tôt, les autres plus tard, selon leurs affaires. Et on s'entretenoit sur toutes sortes de sujets, non seulement agréablement, mais utilement. »

(*Mémoires d'Arnauld d'Andilly*. Hambourg, 1734, 1re partie, p. 136.)

XIV

(Voir p. 146.)

On trouve dans le *Repertoire de M. de Bassompierre*, écrit de sa main (Bibliothèque nationale, Lat. 14224), deux pièces de vers inspirées par la promotion du 31 décembre 1619.

La première est en vers latins; elle est particulièrement adressée à M. de Bassompierre :

Illus^{mo} Exll^{mo} que D. de Bassompierre regiæ torquatæ militiæ equiti recens inaugurato.

    Clara triumphales circum tua tempora lauri
        Sint modo laurigeri nobile vatis opus :
    Personet illustres et belli et pacis honores
        Qui volet, et priscæ stemmata prisca domûs.
    Non ego tot laudes nec tot censere triumphos
        Institui, musæ luxuriantis opus.
    Quòd rex helveticæ tibi credidit agmina gentis
        Et datur invictis ponere jura viris,
    Quòd nova torquatæ fulgent insignia pompæ
        Quâ gerit angustam cerula vitta crucem,

Quòd te militiæ socium caput ordinis optat,
 Hoc uno est verbo dicere quanta sapis.
Nam quidquid magnumque sonat dignumque videri,
 Regius effuso flamine torquis habet.
O felix, radiant auro cui libera colla
 Et latus argento nobiliore nitet!
Nunc juvat, et gratum est Gallis meruisse catenas,
 Quis putet? et decori est promeruisse crucem.

L'autre pièce, en vers français, s'adresse aux chevaliers en général :

Superbes chevalliers dont la pompe est sy grande
Que des autres mortels elle offusque les yeux,
 Quelle ardeur vous commande
Et vous fait aspirer aux offices des cieux?

Je veus bien que l'honneur de vos tiltres insignes
De vostre sanc illustre et de vos faits divers
 Vous rende les plus dignes
Du plus glorieus nom quy soit en l'univers.

Je veus bien que la foy du plus grand des monarques
Consacrant aujourdhuy la fleur de ses guerriers,
 Le ciel donne ses marques
A ceus a quy la terre a donné ses lauriers.

Mais ne vous flattés pas de ces vaines louanges
Ou triumphés du vice a vos piés abbatu;
 Sy des saints et des anges
Vous affectés la gloire, ayés en la vertu.

Ne pensés pas unir a des impures flammes
L'esprit dont vous portés quelque image au dehors;
 S'il ne luit a vos ames
En vain le ferés vous luyre dessus vos corps.

XV

(Voir p. 148.)

Malgré son brusque départ, le duc de Mayenne cherchait encore à ménager les apparences, et le roi acceptait ses raisons, comme on le verra par les deux lettres suivantes :

1° Le roy a Mr de Noailles, Henry, 30 mars 1620.

« Monsr de Nouailles, l'on m'apporta hier au soir aduis de Paris que mon cousin le duc de Mayenne en estoit party la nuit precedente en grand haste et auec peu de suitte, publiant que c'estoit pour aller voir le marquis de Villars son frere qui est fort malade, et de là passer en son gouuernement, ce que je ne puis croire qu'il face a mauuais desseing ; mais d'aultant qu'il s'en est allé sans prendre congé de moy et mesmes sans m'en aduertir, je ne sçay quelle peult estre son intention ; en attendant que j'en sois esclaircy comme je m'asseure de l'estre bien tost, j'ay mandé a mes seruiteurs dans ma prouince de Guyenne de prendre garde a tout ce qui peut importer a mon seruice et me tenir auerty de tout ce qui s'y passera, de quoy je vous ay aussy voulu donner aduis par ceste lettre. — Escrit a Fontaynebleau le xxxe jour de mars 1620. »

Signé : Louis.

Lettres, etc., a Mr de Noailles par les rois, etc. T. II, fol. 266. (Bibliothèque du château de Mouchy-Noailles.)

2° Le roy a Mr de Noailles, Henry, 4 avril 1620.

« Monsr de Nouailles, je vous ay faict depuis peu de jours vne depesche sur le subject du soudain depart de mon cousin le duc du Mayne ; maintenant je vous faicts celle cy pour vous aduertir que durant le petit voyage que j'ay faict a Vallery vn gentilhomme m'est venu trouuer de sa part auec vne sienne lettre plaine d'excuses de la façon dont il s'achemine en son gouuernement, me suppliant de l'auoir agreable en suitte du commandement que je luy auois faict de se tenir prest pour y aller et me protestant qu'il y va en intention de me rendre le seruice auquel il est tenu et qu'il ne manquera jamais a la fidelité et obeissance qu'il me doibt ; ce que j'ay pris en bonne part m'asseurant qu'il fera ce qu'il me mande, et luy ay faict responce par laquelle je luy declare ainsi ; a quoy je n'ay rien a adjouster pour cette heure sinon, etc. —Escrit a Fontainebleau, le iiij° jour d'auril 1620. »

Signé : Louis.
Ibid. T. II, fol. 267.

XVI

(Voir p. 198.)

M. de Puységur a laissé des mémoires dans lesquels il raconte cet incident, et ajoute :

« Je fis si bien que je les portay à se rendre, dont je donnay avis à Monsieur de Bassompierre, maréchal de camp dans l'armée, et qui étoit au bout du pont qui attendoit. La capitulation fut faite, et il leur fut accordé qu'ils sortiroient avec la méche allumée et bale en bouche ; et comme Monsieur de Bassompierre se presenta pour entrer dans le château, il fut surpris quand il vit que je luy ouvris la porte, et me demanda par quel moyen, et comment j'étois entré dedans. Je luy répondis que j'y étois entré pêle-mêle avec les ennemis, et que j'avois bien de la joye que c'estoit moy qui luy ouvrois la porte. Ce que je dis icy se justifie par les Memoires de mondit sieur de Bassompierre, où il met *Que Poisigut luy a ouvert la porte du pont de Scé ;* et quoique mon nom ne soit pas bien écrit, c'est pourtant de moy qu'il entend parler, parce que les uns m'appelloient *Poysigut,* et d'autres *Puysegur,* qui est mon nom veritable. »

(*Les memoires de messire Jacques de Chastenet, chevalier, seigneur de Puysegur.* Wolfgang, 1690, p. 4.)

XVII

(Voir p. 282.)

Pendant sa captivité, le maréchal de Bassompierre engagea cette enseigne, ou au moins un des diamants qui la composaient; deux ans après il parvint à s'acquitter, et dut par conséquent retirer son gage : c'est ce qui résulte d'une cote de son inventaire où se trouvent les énonciations suivantes :

« Item sept pieces attachéez ensemble, la 1re du 3 juillet 1639, signé Andreossy, contenant que led. seigneur mareschal luy a led. jour mis es mains un diamant taillé a fassette qu'il a promis rendre aud. seigneur quand il luy aura payé la somme de 6300 livres portée par sa promesse. — La 6e est un autre morceau de papier ecrit d'un coté de la main dud. seigneur mareschal, commençant par ces mots : Le diamant du roy d'Espagne a esté mis en gages pour 6300 livres le 3e juillet 1639, et finissant en ces mots : Partant je ne dois que 1200 livres de touttes les sommes cy dessus jusqu'a huy 18 mars 1641 qu'il a esté arresté entre Mr Andreossy et moy, sur quoy je luy ay donné 1000 livres, partant reste 200 livres. — Inventorié sur chacune desdittes pieces l'une comme l'autre 53. »

Toutefois le diamant du roi d'Espagne ne figure pas à l'inventaire des pierreries; peut-être avait-il été de nouveau mis en gage, peut-être même aliéné.

XVIII

(Voir p. 298.)

Le capitaine Mazères, Béarnais, avait été investi par le duc de Savoie du titre de comte de Bourgfranc en récompense des services qu'il lui avait rendus à la guerre.

APPENDICE.

Lebret paraît admettre la supposition que le comte de Bourgfranc fut tué par les siens. Voici comment il raconte sa mort :

« Le comte de Bourgfranc y perdit la vie, frappé d'une balle à la tête par derrière au moment où il se retournait, disent les uns; assassiné selon les autres par la jalousie de La Rivière-Marsolan, avec lequel il était en désaccord sur la rupture du pont, ou plutôt par les farouches soupçons du conseil qui, depuis l'affaire de Sauvage (1), s'était toujours défié de lui. »

Mais suivant le récit de Joly, journal d'un témoin oculaire, le comte de Bourgfranc fut tué par l'ennemi, et fort regretté des siens.

« Le comte de Bourgfranc, dit cet auteur, estoit encores occupé dans ce bastion à ranger les piquiers de Barthe quand l'assaut se donna, et qu'on luy vint dire que l'ennemi forçoit l'espaule du bastion; il y monte, y jette une grenade sans l'allumer; son pistolet luy faict faux feu, descend pour en prendre un autre des mains de son laquais et remonté le tire. S'en voulant retourner un plomb le touche à la teste par derriere et le jette à terre. Soudain on le couvre d'un manteau, de peur que le soldat le voyant ne perdit courage. La nouvelle de cette mort apres l'assaut remplit la ville de dueil pour la confiance qu'on avoit en la valeur et experience de ce brave capitaine. »

XIX

(Voir p. 316.)

Le P. Dominique a Jesu Maria jouissait depuis longtemps de cette réputation de haute sainteté, et Philippe II d'Espagne

---

(1) Sauvage était un capitaine huguenot qui s'était introduit dans Montauban après avoir pratiqué des intelligences dans le camp royal, et qui avait cherché à négocier la reddition de la ville. Il était chargé d'offres pour différents chefs, et entre autres pour le comte de Bourgfranc. Il fut condamné comme traître, et exécuté.

l'avait tenu en grand honneur. Depuis il était venu à Rome, d'où il avait passé en Allemagne, et il avait en effet pressé le duc de Bavière de livrer bataille devant Prague en lui annonçant une victoire qui paraissait inespérée. Ses prédictions eurent moins de succès à Montauban. S'il faut en croire les écrivains protestants, le P. Dominique ne se découragea pas, et il annonça la prise de la ville pour le 15 octobre. Voici ce que dit à ce sujet l'auteur de l'HISTOIRE PARTICULIERE :

« Durant la grande presse de ces affaires, un bruit couroit, dont l'origine estoit ignorée, qu'un assaut nous seroit livré au quinziesme de ce mois, par le conseil d'un certain P. Dominique, l'estime duquel relevoit le courage des assiegeans, et enfloit les voiles de leurs esperances de ces bouffées, que la ville seroit alors emportée : car c'estoit (disoit-on) ce Religieux, sur la parole et exhortation duquel l'Empereur gaigna la bataille devant Prague. Cette monnoye fut incontinent au descry, et au billon parmy un peuple, auquel les Ministres preschoyent, que tels Prophetes ne rencontrent pas tousjours, et que Balaam ne maudit pas Israël toutes les fois qu'il en est requis. »

Et un poëte huguenot consacre à l'insuccès de cette prophétie la strophe suivante :

> Aux discords nous faisons la nicque
> Et n'en avons ny peur ny mal
> De ce beau pere Dominique
> Ce faux Prophete de Baal,
> Trompeur, il avoit mesurée
> La longueur de nostre durée
> Au quinziesme d'Octobre passé,
> Mais nous voyons que c'est un songe
> Et l'esprit qui l'avoit poussé
> Estoit un esprit de mensonge.

(*Meditation d'un advocat de Montauban sur les mouvemens du temps present*. M. DC. XXII.)

Il est vrai que l'écrivain catholique répond à l'avocat de Montauban :

« C'est ce qui te cause de dire qu'aux discords vous faictes la nicque, et que les propheties du pere Dominique n'y ont rien faict, que tu dis Prophete de Baal, prenant le nom qui convient à tes ministres, pour en revestir nos Religieux. Les Prophetes de Baal ne peurent jamais faire descendre le feu pour brusler leurs sacrifices; Helie le fit. Ce bon Pere de quoy tu parles, n'est ce pas un autre Helie qui a attiré le juste courroux et le feu de la vengeance Divine sur vous? Tu dis qu'il avoit prefix le temps de vostre ruyne, cela est faux, c'est une imposture que tu luy donnes pensant par ceste calomnie luy concilier la honte du peuple : mais tu ne trouveras pas de mensonge en son faict; tost ou tard vous perirez : le mesme accident qui arriva jadis à Penthée, capitaine Athenien, pour s'estre mocqué de la prophetie de Teresias, augure des Dieux, et qui avoit puissance sur les destinées, te menace et tous ceux qui ont negligé les advis de cet homme de Dieu. »

(*Apologie pour le roy et responce aux calomnies et meditations injurieuses de l'advocat de Montauban.* Paris, M. DC. XXII.)

Quoi qu'il en soit, cette époque du 15 octobre correspond effectivement aux dates rectifiées des préparatifs d'assaut général, et de la tentative avortée que raconte Bassompierre aux pages 352 et suivantes.

Le P. Dominique vint aussi à Paris où il fut l'objet de la vénération générale et où « il n'y avoit bonne femme qui ne luy coupast un lopin de sa robbe. » (*Chronique des favoris.*)

XX

(Voir p. 333.)

Quelques jours avant cette affaire le comte d'Ayen avait reçu du roi les instructions suivantes :

17 septembre 1621. Le roy a M^r le comte d'Ayen, François de Noailles.

« Monsr le comte d'Ayen, L'on m'a donné aduis que vous auez assemblé bon nombre de vos amys et de mes seruiteurs pour me seruir en ceste occasion contre le duc de Rohan, dont je vous sçay fort bon gré, et affin que vous ne demeuriez du tout inutile en ceste troupe, j'estime qu'il sera a propos que vous ameniez tout ce que vous auez assemblé es enuirons de St Anthonin et que vous vous en logiez le plus proche que vous pourrez. pour leur faire la guerre et courre sus aux troupes qui entre et sortent dans lad^e ville, prenant mesmes soigneusement garde s'il partira quelque troupe de la dedans pour venir de deça et en ce cas la vous essayerez de la combattre si vous vous trouuez assez fort ou pour le moins de l'amuser et cependant m'en donner aduis et a ceux qui commandent en mon armée comme aussy vous m'aduertirez soigneusement et a toutes occurrences de ce que vous apprendrez. Vous vous rendrez donc au plus tost es enuirons dud. St Anthonin. Je vous depesche ce valet de pied expres par lequel vous me ferez sçauoir de vos nouuelles. Sur ce je prie Dieu, Monsr le conte d'Aien, vous auoir en sa saincte garde. Escrit au camp deuant Montauban ce xvij^e jour de septembre 1621.

Signé : Louis.
et plus bas : Phelypeaux.

Lettres, etc., a Mr de Noailles par les rois, etc. T. II, fol. 357. (Bibliothèque du château de Mouchy-Noailles.)

La « défaite du secours » fut aussitôt annoncée par le roi à M. de Noailles dans une lettre détaillée, pleine d'espérances qui furent promptement déçues.

Le roi a Mr de Noailles, Henry, 28 septembre 1621.

« Monsr de Nouailles, La benediction de Dieu parroist sur moy en tout ce quy arriue, et par sa prouidence il conduict les choses jusques a un tel point qu'il en veult estre recongnu l'auteur. Vous auez sceu comme depuis quelques jours ceulx qui se sont reuoltez ayant assemblé des forces, partie en furent deffaictes par les miennes commandées par mon cousin le duc d'Angoulesme, ce qui leur fist perdre esperance d'oser entreprendre de secourir Montauban de viue force et les porta (s'aduantageant du pays), a chercher l'enuoy et le refreschissement des leurs par d'autres voyes; du costé ou estoit logé led. duc d'Angoulesme ils firent la teste de leur armée, d'où a la fille ils firent desbander quinze cens hommes qui gaignerent Lomber et de la passans par des lieux inaccessibles pour la cauallerie se rendirent dans S¹ Anthonin, ce que je sceus a l'instant et commençay a donner ordre qu'ils ne peussent se jetter dans Montauban; de faict apres auoir gaigné une forest distante d'une lieue de la ville, ils n'oserent tenter le hazard et par diuerses fois ils ont esté contraincts de regaigner leur fort, ce qui leur estoit facile a cause de l'assiette du pays; mais en fin vaincus par la necessité, portez d'un courage temeraire, ils sont partis ceste nuict et ayant passé par des lieux qu'ils auoient faict recognoistre et ou il estoit impossible de faire garde, ils s'estoient coulez jusques aupres de mon camp; la ils commencerent a croire d'estre a sauueté, mais les retranchemens les ayant obligés a se preparer a les forcer, ils ont esté descouuerts et ont si viuement esté repoussés que quatre ou cinq cens sont demeurés sur la place, le reste a pris la fuitte, la pluspart blessez, quelques ungs pourtant au nombre de soixante ou quatre vingts, par les costez de ceux qui les combatoient, se sont jettez dans les fossés de la ville, les hommes de commandement restez sur la place, pris, blessés ou tués, et forse de leurs drapeaux. En ceste deffaicte et action il se peut cognoistre ce que je vous ay dit de la prouidence de Dieu qui aussy a fortifié le courage aux miens qui y ont fait merueille et notamment le s^r de Bassompierre, le coronnel et les Suisses et le regiment de Normandie qui ont hardiment soustenu et chargé. De ceste bonne nouuelle j'ay pensé qu'il estoit a propos de vous faire part, d'ou vous en pourrez encores esperer une meilleure qui sera en bref de la prise de la ville. Du depuis trois cens qui s'en estoient fuys et qui se rassembloient ont esté rencontrés par le comte d'Ayen et deffaicts, et leurs chefs pris, Beaufort qui estoit le chef de tous et celuy qui commandoit dans S¹ Anthonin, qui auoit charge d'une partie, ont esté de ceux qui sont restéz prisonniers des le matin. Vous pourrez faire part de ce que je vous mande a ceulx que vous congnoissez affectionnez au bien de mon seruice, affin qu'ils participent a ma joye, priant Dieu qu'il vous ayt, Monsr de Nouailles, en sa saincte garde. Escrit au camp deuant Montauban le xxviij⁵ jour de septembre 1624. »

Signé : Louis.
et plus bas : de Lomenie.

Mons⁵ de Nouailles, cons⁵ʳ en mon conseil d'estat, capp^ne d'une compagnie de mes ordonnances et mon lieutenant general au gouuernement du Hault-Auuergne.

Ibid. T. II, fol. 292.

Cette lettre, qui fut aussi adressée au Conseil de ville de Paris, a été imprimée (Paris, 1621).

XXI

(Voir p. 395.)

Les deux lettres suivantes offrent un contraste curieux avec les vrais sentimens du roi, tels que les fait connaitre Bassompierre :

Le roy a madame la connestable de Luynes.

« Ma cousine, puisque la volonté de Dieu qui ne doit trouuer resistance en nos cœurs a esté de retirer a sa gloire celuy qu'il auoit destiné icy bas a mon seruice pour posseder la meilleure part en mes bonnes graces, il faut prendre de sa main ce qu'il luy plaist nous enuoyer, moderant nos ressentimens pour la (*sic*) rendre digne de son secours aux afflictions qui nous suruiennent. L'exemple que je vous en donne doibt estre tres puissant par (*sic*) vostre esprit, personne au monde ne pouuant mieux juger que vous de l'ennuy que je reçois de la perte de mon cousin le connestable, vostre mary, ayant une plus particuliere cognoissance qne nul aultre, je ne diray pas du bien que je luy voulois, mais plus tost de l'affection que je luy porte sy viue et sy forte qu'elle durera encores sans diminution apres sa mort et passera aux siens et a ce qu'il a laissé au monde de plus cher, comme vous et voz enfans dont je vous prie croire que j'auray tout le soing qu'il a desiré lors qu'il m'a faict prier a l'heure de sa mort de les auoir en ma protection, ce que je feray auec tant de tesmoignages d'une bonne volonté que sy quelque chose peut amoindrir vostre douleur, vous en receurez de la consolation. Cependant je prie Dieu vous la donner entiere et vous auoir, ma cousine, en sa garde. »

Ce ... decembre 1621.

Le roy a Monsr de Montbazon.

« Mon cousin, il ne pouuoit m'arriuer ny a vous pareillement une perte plus sensible que celle que je reçois par la mort de mon cousin le connestable vostre gendre, vous qui sçauez comme je l'aymois, pouuez mieux juger de l'ennuy que j'en ay. Sy chose au monde me pouuoit atrister, c'est cet accident qui, venant de la main de Dieu, doit estre receu auec resignation de nostre volonté a la sienne. Je vous en dirois dauantage, n'estoit que j'ayme mieux faire paroistre mes affections vers ce qu'il a laissé au monde de plus cher que mes regrets pour luy qui n'est plus. C'est en cette sorte que je tesmoigneray l'auoir aymé, prenant soing de sa famille. Ce que je vous prie croire que je feray si puissamment que tous ceux qui y ont interrest auront subject de se louer de ma bonté. Sur ce je prie, etc. »

Ces deux lettres sont extraites du recueil intitulé : *Registre de monsieur Tronçon secretaire du cabinet, de plusieurs lettres escrittes de la main du Roy Louys treisiesme, a diuers princes, seigneurs et autres, ez années 1619, 1620, 1621, 1622, 1623, 1624, 1625 et 1626.* (Bibl. nat. Fr. 3722.)

XXII

(Voir p. 205-206.)

Au moment où s'achève l'impression de ce volume, je rencontre une pièce très-rare contenue au n° 34613 (45) de la bibliothèque Mazarine; c'est une plaquette de 6 pages intitulée : *La reception faicte a monsieur le comte de Bassompierre par les Maire, Eschevins et Bourgeois de la Rochelle, et autres particularitez.* (Paris, Joseph Bouillerot, M. DC. XX.) Cette pièce, que je reproduis comme document historique, semble indiquer que M. de Bassompierre ne fut pas seulement autorisé à se rendre à La Rochelle, mais qu'il avait reçu du roi une mission particulière auprès des magistrats de cette ville.

« Apres le voyage de Xaintes, où Monsieur le Duc d'Espernon eut l'honneur de traicter le Roy, et tenir table ouverte à toute la Cour, et faire faire à Sa Majesté une reception parfaictement royale, Sadicte Majesté s'est acheminée avec son armée és environs de Blaye pres de la ville de Bourdeaux; mais au precedent elle deputa la personne de Monsieur le Comte de Bassompierre avec quelques particuliers de son Conseil, et beaucoup de Noblesse à sa suitte, pour envoyer à la ville de la Rochelle, et y faire entendre ses bonnes et loyalles intentions.

Messieurs les Maire, Eschevins et Bourgeois de la ville, sentans venir ledict Seigneur Comte de Bassompierre, se sont disposez a luy faire une reception digne d'un tel Ambassade, luy ont faict tous les honneurs à eux possibles, et tesmoigné en sa personne toute sorte de devoir et affection a Sa Majesté, et d'abondant sur les choses proposées par ledict Seigneur de la part de Sadicte Majesté, ont rendu une si honneste responce, que le Roy n'a eu sujet de se plaindre d'eux, ont protesté toute sorte d'obeyssance et service, et confirmé les mesmes choses qu'ils avoient protestées par leurs Agents, et Deputez, envoyez de leur part a Sadicte Majesté, lors estant en sa ville de Poictiers, ont traicté et accuilly ledict Seigneur Comte, selon son merite, et l'ont rendu fort satisfaict de leur courtoisie.

Le Roy, ainsi que tesmoignent les nouvelles de Blaye en datte du dix huictieme de ce present mois de septembre, part dudict Blaye pour s'en aller en sa ville de Bourdeaux, ayant laissé son armée au deça de la riviere de la Garonne, où l'on dit qu'est Monsieur le Marquis de la Force, Vice-roy, ou Gouverneur pour le Roy en son pays et Souveraineté de Bearn, y attendant Sa Majesté, chargé des submissions des Bearnois, prests à rendre tout devoir et obeyssance, là aussi est Monsieur le Duc de Mayenne donnant ordre à ce que le Roy y soit receu, avec tout honneur et magnificence, par les habitans dudit Bourdeaux, ou comme on espere Sa Majesté partira en brief pour reprendre son chemin vers Paris.

Et ainsi par la grâce de Dieu tout obeit a Sa Majesté, et n'y a ville qui n'ait demonstré toute promte obeyssance soit a sa personne, soit a ceux qu'il a pleu a Sadicte Majesté y envoyer de sa part, ni ayant aucun sujet de craindre et redouter le trouble a l'advenir, veu une si bonne intelligence du Roy avec ses Princes, villes et communautez du Royaume. »

FIN DE L'APPENDICE.

SOMMAIRES

1615. — États généraux, p. 1. — Ballet, *ibid.* — Bassompierre apprend la maladie de sa mère et va en Lorraine et en Allemagne, p. 2. — Suite du procès de Bassompierre, *ibid.* — Ses adversaires demandent à Rome des juges délégués pour connaître de l'affaire, p. 3. — Fraude employée par eux pour faire nommer un évêque qui juge irrégulièrement, p. 4. — Bassompierre fait casser la procédure, p. 5. — Mort de sa mère, p. 6. — Il gagne définitivement son procès au parlement de Rouen, p. 7. — Remontrances du parlement mal reçues, *ibid.* — Le roi part pour Bordeaux, *ibid.* — Les princes recommencent la guerre, p. 8. — Bassompierre entre en campagne sous le maréchal de Boisdauphin, p. 9. — Prise de Creil, *ibid.* — L'armée du roi va au secours de Sezanne en Brie, p. 11. — Fausse démonstration des ennemis, p. 14. — Marche de l'armée, p. 15. — Rencontre de Saint-Saturnin, p. 17. — M. de Praslin donne l'ordre de la retraite malgré les instances de Bassompierre, p. 20. — Les ennemis passent la Seine, p. 22. — L'armée du roi se met à leur suite, *ibid.* — Affaire de Granges, p. 23. — L'armée arrive devant Sens, p. 25. — Bassompierre se charge d'occuper la ville, *ibid.* — On projette d'en expulser vingt-cinq bourgeois, p. 28. — Bassompierre s'interpose en leur faveur, p. 29. — L'armée vient à Joigny, p. 31. — Affaire de Chanlay, p. 32. — Le maréchal perd du temps à Joigny, p. 35. — Occupation de Gien, p. 36. — Le maréchal de Boisdauphin à Ouson manque deux fois l'occasion de défaire l'armée ennemie, p. 38. — Les ennemis passent la Loire à Neuvy, p. 40. — Conseil de guerre où Bassompierre engage vivement le maréchal à poursuivre le prince de Condé, p. 42. — L'armée passe la Loire à Blois, p. 46. — Bassompierre se saisit de l'Isle-Bouchard et de Chinon, p. 47. — Marche de l'armée vers Angoulême, p. 49. — Le duc de Guise rejoint l'armée à Barbezieux et en prend le commandement, p. 50. — Marche de l'armée jusqu'à Lezay,

p. 51. — Entreprise de Saint-Maixent manquée par la faute de M. de Saint-Aignan; p. 52. — Bassompierre va trouver le roi à la Rochefoucaud, et lui donne les preuves de l'infidélité du duc de Vendôme, p. 53.

1616. — L'armée vient se loger à Pamprou, p. 55. — Combat de Nanteuil, p. 56. — L'armée continue sa marche jusqu'à Faye-la-Vineuse, p. 57. — La reine charge Bassompierre d'établir garnison à Poitiers, p. 58. — Il y réussit, p. 59. — Il part furtivement de Poitiers pour aller retrouver le roi à Tours, p. 60. — Accident dans la chambre de la reine mère, où Bassompierre est blessé, p. 61. — Négociations pour la paix, *ibid*. — Le chancelier de Sillery est dénoncé à la reine mère comme traitant ses intérêts particuliers auprès du prince de Condé, p. 62. — Bassompierre l'en avertit, *ibid*. — Le chancelier reçoit mal cet avertissement, *ibid*. — Le roi forme un régiment complet de ses gardes suisses, p. 64. — Les seigneurs de la cour se plaignent de ce qu'ils ne sont pas appelés avec les conseillers de robe longue aux délibérations relatives à la paix, *ibid*. — Bassompierre porte leur réclamation à la reine, p. 66. — La reine y fait droit, *ibid*. — Le prince de Condé fait deux demandes nouvelles qui paraissent d'abord exorbitantes, p. 67. — M. de Villeroy engage la reine à y accéder, p. 69. — Paix de Loudun, p. 72. — On ôte les sceaux au chancelier, et on les donne à M. du Vair, *ibid*. — La cour revient à Paris, *ibid*. — Cordonnier de Paris battu par les gens du maréchal d'Ancre, *ibid*. — Ceux-ci sont pendus, p. 73. — Le prince de Condé vient à Paris, *ibid*. — Le maréchal d'Ancre, bien accompagné, va voir le prince, *ibid*. — Arrivée de l'ambassadeur d'Angleterre, p. 74. — Le duc de Guise se met du côté du prince de Condé, p. 75. — Acte de hardiesse du maréchal d'Ancre, *ibid*. — Menaces et projets contre lui, *ibid*. — Il se retire en Normandie, *ibid*. — La reine fait sortir le comte d'Auvergne de prison, p. 76. — Entreprise de M. de Longueville sur Péronne, *ibid*. — Le nonce s'efforce inutilement de pacifier la cour, p. 77. — Avertissements donnés à la reine par le duc de Sully, p. 78. — Bassompierre lui donne des conseils énergiques, p. 80. — La reine pense à faire arrêter le prince de Condé, *ibid*. — Audience donnée à l'ambassadeur d'Angleterre; étrange demande adressée par lui à la reine, p. 81. — Avances au duc de Guise, p. 82. — Négociations inutiles, p. 83. — La reine fait prêter un serment particulier à quelques seigneurs, *ibid.* — Barbin veut profiter d'une occasion favorable pour arrêter le prince de Condé, et les ducs de Vendôme, de Mayenne et de Bouillon, p. 84. — La reine n'ose se décider, p. 85. — Elle envoie chercher Bassompierre la nuit suivante, et lui confie ses projets, p. 86. — Le prince de Condé est arrêté par M. de Thémines, p. 89. — Les ducs de Mayenne et de Bouillon se retirent à Soissons, p. 90. — Le duc de Guise et le prince de Joinville vont les rejoindre, p. 91. — Pillage de l'hôtel du maréchal d'Ancre, *ibid.* — Création de maréchaux, p. 92. — Établissement d'un conseil de guerre, p. 93. — Négociations avec le duc de Guise, p. 94. — Le comte d'Auvergne prend la première place au conseil de guerre, p. 95. — On projette de le tuer, p. 96. — M. de Praslin parle contre ce projet, p. 97. — Son avis est écouté, et Bassompierre est chargé d'aller porter à la reine les réclamations du conseil, p. 98. — Départ de l'ambassadeur d'Angleterre, *ibid.* — Retour du duc de Guise et du prince de Joinville, *ibid.* — La reine charge Bassompierre d'emmener le prince de Condé du Louvre à la Bastille, p. 98. — Bassompierre prend les mesures nécessaires et accomplit sa mission sans obstacle, p. 100. — Il devient amoureux de Mlle d'Urfé, p. 101. — Courte maladie du roi, p. 102. — Bassompierre va au-devant des levées suisses, *ibid.* — Les sceaux sont ôtés à du Vair et donnés à Mangot ; l'évêque de Luçon reçoit la charge de secrétaire d'État, p. 105. — Mort de la fille du maréchal d'Ancre, *ibid.* — Conversation dans laquelle le maréchal d'Ancre révèle à Bassompierre ses craintes et ses pressentiments, *ibid.*

1617. Le duc de Croy épouse Mlle d'Urfé, p. 110. — Jeux, festins, ballets, amours, p. 111. — Changements dans la garde du prince de Condé à la Bastille, *ibid.* — Intrigues à la cour, p. 112. — Conseils de Bassompierre à la reine, p. 113. — Bassompierre va rejoindre l'armée au siége de Château-Porcien, p. 114. — Capitulation de la ville et du château, p. 115. — Coup de main sur le quartier du régiment de Balagny, *ibid.* — Prise de Wassigny, p. 116. — Siége de Rethel, *ibid.* — Bassompierre est blessé en établissant une batterie, p. 118. — Capitulation de Rethel, p. 119. — Bassompierre repart pour Paris afin de négocier avec le maréchal d'Ancre la vente de sa charge de colonel général des Suisses, p. 120. — Il va voir le comte d'Auvergne au siége de Soissons, p. 121. — On apprend la mort du maréchal d'Ancre, p. 122. — Bassompierre arrive à Paris, p. 124. — Il voit le roi, *ibid*. — Entrevue de la reine mère avec le roi, p. 125. — Bassompierre prend congé d'elle, p. 128. — Départ de la reine mère pour Blois, *ibid*. — Le roi va à Vincennes, p. 129. — Les ducs de Vendôme, de Mayenne, et de Bouillon reviennent à la cour, *ibid*. — Le roi retourne à Paris, p. 130. — La princesse de Condé va s'enfermer à la Bastille, *ibid*. — Supplice de la maréchale d'Ancre, *ibid*. — Geniers a la tête tranchée, *ibid*. — Le prince de Condé est transféré à Vincennes, p. 131. — Bassompierre commande dans la Bastille à la place de Persan et Bournonville, qui sont arrêtés, p. 132. — Il remet la Bastille aux mains de M. de Brantes, *ibid*. — Jubilé, *ibid*. — Querelle de Bassompierre avec le duc de Montmorency, p. 133. — Assemblée des notables à Rouen, *ibid*. — Maladie de la princesse de Condé, *ibid*. — Mort de M. de Villeroy, p. 134.

1618. Querelle du duc d'Épernon avec le garde des sceaux, p. 135. — Le roi se fâche contre le duc d'Épernon, qui craint d'être arrêté, *ibid*. — Bassompierre l'emmène du Louvre, *ibid*. — On l'invite à quitter la cour, et Bassompierre lui transmet cette invitation, *ibid*. — Ses retards irritent le roi, p. 136. — Il se rend à Metz, p. 137. — Exécution de Siti et de Durand, *ibid*. — Conversation qui fait connaître à Bassompierre les soupçons inspirés au roi contre sa mère, p. 138. — Intrigues de Ruccelaï, p. 139. — Bassompierre reçoit le roi à Monceaux, p. 140. — Il va en Lorraine, *ibid*. — Il revient à la cour, p. 141. — Comédiens espagnols, *ibid*. — Comète, *ibid*.

1619. Maladie de la reine, p. 141. — M. d'Elbeuf épouse Mlle de Vendôme, p. 142. — Le prince de Piémont épouse Christine de France, *ibid*. — La reine mère s'échappe de Blois, p. 143. — Le duc d'Épernon va la rejoindre, *ibid*. — Préparatifs de guerre et négociations, *ibid*. — Conclusion du traité, p. 144. — Bassompierre reçoit diverses marques de la bienveillance du roi, p. 145. — Le roi et la reine mère se voient à Tours, *ibid*. — Voyages du roi, p. 146. — Le prince de Condé sort de Vincennes, *ibid*. — Bassompierre reçoit encore la cour à Monceaux, *ibid*. — M. de Luynes prête serment comme duc et pair, *ibid*. — Bassompierre est fait chevalier de l'ordre du Saint-Esprit, *ibid*.

1620. Cérémonies de l'Ordre, p. 147. — Ballets et fêtes, *ibid*. — Cadenet est fait maréchal de France, et il épouse Mlle de

Péquigny (Chaulnes), *ibid.* — Le duc de Mayenne quitte la cour sans prendre congé du roi, p. 148. — Assemblée de Loudun, *ibid.* — Le roi s'accommode avec les protestants, p. 149. — Nouvelles menées contre le roi, p. 150. — Les ducs de Vendôme et de Nemours vont trouver la reine mère à Angers, *ibid.* — Bassompierre donne avis du projet de départ du comte et de la comtesse de Soissons, du grand prieur (de Vendôme), et du comte de Saint-Aignan, p. 151. — On délibère longuement pour savoir ce que l'on doit faire à leur égard, p. 153. — On se décide à les laisser partir, p. 156. — Bassompierre est envoyé comme maréchal de camp à l'armée de Champagne, p. 157. — Il reçoit ordre de rassembler l'armée à Sainte-Menehould, p. 159. — Il s'occupe de renforcer les régiments de Picardie et de Champagne, p. 160. — Il donne le rendez-vous à Montereau, et fixe les routes et les traites de l'armée, p. 162. — Il envoie Comingcs au duc de Lorraine, p. 164. — Il vient à Sainte-Menehould et à Vitry, p. 165. — Le cardinal de Guise lui fait demander de le recevoir à Vitry, p. 167. — Bassompierre lui interdit l'entrée de la ville, p. 170. — Le duc de Bouillon fait faire une tentative auprès de Bassompierre pour le détourner du service du roi, p. 173. — Réponse de Bassompierre, p. 175. — Il vient voir le duc de Guise à Châlons et y reçoit les ordres du roi, *ibid.* — Il vient à Montereau, p. 176. — Il envoie l'armée loger près d'Étampes, p. 177. — Il se rend à Paris où il assiste au conseil, p. 178. — On demande à Bassompierre de s'emparer de Dreux, *ibid.* — Préparatifs de Bassompierre, p. 181. — Il entre dans la ville de Dreux, p. 183. — Le château capitule, p. 184. — Bassompierre fait mener madame de Mercœur et les enfants du duc de Vendôme d'Anet à Paris, *ibid.* — Il envoie des troupes à Vendôme pour faire rentrer la ville et le château sous l'obéissance du roi, p. 185. — Il vient trouver le roi au Mans et reçoit de lui de grands témoignages de satisfaction, p. 186. — Il présente son armée au roi près de la Flèche, p. 187. — Le roi distribue les commandements dans les armées réunies, *ibid.* — Espérances d'accommodement, p. 188. — L'armée se rassemble à Trélazé pendant les négociations, *ibid.* — Affaire des Ponts-de-Cé, p. 189. — Bassompierre entre dans les retranchements, p. 195. — Saint-Aignan est fait prisonnier, p. 196. — Nérestang est blessé, *ibid.* — Les troupes du roi entrent dans la ville et dans le château, p. 197. — On veut mettre Saint-Aignan en jugement, p. 200. — Bassompierre et Créquy s'y opposent, *ibid.* — La paix est signée, p. 201. — La reine mère vient voir le roi à Brissac, p. 202.— Voyage du roi, *ibid.* — Licenciement de plusieurs régiments, p. 203. — Continuation du voyage du roi, p. 204.— Bassompierre va voir Saint-Luc à Brouage, p. 205. — Il passe par la Rochelle qu'il visite, p. 206. (Voir à l'Appendice. XXII.)— Il va à Marennes, à Pons, à Plassac et à Blaye, p. 207. — M. d'Aubeterre est nommé maréchal, p. 208. — Le roi arrive à Bordeaux, *ibid.* — Procès d'Arsillemont, *ibid.* — Fontrailles est retiré de Lectoure, *ibid.* — Lit de justice au parlement de Bordeaux, p. 209. — Le roi s'avance vers le Béarn, p. 210. — Le parlement de Béarn refuse d'obtempérer aux ordres du roi, p. 211. — Le roi tient conseil, p. 212. — Il donne à Bassompierre la conduite de l'armée, *ibid.* — Bassompierre passe la Garonne, p. 213. — Il s'avance jusqu'à Saint-Justin-d'Armagnac, p. 214. — Il revient à Bordeaux, p. 215. — Il est mal reçu par le roi et par le duc de Luynes, *ibid.* — Il apprend par ses amis quels sont les griefs du duc de Luynes contre lui, p. 216. — Réponse de Bassompierre, p. 218. — Propositions de Luynes, p. 220. — Bassompierre y répond avec hauteur, p. 221. — Ses amis l'engagent à se modérer, *ibid.* — Le roi continue à montrer de la froideur à Bassompierre, mais il le rassure secrètement, p. 223. — Craintes des ducs de Mayenne et d'Épernon, *ibid.* — Nouvelles propositions du duc de Luynes à Bassompierre, p. 224. — Réponse de Bassompierre, p. 225. — Il se réconcilie avec Luynes, et le roi lui rend ses bonnes grâces, *ibid.* — Voyage du roi, p. 226. — Il arrive à Paris, p. 227. — Il va en Picardie, p. 228. — Il désigne Bassompierre pour aller en Espagne comme ambassadeur extraordinaire, *ibid.* — Il revient à Paris, p. 229.

1621. Préparatifs de départ de Bassompierre, p. 229. — Négociations pour son mariage avec la nièce du duc de Luynes, p. 230. — Départ de Bassompierre pour l'Espagne, p. 231. — Voyage jusqu'à Irun, *ibid.* — Entrée en Espagne, p. 234. — Voyage en Espagne, *ibid.* — Arrivée à Madrid, p. 235. — Visites de diverses personnes, p. 237. — Maladie du roi d'Espagne, p. 240. — Visites, p. 241. — Sujet de l'ambassade de Bassompierre, p. 242. — Affaire du logement de M. du Fargis, ambassadeur ordinaire, p. 243. — L'affaire s'arrange à la demande de Bassompierre, p. 245. — On joue la comédie chez Bassompierre, p. 246. — Nomination de commissaires pour traiter avec Bassompierre, p. 247. — Il va les visiter, p. 249. — Le roi fixe un jour d'audience à Bassompierre, p. 250. — L'audience n'a pas lieu à cause d'une rechute du roi, *ibid.* — Conférences avec les commissaires, p. 251. — La maladie du roi continue et s'aggrave, p. 252. — Derniers moments et mort du roi, p. 253. — Changements à la cour, p. 255. — Funérailles du roi, p. 256. — Discours singuliers du duc d'Ossuna, p. 257. — Bassompierre est reçu par le nouveau roi en audience privée, p. 258. — Conversation au sujet des commissaires, p. 260. — Le duc d'Ossuna est mis en prison, p. 261. — Processions et cérémonies de la semaine sainte, p. 262. — Bassompierre demande l'autorisation de voir les dames sans observer l'étiquette ordinaire, p. 264. — Disgrâce du comte de Saldagna, et faveurs accordées au comte d'Olivarès, p. 265. — Conférence avec les commissaires, *ibid*. — Le roi ordonne au comte de Saldagna d'accomplir une promesse de mariage faite à une dame du palais, p. 266. — Ruine du duc de Lerma, *ibid*. — Bassompierre reçoit mission d'offrir au roi d'Espagne les condoléances du roi de France, *ibid*. — Réunion avec les commissaires, p. 267. — Bassompierre offre au comte de Saldagna de lui fournir les moyens de quitter l'Espagne pour ne pas se marier, *ibid*. — Le comte accepte d'abord, puis refuse, p. 270. — Nouveaux changements à la cour, p. 271. — Nomination d'une junte pour la répression des désordres, *ibid*. — Bassompierre obtient la permission de parler aux dames sans étiquette, p. 271. — Conférence où l'on tombe d'accord presque sur tous les points, p. 272. — Mariage du comte de Saldagna, p. 273. — L'inquisiteur général Alliaga est dépouillé de sa charge, *ibid*. — Le duc d'Uzeda est exilé, p. 274. — Signature du traité de Madrid, *ibid*. — Audience de congé, *ibid*. — Bassompierre part de Madrid, p. 276. — Il revient pour l'ambassade de condoléance, p. 277. — Il est reçu en audience par le roi, *ibid*. — Le prince Philibert de Savoie reçoit ordre de ne pas venir à la cour, p. 279. — Entrée solennelle du roi à Madrid, p. 280. — Dernière audience du roi, p. 281. — Visites d'adieu, *ibid*. — Présents, *ibid*. — Départ de Bassompierre, p. 282. — Voyage jusqu'à Bordeaux, *ibid*. — Bassompierre vient devant Saint-Jean-d'Angély, p. 283. — Il prend part au siége, p. 284. — Capitulation de la ville, p. 285. — Mort du cardinal de Guise, *ibid*. — Le roi envoie Bassompierre à Paris pour la ratification des traités faits en Espagne, p. 286. — Bassompierre s'y livre au plaisir, *ibid*. — Le connétable de Luynes cherche à éloigner de l'armée Bassompierre et d'autres seigneurs, *ibid*. — Siége de Clairac, où M. de Termes est tué, p. 289. — Bassompierre, sur un avis envoyé par la reine mère, se rend près du roi devant Montauban, p. 290. — Il prend un commandement au quartier des gardes, p. 291. — Ouverture de la tranchée des gardes, *ibid.* — Sortie des assiégés sur le régiment de Piémont, p. 292. — Travaux d'approche, p. 293. — Trait d'audace d'un Suisse de la compagnie de Bassompierre, p. 294. — A l'attaque du Moustier les assiégeants emportent la contrescarpe du bastion, p. 295. — Bassompierre conseille de descendre au fossé, p. 296. — Continuation des travaux du quartier des gardes, et établissement de deux batteries, *ibid.* — Elles commencent à tirer, p. 299. — Le feu prend aux poudres, *ibid.* — Les troupes de Bassompierre font bonne contenance, p. 300. — Le feu prend aussi aux poudres du quartier du duc de Mayenne, p. 301. — M. de Villars et le fils du comte de Riberac y périssent, *ibid.* — Attaque inutile d'une demi-lune par le duc de Mayenne, p. 302. — Travaux au quartier des gardes, p. 303. — Toiras est blessé, *ibid.* — Vive discussion sur le conseil que donne Bassompierre de descendre au fossé à l'attaque du Moustier, p. 304. — Le roi l'y envoie en reconnaissance, p. 307. — Son avis n'est pas suivi, p. 308. — Fourille est tué, *ibid.* — Le secours venant des Cévennes pour les assiégés entre dans Saint-Antonin, p. 309. — Les assiégeants du quartier des gardes parviennent à se loger dans les cornes, p. 309. — Tréville se signale dans cette affaire, p. 310. — Progrès des travaux, *ibid.*—Arrivée de Pompeo Frangipani, p. 311. — Seconde attaque infructueuse du duc de Mayenne, *ibid.*— Les femmes de la ville viennent sur les remparts remercier Bassompierre de sa courtoisie pour elles, p. 312. — Résolutions adoptées pour empêcher le secours d'entrer dans la ville, p. 313. — Le duc de Mayenne est tué, p. 315. — Conseil du P. Dominique suivi sans succès, p. 316. — On se prépare à faire jouer la mine, p. 317. — La mine trop chargée produit un effet désastreux pour les assiégeants, p. 319.—Sortie des assiégés, p. 320. — Bassompierre, avec la noblesse, porte du secours sur divers points, p. 321. — Il est blessé au front, p. 322. — Alerte causée par les nouvelles du secours, p. 324. — Plaisante entrevue de Bassompierre avec la reine et les dames, qui ne le reconnaissent pas à cause de sa blessure, p. 325. — Les troupes de secours sont en grande partie défaites et prises par Bassompierre et par le comte d'Ayen, p. 328. — Beaufort est fait prisonnier, p. 333. — Conseil de guerre, p. 336. — Bassompierre, averti par le père Arnoux, donne un conseil utile aux maréchaux de son quartier, p. 337. — Les chefs de l'attaque du Moustier s'engagent à prendre la ville en douze jours, p. 339. — Le quartier des gardes envoie ses canons à l'attaque du Moustier, p. 340. — Conversation de Bassompierre avec M. de la Force au sujet des négociations entamées, p. 341. — Forte sortie du côté de Ville-Bourbon, p. 342. — Bassompierre va visiter l'attaque du Moustier, p. 343. — Le connétable de Luynes se rend à une conférence pour la paix, p. 345. — Le conseil ajourne les négociations, p. 347. — Le maréchal de Thémines demande que le quartier des gardes lui envoie du renfort à l'attaque de Ville-Bourbon, *ibid.* — Le quartier des gardes en reçoit l'ordre, p. 348. — Bassompierre trouve moyen de l'en faire dispenser, *ibid.* — Le maréchal de Thémines quitte l'armée, p. 350. — Le connétable ordonne à Bassompierre de préparer une diversion pour favoriser l'assaut du quartier de Picardie, p. 352. — L'assaut, mal combiné, n'a pas lieu, p. 354. — Bassompierre reçoit ordre de chercher à renouer les négociations, p. 356. — Sorties des assiégés sur le quartier de Picardie, et sur les régiments de Champagne et de Villeroy, p. 357. — Conseil de guerre, p. 358. — Propositions diverses, *ibid.* — Bassompierre opine pour qu'on lève le siége, p. 359. — Conférence avec les chefs des huguenots de la ville, p. 362. — Levée du siége, p. 363. — Le quartier des gardes reçoit le dernier l'ordre de lever le siége, p. 365. — Bassompierre l'exécute en plein jour, suivant son plan, et avec succès, p. 366. — Il reçoit la conduite et le commandement de l'armée pour aller assiéger Monheurt, p. 368. — Commission périlleuse que lui porte Schomberg, p. 369. — Il s'en acquitte heureusement et passe l'Aveyron, p. 373. — Il vient à Agen, p. 374. — Il force la ville à obtempérer à ses réquisitions, p. 377. — L'investissement de Monheurt est commencé par le régiment du comte de Grignols, *ibid.* — Bassompierre le fait achever par les régiments de Piémont, Normandie, Navarre, Riberac et Champagne, *ibid.* — Arrivée du maréchal de Roquelaure, p. 378. — Travaux de siége, p. 379. — Danger que court Bassompierre, p. 380. — Négociation de Bassompierre avec le marquis de Mirambeau, gouverneur de Monheurt, p. 382. — Détails sur les mécontentements du roi contre Luynes, et sur la disgrâce du père Arnoux, *ibid.* — Accident arrivé à Bassompierre, p. 388. — Il est pris de la fièvre, *ibid.* — Discussion avec le maréchal de Roquelaure sur le logement de la compagnie de gendarmes du connétable, p. 389. — Bassompierre est autorisé à quitter le siége à cause de sa maladie, p. 390. — Il rencontre à Tonneins les gendarmes du connétable, que le maréchal de Roquelaure a fait déloger de Castel-Jaloux, p. 391.— Il s'arrête au faubourg de Marmande, p. 392. — Alerte par suite de laquelle il passe une nuit terrible à la porte de la ville, p. 393. — Il reste à Marmande, malade du pourpre, et y guérit, p. 394. — Monheurt se rend, p. 395. — Mort du connétable de Luynes, *ibid.* — Le cardinal de Retz et Schomberg aspirent à devenir tout-puissants auprès du roi, *ibid.* — Ils font faire à Bassompierre des offres que celui-ci refuse, p. 396. — On conseille au roi d'occuper Castillon par surprise et malgré la neutralité de cette place, p. 397. — Bassompierre parle contre cette proposition, p. 398. — Son avis est suivi, p. 401. — Ressentiment de Schomberg, p. 402. — Le roi vient à Libourne, *ibid.*

APPENDICE. — I. Critique du chanoine Hermant contre Bassompierre, p. 403.—II. Dispositions de Mme de Bassompierre, p. 404. — III. Suite du démêlé de Bassompierre avec Mlle d'Entragues, p. 408. — IV. Récit de la défaite des troupes du prince de Tingry, p. 409. — V. Détails sur le régiment des gardes suisses, p. 411. — VI. Commutation de peine du comte d'Auvergne, p. 413. — VII. Lettre de Séguier à Nérestang sur le remplacement de Thémines au commandement de la Bastille, p. 414.— VIII. Récit de la surprise du faubourg de Laon, p. 415. — IX. Lettre du maréchal d'Ancre au roi, *ibid.*— X. Lettre de Potier de Sceaux à M. de Noailles sur le caractère du roi, p. 416. — XI. Ballet du roi en 1619, p. 417. — XII. Lettre du roi à M. de Noailles sur l'évasion de la reine mère, p. 418. — XIII. La vie des seigneurs à Tours, p. 419. — XIV. Pièces de vers relatives à la promotion de l'Ordre, p. 420. — XV. Deux lettres du roi à M. de Noailles sur le départ du duc de Mayenne, p. 422. — XVI. Mémoires de Puységur sur la prise des Ponts-de-Cé, p. 423. — XVII. Le diamant du roi d'Espagne, p. 424. — XVIII. Mort du comte de Bourgfranc, p. 424. — XIX. Pièces du temps sur le P. Dominique, p. 425. — XX. Lettres du roi au comte d'Ayen et à M. de Noailles au sujet du secours de Montauban, p. 427. — XXI. Lettres du roi sur la mort du connétable de Luynes, p. 430. — XXII. Voyage de Bassompierre à La Rochelle, p. 431.

FIN DES SOMMAIRES.

TABLE

Journal de ma vie 1
Appendice 403
Sommaires 435

ADDITIONS ET CORRECTIONS

TOME PREMIER.

P. 57, ligne 9, *don Diegue d'Innarra*, lisez : *don Diegue d'Ivvarra*, c'est-à-dire d'Ibarra.

P. 67, note 4 de la page 66, ligne 2, *le 17 septembre 1621*, lisez : *le 16 septembre* 1621.

P. 158, note 3, ligne 1, lisez : Les lettres de commutation furent données le 15 avril 1605 et entérinées en cour de parlement le 22 août suivant.

P. 308, note 3, ligne 1, *second duc de Lerma*, lisez : *premier duc de Lerma*.

TOME SECOND.

P. 111, note 2, ligne 2, *le marquis de Thémines*, lisez : *le comte de Lauzières-Thémines*.

P. 112, note 1, ligne 4, *Thémines*, lisez : *Lauzières*.

Nogent-le-Rotrou, Imprimerie de A. Gouverneur.

www.ingramcontent.com/pod-product-compliance
Lightning Source LLC
Chambersburg PA
CBHW071058230426
43666CB00009B/1745